mdv

KLASSENTREFFEN

BIOGRAPHISCHE BESCHEIDE AUS DER ROBINSON-GENERATION

Wolfgang Gabler, Bernhard Sölzer (Hrsg.)

mdv Mitteldeutscher Verlag

Danksagung

Verlag und Herausgeber danken der Landeszentrale für politische Bildung Sachsen-Anhalt sowie der Lotto-Toto GmbH Sachsen-Anhalt für die Förderung des Projekts. Spezieller Dank gilt Herrn Christoph Feldkamp für die zuverlässige Abschrift der Tonbänder.

[Anm. d. Hrsg.: Die biographischen Selbstporträts basieren auf Tonband-Interviews, die die Herausgeber 1999 mit ihren ehemaligen MitschülerInnen durchführten. Bei der Bearbeitung der Texte wurden die Fragen eliminiert, für die Wahrung der Authentizität jedoch nur die für die Transformation ins Schriftliche unumgänglichen sprachlichen Veränderungen vorgenommen. Die Texte wurden von den GesprächspartnerInnen autorisiert.]

INHALT

Zum Geleit

Viele Bücher, die in den letzten Jahren erschienen sind, beschäftigen sich mit dem Thema „Wende und Wendeschicksale". Als Sachbuch oder Roman, in Form von Dokumentationen, Biographien, Kriminalromanen oder Liebesromanen werden die Wendezeit, die Jahre danach sowie ihre Auswirkungen auf die Menschen aufgearbeitet.

Dieses Buch ist anders, und wäre es nicht schon geschrieben, es hätte geschrieben werden müssen. Der interessierte Leser kann erfahren, wie sich die gesellschaftliche Wende als ganz persönlicher Wendepunkt auf den Einzelnen in der DDR auswirkte.

Vor dem Hintergrund der gemeinsamen Schulerfahrung haben Wolfgang Gabler und Bernhard Sölzer ihre ehemaligen Mitschülerinnen und Mitschüler einfühlsam interviewt: Eine ganz normale DDR-Abiturklasse aus Merseburg im ehemaligen Chemiebezirk Halle im heutigen Land Sachsen-Anhalt. Junge Menschen mit einem typischen DDR-Lebenslauf: Kinderkrippe, Kindergarten, POS, EOS, Junge Pioniere, Thälmannpioniere, FDJ, DSF, MMM und UTP, GST und und und.

Alles normal. Alles im Lot. Die Enge manchmal gespürt, ab und zu angeeckt, aber sonst? Alles geplant – von der Wiege bis zur Bahre. Es würde seinen geregelten „sozialistischen Gang" gehen. Nach erfolgreichem Studium stieg man ins Berufsleben ein. In den meisten Fällen war der Weg vorgezeichnet, für einige auch der Weg nach oben. Fast alle wussten, was sie in 20 Jahren an welchem Ort machen würden.

Und plötzlich: Die WENDE.

Ein Bruch in den Biographien. Für manche, deren Karriere bereits beendet war, bevor sie begonnen hatte, weil sie wegen „falscher" Verwandtschaft, Kirchenzugehörigkeit, fehlender Parteimitgliedschaft, was auch immer nicht ins System passten, die sich in ihre Nische zurückgezogen hatten, boten sich plötzlich völlig neue Möglichkeiten. Andere, die sich mit dem System eng verbunden hatten und deren Karriere sich klar abzeichnete, standen auf einmal auf der Verliererseite. Die Zukunft war plötzlich offen und ungewiss.

Den Herausgebern ist es gelungen, den Leserinnen und Lesern die neuen Chancen und die Euphorie, die die Grenzöffnung mit sich brachten, nahe zu bringen, aber auch die Kehrseite der Medaille, der Fall ins Bodenlose, wird deutlich.

Diese Biographien stehen stellvertretend für die, die heute zwischen 35 und 50 sind, für uns, die wir hier geblieben sind, wie für jene, die bei der „Völkerwanderung gen Westen" dabei waren.

So manche Be- und Empfindlichkeit von uns „ehemaligen DDR-Bürgern" werden verständlich. Das Buch zeigt, dass wir auf das, was wir geleistet haben, stolz sein können. Trotz Wenn und Aber. Wir brauchen uns nicht zu entschuldigen und auch nicht zu verstecken! Wir hatten eine Erschütterung zu verkraften. Alles war anders, vieles war neu.

Ich bin mir sicher, dass dieses „Klassentreffen" Diskussionen auslösen wird. Lassen Sie Ihre eigene Biographie Revue passieren. Vielleicht organisieren Sie Ihr eigenes Klassentreffen und fragen Ihre ehemaligen Mitschüler und Mitschülerinnen: Wie war das bei Dir? Wie hast Du die Wende erlebt und welche Auswirkungen hatte sie auf Dein Leben?

Ich wünsche diesem aufschlussreichen Buch viele interessierte Leser und Leserinnen.

Manfred Püchel
Innenminister des Landes Sachsen-Anhalt

DIE SELBSTPORTRÄTS

Zuweilen ist gerade in dem,
was wir für die Ursache unseres Verderbens halten,
das Mittel zu unserer Errettung gegeben.

Daniel Defoe: Robinson Crusoe (1719)

Die Abiturienten der Klasse 12/4 der Erweiterten Oberschule „Ernst Haeckel" in Merseburg

REINHARD A.

Architekt

Mein Bild von der Klasse ist ganz schwer zu beschreiben. Auf jeden Fall erstmal positiv. Ich kann mich auch an jeden gut erinnern. Zum Klassentreffen war alles sofort wieder da.

Vor einem Jahr habe ich einige alte Tonbänder, die ich noch mit dem ZK 120* aufgenommen hatte, auf Kassette überspielt. Eins stammte zum Beispiel aus diesem „Lager für Arbeit und Erholung" in Zöschen, wo wir in der Melioration halfen. Da haben wir eine Art Radiosendung produziert. Das war vollkommen verrückt: zusammengeschnittene Musik, zwischendurch haben wir irgendwelche blöden Lieder gesungen …, das war richtig lustig. So wurde meinen Erinnerungen auf die Sprünge geholfen.

Ich habe auch deshalb nur positive Erinnerungen, weil es in unserer Klasse Außenseiter in dem Sinne, dass jemand ausgeschlossen worden wäre, nicht gegeben hat. So kann ich mich an keinen Tag erinnern, an den ich mir gewünscht hätte, nicht an dieser Schule oder in dieser Klasse zu sein.

Ich denke schon, dass während der Schulzeit Prägungen stattfanden, die mich das ganze Leben über beeinflusst haben. Da war bei mir auch immer ein Stück Zwang, sich durchzusetzen. Gerade den Schkopauern eilte der Ruf voraus, ziemlich reaktionär und – was noch viel schlimmer war – christlich zu sein. Es hat während dieser vier Jahre immer wieder heftige Diskussionen darüber gegeben, ob ich als Schüler der EOS das Zeichen der Jungen Gemeinde tragen darf. Es wurden auch mehr oder weniger offene Versuche unternommen, mich zu ärgern, indem man mir zum Beispiel in der Stabü-Prüfung ein weltanschauliches Thema gab und so weiter.

Nun, im Nachhinein, sage ich, dass mir das eigentlich nicht geschadet hat, weil ich dabei gelernt habe, zu meiner Meinung zu stehen und mich mit meiner Meinung durchzusetzen. Das war sicherlich nicht der beabsichtigte Effekt, es ist aber das Ergebnis für mich gewesen.

Dabei musste man sich natürlich an bestimmte Spielregeln halten. Wichtig war es, sachlich zu bleiben und sich nicht nur in die Argumentationsweise, sondern auch in die Denkweise des Gesprächspartners, gegebenenfalls des Gegners, zu versetzen und zu wissen, was etwa dessen Wertesystem ausmacht. Ich stellte bald fest, dass ich in weltanschaulicher Sicht einiges voraus hatte, weil ich zwar sehr genau wusste, in welchem System die denken, sie aber in der Regel nicht im Detail mein Denksystem kannten, sondern Vorurteilen aufsaßen. Deswegen habe ich es vergleichsweise leicht gehabt, mich auch in solchen Diskussionen zu behaupten. Die Lehre für mich war: Man kann solche Diskussionen nur erfolgreich führen, wenn man Sachverhalte genau kennt. Diese Einsicht bestätigte sich in meinem gesamten Berufsleben; insofern hat mich die Schulzeit sehr stark geprägt.

* Die wichtigsten Abkürzungen werden im Anhang erklärt.

Nach dem Abitur habe ich in der Kraftwerksbekohlung in Buna als Maschinist gearbeitet und bin dann im November für anderthalb Jahre zur Armee gegangen. Hierbei hatte ich relativ viel Glück, denn ich musste diese Zeit nicht vergammeln, sondern habe zwei für mich ganz wichtige Dinge gemacht. Erstens habe ich mehrere große Lastwagen gefahren – vom technischen Verständnis, das ich dabei gewann, und von den Fähigkeiten profitiere ich sicher noch heute. Zweitens habe ich in meiner Freizeit als Organist in einer Band gespielt, und bei Auftritten in allen möglichen Dorfkneipen haben wir dem Bataillon eine Ausstattung für eine komplette Tanzkapelle zusammengespielt.

Für mich war es also keine vergeudete Zeit, wenn man dabei mal die Frage ausklammert, ob eine Armee überhaupt eine sinnvolle Angelegenheit ist; ich komme immer mehr zu der Auffassung, dass zur Lösung von Konflikten militärische Mittel grundsätzlich untauglich sind.

Aber ich hatte eben Glück und musste während meiner ganzen Armeezeit vielleicht 20 Schuss abgeben. Für uns war es viel wichtiger, die Autos einsatzbereit zu halten, als Krieg zu spielen. Es war eher eine technische Angelegenheit.

Aber ich weiß, dass ich ganz große Probleme bekommen hätte, wäre ich an die Grenze gekommen. Ich bin Gott immer noch dankbar, dass das nicht geschah und ich auf einem relativ unverfänglichen Posten war.

Jedenfalls sind auch bei der Arbeit in dieser Band nie Dinge von uns verlangt worden, wo man nicht hätte mitgehen können. Selbst dass wir in Uniformen zum Tanz spielten und mit einem „Ural" angefahren kamen, war den Leuten egal. Hauptsache, es gab handgemachte Musik. Denn es war ja die Zeit, als das große Band-Sterben losging und die Discos aufkamen.

Nach der Armeezeit war ich wieder Maschinist in Buna und habe in diesem Sommer, 1975, auch meine langjährige Freundin, die ich schon an der EOS hatte, geheiratet. Ich bin dann im Herbst 1975 nach Weimar zum Studium gegangen, habe dort Architektur und Städtebau studiert; erst vier Semester an der Sektion Architektur und dann sechs Semester an der Sektion Städtebau.

Ich hatte mich ursprünglich für Architektur beworben und bekam während meiner Armeezeit einen Brief, in dem angefragt wurde, ob ich nun eigentlich Architektur oder Städtebau studieren möchte. Ich habe mich für Städtebau entschieden, weil mir der soziale Aspekt des Bauens wichtig war. In dieser Fachrichtung, die es jetzt so nicht mehr gibt, wurde jährlich nur diese eine Seminargruppe ausgebildet, weil der Bedarf in einem so kleinen und wirtschaftlich schwachen Land wie der DDR nicht höher war.

Noch während des Studiums, 1979, ist mein Sohn Robert geboren worden, 1980 meine Tochter Karoline und 1986 meine Tochter Charlotte.

Nach dem Abschluss des Studiums mit dem Diplom habe ich im September 1980 im „Büro für Städtebau und Architektur des Bezirkes Halle" als Sachbearbeiter angefangen, wie man heute sagen würde; damals hieß ich „Architekt für

Stadtplanung". Ich kann mich noch sehr gut an mein erstes Gehalt erinnern: Es waren genau 601,- Mark netto.

Damals habe ich Planungen in Halle, Eisleben, Bad Frankenhausen, Bernburg und anderswo gemacht; erst als ganz normaler Stadtplaner, nach einiger Zeit erhielt ich eigene Projekte. Es muss 1985 gewesen sein, als ich den schönen Titel „Territorial-Verantwortlicher" verliehen bekam. Damit war ich als eine Art Gruppenleiter für drei Kreise – Eisleben, Artern und Bernburg – und die Bauaufgaben, die sozusagen unter Bezirksregie liefen, zuständig.

Stadtplanung war und ist für mich reizvoll, weil das Bauen eines einzelnen Gebäudes ja an ganz andere Voraussetzungen gebunden ist als die Entwicklung einer Stadt. Hierbei geht es viel mehr um fachgebietsübergreifende Fragen, also soziale Fragen, um Verkehrsplanung, Ökologie und so weiter. Das ist komplexer, wenn man auch nicht, was die Architektur anlangt, so sehr ins Detail geht. Aber dieses fachgebietsübergreifende Denken ist für mich einfach interessanter: Für wen baue ich eigentlich was zu welchem Zeitpunkt, wie und warum?

Im Nachhinein ist es für mich natürlich sehr schwer festzustellen, ob mir gelungen ist, was man eine „menschliche Stadt" nennen kann. Die Vorstellungen, die man dazu hat, sind ständigen Entwicklungen unterworfen, und ich bin mir nicht sicher, ob das, was ich jetzt glaube, damals gedacht zu haben, nicht von heutigen Kenntnissen überlagert und gefärbt ist. Ich vermute aber, dass ich auch damals schon die Vorstellung hatte, man müsse und könne eine Stadt mit funktionierenden Nachbarschaftsbeziehungen und gutem Sozialklima entwickeln; eine Stadt, die so weit wie möglich die Umwelt schont und nicht immer mehr Land auffrisst. Ich muss auch feststellen, dass vieles von dem, was ich dann gemacht habe, diesem Anspruch nicht standhalten konnte. Wir waren ja in der DDR, genauso wie die Architekten im Hochbau, in bestimmte Verhältnisse eingebunden. – Wobei Architekten immer Bauherrenwünsche zu berücksichtigen haben und nie machen können, was sie wollen; es sind jedenfalls nur ganz wenige, die das können.

Das heißt also, nur von ganz wenigen Sachen kann ich sagen: Das ist wirklich so geworden, wie ich es mir einmal gewünscht habe. Aber so viel Selbstkritik gehört sich eigentlich nicht für einen Architekten in der Marktwirtschaft.

In meiner so genannten Karriere gab es keine Einbrüche. Es gab ein paar Bedingungen – ich war nicht in der Partei – bei denen mir klar war, dass damit die Karriere irgendwo ihr relativ frühes Ende finden musste. Darauf war ich auch eingestellt. Das, was ich erreicht habe, war das, was ich erreichen konnte, und mehr ging nicht.

Doch mit zunehmender Berufserfahrung und Verantwortung geriet ich mit verschiedenen Vorgaben immer mehr in Kollision. Ich stellte etwa fest, dass wir mit unserer Arbeit überhaupt nicht die Bedürfnisse von Wohnungssuchenden befriedigten, sondern irgendwelche toten Planzahlen abgearbeitet haben. Deshalb wurden zum Beispiel an den Rat des Bezirkes andere Zahlen gemeldet als nach Berlin. Entsprechend mussten Dokumentationen frisiert werden. Dir wurden Wohnungsverteilerschlüssel nach ökonomischen Kriterien vorgegeben, aber nicht nach den Bedürfnissen der Leute. Es wurden wahnsinnig viele Zweiraum-Wohnungen gebaut, obwohl die Leute wahnsinnig viele Kinder haben sollten.

Da hat es ein paar sehr heftige Auseinandersetzungen gegeben, die seinerzeit meine Gesundheit ziemlich belasteten. Ende der 80er Jahre hatte ich Kreislaufprobleme, die relativ eindeutig psychisch bedingt waren. Ich habe ganz einfach diesen Konflikt von Anspruch und Wirklichkeit nicht gut verkraftet.

Ich geriet mit dem Bezirksbauamt aneinander, mit dem Hauptauftraggeber, dem Wohnungsbaukombinat, und mit dem Straßen-, Brücken- und Tiefbaukombinat. Es fühlte sich eigentlich überhaupt niemand diesem Anspruch, den die Zeitungen jeden Tag vor sich hertrugen, tatsächlich verpflichtet. Das waren alles bloß Sonntagsreden, und wenn es dann ernst wurde, regierten völlig andere Kriterien. Natürlich müssen kaufmännische Aspekte bei der Arbeit eine Rolle spielen, aber es konnte doch nicht darum gehen, am Bedarf vorbei zu bauen; sondern nur darum, den Bedarf so günstig wie möglich zu decken. Das begriffen manche Leute offenbar nicht so ganz.

Mit der Zeit spezialisierte ich mich auf Stadtkernsanierung. Ich habe zur Vorbereitung der Luther-Feierlichkeiten zum 500. Geburtstag, 1983, in Eisleben die Sanierung von Teilen der Innenstadt betreut. Neben der Vorbereitung von Wohnungsbaustandorten waren die Bezirksbüros auch für solche Sonderaufgaben zuständig. Sanierung ist sicherlich sehr hochtrabend, denn es ging im Wesentlichen ums Buntmalen. Wir hatten schon viel geschafft, wenn wenigstens die Dächer frisch gedeckt waren und der Putz instand gesetzt war; hinten drin in den Häusern ist natürlich überhaupt nichts passiert. Aber zur Luther-Ehrung sollte Eisleben schön aussehen, und es sah auch einigermaßen schön aus. Dafür bekam ich sogar einen Architekturpreis.

Eine ähnliche Sache habe ich auch in Bad Frankenhausen gemacht. Das ging los mit dem Tübke-Bild und dem Bauernkriegsdenkmal. In dem Zusammenhang erarbeitete ich Entwürfe für die Innenstadt-Platzgestaltung, Farbgestaltung für die Straßenzüge und so weiter.

Obwohl oder weil ich Christ bin, wollte ich nie in die CDU-Blockpartei eintreten. Für mich war diese Aufteilung in verschiedene Parteien ohnehin nur formaler Natur. Die These, man könnte die politischen Verhältnisse in der DDR sozusagen nur aus der politischen Klasse heraus verändern, hielt ich relativ früh schon für einen Trugschluss. Mir war ziemlich bald klar, dass man, egal in welcher Partei, nichts wirklich verändern konnte.

Vielleicht ist das auch ein Stück weit Resignation als eine Lebenserfahrung. Ich denke auch nicht, dass man heute viel ändern kann, wenn man bestimmte Auffassungen hat und diesen Auffassungen treu bleibt. Erich Fromm hat in „Haben oder Sein" unter anderem den Prozess beschrieben, wie sich Umwälzungen vollziehen. Menschlich und politisch integre Personen kommen nur kurzzeitig in Umbruchzeiten an die Macht. Dann werden sie regelmäßig von Karrieristen beiseite gedrängt. Und wenn ich mir die politischen Verhältnisse in unserem Land heute ansehe, dann unterscheiden sie sich zwar ganz wesentlich von den Verhältnissen in der DDR, aber gleich dürfte beiden Systemen sein, dass Gestaltungsmöglichkeiten nur dem offen stehen, der seine Überzeugungen dabei vor der Tür lässt.

Während des Mauerfalls waren wir bei Freunden in Wittenberg. Ich glaube, jemand hörte beim Abwaschen in der Küche Radio und sagte dann: „Mach mal den Fernseher an, die haben die Grenze aufgemacht."

Das habe ich erst nicht recht glauben wollen, und als ich es dann später sah, habe ich gedacht: Das war's. Damit war die DDR erledigt.

Ich habe mir 1989 eine andere DDR gewünscht. Aber mir war vollkommen klar, dass eine ungehinderte Ausreise einfach die Gesellschaft in der DDR zum Zusammenbruch bringen musste. Das ging gar nicht anders. Nicht etwa, dass ich mir gewünscht hätte, dass alle drin bleiben müssen, im Gegenteil – aber der Druck war im Sommer 1989 schon so groß, dass man sich ausrechnen konnte, was passieren würde.

Den Wunsch, ein eigenes Gesellschaftsmodell auszuprobieren, hatte ich tatsächlich, denn was uns in der Bundesrepublik erwartete, war bekannt. Das haben viele Leute nicht glauben wollen. Es ist aber – sicher ein bisschen in Watte gepackt und abgefedert – doch so eingetreten. Und das Interessante ist, dass die Leute, die das am wenigsten glauben wollten, am ehesten zu den Verlierern dieses Prozesses gehören.

Ich habe also einfach die Gefahren sehr schnell gesehen, und zwar nicht nur die wirtschaftlichen Gefahren, sondern gerade die Probleme einer in sich festgefahrenen Gesellschaft. Das sehen wir ja jetzt: eine Gesellschaft, die es eigentlich auch nötig hätte, verändert zu werden. Deshalb habe ich mir eine solche Chance gewünscht. Ich muss allerdings heute auch sagen – aus wirtschaftlichen Einsichten heraus –, dass dieser Wunsch sicher eine Illusion war.

Meine erste Westreise fand irgendwann im November 1989 statt. Das war ganz lustig. Wir nahmen uns vor, nach Göttingen zu fahren. Wir wollten dort unser Begrüßungsgeld holen. Immerhin waren wir zu fünft, das hat sich also gelohnt. Also sind wir in unseren Trabbi gestiegen und losgefahren. Kurz hinter Eisleben fiel uns ein, dass Buß- und Bettag war, der Westen also geschlossen haben würde. Wir haben uns gesagt, mein Gott, sind wir doof, und sind noch zur Arbeit gegangen.

Meine erste Begegnung mit dem Westen fand dann eine Woche später statt. Es hat mich ein bisschen mit Genugtuung erfüllt, als der Angehörige der Grenztruppen unsere Ausweise kontrollierte und uns durchfahren lassen musste. Als ich auf der DDR-Seite die Grenzsicherungsanlagen sah, habe ich bloß gedacht: Mein Gott, was für ein Wahnsinn! Allerdings habe ich überhaupt nicht nachvollziehen können, mit welcher Euphorie auf der Westseite wohlsituierte Hausfrauen meinten, jeden Trabbi begrüßen zu müssen.

Merkwürdigerweise kann ich mich von dieser ersten Fahrt an nichts Konkretes erinnern, was das Städtebauliche betrifft. Sicher ist mir aufgefallen, dass alles viel ordentlicher und viel sauberer war als bei uns. Ich habe nur eine ganz abstoßende Erinnerung, die von einer Fahrt ein paar Wochen später stammt.

Ein Onkel meiner Frau hatte uns über den Jahreswechsel 1989/90 eingeladen – ich weiß nicht, ob das einfach bloß die Freude war oder ob man sich mit Ostverwandtschaft schmücken wollte, wie auch immer. (Das ist zum Beispiel eine Stelle, die ich hinterher rausstreiche.)

Wir sind hingefahren und haben uns verschiedene Städte in der Umgebung angeguckt, Detmold zum Beispiel und Lemgo. In Lemgo war die Innenstadt gerade frisch saniert. Ich ging da am Silvestervormittag spazieren, und mir schien das Ganze relativ tot. Was heißt: relativ tot, es war vollkommen seelenlos. In dem abblätternden Putz unserer Fassaden war irgendwie Leben, da steckte noch das Schicksal von Generationen drin. Dort hingegen sah es aus wie eine Filmkulisse, wie frisch von Disney & Co. aufgebaut. Alles sehr edel, alles sehr teuer, manches im Detail wahnsinnig interessant, ich aber dachte: Da möchte ich eigentlich nicht hin.

Da kommt wieder der soziale Aspekt durch: Es ist nicht mehr der Raum, in dem Menschen leben, sondern es ist – und das ist es ja wirklich – ein Raum für Kapitalverwertung. Insofern freue ich mich immer, wenn ich in Dänemark, in Holland oder in Italien bin. Da sieht alles so ganz normal aus. Da wird ein Haus nicht nur deswegen gestrichen, weil der Nachbar gerade gestrichen hat, sondern es wird in Ordnung gebracht, wenn es nötig ist.

Der Empfang des Begrüßungsgeldes war sicher mit Emotionen verbunden, aber die sind sehr schwer zu beschreiben. Ich habe mich weder erhoben noch gedemütigt gefühlt, sondern es war eine relativ nüchterne Angelegenheit. Ich sagte mir, wenn die Regelungen so sind, wenn mir das zusteht, dann nehme ich das Geld, aber ich sehe nicht, dass ich irgendjemandem wahnsinnig dankbar sein muss. Ich empfand mich auch nicht als armer DDR-Bürger in einer peinlichen Situation, weil er das Geld nimmt. Man hat ja diese beiden Extreme erlebt: die einen, die noch die kranke Oma in den Westen gekarrt haben, und die anderen – auch unter meinen Bekannten – die nicht gefahren sind, weil sie gesagt haben: Soweit kommt's noch, dass ich mich beschenken lasse.

Die Abwicklung des Büros für Städtebau vollzog sich ziemlich unspektakulär. Es war klar, dass die bisherigen Aufgaben so nicht mehr stehen würden. Wir sind bis Ende 1990 noch ganz normal zur Arbeit gegangen, und Anfang 1991 wurde uns dann mitgeteilt, dass es uns gar nicht mehr gibt. Wir mögen aber bitte trotzdem noch zur Arbeit kommen, es würde an einer Lösung gearbeitet. Diese Information kam vom Innenministerium. Wir haben dann alle neue Arbeitsverträge angeboten bekommen; es hat dabei ein ziemliches Hickhack gegeben, ob man diese Arbeitsverträge abschließen müsste oder ob die alten Arbeitsverträge nicht weiter gelten würden.

Wir haben dann nach bundesdeutschem Recht angefangen, für verschiedene Gemeinden Planungen zu machen. Das heißt, Arbeit war eigentlich genug da, trotzdem würde diese Einrichtung angesichts des Planungssystems der Bundesrepublik keinen Bestand haben. Das haben viele als Willkür empfunden. Die haben dann in Gruppen zusammengesessen und gemeinsam das traurige Schicksal beweint. Das war mir zu doof.

Nachdem man uns mitgeteilt hatte, dass wir bloß noch eine Gnadenfrist haben – das war dann wirklich ein bisschen demütigend – und es bloß noch befristete Arbeitsverträge gab, war mir das Ganze einfach zu albern. Ich sagte mir, jetzt musst du dein Schicksal in die eigenen Hände nehmen und was anderes machen. Ich glaube, ich habe zehn Bewerbungen, sowohl auf Stellen in der öffentlichen Verwaltung als auch bei privaten Architekturbüros, geschrieben, und bei dreien hätte ich anfangen können. Schließlich habe ich mich für ein kleines privates Architekturbüro in Eutin entschieden. Bei der Stelle in Eutin dachte ich, Mensch, das ist eine tolle Gegend; das wäre doch was, da zu wohnen und zu arbeiten, wo andere Leute zum Urlaub hinfahren.

Doch es war schwer, sich zu etablieren. Ich habe erstmal in einem möblierten Zimmer gewohnt und mich mehr oder weniger intensiv um eine Wohnung gekümmert. Davon gibt es eine sehr schöne Geschichte. Als ich mir eine Doppelhaushälfte anguckte, die zu vermieten war – und ich kann ja meinen Dialekt nicht so ganz verleugnen – fragte mich der Vermieter, wieviel Kinder ich denn überhaupt habe. Ich sage: drei Kinder. Worauf der Mann sagte: „Um Gottes Willen! Ein Ossi mit drei Kindern! Da kann ich ja gleich Türken nehmen." Der Satz ist selbstverständlich so plakativ, dass ich die Geschichte kaum erzählen mag. Denn es stört mich, dass er gegenwärtig so dramatisiert werden könnte. Eine solche Bemerkung bedient für mich viel zu sehr bestimmte Klischees; aber es gab den Satz wirklich. Ich kann nicht einmal sagen, dass dieses Erlebnis mich besonders irritiert hätte. Er spiegelt ganz einfach die Reaktion einer bis dahin heilen Welt auf eine vermeintliche Bedrohung.

Die Arbeit in Eutin aber war wirklich interessant. Sie hat Spaß gemacht, und ich habe viel von dem gelernt, was die Marktwirtschaft von meinem Beruf erwartet. Unter anderem, dass man als Architekt ganz wesentlich von den Bekanntschaften und Beziehungen lebt. Je kleinstädtischer, provinzieller die Gegend ist, desto mehr spielt das eine Rolle. Ich versuchte deshalb, meine Situation nüchtern zu bedenken: Angestellter in einem kleinen Büro zu sein ist in meinem Metier keine Perspektive. Also versucht man, in den öffentlichen Dienst zu kommen – fast aussichtslos für einen Ossi im Westen, oder man macht sein eigenes Büro auf. Genau das ist aber in einer Umwelt, die den Fremden mit Bedacht ausschließt, nahezu unmöglich.

Nachdem mir das klar war, nahm ich ziemlich kurz entschlossen ein Angebot aus Halle an, in einer großen Planungsgesellschaft am Aufbau des Geschäftsbereichs „Stadtplanung" mitzuarbeiten. Inzwischen habe ich auch ein paar Anteile an der Firma.

Ob mein Versuch in dieser kleinen Firma mit Ost-Mentalität zu tun hat, weiß ich nicht. Ich glaube das eigentlich nicht, obwohl ich davon überzeugt bin, dass wir durch die DDR geprägt wurden. Das heißt aber nicht, dass ich mich bemüßigt fühle, die DDR ständig zu verteidigen und mit verklärtem Blick zurückzublicken, oder aber, dass ich allen Leuten ständig erzählen muss, wie schrecklich die DDR war. Das eine wie das andere ist, denke ich, falsch.

Zu dieser Ost-Mentalität gehört wahrscheinlich ein gewisser Hang zu Offenheit oder Vertrauensseligkeit. Man brauchte eine gewisse Zeit zu lernen, dass es manchmal nötig ist, bösartig um die Ecke zu denken. Eine wesentliche DDR-Prägung ist vielleicht auch das Denken im Familienzusammenhang. Die Familie war in der DDR das, was boshaft als „Nische" bezeichnet wird. Ich sage das aber ganz wertfrei: Die Familie hat zu DDR-Zeiten im täglichen Leben eine relativ große Rolle gespielt; eine viel größere, als das in den alten Bundesländern der Fall war und als das heute allgemein der Fall ist. Man war sicher mehr aufeinander angewiesen, um mit verschiedenen kleinen und großen Widrigkeiten fertig zu werden – von den ganz banalen Versorgungsproblemen, die man natürlich in der Gruppe besser bewältigte als allein, bis zu Auseinandersetzungen mit politischen Fragen. Man konnte seine Unzufriedenheit irgendwo rauslassen, man hatte jemanden, der mit hoher Wahrscheinlichkeit den Inhalt des Gespräches nicht gleich weitermelden würde. Wobei ich gleich anhängen will, dass ich zu DDR-Zeiten nicht in ständiger Angst vor der Staatssicherheit lebte. Man konnte schon deshalb freier denken und sprechen, als heute gemeinhin reflektiert wird, weil die Aufpasser in ihrer eigenen Informationsflut ertranken.

Diese starke Bindung an die Familie bedeutet meiner Ansicht nach jedoch nicht, dass man dadurch sozusagen sozial immobil geworden wäre. Ganz sicher nicht. Denn dann wäre ich kaum für ein Dreivierteljahr nach Schleswig-Holstein gegangen – und zunächst durchaus mit dem Vorsatz, da zu bleiben. Dass ich das schließlich nicht gemacht habe, verdankt sich eher der Fähigkeit, eine Situation realistisch einzuschätzen.

Es gibt sicher ein bestimmtes Heimatgefühl, was ich gerade mit der Stadt Halle verbinde, es ist aber nicht so, dass ich an dieser Stadt oder an dieser Gegend krampfhaft festhalte. Es hat sich eigentlich immer eher so ergeben. Während meines Studiums habe ich versucht, aus dieser Gegend rauszukommen. Meine Frau ist ja ein paar Jahre vor mir mit dem Studium fertig geworden, und bei ihrer Absolventenvermittlung haben wir schon versucht, in eine andere Gegend zu kommen. Erfurt stand da unter anderem zur Diskussion. Das Problem war aber fast immer und überall: Die Einsatzstellen boten keine Wohnung; die einzige, die überhaupt Aussicht auf eine Wohnung gab, war Leuna. Also ging meine Frau nach Leuna. Bei meiner Absolventenvermittlung wurde auch maximal ein möbliertes Zimmer angeboten. Da wir zu der Zeit aber schon ein Kind hatten sowie eine Wohnung in Halle, habe ich mich natürlich dafür entschieden.

Meine verschiedenen Versuche der Umorientierung nach der Wende waren auch ein bisschen halbherzig, weil meine Frau im Landesamt für Umweltschutz in einer sehr interessanten Arbeit steckte. Also habe ich gesagt: Ich finde in meinem Beruf hier allemal Arbeit, ob sie jedoch als Chemikerin eine vergleichbar gute Stelle woanders findet, das ist eben die Frage.

Das ist zum Beispiel auch ein Stück DDR-Prägung: dass für uns die Berufstätigkeit beider Ehepartner eine wichtige Voraussetzung ist. Wir kämen nie auf die Idee zu sagen, naja gut, der Mann geht arbeiten, und die Frau kümmert sich um Haus und Hof. Das ist uns doch sehr fremd.

Wenn ich alles zusammennehme, kann ich nicht sagen, dass mich die Wende geschwächt und belastet hätte. Mit Sicherheit nicht. Ob sie mich gestärkt hat, weiß ich nicht. Sie hat einfach eine Reihe von Möglichkeiten eröffnet, die es vorher nicht gab; allerdings hat sie auch die Möglichkeit für bis dahin unbekannte Belastungen geschaffen. Beispielsweise musste man sich früher um die berufliche Zukunft seiner Kinder nicht so viele Gedanken machen. Aber daraus zu schließen, dass es mir jetzt schlechter ginge, wäre übertrieben. In der Bilanz sieht es eher positiv aus. Die positiven Möglichkeiten überwiegen letztlich doch.

Dass in beruflicher Hinsicht überraschende Anforderungen nach der Wende auf mich zugekommen wären, kann ich auch nicht sagen. Man ist gezwungen, ständig dazuzulernen, ständig etwas anderes, etwas Neues zu machen, seinen Aktionsradius zu erweitern, auch inhaltlich zu erweitern. Das war und ist eine Notwendigkeit. Dass ich damit fertig werde, das darf mich nicht überraschen, das muss ich von mir erwarten. Überraschend wäre für mich, wenn ich mit irgendwas nicht fertig werden würde.

Isa K.

Freie Rundfunkmitarbeiterin

Ich hab 'ne völlig verklärte Erinnerung an die Schulklasse. Ich war damals ziemlich gruppenorientiert. Deshalb hatte ich am Ende der Schulzeit große Probleme: Dieser ganze Gruppenzusammenhalt war erstmal weg. Der war für mich wichtig, ja.

Dazu kam, dass mein weiteres Leben ohnehin ein bisschen anders als bei den meisten verlief. Bedingt durch dieses fürchterliche Abi-Zeugnis, waren da gewisse Grenzen gesetzt.

Aber das große Ziel hieß: irgendwie raus aus Merseburg, Spergau, Leuna et cetera. Möglichst nach Berlin, was aber auf Anhieb so nicht zu realisieren war. Zuerst hatte ich mal den Spleen: Ich wollte mit Hannelore, einer Mitschülerin, zur See fahren. Das fand ich irgendwie schick damals, als Steward ein bisschen was von der Welt sehen. Deshalb habe ich mit Hannelore so 'ne Kellnerausbildung als Crash-Kurs für Abiturienten angefangen. Sie hat sie zu Ende gemacht, ich hab's abgebrochen, weil ich gemerkt habe, dass das nicht geht, dass ich das nicht bin. Ich kann das auch wirklich nicht.

Dann bin ich zur Uni Halle und habe da als Hilfsbibliothekskraft gearbeitet – ein halbes Jahr oder ein Dreivierteljahr, das kann ich nicht mehr genau sagen. Es war jedenfalls an der Sektion Sportwissenschaft. Das war völlig …, ich habe nicht einen Gedanken an die Zukunft verschwendet. Ich war irgendwie total asozial.

Meine Freundin Ellen und ich hatten alle möglichen Flausen im Kopf. Das war nicht anders als heute: Wir wollten was machen, was möglichst attraktiv ist und gut klingt und irgendwie Spaß verspricht. Das ging aber alles nicht mit diesem Abiturzeugnis. Und dann blieb nur noch – das war Ellens Idee – Außenwirtschaft. Das klang auch ganz gut, noch dazu in Berlin, an einer Fachschule. Und da wurde so ein Eignungstest gemacht – da mussten wir auf'ner Landkarte irgendwas zeigen; was, weiß ich natürlich nicht mehr. Ellen hat bestanden, ich nicht. Damit hatte sich das auch erledigt. Da kann man nur sagen: Gott sei Dank! Weil du dieses Studium eigentlich vergessen konntest.

Damit war Ellen aber in Berlin, und ich blieb in Halle. Und ich musste ja irgendwas tun. Und da habe ich gemacht, was damals viele gemacht haben: Ich habe einen Pflegejob angenommen und hatte zum ersten Mal das Gefühl, ich tue wirklich etwas Nützliches. Außerdem war da eine Oberschwester, die sich sehr um mich gekümmert hat. Die wollte, dass ich das zu meinem Beruf mache, eine Psychotherapieausbildung mache und so. Die hat sich sehr für mich eingesetzt, weil man an so eine Ausbildung ja nicht so einfach herankam. Das alles hat sich innerhalb von zwei Jahren abgespielt: Kellner, Bibliothekarin, Altersheim. Und heute bereue ich das auch nicht, denn 70 Prozent meiner Menschenkenntnis stammen aus dieser Zeit.

Dann kam aber der Drang, nach Berlin zu gehen, zu Ellen, und dann kam noch irgendwie 'n Kerl dazwischen. Ich bin dann meinen Gefühlen gefolgt und habe

mich quasi über Nacht von meinen Eltern verabschiedet. Ich hab denen einen Zettel hingelegt: „Ich fange jetzt ein neues Leben an und gehe nach Berlin."
Dort habe ich gemerkt, dass ich mit 20 noch nichts von der Welt wusste, völlig blöd und naiv war, und ich bin dann in eine absolute persönliche Katastrophe geschlittert. Der Typ, den ich da kennen gelernt habe, war so ein verkrachter Philosophie-Student, ein Trinker vor dem Herrn, mit einem exzessiven Lebenswandel. In diesem katastrophalen Jahr hat dieser Mensch mich tatsächlich daran gehindert, irgendeinen persönlichen Schritt zu unternehmen. Ich war nicht mehr als eine bessere Hausangestellte, und er hat mich praktisch ausgehalten.
Danach habe ich sozusagen halb illegal, am Rande der Halbkriminalität, gelebt. Erst illegal bei Ellen im Studenten-Wohnheim, und als wir da rausflogen, in verschiedenen Abrisswohnungen in Köpenick und Adlershof. Es wurde mir tatsächlich erst im Nachhinein klar, dass da nicht viel gefehlt hätte, und ich wäre völlig abgestürzt.
Dabei hätte ich es ganz einfach haben können. Ich hätte einen Brief nach Hause schreiben können: Es war alles ein großer Irrtum, ich bereue und so weiter. Das habe ich aber nicht gemacht. Ich dachte, die Blöße gibst du dir nicht – ich schaff' das irgendwie. Dazu kam noch eine Reihe persönlicher Dinge: Ich war nicht krankenversichert, hatte eine Bauchhöhlenschwangerschaft und bin dann auf der Straße zusammengebrochen. Man hat mich dann mit falschem Sozialversicherungsausweis ins Krankenhaus eingeliefert, weil ich ja keinen besaß und so.
Als ich das hinter mir hatte, hörte ich zufällig davon, dass es im DEFA-Filmkopierwerk die Möglichkeit einer verkürzten Ausbildung für Abiturienten gibt. Und die habe ich auch gemacht und abgeschlossen. Ohne was Neues zu haben, habe ich da aber irgendwie gekündigt und lernte dann durch einen großen glücklichen Zufall in einer Kneipe die Kaderleiterin vom Kreiskulturhaus Treptow kennen. Die hat sich meine Geschichte angehört, und die hat mich trotz meiner beschissenen Biographie ernst genommen. Die fühlte, dass ich auf der Suche war und ermutigte mich zu einer Bewerbung als Jugendklubhausleiterin bei ihr. Die vertraute mir und setzte mich von einem Tag auf den anderen als Leiterin eines ziemlich renommierten Klubs ein. Das war der Jugendklub des damaligen DDR-Fernsehens. Weil der nicht funktionierte, sollte ich so ein Klub-Aktiv neu aufbauen. Sie sagte: „Ich gebe dir jetzt ein Jahr, und ich denke, dass du das schaffst."
Und da hat's bei mir irgendwie klick gemacht. Da war ich für alles verantwortlich, musste konzeptionell arbeiten und habe auch ein richtig gutes Programm hingekriegt. Mit normalen Diskos, aber auch mit allen möglichen Amateurmusikgruppen, Theater, Bühnen- und Filmveranstaltungen und so. Und es war ein schwieriges Einzugsgebiet: Stasi-Kinder, die völlig aus der Art geschlagen waren, die in Banden und Gruppen lebten. Diese Zeit war aber ganz wichtig für

mich, weil es die erste Sache in meinem Leben war, die ich richtig gut gemacht habe. Doch die Arbeit hat mich bis zur Erschöpfung in Anspruch genommen. Nachts habe ich da die Toiletten gescheuert oder geheizt, damit am nächsten Tag eine Veranstaltung stattfinden konnte. Weil wieder mal kein Hausmeister da war. Oder ich habe mir die Nächte in Gesprächen mit den Jugendlichen, die vor meiner Wohnungstür standen, um die Ohren gehauen. Und '80/'81 konnte ich nicht mehr. Ich musste da aufhören. Ich war mit meinen Kräften am Ende, außerdem war ich schwanger, und mein Mann sagte, du musst jetzt auch mal an dich denken.

In dieser Zeit wurde auch viel über diesen Klub berichtet. Einmal kam eine Reporterin von „Stimme der DDR" und erzählte mir, dass die da Sprecher suchen. „Bewirb dich doch mal, du hast 'ne gute Stimme." Und das hab ich getan, weil ich dachte, das wäre eine gute Alternative – Rundfunk und so … Dann gab es einen Eignungstest, und die Hälfte des Gremiums war dafür, die andere war dagegen. Es hieß dann: Die Stimme passt nicht ins Kollektiv von „Stimme der DDR". Im Nachhinein kann ich nur sagen, Schwein gehabt! – Damals war das natürlich ein ziemlicher Schlag. Die wollten diese gesetzten alten Nachrichtenstimmen, und meine war eben ziemlich jung, und sie war anders. Und dann sagte der Sendeleiter: „Ich sehe, Sie haben Interesse an dieser Arbeit, wir haben da zufälligerweise noch eine Stelle frei als Producer, Aufnahmeleiter. Würden Sie das machen?"

Und da habe ich also 1981 angefangen. Und war seitdem bei „Stimme der DDR" als Producer. Bis zu dem Zeitpunkt, als es „DS Kultur" wurde, 1989. Unmittelbar davor hatte ich eine schwere Krise. Das war einfach unvorstellbar! Aber ich habe das ja immer verdrängt, viele Jahre, das kann man nicht anders sagen. Du hast dich immer irgendwie gerettet, indem du gesagt hast: Ich produziere dieses Zeug nur, ich bin nicht für den Inhalt verantwortlich.

Vor '89 hatte ich traumhafte Bedingungen: Ich hatte variable Arbeitszeit, ich konnte mir meine Zeit einteilen … das war ideal mit einem Kind und einem Mann, der noch an der Hochschule für Film und Fernsehen studierte. Aber es war eben eine Zeit der Verdrängung. '89 ist das dann kulminiert. Ich habe da Chefredakteure erlebt, die Kommentare sprechen sollten und nicht mehr sprechen konnten. Die irgendwie in der Sendung waren und ihren Text aufsagen sollten und die mir – die ich ein relativ kleines Licht dort war – sagten: „Ich kann nicht mehr. Ich kann nicht mehr lügen." Aber was sollst du da machen? Sollst du sagen: Dann lüge nicht mehr, sag' die Wahrheit oder: Dann geh' in Rente?

Das war auch die Zeit, als einfache Techniker an der Bandmaschine gesagt haben: „Ich mach' das nicht mehr mit. Ich kann das Band nicht mehr auflegen." Oder: „Ich kann das nicht mehr aufnehmen. Ich kann das nicht mehr verantworten." Insofern war die Wende ein richtiger Befreiungsschlag.

Das war wirklich ein absolutes Glücksgefühl: Als es diese „Stimme der DDR" nicht mehr gab und die ganzen Zwänge wegfielen, das war wahrscheinlich die beste und kreativste und schönste Zeit überhaupt. Wo du gedacht hast: Alles ist möglich. Und da war auch viel möglich. Du konntest auf einmal auf allen Ebenen arbeiten. Vorher war es sehr hierarchisch – einen eigenen Beitrag konntest du überhaupt nicht unterbringen. Und plötzlich war die Möglichkeit da, auch als Autor zu arbeiten, Live-Sendungen zu machen, neue Strecken zu entwickeln ... Es war die totale Öffnung.

Bis dann die Reglementierung durchs ZDF kam, 1992 – das bedeutete das Aus für die gesamte Produktionsabteilung. Das war eine sehr demütigende Angelegenheit, damals. Da saßen also diese ZDF-Leute, die aus Mainz angereist waren, mit Verspätung und so ... Und wir saßen irgendwie von 14 Uhr bis nachts um eins und warteten auf den Urteilsspruch von dieser ZDF-Verwaltung. Darüber, was nun mit uns passieren soll. Und es stellte sich völlig unerwartet heraus, dass die gesamte Produktionsabteilung, also auch ich, entlassen wurde. Das hat uns aber nie jemand angekündigt. Es kam richtig so aus der kalten Küche.

Dann war ich ein Vierteljahr arbeitslos. Das war viel zu lange für mich, denn das war eigentlich eine perverse Situation: Die Arbeit lag ja da, aber niemand hat sie gemacht. Plötzlich gab es keine Regieassistenten, Aufnahmeleiter, Producer mehr. Irgendwann haben die uns dann wieder gerufen, weil die Not wirklich groß war. Und wir haben in einem irgendwie rechtlosen Raum ohne Bezahlung gearbeitet. Erst danach haben wir als sogenannte „fest-Freie", gewissermaßen als Vollbeschäftigte ohne Anstellung, weiter gearbeitet. Aber unter einem anderen Programmkonzept. Mit dem wurden vor allem Intellektuelle erreicht. Von der Musikschiene her war das ausschließlich Klassik, inhaltlich war das also eher Hochkultur. Die Zeit des Experimentierens war damit vorbei, ab '92.

Und es war ein großer Fehler, dass wir uns damals nicht wehrten, sondern uns alles gefallen ließen. Natürlich in dem Glauben – es war ja dieser DDR-Glaube –, dass irgendjemand sich für uns einsetzt und das alles irgendwie regelt.

Ein tiefer Einschnitt war für mich dann die Vereinigung von „DS Kultur" mit dem aufgelösten „RIAS" zum „Deutschlandradio", am 1.1.1994. Da war dann tatsächlich jeder auf sich allein gestellt und musste zusehen, wie er weiter beschäftigt wurde. Denn wir unterlagen einem großen Trugschluss, als wir dachten, das wird schon alles für uns geregelt, es war aber nicht so. Und weil ich zwischenzeitlich bei „DS-Kultur" in der Politik-Redaktion gearbeitet hatte – die 15 Jahre davor im Bereich „Wortproduktion" bei „Stimme der DDR" zählten nicht – waren meine Karten nicht so gut. „Deutschlandradio" hatte also nicht so ein wahnsinniges Interesse an mir, weil man außerdem noch voller Vorurteile gegen die Ost-Kollegen war. Mich haben sie dann zwar trotzdem genommen, aber diese Anfangszeit war ziemlich krass: Mit diesen Unterstellungen, dass wir vermutlich unser Handwerk nicht beherrschten und insgesamt nicht wüssten, wie Radio geht. Also diese ersten Tage im Januar 1994 waren ein Alptraum. Da hatte ich wirklich richtige Depressionen, und bald war auch in der Familie eine Krise, weil ich das bis nach Hause mitnahm. Ich konnte es nicht mit mir alleine abmachen und brauchte ungefähr ein Jahr, um mich dort wenigstens einigermaßen zu etablieren. Und diese Ablehnung war massiv. Dabei hatten wir, da wir ja viel mehr improvisieren mussten, viel mehr drauf – was das rein Handwerkliche betraf – als die West-Kollegen. Aber ich musste trotzdem parallel mitlaufen und sollte mir ansehen, wie Rundfunk gemacht wird. Das war schon demütigend.

Vor allem aber hat sich der Status verändert. Früher war diese Tätigkeit als Beruf akzeptiert, und nun war das ein Job, höchstens eine Art Zwischenstation. Das hat mich doch ziemlich unterfordert. Gleichzeitg gab es eine neue Regelung, wonach man bei diesem Arbeitsverhältnis nur noch 60 Tage im Jahr arbeiten durfte, und das ist dann immer schärfer durchgesetzt worden. Der Sinn der ganzen Angelegenheit war, dass du nicht mehr als 18 Stunden in der Woche arbeiten solltest, um dich nicht auf eine feste Stelle einklagen zu können.

Wenn ich jetzt an diese Zeit zwischen '89 und '92 denke, dann empfinde ich richtig Trauer. Oder es ist vorrangig Wehmut. Das ist jetzt im Moment extrem, weil ich gerade in einer Hörspielproduktion in meinem alten Funkhaus in der Nalepastraße beschäftigt bin. Und da kam das alles wieder hoch. Das hat nichts mit Nostalgie zu tun, das Alte hätte ich auch nicht mehr gewollt. Aber es hätte eine neue Chance sein können.

Die Idee eines völlig neuen Rundfunks, die hat sich natürlich erledigt, mit diesem Zusammenschluss. Und den wollte ja auch eigentlich niemand. Weder die Leute vom RIAS, noch wir. Überhaupt diese Idee: Ich sollte zum RIAS, der ein paar Jahren zuvor noch das Feindbild schlechthin war. Schon komisch.

Am 31.12.93 war ich auf einer Silvesterfeier in Thüringen und klemmte da den ganzen Abend am Radio. Der Sender wurde ja richtig abgeschaltet, geradezu ein symbolischer Vorgang. Das interessierte natürlich bei dieser Feier keine Sau. Die Leute lagen besoffen unter den Tischen, und mir liefen die Tränen runter, und ich dachte, was wird jetzt?

Und wenn ich mir dieses verfallende Gebäude heute ansehe, mit einem Sendesaal, dessen akustische Qualität es nur noch zweimal auf der Welt gibt, dann kommt schon Wehmut auf. Denn es war natürlich auch ein Politikum, dass dieses Gebäude nicht übernommen wurde. Ebensogut hätte sich „Deutschlandradio" auch dort etablieren können. Aber mit dem Staatsvertrag ist das mit einem Handstreich erledigt worden. Es ist wirklich schade, welches Potenzial damit verschenkt worden ist. Das ist eigentlich Wahnsinn.

Wenn ich aber von dieser beruflichen Vergangenheit absehe, erinnere ich mich, dass ich '88 bereit war, einen Ausreiseantrag zu stellen. Ich dachte, ich würde ersticken, weil mein Leben bis zur Rente so klar schien. Und außerdem gingen fast alle meiner Freunde in den Westen. Mein tragischster Geburtstag war '89, weil ich da die letzten Freunde verabschiedete. So 'ne schlimme Party hatte ich noch nie: Da waren nur Leute, die weggingen. Aber ich hatte lange Gespräche mit meinem Mann. Für ihn war klar, dass er da bleibt, und dann war es prinzipiell auch für mich klar. Meine Familie aufzugeben, nee, ich wollte nicht um jeden Preis gehen. Der Westen war auch nicht wirklich eine Alternative, ich wäre eher nach Holland gegangen, auch weil Ellen und ein befreundetes Ehepaar da inzwischen waren.

Und was die freie Arbeit betraf, die habe ich zunächst gar nicht so negativ empfunden. Ich dachte, jetzt tut sich da ein weites Feld von Möglichkeiten auf. Erst später habe ich gemerkt, wie stressig das ist. Insgesamt hatte ich zunächst schon so'n Gefühl von Freiheit. Das hat sich allerdings ziemlich schnell relativiert. Ich hab dann schnell gespürt, dass mir Grenzen gesetzt sind: altersmäßig ..., und dass sich die Arbeit immer mehr reduziert, wie es jetzt ist. Und dass man jetzt anders mit Zeit umgeht. In der DDR hat man Zeit geradezu verschwendet, und jetzt hat man für nichts genug Zeit. Also mich stört das zum Beispiel, dass ich diesem Leistungsdruck unterworfen bin. Und in dieser freien Position umso mehr. Das unterscheidet sich grundsätzlich von einer Festanstellung. Dabei bin ich einerseits härteren ökonomischen Zwängen unterworfen und könnte andererseits trotzdem – wegen dieser Beschäftigungsregelung – in meinem Job gar nicht mehr tun.

Sicherlich, ich könnte theoretisch mehr tun. Ich könnte, wenn ich wollte, Kunstgeschichte studieren, wenn ich jemanden hätte, der mir das finanziert. Das könnte ich alles machen, insofern ist das Spektrum jetzt weiter und offener. Theoretisch kannst du also alles machen, aber ich kann es nicht wirklich. Weil ich eben, ganz konkret, die Familie ernähren muss. Und deshalb empfinde ich die Abhängigkeiten von Beziehungen, connections, jetzt noch größer als früher. Die Anpassung ist – gerade in dem Geschäft – extrem groß. Das habe ich wirklich unterschätzt.

Es ist aber nicht so, dass ich resignativ in der Ecke sitze. Ich hätte schon eine Menge Ideen, was ich machen würde. Das kann ich aber nicht, weil ich noch eine Familie habe, und da hängt ja auch noch ein Kind mit dran. Außerdem haben wir uns in der Familie abgesprochen, dass mein Mann jetzt mal Zeit bekommt, sein Ding beim Film zu machen. Dass ich jetzt sage, ich steck' jetzt mal zurück, weil es einfach zu früh für ihn wäre, jetzt schon aufzugeben. Die andere Seite ist natürlich, dass das Alter erbarmungslos zuschlägt, dass die Möglichkeiten, eine Existenz zu gründen, enger werden. Dabei gibt es genug Leute, mit denen ich gern etwas zusammen machen, schon noch mal ein paar Sachen ausprobieren würde.

Zum Beispiel existiert die Idee von einer selbständigen Produktionsfirma. Da gibt es auch schon drei, vier Leute, die da mitmachen würden: zwei Tonmeister, ein Techniker, eine Autorin. Das würde auch mit EU-Mitteln gefördert werden, sich als Produktionsbetrieb selbständig zu machen. Dienstleistungen anzubieten, dahin geht ja der Trend, weil die Öffentlich-Rechtlichen immer weniger eigene Sachen produzieren, sondern mehr mit out-sourcing-Produktionen arbeiten. Das würde ich gerne machen, aber dazu brauchst du natürlich viel Geld, du brauchst eine gute Geschäftsidee, brauchst Räume … Und dann musst du irgendwie zusehen, dass du das zwei Jahre durchhältst.

Außerdem habe ich ein gutes Händchen, mit Schauspielern zu arbeiten. Ich kann mir also auch gut vorstellen, ein Casting-Büro aufzumachen … Ja, so was wäre alles offen, und das ist ein Punkt, wo ich es eher positiv sehe und denke, es ist doch noch was möglich. Wenn es nicht so wäre, könnte ich mich ja eigentlich erschießen. Wenn ich denken müsste, da ist jetzt der Endpunkt erreicht, und es ginge nicht weiter, dann würde ich wahrscheinlich depressiv in der Ecke sitzen und trinken.

Wenn ich jetzt alles zusammenrechne, was ich seit der Wende erfahren habe, fühle ich mich eigentlich gestärkt. Die interessanteste Erfahrung war wirklich, frei zu arbeiten. Ich habe ja dieses Versorgtsein bis zur Bahre – das habe ich gehasst. Der Witz ist, dass ich trotz der manchmal an die Existenz gehenden Sorgen – dass du wirklich manchmal die Miete nicht mehr bezahlen kannst – dass ich tatsächlich ganz lange überlegen müsste, wenn mir jemand eine Festanstellung anbieten würde. Weil du eben ohne Festanstellung auch mit diesen Intrigen und Machtspielchen, die an so einem Sender laufen, nichts zu tun hast. Dann bin ich immer ganz froh, dass ich da nicht drin bin.

Es ist ganz lustig: Ich habe mit meinem Mann so eine private Zeitrechnung. Die lautet „vor dem Durchbruch" – das ist jetzt – und „nach dem Durchbruch" – das ist irgendwann. Und ich hoffe sehr, dass die Zeit "nach dem Durchbruch" bald eintritt und dass ich dann den Kopf frei kriege von diesen Problemen, dass die Familie was zu fressen hat. Denn das tötet jegliche Kreativität.

Zwischendurch hatte ich so ein demütigendes Gefühl: Dass ich mit einem Schild durch die Gegend rennen muss, auf dem steht: „Nehme jede Arbeit an". Und ich habe auch alles gemacht an diesem Sender; auch diese nicht gerade wahnsinnig aufregenden Talk-Sendungen. Wo du nachts um drei am Hörertelefon sitzt und mit irgendwelchen Nervensägen reden musst, die aus unerfindlichen Gründen ihren privaten Kram an die Öffentlichkeit bringen müssen und dir damit ein Ohr abkauen. Ich kann mich eben nicht in die Kunstecke zurückziehen und sagen, ich mache nur noch Hörspiel oder so.

Ich habe inzwischen auch meinen Stolz ein bisschen überwunden. Ich mache heute eben diesen albernen Telefondienst … Was soll's, ich brauche die Kohle. Also, diese Demütigungsgrenze, da bin ich jetzt drüber weg. Nur wenn das ein Dauerzustand werden sollte – da hoffe ich sehr auf einen „Durchbruch", damit ich wieder ein bisschen freier in meinen Entscheidungen sein kann.

Um auf das Klassentreffen zurückzukommen: Eigenartig nach diesen 25 Jahren war, dass ich überhaupt keinen Wiedererkennungseffekt hatte. Ich war auch nicht nostalgisch; wie andere, die auf den Schulbänken nach ihren alten eingeschnitzten Initialen suchten oder so. Was mich aber wirklich erschüttert hat, war die Wiederbegegnung mit unserer Klassenlehrerin. Augenblicklich waren dieselben Prüfungsängste, dieselben Schuldgefühle da wie vor 25 Jahren. Und Frau Sch. war ja auch nicht in der Lage, wenigstens ein verbindliches Wort zu sagen. Ich fühlte mich genau in die Situation von früher versetzt und fühlte mich wieder schuldig. Meine Erwartung dagegen war, dass 25 Jahre später eine entspannte Atmosphäre möglich sein sollte. Dass Frau Sch. mir zum Beispiel auf die Schulter haut und sagt: „Na, aus Ihnen ist ja doch noch was geworden." Denn es gab ja unter den Mädchen zwei schwarze Schafe, das waren Ellen und ich. Und sozusagen diese Entlastung, die hat Frau Sch. eben nicht geschafft. Sie hat es wirklich vermieden, neben mir zu stehen, und wir haben den ganzen Abend über nicht ein einziges Wort gewechselt. Ellen ging es übrigens genauso.

Und dann fand ich diese ganzen Biographien ziemlich spannend und die Art, wie die Leute sich dargestellt haben. Ansonsten hatte ich ein gutes Grundgefühl, weil ich die Leute gemocht habe, bis auf ein paar Ausnahmen. Und dass wir uns hinterher noch ein bisschen zusammengesetzt haben, das fand ich eigentlich am schönsten. Deshalb habe ich mich auf das Klassentreffen auch gefreut und war total aufgeregt. Ich hatte sogar die Illusion – aber dann war schon klar, dass das nicht passieren kann – mit bestimmten Leuten den Kontakt wieder aufzunehmen. Die Bindungen sind eben doch nicht so stark, wie ich dachte. Die Zeit geht dann doch darüber hinweg. Aber wo soll das auch herkommen? Es waren vier Jahre. Es war nur ein Bruchteil Zeit, die wir zusammen verbracht haben.

ELLEN S.
Museumsdirektorin

Wenn ich mich an die Schule erinnern soll, denke ich: schlechtes Zeugnis (lacht), paar Lehrer, Gruppenzwang … Wenn man Individualist war, hat man da eben schon ein paar Probleme gehabt. Im Unterricht war Gruppenzwang; auch in der Pause und bei den nachschulischen Aktivitäten …

Gern denke ich aber an die „Sonne", diese Kneipe in Merseburg (lacht). Da sind wir nach der Schule hingegangen und haben mit den Studenten ein bisschen rumgetrunken.

Ich kann mich aber nicht an so viel erinnern, vielleicht weil ich nicht so positive Erinnerungen habe. Irgendwie ärgere ich mich heute, dass ich damals nie Hausaufgaben gemacht habe, dass ich alles ein bisschen habe hängen lassen. Dadurch waren dann doch, das denke ich schon, die Möglichkeiten beschränkt, sich zu überlegen, was man machen kann.

Ach, naja, die Kumpels, die man in der Schule hatte, die habe ich als positiv in Erinnerung – die Pausen, die Raucherinsel …

Zu den unangenehmen Erinnerungen gehört unsere Klassenlehrerin. Beim Klassentreffen bekam ich gleich wieder schweißige Hände, als ich sie sah. Ja, dieser ewige Stress: Dass man sich so benehmen musste, wie es vorgeschrieben war. Und wenn man ein bisschen anders war, wurde das eigentlich schon nicht mehr akzeptiert. Ich meine, ich war ja keine extreme Persönlichkeit. Ich war sicherlich nach außen hin ziemlich angepasst. Aber dass man sich auch von den Gedanken her anpassen musste … Als ich vor kurzem aufräumte, fand ich zufällig meine Zeugnisse. Da steht drin: „Ellen beteiligt sich nicht aktiv an außerschulischen Veranstaltungen" …

Ich finde, das war eine schwierige Zeit: Das Alter von 14 bis 18, 19 ist eigentlich überhaupt kompliziert. Man will sich ein bisschen abgrenzen, seine eigenen Grenzen feststellen. Und das war eben, denke ich, in unserer Schulzeit ziemlich schwierig. Die Möglichkeit zu Individualität hat mir absolut gefehlt.

Dabei hatte ich eigentlich einen ziemlich liberalen Vater – meine Mutter weniger. Mein Vater sagte mir, ich solle mir meine eigene Meinung bilden. Deshalb haben wir beispielsweise sowohl „Aktuelle Kamera" als auch „Tagesschau" geguckt. Mein Vater sagte, es gibt keine absolute Wahrheit, du musst dir deine Meinung selber bilden können. Aber solche Sachen konnte man nicht im Unterricht erzählen. Man konnte nicht sagen, dass es keine absolute Wahrheit gibt – es gab in der DDR ja eine. Ich fand das immer ein bisschen schwierig, dass man nicht sagen konnte, was man dachte. Aber ich habe in der Schulzeit nie unter irgendwelchem großen Druck gelebt.

Dass man sich von der Kleidung oder der Frisur anpassen musste, hatte natürlich auch etwas Spannendes, weil man durch Verstöße relativ einfach zeigen konnte, dass man eine eigene Persönlichkeit hat, fand ich.

Als die Studienwahl rankam, haben wir, Isa und ich, uns einen Studienführer genommen – ich weiß noch, dass wir so mit dem Zeigefinger runtergegangen sind, um zu sehen, was man alles in Berlin studieren konnte –, und ich bin dann auf Außenhandel gekommen. Eigentlich aber war es egal, Hauptsache Berlin. Ich habe mich dort beworben, und sie nahmen mich an.

Von Kreipau aus allein nach Berlin zu gehen, das war ein ganz schöner Schritt, aber ich wollte alles kennen lernen. Ziemlich zu Anfang las ich Plenzdorfs Buch „Die neuen Leiden des jungen W."; und die Hauptperson ging da zum Montagsjazz irgendwo ins Zentrum von Berlin. Da dachte ich, da muss ich auch hin. Und tatsächlich kamen solche Leute wie Nina Hagen und so. Es gab da ein bisschen Szene, und ich habe mich voll reingestürzt: „Berliner Ensemble", Jazz ... und habe unheimlich viele interessante Leute kennen gelernt. Das hat mich beeindruckt.

Doch dafür wurde ich beim Studium von meinen Kommilitonen ganz schön kritisiert. Ich wohnte im Studentenwohnheim, elf Leute in einer Dreizimmerwohnung. Wenn ich abends wegging, kam keiner mit.

Wir waren ja aus der ganzen Republik. Die meisten fuhren am Wochenende zu ihren Verlobten nach Hause, und ich habe mich in der Kultur Berlins ausgelebt. Nach einem Jahr hatte ich das erste Gespräch mit der Studienleitung, und die haben mich gefragt – unter meinen Kommilitonen müssen irgendwelche Stasi-Leute gewesen sein, die denen gesteckt haben, dass ich nie da bin und mich mit irgendwelchen subversiven Typen abgebe –, warum ich ins „Berliner Ensemble" gehe und warum nicht das Maxim-Gorki-Theater mein Stammtheater sei, warum ich bestimmte Kneipen besuche ... Die hatten mich also ganz schön unter Kontrolle.

Auch deshalb wurde ich während des Studiums ein bisschen kritischer. Außerdem gab es unheimlich viele Diskussionen, auch über Marx, Lenin und andere Philosophen. Die gab es auch mit Westberlinern, von denen viele oft rüberkamen. Wir haben zwar alle unterschreiben müssen, keine Kontakte zu ihnen zu haben, aber die gab's natürlich trotzdem. Dass man dabei ziemlich aufpassen musste, ja, darunter habe ich eigentlich nicht gelitten. Ich habe es einfach gemacht, weil ich nicht das Gefühl hatte, ich mache da was Verkehrtes. Ich bin ja nicht mit einem Transparent durch Berlin gelaufen, auf dem stand, dass ich alles Scheiße finde. Ich habe mich immer an die Spielregeln gehalten, außer eben an die mit den Kontakten. Aber das waren Privatkontakte, die auch nicht besonders intensiv waren. Nur ein Holländer, den Isa und ich in Prag kennen gelernt hatten, der kam dann irgendwann nach Berlin. Er hat Isa besucht und ... mich geheiratet (lacht).

Das Studium habe ich noch beendet, nur meine Abschlussarbeit wurde nicht anerkannt, weil ich damals gesagt hatte, dass ich aus der DDR weggehe ... Doch die waren sowieso irgendwie froh, mich loszuwerden.

Meine Abschlussarbeit beinhaltete die Handelsbeziehungen zwischen der DDR und Russland. Und mir wurde angekreidet, dass ich darin auch von Problemen mit Russland schrieb, von denen ich unter anderem bei einem Praktikum in einer Berliner Außenhandelsfirma erfahren hatte. Das war aber nicht Sinn der Sache, das sollte man nicht machen. Also musste ich die Arbeit nochmal schreiben. Eigentlich wollte man mich gleich ganz exmatrikulieren. Immerhin hatte ich damals schon alle Fächer abgeschlossen; nur eben die Abschlussarbeit wurde nicht anerkannt. Damit bekam ich auch keinen offiziellen Abschluss, kein Diplom für das Studium.

Ich hatte dann schon ein Kind und arbeitete als Reinigungskraft im Buchhandel, im Krankenhaus in der Aufnahme – eben solche Hilfsarbeiten, die man kriegen konnte, wenn man einen Ausreiseantrag gestellt hatte. Genauer gesagt, stellte ich einen Antrag, den Holländer heiraten und mit ihm zusammen wohnen zu dürfen. Das hieß aber praktisch, aus der DDR wegzugehen und nach Holland zu ziehen, weil mein Mann als Ökonom hier nicht hätte arbeiten können. Also mussten wir nach Holland ziehen. Im März 1978 habe ich den Antrag gestellt, den haben sie dreimal abgelehnt, und im März des folgenden Jahres habe ich schon geheiratet …

Da hat es mir eigentlich schon ein bisschen Leid getan, dass ich wegging. Wenn es länger gedauert hätte, wäre ich wahrscheinlich nicht weggezogen. Denn ich hatte in Berlin Freunde, und meine Familie war hier. – Dieser Weggang war so definitiv. Es war ja eine Emigration. Man wusste, dass man nicht zurück konnte. Als ich in Holland ankam, fand ich es furchtbar. Ich wohne in Haarlem, einer Kleinstadt, sehr bürgerlich. Ich war inzwischen auch wieder schwanger und meldete also meine älteste Tochter in der Kinderkrippe an – aber das war überhaupt nicht üblich. Wenn man Mutter war, war man Mutter und passte auf die Kinder auf. Ich aber wollte wieder arbeiten oder studieren oder irgendwas. Doch in dieser Kleinstadtstraße mit Vorgärten herrschte eine soziale Kontrolle, schlimmer als auf dem Dorf, fand ich.

Schwierig war auch, dass ich noch nicht Holländisch konnte und auch dadurch sozial total isoliert war – keine Familie, keine Freunde, schwanger und keine Arbeit: Die ersten fünf Jahre waren eigentlich grauenhaft.

Ich bin im Juni 1979 nach Holland gezogen, im November wurde die jüngste Tochter geboren, und ein Jahr später habe ich angefangen zu studieren. Zunächst Anthropologie in Amsterdam, doch da hatte ich noch keinen Krippenplatz und war durch die vielen Vorlesungen überfordert. Deshalb habe ich das nach dem ersten Semester abgebrochen und danach angefangen, Museologie zu studieren. Inzwischen hatte ich auch einen Krippenplatz für meine jüngste Tochter.

Das Studium hat vier Jahre gedauert. Währenddessen habe ich gelegentlich bei einer Kulturorganisation gearbeitet. Dann habe ich noch ein Jahr ein europäisches Studium gemacht, ein Management-Studium. Ab und zu fand ich eine Arbeitsstelle, denn zu der Zeit war ich schon geschieden und musste erst einmal hauptsächlich für meine Kinder sorgen. Ich habe zum Beispiel für ein paar Stunden in der Woche in einer Galerie gearbeitet, im Kunsthandel in Amsterdam. Später arbeitete ich im Museum in Breda; das war aber anderthalb Zugstunden entfernt. Deshalb habe ich nach einem Jahr da aufgehört und in Haarlem angefangen. Ich bekam einen Marketingauftrag für eine Reiseorganisation, die Kunst- und Kulturreisen veranstaltete. Und dann habe ich dort angefangen zu arbeiten, wo ich auch heute arbeite, im Architekturzentrum in Haarlem. Da bin ich jetzt Direktor.

Ich war jedes Jahr mindestens dreimal bei Freunden in der DDR, vor allem in Berlin. Dabei habe ich festgestellt, dass, wenn man weg ist, sich die eigenen Gefühle ein bisschen verstärken, irgendwie. Außerdem habe ich die Lage in der DDR vielleicht auch etwas verklärt, weil mich das Heimweh unheimlich plagte. Aber in den 80er Jahren gab es in der DDR ja auch eine ganze Reihe von sozialen Errungenschaften – der Schwangerschaftsurlaub und so; die Position der Frau war hier ja ganz gut geregelt – anders als damals in Holland. In Diskussionen mit Freunden habe ich also manche Sachen zu positiv bewertet, die hier im Osten stattfanden. Später veränderte sich die Situation in Berlin spürbar. Politisch wurde es immer erdrückender. Man hat das gefühlt, wenn man über die Grenze kam. Für mich war das ja überhaupt kein Problem. Ich bin in Holland in den Zug gestiegen und in Berlin ausgestiegen, ohne irgendwelche Schwierigkeiten zu haben. Ich brauchte nicht einmal ein Visum. Wenn man dann in Berlin, Friedrichstraße, stand, hat man schon gemerkt, dass es irgendwie immer spannender wird. Die Leute wurden immer nervöser und die Freunde immer unzufriedener.

Für mich war auch schlimm, dass Freunde aus Westberlin, die mich bis zur Schranke gebracht hatten, dann nicht weiter durften, weil sie irgendwann mal einen Ausreiseantrag gestellt hatten; das war ja die Regelung. Und in Ostberlin haben mich Freunde abgeholt, die auch nicht rüber durften. Ich aber konnte durch die Grenze, als ob es normal wäre. Das war für mich was ganz Furchtbares, und es wurde vom Gefühl her immer schlimmer. Auch die Sentimente nach solchen Besuchen – das bleibt schon, denke ich.

Ich fand die Sachen, die sich zwischen den Leuten in der DDR abgespielt haben, schon irgendwie positiv. Zum Beispiel, dass man mehr und tiefere soziale Kontakte hatte, dass es nicht so ein Abstand zwischen den Leuten gab, wenn man befreundet war … Ich habe zwar auch in Holland gute Freunde, aber es ist doch irgendwie anders. Hier hat man sich mehr gebraucht … Vielleicht lag es daran.

Der Mann einer Freundin ist Dramaturg, und wenn einer eine Idee für einen Stoff hatte, unterhielt man sich darüber. Hat man heute eine Idee für einen Stoff, dann behält man die Idee für sich, aus Angst, dass der andere sie einem klaut. Das war früher doch anders. Man hatte ein bisschen mehr Vertrauen, weniger

Stress, eigenartigerweise: weil die Zukunft sicherer war. Stress gab es eigentlich nur zu Weihnachten, wenn man Geschenke besorgen musste.

Ich merke auch heute, dass die Leute im Osten – ich war gerade in Berlin bei einem Gartenfest – ein bisschen ungezwungener sind als die im Westen. Im Westen geht's mehr über Äußerlichkeiten, über Trends und Mode und über das Aussehen, wenn man das mal ganz schwarz-weiß sagen will. Im Osten geht's vielleicht doch mehr um innere Werte.

Trotzdem habe ich mich erst, nachdem die Mauer gefallen war, damit beschäftigt, vielleicht wieder überzusiedeln. Vorher nicht, weil ich wusste, wenn ich zurückkäme, würde ich unheimliche Schwierigkeiten haben. Ich hätte hier ja nicht arbeiten können; vielleicht als Putze oder so – das war unmöglich.

Im Juli 1989 war ich zum ersten Mal mit einer holländischen Freundin in Berlin, um ihr die Stadt zu zeigen. Da habe ich auch erstmals eine touristische Tour gemacht, so um die Mauer rum, Grenzübergänge, Geisterbahnhöfe. Und bei dieser Gelegenheit habe ich der Mauer einen symbolischen Tritt gegeben: Scheißmauer! Wenn ich jetzt hier durchlaufen könnte, wäre ich in fünf Minuten bei Isa. Das war im Juli, und im November ist die Mauer umgefallen (lacht). Da dachte ich, ich hätte eher gegen die Mauer treten sollen.

Diese Zeit habe ich ganz intensiv erfahren. Denn ein Bekannter vom Fernsehen fragte mich im August, ob ich nicht in einer Talkshow mitmachen würde; ob ich nicht dazu was sagen könnte, dass so viele Leute über Ungarn geflüchtet sind. So wurde ich „osteuropäische Expertin". Ich bin oft gebeten worden, meinen Kommentar im Fernsehen darüber abzugeben, was sich hier im Osten so abspielte. Dadurch habe ich mich ganz intensiv mit der Wende auseinandergesetzt und auch an einer Universität Vorlesungen gehalten.

Es war interessant zu hören, wie die Holländer über die DDR dachten. Es fiel mir auf – und das hat sich bei der Berichterstattung über „Zehn Jahre nach dem Mauerfall" eigentlich nur bestätigt –, dass die Holländer fast genauso indoktriniert sind, wie die Ostdeutschen es waren. Das Bild, das in den Medien beschrieben wird, ist sehr einseitig: Die Menschen in der DDR waren alle sehr unglücklich, das Leben war grau, jeder wurde überwacht, und man konnte nur etwas werden, wenn man Parteimitglied war.

Ich war nach dem Mauerfall für eine Woche mit einem holländischen Fernsehteam in Halle. Es war Februar. Natürlich war es grau, aber das wusste man auch schon vorher. Obwohl ich ihnen viel Positives zeigte, war davon im holländischen Fernsehen nichts mehr übrig. Man sieht kaum positive Berichte über die DDR; man will sie vielleicht auch nicht sehen. Es hat mich unglaublich erstaunt, wie oberflächlich und einseitig in den Zeitungen geschrieben wird.

Dann gab es ein Angebot, für das Fernsehen in Berlin zu arbeiten, etwas, was mir unheimlich Spaß gemacht hätte. Doch meine Kinder wollten nicht mit. Ja, da hat mich das Heimweh unheimlich gepackt. Es ist schon ein großer Unterschied, alles aus der Ferne zu verfolgen oder die Realität mitzuerleben und zu gestalten.

Meine Kinder waren nach dem Mauerfall 13 und 10 Jahre alt. Sie hatten in Holland ihre Freunde, Schule, Familie und natürlich die Sprache. Sie können beide zwar gut deutsch sprechen, aber ich weiß aus Erfahrung, wie wichtig die Muttersprache ist. Außerdem wäre ihr Vater dann auch zu weit weg gewesen, und das wollte ich ihnen dann doch nicht antun.

Hätte ich keine Kinder gehabt, wäre ich absolut sicher nach Deutschland zurückgekommen. Nach der Wende sah ich viele Möglichkeiten, das, was ich hier gelernt habe, dort anzuwenden.

Jetzt muss ich mich damit abfinden, drei-, viermal pro Jahr Familie und Freunde zu besuchen. Der einzige Vorteil ist, dass dadurch alles sehr angenehm bleibt; man hat ja keinen Alltagsstress, und das etwas verklärte Bild bleibt somit positiv bewahrt.

Ich fand die Wende absolut positiv. Man kann ja kaum mit gutem Gewissen verteidigen, dass 17 Millionen Leute eingesperrt waren.

Aber ich meine, es gab auch Sachen in der DDR, die positiv waren. Ich denke zum Beispiel an die soziale Sicherheit. Das ist doch ein Thema. Auch, dass Leute jetzt Angst haben, auf die Straße zu gehen, weil sie überfallen werden könnten. Da gibt es viele Unsicherheiten.

Wenn ich aus dem Westen in die DDR kam, habe ich die Ruhe – auch wenn das Land ein bisschen eingeschlafen war – immer als ganz angenehm empfunden. Außerdem hat mir gefallen, welche Möglichkeiten die Frauen hier hatten. Als ich damals nach Holland gezogen bin, hatte ich echt das Gefühl, hundert Jahre zurückzugehen: Eine Frau hatte Mutter zu sein. Hier aber war ich eher als Mensch erzogen worden und nicht als Mann oder Frau. Ich habe hier im Osten nie gemerkt, dass ich – nur weil ich eine Frau bin – eine andere Position hatte. Ich glaube, dass sich das in Holland jetzt auch einpegelt hat, während es hier in Deutschland nicht mehr so positiv ist.

Und eins fehlt mir noch: die guten Bäcker-Brötchen (lacht). Die vermisse ich.

Ich merke, wenn ich in Holland bin, dass ich keine echte Holländerin bin, weil ich die ersten 25 Jahre hier in der DDR gelebt habe. Das ist aber auch nicht verkehrt, ich finde, die eigene Geschichte muss man positiv sehen.

Eigentlich fühle ich mich als Ostdeutsche. Ich habe Freunde in Holland, die kommen aus Westberlin, und da haben wir ab und zu auch mal ein Streitgespräch. Da merke ich die Unterschiede schon. Und als ich jetzt in Berlin war, habe ich so oft von den Unterschieden zwischen Westberlinern und Ostberlinern gehört; sogar noch bei Kindern von 16, 17 gibt es sie. Also hier steht die Mauer immer noch. Das hat mich ganz schön überrascht, muss ich sagen. Ich habe jetzt mit einer Bekannten geredet, die zuständig für Frauenarbeit ist. Und die sagt, dass ihre Westkollegin eine total andere Sprache spricht. Das hat mich erstaunt.

UWE F.
Stellvertretender Geschäftsführer

Meine Kernerinnerungen aus jener Zeit haben mit Schule relativ wenig zu tun. Ich kann mich nur an eine Stunde im Musikunterricht entsinnen, als Eddy [Bernhard S.] wie wild anfing, auf dem Tisch rumzutrommeln. Ich bilde mir ein, es war „Sympathy for the devil" von den Rolling Stones.

Und Russisch ist mir unwahrscheinlich haften geblieben, weil ich da immer so wahnsinnige Probleme hatte. In Erwartung, mir einen Knoten in die Zunge zu machen, konnte ich weder gut lesen noch gut sprechen. Das wurde dann später beim Studium noch schlimmer. Wenn im Unterricht keiner mehr zuhören wollte, dann rief unser Dozent immer: „Herr F., lesen Sie jetzt bitte!" Mit einem Mal war es mucksmäuschenstill: Alle wollten lachen.

Das heißt, es gibt keine gravierend negativen Erinnerungen an die Schulzeit. Ich war ja aber nur bis zur zehnten Klasse an der Penne. Ein bisschen komisch fand ich das Theater, das es gab, als Ecki [Eckhart St.] und Reini [Reinhard K.] mal mit Jesuslatschen und Jeans zur Schule kamen und dazu ihr FDJ-Hemd trugen. Dass das nicht so gut ankam, fand ich ein bisschen eigenwillig. Aber damit sind wir eben aufgewachsen. Ich persönlich habe das nie als Stress empfunden. Ich bin da sicherlich recht blauäugig gewesen. Meine Erziehung im Elternhaus war sehr staatstreu.

Als mein Vater starb, war ich erst zwölf Jahre alt. Der hat als Diplomingenieur in Buna gearbeitet, meine Mutter war stellvertretende Verwaltungsleiterin im Klubhaus in Buna. Ich hatte eine astreine Pionier- und FDJ-Erziehung, so dass ich – bis auf kleine Reibereien wegen der Haarlänge – von der politischen Grundlinie her zu dem Zeitpunkt überhaupt keine Berührungsprobleme kannte. Wir hatten auch nur ganz entfernte Westverwandte. Als die einmal zu Besuch waren – ich muss in den ersten Schulklassen gewesen sein – waren die hochgradig frustriert darüber, dass wir am Wochenende Fleisch aßen und zum Abendbrot Butter auf dem Tisch stand.

Das war für mich ein Schlüsselerlebnis zum Verhältnis Ost-West. Damals waren das für mich eh alles Spinner da drüben. Das hat sicherlich die widerspruchslose Einstellung zum Staat mit geprägt.

Ich verließ die EOS nach der zehnten Klasse, weil ich durch meinen Bruder von der Möglichkeit erfahren hatte, an der TH eine Spezialschule zu besuchen. Dort konnte man innerhalb von zwei Jahren sowohl das Abitur als auch das erste Studienjahr absolvieren. Dieser Bildungsweg war wenig bekannt und die Zahl der Plätze an diesen Schulen gering.

Da mein großer Bruder an dieser Spezialschule in Merseburg war, musste das der kleine auch schaffen. Ich besprach das mit meinem Banknachbarn [Rüdiger T.], und der war eigentlich auch nicht abgeneigt. Obwohl wir zu diesem Zeitpunkt exakt die gleichen Zensuren hatten – wir saßen nun mal nebeneinander –, empfahl unsere Klassenlehrerin zwar mich zur Bewerbung, nicht aber Rüdiger. Warum, habe ich nie verstanden.

Nachdem ich die Aufnahmeprüfung für chemische Verfahrenstechnik bestanden hatte, besuchte ich die elfte Klasse an der TH. Diese Prüfungen waren wirklich stressig für mich; da waren hochintelligente Leute dabei, die damals schon im Kopf hatten, was ich heute noch nicht vorweisen kann. Da waren wirklich ein paar Genies dabei.

So war dieser Wechsel eine gewaltige Umstellung. Wir haben zum Beispiel Physikvorlesungen mit dem ersten Studienjahr gehört, obwohl wir im Mathe-Unterricht noch gar nicht die Grundlagen – Differential- und Integralrechnung – behandelt hatten. Man war deshalb einfach gezwungen, effektiv zu lernen. Dabei war ich mit Sicherheit nicht der Fleißigste. Ich zog es dann doch vor, Sport zu machen, in die Kneipe oder zur Disco zu gehen. Aber ich bin dort recht vernünftig durchgekommen, war immer Durchschnitt.

Ich kam dann glücklicherweise in das zweite Studienjahr ohne Unterbrechung durch den Armeedienst. Normal war ja, dass du nach dem Abitur erstmal zur Armee kamst. Und das war für mich eben der entscheidende Vorteil: Wenn du die erwartete Leistung brachtest, konntest du das Studium fortsetzen und musstest nicht sofort zur Armee.

Die TH Merseburg war eigentlich als rote Uni verschrien. Den Eindruck hatte ich aber nicht, weil ich damals selbst stark kommunistisch angehaucht war. Ich begeisterte mich für Che Guevara, weil der nicht nur redete, sondern handelte. Am Ende des Studiums hatte ich mal ein Erlebnis mit einem Herrn von der Stasi, aber der war so dumm, darüber konnte ich nur lachen. Die Vorgeschichte war, dass ich absolut keine Lust auf Armee hatte, obwohl mir das Militärische eigentlich nahe sein sollte: Immerhin habe ich lange Kampfsport betrieben. Deshalb wollte ich mich in Buna bei der Berufsfeuerwehr bewerben – die Feuerwehr gehörte ja zu den bewaffneten Organen. Wenn du da drin warst, wurdest du nicht eingezogen. Über meine Mutter kam ich darüber mal ins Gespräch, und offensichtlich wollten die mich erstmal überprüfen.

Da war 1974 oder '75 mal ein leichtes Erdbeben, welches auch in Merseburg zu spüren war. Und eines Tages gucke ich aus meinem Hochhausfenster im Internat und sehe, wie jemand um mein Motorrad herumschleicht. Ich also runter und frage: „Gibt es irgendwelche Probleme?" – „Ach nein, ich wollte nur mal gucken. Sagen Sie mal, da war doch dieses Erdbeben, was ist denn da passiert?" Wir hatten wirklich einen Riss im Hochhaus. Und plötzlich schwenkte er schlagartig um: „Naja, Sie studieren ja?" – „Ja." – „Aber das ist ja sowieso nicht so wie im Westen?" Ich sage: „Wie meinen Sie das?" – „Naja, ihr dürft doch eure Meinung nicht sagen, ihr werdet doch alle unterdrückt." Ich denke, oh, wie kommt ein wildfremder Mann dazu, dich so anzusprechen? Ich habe dem dann einen Vortrag gehalten, den hätte sicherlich unser Dozent für Politische Ökonomie oder für Wissenschaftlichen Kommunismus nicht besser halten können. Er ging dann mit hängenden Ohren davon, er konnte keine negative Seite an mir finden. Da habe ich gedacht, wenn die bei der Stasi auf solche Typen angewiesen sind, na dann: Gute Nacht ...

Ich habe in dieser Zeit auch meine spätere Frau kennen gelernt. Ihr Vater war Genosse und fing bald an: „Du musst in die Partei, das gehört sich einfach so." Ein Sportfreund warnte mich damals noch: „Wenn du in der Partei und verheiratet bist und willst dich scheiden lassen, oder wenn du mal fremdgehst, kriegst du Ärger mit der Partei." Da ich mir diesen Ärger ersparen wollte, unternahm ich während des Studiums keine Anstrengungen mehr, in die Partei einzutreten. Es ist auch keiner nochmal auf mich zugekommen, weil ich – mein Vater war ja Diplomingenieur – als Intelligenzkind galt; das hätte den Anteil versaut [um die SED wenigstens statistisch als Arbeiterpartei deklarieren zu können, gab es phasenweise einen sogenannten „Aufnahmestopp für Angehörige der Intelligenz" – W. G.].

Mit 21 Jahren hatte ich dann mein Diplom. Ich hätte als Assistent an der TH bleiben können, das hat mir aber meine Frau ausgeredet. Sie sagte, sie sei noch zwei Jahre Studentin, und wir brauchten, wenn wir heiraten wollten, jemanden, der Geld verdient. Da man als Assi ziemlich schlecht bezahlt wurde, entschied ich mich, im Stickstoffwerk Piesteritz anzufangen. Das lag unmittelbar neben dem Wohnort meiner Frau, Coswig.

Diese Arbeitsstelle war grandios. Ich nannte mich Produktionstechnologe. Meine Kollegen erzählten mir immer, wieviel sie zu tun hatten, und ich sagte: „Na, dann gebt mir doch mal ein bisschen Arbeit. Ich habe überhaupt nichts zu tun." – „Ach, das dauert zu lange, dir das zu erklären." Damit ich nun überhaupt was machte, habe ich eine Stunde früher angefangen und wenigstens die Schichtberichte geschrieben. Also, es war ätzend, acht Stunden im Büro ohne Arbeit rumzusitzen. Vor Verzweiflung habe ich im Einfingersuchsystem auf der Schreibmaschine Beurteilungen für Leute geschrieben, die ich noch nie in meinem Leben gesehen habe. Beurteilungen wurden aber wenigstens gebraucht – für eine Auszeichnung, einen Ferienplatz und so weiter. Meine Unzufriedenheit wuchs noch, weil ich in dieser Zeit noch aktiv Sport – Ringen – in Schkopau betrieb. Da das ein bisschen weit weg war und wir alle 14 Tage Mannschaftskämpfe hatten, versuchte ich, so schnell wie möglich aus Piesteritz wegzukommen. Im September '76 hatte ich begonnen und zum Jahresende wieder aufgehört.

Durch die Unterstützung eines Freundes fand ich eine Stelle bei der IMO in Merseburg, in der Abteilung Preise. Ich arbeitete in der Preisökonomie – die bekanntlich mit chemischer Verfahrenstechnik null Berührungspunkte hat. Aber es war schön: Ich war wieder in der Nähe meiner Frau und konnte vier- bis fünfmal in der Woche zum Training. Bei der IMO habe ich bis nach der Wende, bis zum 31.12.1991, gearbeitet.

Zunächst hatte ich natürlich jede Menge Neues zu lernen; von Preiskalkulation nach DDR-Schema hatte ich ja keine blasse Ahnung. Wenn man heute mit einem Ur-Bundesbürger darüber redet – der versteht's nicht. Ich habe gestern mit einem zusammengesessen und versucht, es ihm zu erklären – er hatte große Probleme. In dieser Preisabteilung arbeitete ich, bis meine Einberufung zur Armee kam, die ich offensichtlich selbst provozierte.

Ich hatte auf Armee keinen Bock, weil ich kein Typ bin, der sich gern unterordnet. Mir gelang es auch, mich vor dem Armeelager während des Studiums zu drücken [in der Regel mussten die StudentInnen in der DDR nach dem vierten Semester eine paramilitärische Ausbildung in „Zivilverteidigung" (ZV) oder in einer Art „Reservistenlager" absolvieren – W. G.]. Vor der Untersuchung für dieses Lager trank ich ein paar Tassen Kaffee, jammerte ein bisschen, so dass der Arzt befand, ich sei zwar nicht untauglich, aber für den Stress eines Armeelagers nicht geeignet. Meine damaligen Kommilitonen konnten das nicht fassen, weil ich mehrere Stunden am Tag Sport machte. Ich habe dann sechs Wochen im ZV-Lager mit rund 350 jungen Frauen verbracht – eine sehr schöne Zeit.

Da mein erster Versuch mit der Feuerwehr nicht geklappt hatte, wollte ich es nun über die Kampfgruppe probieren. Denn Kampfgruppenangehörige wurden auch nicht zur Armee eingezogen. Ich ging also zum Kampfgruppenkommandeur der IMO und sagte, ich möchte gern „Genosse Kämpfer" werden. Das verstand der überhaupt nicht. Es gab noch nie einen Freiwilligen bei der Kampfgruppe. Dann führten die ihre Überprüfungen durch, die beim Wehrkreiskommando endeten. Das erteilte keine Freigabe für mich, weil ich meinen Grundwehrdienst noch nicht absolviert hatte. So wurde ich dann folgerichtig eingezogen. Ich war inzwischen verheiratet, wir hatten gerade ein Kind bekommen – der Junge war damals fünf Monate alt – also, das war wirklich nicht feierlich.

Vor der Armeezeit wurde ich noch Gruppenleiter in dieser Abteilung Preise, nach der Armee habe ich dann in Vertretung als Abteilungsleiter gearbeitet; der Abteilungsleiter war für eine andere Aufgabe abgestellt. Nachdem die beendet war, meldete ich bei meinem zuständigen Fachdirektor mein weiteres Interesse an einer verantwortungsvollen Aufgabe an. Kurze Zeit später schlug mir die Firmenleitung vor, nach einer Einarbeitungsphase Hauptabteilungsleiter „Technologie" zu werden. Und irgendwann wurde ich Haupttechnologe. Das war natürlich das Ding – ich war nicht mal 30! Man hat mich dann auch ausgiebig als das leuchtende Beispiel der Kaderarbeit des Betriebes gefeiert. Doch die Firma hat da relativ wenig gemacht; ich bilde mir ein, selbst schon ein bisschen daran gearbeitet zu haben. Hauptabteilungsleiter war ich dann bis zur Wende. Ich leitete zwischen 135 und 140 Mitarbeiter, davon 80 bis 90 Ingenieure sowie Sachbearbeiter, Techniker, Zeichner und Konstrukteure.

Dafür musste ich übrigens nicht in die SED eintreten. Es hat mich auch niemand dazu aufgefordert, im Gegenteil! Beeinflusst durch meinen Schwiegervater, wollte ich in die Partei eintreten, nachdem ich in Merseburg angefangen hatte. Mir wurde gesagt: „Pass auf, Junge, das geht nicht, weil du Intelligenz bist. Warte bis zur nächsten Parteitagsinitiative, da werden die Prozente erhöht, dann kannst du." Das erste Mal hatte ich schon am Abschluss des Studiums gefragt, und die sagten: „Jetzt in der Endphase bringt das keine Punkte, mach das im Betrieb." Das dritte Mal schließlich habe ich während einer FDJ-Versammlung bei der Armee nachgefragt. Da war ein General vom Stab dabei, und wir sollten ein Programm beschließen, in dem unter anderem stand, die besten Genossen Soldaten werden für die Aufnahme in die Partei vorbereitet. Da habe ich mich dann gemeldet und gesagt, ich bitte um einen Zusatz. Ich möchte, dass da steht: „Die besten Genossen, aber nicht Angehörige der Intelligenz und keine Soldaten im Grundwehrdienst ... werden vorbereitet." – „Wieso?" – „Na, ganz einfach: Ich bin Angehöriger der Intelligenz, ich mache Grundwehrdienst, ich bin einer der besten Soldaten mit allen Auszeichnungen, die es gibt – und ich darf nicht in die Partei eintreten."

Nach einigem Knatsch im Divisionsstab lehnte man meinen Antrag ab. Da sagte ich mir, dreimal wolltest du, die wollten dich nicht – na bitte! Als ich von der Armee zurückkam, sprach mich mein Abteilungsleiter an, wie ich zum Parteieintritt stehe. Da habe ich gesagt: „Ich wollte dreimal, ihr wolltet nicht. Ich arbeite für den Staat, ich bin für den Staat. Ihr habt mir erklärt, ich kann das auch sehr gut ohne Partei, und jetzt mache ich es ohne Partei." Erst als ich eine Weile als Hauptabteilungsleiter gearbeitet hatte, trat ich in die Partei ein.

Mittlerweile war ich auch Mitglied der Kampfgruppe. Als ich von der Armee zurück war, kamen die an und sagten: „Du wolltest doch zu uns, also dein Eintritt ist jetzt nur noch eine Formsache." Ich dachte, na gut, obwohl ich natürlich nicht mehr da rein wollte, weil der ursprüngliche Sinn weg war. Aber das war ein lustiger Verein, vom Zwischenmenschlichen her; das muss man nicht überbewerten.

Natürlich war gerade die Anfangszeit auf diesem Posten teilweise hart. Ich war jünger als meine Abteilungsleiter, jünger als meine Gruppenleiter und hatte bedeutend weniger Berufserfahrung. Das ließ man mich auch gelegentlich spüren. Außerdem war ich nicht unbedingt das Lieblingskind unseres Betriebsdirektors, weil ich mir mitunter erlaubte, aufmüpfige Fragen zu stellen. Es ging zum Beispiel darum, dass in meiner Abteilung für ein Montagevorhaben errechnet wurde, wie viele Leute wie lange nötig waren. Die Herren von der Realisierung sagten: „Alles Scheiße, alles falsch, funktioniert nicht, deine Leute haben wieder Mist gebaut." Unser Betriebsdirektor kam aus der Realisierung und sagte: „Recht habt ihr. Uwe, deine Truppe hat Scheiße gebaut." Da habe ich mir dann erlaubt zu sagen: „Wollen wir nicht mal kontrollieren, wann unsere Monteure morgens anfangen, wie lang ihre Pausen sind, und wann sie ihre Arbeit beenden?" Der Parteisekretär saß mir in der Betriebsleitung immer so gegenüber, der kniete fast auf dem Tisch: „Ich lass mir von dir jungem Schnösel meine Arbeiter nicht zur Sau machen." – „Ich mache keinen zur Sau, ich habe die Frage gestellt, ob das mal jemand kontrolliert hat. Ich kenne Analysen über die Nichteinhaltung der Arbeitszeit, und wenn die nicht eingehalten wird, dann können natürlich die Vorgaben aus meinem Bereich nicht stimmen." Solche Crashpunkte gab es immer mal, aber die Arbeit hat mir schon Spaß gemacht. Etwa bei der Einführung der Rechentechnik. Nach der Wende konnte ich feststellen, dass renommierte westdeutsche Unternehmen auf diesem Gebiet nicht annähernd so weit waren wie wir.

Das große Schlagwort war CAD/CAM. Jeder musste so was ja einführen. Und bei uns wurde an einer Wahnsinnslösung für die Projektierung, Berechnung und Dimensionierung von Rohrleitungen gearbeitet; durchgängig mit Datenträgerübergabe. Der Computer legte den Rohrleitungsverlauf selbst fest, hieraus wurden die Materialstücklisten erstellt und die Materialbestellung vorgenommen, daraus entstanden die Anweisungen für die Vorfertigung der Rohrleitungselemente bis hin zu den Arbeitsplatzpapieren, und zum Schluss erstellte man noch die Arbeitspapiere für die Montage. Das System funktionierte sogar testweise. Ich glaube, dass man erst heute auf diesem Gebiet den Stand erreicht hat, den wir schon 1988/89 hatten. Also, das hat zum Beispiel unwahrscheinlich Spaß gemacht.

Ich war zwar NSW-Reisekader, aber ich war vor der Wende nicht im Westen. Meine Frau hatte Westverwandtschaft mit aktivem Kontakt. Als der Kaderdirektor zu mir sagte, du bist SW-Reisekader, nun musst du NSW-Reisekader werden, erwiderte ich: „Was soll der Quatsch! Ihr wisst, ich habe über meine Frau NSW-Kontakte, die ich unter keinen Umständen abbrechen werde. Ich habe nichts gegen die Leute, der eine ist alter SPD-Genosse, der andere ist Rentner, der andere ist ein junger Mann, der mit beiden Beinen im Leben steht. Ich habe keine Veranlassung, diese Kontakte abzubrechen."

Das aber war bei NSW-Reisekadern Standard. Und da forderte mich der Kaderdirektor auf, alle Kontakte anzugeben, sie würden das dann weiter bearbeiten. Nach einem Jahr Weigerung habe ich es dann doch gemacht, natürlich ohne Namensangaben.

Meine Frau jedoch hat die Überprüfungsbehörden ein bisschen ausgetrickst, so dass sie zweimal fahren durfte. Sie fand das auch schön, hat allerdings nie eine Veranlassung gesehen, dort zu bleiben. Sie kaufte gerne dort ein, ist aber auch gerne wieder nach Hause gekommen. Wir hatten mittlerweile zwei Kinder, ein Haus, und sie sagte, was soll ich da, hier ist meine Familie, hier ist mein Zuhause. Ich selbst hatte schon Lust, im Westen zu arbeiten. Die Möglichkeit bestand durchaus; wir hatten Leute, die im Auftrag der Firma in Japan, Österreich oder in den USA tätig waren. Das hätte ich mir auch gern mal angeschaut.

Die Wende habe ich in mehreren Phasen erlebt. Die erste Phase war für mich schockierend. 1988 reisten die Ersten aus, auch Mitarbeiter meiner Abteilung. Das konnte ich nicht nachvollziehen, weil ich nie das Bedürfnis verspürte wegzugehen. Zudem war für mich schockierend, dass unsere Superobervorbildgenossen aus der Direktionsetage plötzlich alle ihre Meinung über den Staat änderten. Da habe ich gesagt: „Also, Leute, das kann nicht sein: Wir waren uns bisher darüber einig, dass der Staat in Ordnung ist; er ist verbesserungswürdig, völlig klar – aber dafür sind wir ja in der Partei. Die, die ganz oben stehen, können ja nicht alles merken. Dafür sind wir ja da, um denen zu sagen, was zu ändern ist." Als plötzlich ein großer Teil auf der Direktionsebene seine Meinung zum Staat änderte, dachte ich, haben die dich denn alle beschwindelt?

Unser Superoberkommunist beispielsweise, unser kaufmännischer Direktor, der einem meiner Kollegen, der fachlich absolute Spitze war, mit Entlassung gedroht hat, weil er aus der DSF austreten wollte, der sagte plötzlich: „Das muss hier alles weg! Der Sozialismus, das bringt alles nichts!"

Trotzdem hat mich das alles sehr stark zum Nachdenken bewegt. Aber ich habe nicht, wie alle unsere Direktoren, das Parteibuch abgegeben. Ich dachte, nein, das machst du nicht, du hast bis jetzt die Meinung vertreten, dass du dort in dem Verein etwas Richtiges machst.

Dann kam der Tag der Grenzöffnung. Das hörte ich morgens im Radio, stürmte ins Schlafzimmer, weil meine Frau noch schlief, und sagte: „Die Grenze ist offen." – „Kann nicht sein." – „Doch, ich habe es gerade in den Nachrichten gehört." Wir starteten am Wochenende darauf den Versuch, ihre Verwandten in Braunschweig zu besuchen. Nach vier Stunden Stau habe ich aber irgendwo bei Magdeburg aufgegeben. Wir wiederholten das eine Woche später. Da war ich wirklich das erste Mal im Westen.

Mein Sohn meinte: „Im Westen ist alles ganz anders, selbst das Gras ist viel grüner." Es war schön, ja. Das Warenangebot war toll, die Grundstücke waren besser gepflegt. Aber mich hätte damals trotzdem nichts dazu bewegen können zu sagen, jetzt brechen wir hier unsere Zelte ab und gehen dort rüber.

Danach waren wir mit dem Trabbi noch einmal in Bayern, um uns dort das Begrüßungsgeld abzuholen und davon Weihnachtsgeschenke zu kaufen. Ich muss sagen, dass mich die Schlange vor der Bank deprimiert hat. Ich wollte mich da nicht anstellen und so tun, als sei ich auf Almosen angewiesen. Aber meine Frau stellte sich dann in die Reihe. Na gut, was soll's. Wie zur Strafe wollte der Trabbi dann nicht mehr so richtig. Er lief bei der Hinfahrt schon so komisch, und zurück lief er nur noch auf einem Topf.

Diese Konsumlandschaft habe ich wahrgenommen. Aber es war nicht so, dass mich das Warenangebot erschlagen hat. Es war schön, dass es das gab, aber das kannte man zumindest teilweise auch aus Ungarn. Das hat mich nicht in irgendeiner Weise am Boden zerstört.

Ich habe mir dann erlaubt, einen Gesamtstrukturvorschlag für das Unternehmen zu erarbeiten und leitete ihn dem Betriebsdirektor zu. Er meinte, wenn ich die Arbeit von Herrn de Maizière [letzter Ministerpräsident der DDR] machen wollte, dann wäre ich Herr de Maizière, wenn ich seine machen wollte, dann müsste ich seinen Posten einnehmen. Ich habe gesagt: „Ich will nicht deine Arbeit machen, ich habe dir einen Vorschlag gemacht, aus dem, was ich durch die Kontakte mit Westfirmen gelernt habe." – War kein Thema. Ich habe trotzdem angefangen umzustrukturieren und als Erstes meine Stelle wegrationalisiert.

Unser Unternehmen brauchte Leute, die in die alten Bundesländer gingen, um Aufträge zu beschaffen, denn hier brach mit einem Schlag die gesamte Montagetätigkeit zusammen. Also bin ich von September/Oktober 1990 bis Ende '91 in den Westen gegangen, um Kontakte zu knüpfen. Das war damals sehr einfach; die Führungsetagen der chemischen Industrie standen uns offen. Die Westdeutschen hatten zwar null Gefühle für das, was bei uns vor der Wende abgelaufen ist, und die hochgestellten Leute waren nicht daran interessiert zu wissen, wie wir gearbeitet haben, aber ich habe ein paar sehr einflussreiche Persönlichkeiten kennen gelernt, mit denen man unwahrscheinlich gut reden und arbeiten konnte. Ich hatte sehr guten Kontakt zum Einkaufsdirektor eines Großkonzerns, und immer wenn ich ein Problem hatte, konnte ich den fragen. Immerhin gehörte er zu den einflussreichsten Einkäufern in dieser Branche, ein Mann also, der schon ein bisschen was zu sagen hatte. Und da gab es eine ganze Reihe von Leuten, die sahen, dass wir fachlich nicht blöd waren und es sich für sie rechnete, mit uns zusammenzuarbeiten. Wir boten unsere Leistungen ja auf einem ganz anderen Lohnniveau an. Und so hat sich da doch eine recht erfolgreiche Arbeit für IMO entwickelt. Leider spiegelte sich das nicht in den wirtschaftlichen Zahlen wider, weil in der Auftragsabwicklung gravierende Fehler gemacht wurden. Da durfte ich jedoch nicht eingreifen. Wenn ich dazu was sagte, bekam ich jedesmal einen Rüffel. Und die Kompetenzstreitigkeiten spitzten sich immer weiter zu.

Irgendwann hatte ich dazu keine Lust mehr und nahm Kontakte zu verschiedenen Unternehmen auf. Ich hätte sofort drüben anfangen können, aber ich wollte etwas haben, wo ich perspektivisch wieder zurück konnte. Deshalb entschied ich mich, bei einem Autokran-Verleih anzufangen. Das war ein in Bochum ansässiges Unternehmen, das im Osten sehr aktiv war. Einer der Mitgesellschafter und Geschäftsführer war ein ehemaliger Kollege aus Merseburg. Zu dem ging ich und sagte: „Wenn du mein Chef bist, fange ich in dem Unternehmen an". Und so begann ich bei dieser Firma als Akquisiteur. Heute bin ich ihr stellvertretender Geschäftsführer und habe ein sehr gutes persönliches Verhältnis zu meinem Chef. Mittlerweile ist er der geschäftsführende Gesellschafter, dem gehört also der ganze Laden. Das ist aber ein richtiger Ossi, ein gebürtiger DDR-Bürger. Zwischen uns gibt es blindes Vertrauen.

Zum überwiegenden Teil der Mitarbeiter habe ich eigentlich ein sehr gutes Verhältnis, ich bin prinzipiell mit allen Kranfahrern per du. Ich habe sehr lange vor Ort gearbeitet und weiß, worum es in der Branche geht, so dass die Jungs akzeptieren, was ich sage.

Nach dem Parteitag Ende '89, bei dem sich die SED in die PDS umwandelte, bin ich ausgetreten. Das war mir alles zu verschwommen, es waren keine Ziele mehr da. Ich habe auch den festen Vorsatz, in keiner Partei mehr Mitglied zu werden. Ich bin zur Überzeugung gelangt, dass der Kommunismus theoretisch absolute Spitze ist, das beste, was es gibt. Er hat nur einen Nachteil: Er braucht Menschen, die ihn umsetzen können. Und die Mentalität des Menschen an sich ist ungeeignet, den Kommunismus umzusetzen. Kommunismus basiert auf Freiwilligkeit – Freiwilligkeit der Arbeit und des Teilens –, und der Mensch ist nun mal so, dass er Anreize und Druck braucht. Und deshalb funktioniert das System nicht.

Ich habe aber keine Probleme, im Kapitalismus zu arbeiten. Ich weiß, dass dieses System nicht perfekt ist, mir fällt nur kein besseres ein. Es gibt natürlich ein paar Sachen, die wirklich ätzend sind, aber vom Grundsatz her gibt es aus meiner Sicht derzeit, rein wirtschaftlich betrachtet, keine Alternative.

In unserem kleinen mittelständisches Unternehmen versuchen wir, so weit es geht – es geht nicht immer – die Mentalität der Ellenbogengesellschaft zu dämpfen. Ich bin dafür, persönlichen Kontakt zu den Leuten zu halten, weil das für alle in der Arbeit was bringt. Ich weiß, dass das nicht der Stil eines hochrangigen BRD-Managers ist, aber so will ich auch nicht unbedingt werden. Wenn die Jungs kommen und mehr Geld verlangen, dann sage ich: „Passt auf, wir müssen folgendes Problem lösen … Wenn ihr mir sagt, wie wir mehr Geld für Lohn rausholen, dann machen wir das sofort."

Von Westmanagern, die hier im Osten tätig geworden sind, halte ich zum überwiegenden Teil sowieso nichts. Es kamen vor allem solche, die es in der eigenen Heimat zu nichts gebracht haben. Da muss man Abstriche machen, wenn ich zum Beispiel an Späth in Jena denke. Aber die meisten, die hierher kamen, dachten, die im Osten sind eh alle blöd, und wenn ich denen erzähle, ich weiß, wie es geht, dann kann ich erstmal Kohle machen.

Unser Ur-Unternehmen war westlich geleitet – tut mir leid, aber was die Herren konnten, das kann mein jetziger Chef dreimal. Deshalb sind bei uns alles Ossis. Und wir haben uns fest vorgenommen, in den Laden kommt keiner aus den alten Bundesländern rein. Die einzige Westperson, zu der wir Kontakt haben, ist unser Steuerberater; der ist in der Branche sehr erfahren, deshalb werden wir den auch weiter nutzen. Das hat aber nichts damit zu tun, dass wir einfach unter uns bleiben wollen. Kürzlich haben wir zum Beispiel unsere gesamte Rechentechnologie umgestellt. Das Programmsystem haben wir von einem westdeutschen Unternehmen gekauft, weil das einfach das beste ist, was es gibt. Aber die Hardware kauften wir in Merseburg. Die ist eh die gleiche, und wir wollen jemanden vor Ort haben, der Ahnung hat. Da brauche ich keinen Wessi.

Beruflich macht es heute wesentlich mehr Spaß als früher. Wenn es die DDR noch weiter gegeben hätte, wäre ich bei IMO heute sicherlich Direktor für Anlagenmontagen, mit der Perspektive, in zwei Jahren Betriebsdirektor zu werden. Das war eigentlich alles klar. Auf dem Posten hätte ich dann meine letzten 21 Jahre bis zur Rente verbracht.

Heute ist unsere Branche sehr lebhaft, so dass man ganz schlecht sagen kann, wie es in einem Jahr, geschweige denn, wie es in 21 Jahren, wenn ich 65 bin, aussieht.

Besonders schwierig wird es, wenn du mal aus dem Berufsleben raus bist. Es ist dann kompliziert, wieder reinzukommen. Etwas völlig Neues anzufangen, das ist nicht unbedingt meine Mentalität; nur wenn es sein müsste, würde ich das versuchen – aber ab 40 wird es schwer.

Vielleicht ist das Problem, etwas Neues anzufangen, nicht einmal eine Frage des Alters.

Von der Jugend habe ich den Eindruck, dass sie relativ ziel-, plan- und ideallos durchs Leben läuft. Ich habe es bei meinem Großen gesehen. Er hat eine ganze Weile der linken Szene angehangen, teilweise auch der etwas extremeren. Damit kann ich nichts anfangen. Das sind Ideale, die sind echt nicht mehr nachvollziehbar. Aber ich sehe es auch bei einer ganzen Reihe unserer Azubis. Die wissen einfach nicht, wofür sie da sind, wofür sie arbeiten. Woran es liegt, weiß ich nicht; ob an der Erziehung im Elternhaus, ob an der Gesellschaft …

Den lockeren Erziehungsstil, den man heute normalerweise pflegt, finde ich schöner als den autoritären. Doch wenn die Kinder machen, was sie wollen und überhaupt nicht mehr auf Hinweise, geschweige denn auf Aufträge und Anweisungen reagieren, macht mich das schon nachdenklich. Und das sage ich, nachdem ich vorhin beschrieb, dass es mir selbst gefällt, freie Entscheidungsräume zu haben. Ich bilde mir ein, dass diese Labilität von Jugendlichen in der DDR nicht ganz so schlimm war. Vielleicht war das das Ergebnis der autoritären Erziehung, sowohl durch die Eltern als durch den Staat. Vielleicht fehlen heute Ziele.

Denn was machst du, wenn dir ein Jugendlicher sagt, o.k., eine Lehrstelle habe ich eben gerade so bekommen, aber wenn ich die beende, werde ich nicht übernommen, und wovon ich dann lebe, weiß ich nicht. Ich weiß nicht, ob die das denken. Aber was sagst du da?

Ich hatte gerade ein sehr langes, sehr vernünftiges Gespräch mit meinem Sohn, aber an ein paar Punkten musste ich sagen, tut mir leid, Junge … Wobei ich nicht glaube, das sei ein typisches Ostproblem. Sicherlich ist es hier schwieriger, weil die Arbeitsplatz- und Lehrstellensituation wesentlich angespannter ist als im Westen. Der Punkt war, dass er sagte: „Na bitte, dann erkläre mir doch mal, was richtig ist. Wie geht es denn?" Und ich musste antworten, tut mir leid, ich kann es nicht.

Ich weiß, die Entscheidungfreiheit macht mir Spaß; es tut gut, nicht ständig von oben in irgendeine Richtung gedrückt zu werden. Aber man muss damit umgehen können. Und das muss man irgendwann lernen. Für diese Freizügigkeit braucht man Voraussetzungen.

Deshalb muss ich auch sagen: Als die Grenze in Ungarn aufging und die Leute im Trabbi interviewt wurden: „Jetzt kann ich endlich fahren, wohin ich will" – das konnte ich nicht nachvollziehen. Klar, ich finde es auch schön, mich ins Auto zu setzen und meinen Kumpel in Spanien zu besuchen. Schön. Aber wenn das nicht ginge, hätte ich auch kein Problem damit.

RÜDIGER T.
Verfahrenstechniker

Ich wollte eigentlich gar nicht vier Jahre in dieser Klasse sein. Ich hatte schon in der zehnten Klasse die Absicht, Verfahrenstechnik zu studieren. Es gab damals die Möglichkeit, an der TH Merseburg in Spezialklassen das Abitur und gleichzeitig das erste Studienjahr zu absolvieren. Bloß unsere Klassenlehrerin hatte da etwas dagegen. Ich wollte mit Uwe [Uwe F.] nach der zehnten Klasse zusammen an die TH gehen. Aber es wurde mir ein Strich durch diese Rechnung gemacht. Weshalb, das ist nie so richtig rausgekommen, aber unsere Klassenlehrerin hat da irgendwo ihr Veto eingelegt, in welcher Form auch immer. Dagegen konnte man jedoch nichts machen. Da hatte man genauso wenig Chancen wie gegen das Politische in der Schule. Damals hat man das eigentlich, also ich jedenfalls, als gottgegeben hingenommen, ob man damit nun einverstanden war oder nicht. Es gab nur die Möglichkeit, sich entweder anzupassen und gute Miene zum bösen Spiel zu machen, oder man hätte das Handtuch werfen müssen.

Nach dem Abitur habe ich in Buna im Kraftwerk gearbeitet. Diese Arbeit habe ich über Reinhard A., sein Vater war Betriebsleiter im Kraftwerk, bekommen. Irgendwie mussten wir die Zeit zwischen Abitur und Armee ja überbrücken. Im November bin ich dann zur Armee gekommen. Anderthalb Jahre war ich bei den Grenztruppen in Berlin. Obwohl ich bei den Pionieren war, mussten wir auch häufig an den Kanten raus. Das war nicht unbedingt gemütlich. Jeder, der in Berlin Grenzdienst machen musste, weiß, wie man sich nach einer Achtstundenschicht auf dem Turm gefühlt hat. Man war jedesmal froh, wenn die Schicht zu Ende war, ohne dass etwas passiert war. Aus heutiger Sicht ist es schwer einzuschätzen, wie man sich bei so genannten „Grenzverletzungen" verhalten hätte. Ich bin, Gott sei Dank, nie in diese Lage gekommen.

Da ein Zaun unserer Kaserne gleichzeitig Grenzzaun zu Westberlin war, hatten wir häufig Polit-Unterricht und lauter solches Zeug; die mussten ja ein bisschen auf die Leute aufpassen. Von der Armeezeit könnte ich Hunderte von Storys erzählen wie jeder, der mal dabei war; die sind aber sicher nicht unbedingt von weltbewegender Bedeutung. Anderthalb Jahre, die musste man eben runterreißen, wenn man studieren wollte. In der Fachrichtung Verfahrenstechnik gab es jedoch nicht so viele Bewerber, dass man unbedingt, wie bei vielen anderen Studienrichtungen, drei Jahre hätte „dienen" müssen.

Nach der Armee und vor dem Studienbeginn habe ich noch in Leuna als Anlagenfahrer gearbeitet. Diese Zeit war eine gute Vorbereitung auf das Studium. Ich hatte da mit vielen Apparaten und Ausrüstungen zu tun, die Inhalt des Studiums waren. Das Verständnis einer Bodenkolonne zum Beispiel ist ein ganz anderes, wenn man schon in einer Kolonne Reinigungsarbeiten durchgeführt hat. Anschließend habe ich in Merseburg Verfahrenstechnik studiert. Das heißt also, ich bin nie, außer in meiner Armeezeit, aus dem Merseburger Raum herausgekommen. Ich habe auch nie woanders studiert.

Wenn ich mir mein Studium heute vor Augen führe, fällt mir auf, dass wir viele für die Verfahrenstechnik wichtige Fächer nur ein Jahr hatten, aber ML in allen Studienjahren. Thermische Verfahrenstechnik, Mechanische Verfahrenstechnik oder Reaktionstechnik hatten wir nur ein Jahr. Aber muss ein Verfahrenstechniker unbedingt die Klassiker [Marx, Engels, Lenin] bis ins letzte Detail kennen, oder ist es nicht wichtiger, dass er Reaktionsgleichungen aufstellen kann und die Stöchiometrie beherrscht? Das fand ich ein bisschen deplatziert.

Noch deutlicher wurde das während der Assistentenzeit an der Hochschule. Vor der Verteidigung der Promotionsarbeit musste man einen zusätzlichen Abschluss in ML haben, ähnlich einer Diplomarbeit. In Vorbereitung diese Arbeit habe ich mal die Frage gestellt, ob die, die auf dem Gebiet der Gesellschaftswissenschaften promovieren wollen, eine ähnliche Arbeit auf naturwissenschaftlichem Gebiet schreiben müssen. – Da hatte ich ja eine Frage gestellt ...

Ansonsten war die Ausbildung nicht schlecht. Das Studium ging viereinhalb Jahre, danach habe ich drei Jahre als Assistent an der Hochschule gearbeitet, weil die Stellenvermittlung so ungünstig lief. Ende des dritten, Anfang des vierten Studienjahres fanden diese sogenannten Vermittlungen statt. Für die Reihenfolge der Bewerbungen gab es einen Schlüssel. Das erste Kriterum war die Leistung und das zweite die soziale Situation – beispielsweise Schwangerschaft oder Mutterschaft. Es war nicht möglich, sich selbst eine Arbeitsstelle zu suchen oder sich um die in der Vermittlung angebotenen Stellen zu bewerben. In einem späteren Seminargruppentreffen habe ich von einem Studienkollegen erfahren, welche Schwierigkeiten er hatte, nur weil er sich selbst eine Arbeitsstelle gesucht hatte. Das ging soweit, dass er nicht das Diplom erhalten sollte.

So sah das aus. Deshalb wollte ich diese ganze Vermittlung nicht mitmachen, und als man mir anbot, als Assistent an der Hochschule zu bleiben, habe ich diese Stelle angenommen. Das kam mir auch privat entgegen, denn ich hatte keine Lust, den Raum Merseburg zu verlassen. Ich wohne hier in der Nähe und habe am Haus meiner Eltern angebaut. Was hätte ich davon gehabt, vielleicht nach Schwedt zu gehen? Auch Schichtingenieur in Leuna war nicht unbedingt mein Traum. Das waren die Stellen, die sie in den Vermittlungen anboten. Als Assistent aber hatte man die Chance, sich selbst eine Arbeitsstelle zu suchen.

Ziemlich bald nach dem Beginn meiner Tätigkeit als Assistent erkundigte ich mich nach Arbeitsstellen im Raum Merseburg. Über Beziehungen – ich spielte damals bei der Mannschaft der IMO Fußball – habe ich dort 1983 einen Job im Apparatebau gefunden. Ich kündigte meinen Vertrag an der Hochschule vorfristig und arbeitete in der Projektierung von Eindampfanlagen für Fruchtsäfte, Lösungen und so weiter. Für diese Anlagen habe ich die verfahrenstechnische Auslegung gemacht, angefangen von der Apparategröße bis zum Energie- und Kühlwasserverbrauch. Das war die Arbeit, die mir von Anfang an vorschwebte. Nebenbei schrieb ich noch meine Doktorarbeit. Ich hatte ja fast drei Jahre an der

Hochschule neben den Lehrveranstaltungen an einem Thema gearbeitet und hatte sehr viele Versuche und Messungen durchgeführt. Die Verteidigung war 1984. Bei der IMO habe ich bis 1990 gearbeitet. Wir bauten da unter anderem Anlagen zur Entschwefelung von Traubensäften. Sie wurden ausschließlich in die damalige Bundesrepublik geliefert. Diese Anlagen habe ich zwar von der Verfahrenstechnik her berechnet und ausgelegt, ich habe sie aber nie in Betrieb gesehen. Um das zu ermöglichen, sollte ich „Reisekader für das nichtsozialistische Wirtschaftsgebiet" werden. Das war eine ziemlich langwierige Geschichte. Das heißt, man musste seinen Stammbaum bis kurz nach dem Affen darstellen, und nach knapp zwei Jahren der intensivsten Prüfung bin ich dann durch den Rost gefallen. Mit anderen Worten, ich war untauglich. Eine Begründung wurde nicht gegeben.

Die Entschwefelungsanlagen wurden in der Bundesrepublik durch einen westdeutschen Vertreter verkauft. Mit dem hatte ich öfter telefonischen Kontakt, wenn es Probleme mit von uns gelieferten Anlagen gab und bei den Messen in Leipzig. Bei einer Frühjahrsmesse erzählte er im Beisein von Mitarbeitern des Außenhandels, dass demnächst in Stuttgart eine Nahrungsmittelmesse sein würde, bei der seine Firma auch unsere Entschwefelungsanlagen ausstellen wollte. Dabei machte er den Außenhandelsleuten deutlich, dass er mich auf dieser Messe haben wollte, weil er wusste, dass ich von der Verfahrenstechnik her die Anlagen berechnet hatte, also auch erklären konnte, wie sie funktionierten. Der wollte also jemanden haben, der nicht das Parteiabzeichen spazieren trägt, sondern seine Kunden auf der Messe beraten kann. Und dann ging alles sehr schnell. Was vorher zwei Jahre gedauert hatte, ging diesmal in ungefähr anderthalb Monaten. Ich musste in Berlin, damals noch Normannenstraße, meinen Pass abholen, von dort bin ich zum Grenzübergang Friedrichstraße, und von Westberlin aus fuhr ich mit dem sogenannten Interzonenzug nach Stuttgart.

Das war schon ein eigenartiges Gefühl, plötzlich im Interzonenzug durch die DDR zu fahren und Grenzkontrollen zu erleben, die mit denen bei vorherigen Reisen in die „sozialistischen Bruderländer" nicht vergleichbar waren. Der Zug stand fast zwei Stunden an der Grenze.

In Stuttgart habe ich mir dann abends nach Messeschluss die Stadt angesehen. Das war auch das einzige Vergnügen, was man sich bei dem geringen Spesensatz in „harter Währung" erlauben konnte. Die Vielfalt des Angebotes in den Geschäften hat einen fast erschlagen. Bei dieser Messe habe ich mich das erste Mal von der DDR verarscht gefühlt. Das Gravierendste war, dass ich die Verhandlungen mit Kunden auf der Messe bis hin zu den Preisverhandlungen miterlebte. Wir verkauften unsere Anlagen an den Vertreter für zirka 70.000,- DM, und er verkaufte sie für mehr als das Doppelte weiter. Von der Gewinnspanne hat der Vertreter im Westen sehr gut gelebt. Ich habe mir gesagt, wenn der Staat sich so etwas erlauben kann, bloß weil er zu seinen Leuten kein Vertrauen hat, dann hat er auf Dauer keine Chance. Wenn man seine Sachen geradezu verschenkt, weil man solche Vertreter nutzen muss, dann ist die Geschichte eigentlich ziemlich klar.

Ich glaube heute, dass ich, wenn ich nicht verheiratet gewesen wäre, mir mit Sicherheit die Frage gestellt hätte, ob ich im Westen bleiben wollte. Aber die Situation war anders, und deshalb habe ich mir darüber keine Gedanken gemacht. Die Öffnung der Grenze hat mich dann ziemlich überwältigt. Die Ereignisse überschlugen sich ja geradezu innerhalb von wenigen Wochen. Man hat ständig vorm Fernseher gesessen und Nachrichten von allen Kanälen geguckt. Soviel „Aktuelle Kamera" wie in dieser Zeit habe ich vorher nie gesehen. Es war ja absolut nicht vorhersehbar, dass so eine Entwicklung hier stattfinden könnte. Das passte mit dem bis dahin in der Schule und beim Studium vermittelten Weltbild, das bei mir jedoch schon eine gewisse Schieflage hatte, überhaupt nicht zusammen. Uns wurde immer beigebracht, dass der Sozialismus siegt, und plötzlich sah die Welt doch ganz, ganz anders aus.

Beruflich ging es zunächst unverändert weiter. Meine Kontakte zu unserem Vertreter in Westdeutschland wurden enger, und wir haben einige Sachen gemeinsam gemacht.

Allerdings tauchten im Apparatebau bald die ersten Probleme auf. Der Bereich war noch bis 1972 eine Privatfirma, die erst dann enteignet wurde. Mit der Wende standen die Erben des ehemaligen Besitzers auf dem Hof und wollten ihr Eigentum zurück. Sie waren aber nur am Grundstück – das war ziemlich deutlich –, nicht aber an der Firma interessiert. Das war dann natürlich eine blöde Situation, weil man nicht wusste, wie es weitergehen sollte. Die Produktion und die Firma blieben erstmal noch bestehen, weil unsere Produktion einen verhältnismäßig hohen Exportanteil hatte. Doch die Besitzverhältnisse hingen völlig in der Luft, und das Problem verschärfte sich noch, nachdem die ehemaligen Besitzer einen Antrag auf Rückführung ihres Eigentums gestellt hatten.

In dieser Zeit ergab es sich, dass ich zufällig jemanden traf, der Verwandte in Mücheln hatte und der in der Geschäftsleitung einer Firma in Hannover arbeitete. Diese Firma in Hannover hatte ein ähnliches Produktionsprogramm wie der Apparatebau. Bei einem Besuch im Apparatebau ist er zufällig an mich verwiesen worden, und wir haben uns den ganzen Vormittag, das war Ende 1989, über betriebliche Probleme und über Gott und die Welt unterhalten.

Anfang 1991 war in der Firma in Hannover jemand verstorben, ein anderer hatte gekündigt, so dass die plötzlich Leute suchten. Ich wurde angerufen und gefragt, ob ich nicht Lust hätte, in Hannover anzufangen. Das kam genau zu dem Zeitpunkt, wo ich schon auf der Suche nach einem Job war, weil es mir in meiner Firma wegen der unklaren Besitzverhältnisse viel zu unsicher geworden war. Drei Wochen nach diesem Anruf fing ich bei in Hannover an – so schnell ging das.

Obwohl ich eigentlich immer bodenständig gewesen bin, war es die relative Sicherheit dieser Arbeit, die mich aus meinen heimatlichen Gefilden weggezogen hat. Es wäre gelogen, wenn ich sage, dass das Finanzielle keine Rolle gespielt hätte. Die Firma, bei der ich jetzt bin, hatte vor ein paar Jahren 125-jähriges Bestehen; das heißt schon was. Das ist eine alteingesessene Firma, die auch eine ganz vernünftige Firmenpolitik betreibt und damit natürlich auch eine gewisse Sicherheit für ihre 400 Mitarbeiter bietet. Beruflich hat der Wechsel kaum Probleme mit sich gebracht. Es zeigte sich, dass unsere Ausbildung, die wir in Merseburg erhalten hatten, eigentlich nicht schlecht war. Sie war umfassend, und das Wissen ließ sich gut anwenden. Als ich in Hannover anfing, wurde ich daran erinnert, wie ich im Apparatebau in Merseburg begann – damals nach dem Studium. Der Apparatebau war gerade mal zehn Jahre enteignet, und der Geist des Privatbetriebes herrschte noch. Das heißt mit anderen Worten, man wurde erstmal getestet. Man merkte auch, dass man hier und da Arbeiten zugeteilt bekam, die zwar Blödsinn waren, bei denen sie aber sehen wollten, wie du dich verhältst. Dadurch hatte ich eine gewisse Schulung durchgemacht. In Hannover war es dann ähnlich. Als Ossi musste man sich erstmal beweisen. Aber ansonsten tauchten keine größeren Probleme auf, weil ich dort nahezu das gleiche Aufgabengebiet habe wie in Merseburg. Ich saß nur an einen anderem Schreibtisch, und der PC vor mir war nicht von Robotron, sondern von Siemens.

Privat war es natürlich ein bisschen anders, weil ich zuerst in einem möblierten Zimmer wohnte und jedes Wochenende nach Hause fuhr. Eine Strecke beträgt 250 bis 300 Kilometer, je nach Stau- und Umleitungsbedingungen; und das jedes Wochenende. In dieser Zeit habe ich jede noch so kleine Nebenstraße und Abkürzung kennen gelernt. Ich bin also locker auf eine Fahrleistung von über 30.000 Kilometer im Jahr gekommen.

Als unser Sohn dann in die Schule kam, mussten wir uns etwas einfallen lassen. Mit der Pendelei, das wäre auf die Dauer nichts geworden. Da der Arbeitsmarkt im Osten absolut nichts hergab, blieb nur ein Umzug nach Hannover.

Zu diese Zeit, 1992, war der Wohnungmarkt in Hannover wie leergefegt. Für miese Wohnungen wurden sehr hohe Mieten verlangt. Deshalb entschlossen wir uns, ein Reihenhaus zu kaufen. Meine Frau, die als Lehrerin an der Medizinischen Fachschule in Merseburg gearbeitet hatte, musste ihre Arbeit aufgeben.

Die erste Zeit wollten sich die beiden in der neuen Umgebung eingewöhnen. Auch wollte meine Frau unseren Sohn in den ersten Schuljahren möglichst gut betreuen. Leider sieht es jetzt so aus, dass eine Arbeit entsprechend ihrer Qualifikation kaum zu bekommen ist.

Über die Sicherheit des Arbeitsplatzes kann man in der heutigen Zeit keine endgültigen Aussagen treffen. Unsicherheiten gibt es überall. Ich habe den Vorteil, dass wir Abgasreinigungsanlagen berechnen, bauen und verkaufen, mit denen Abgase aus Industrieanlagen entstaubt oder Schadgase ausgewaschen werden.

Der Gesetzgeber, die Grünen, wird schon dafür sorgen, dass wir mit diesen Produkten nicht so schnell in die Krise kommen.

Andernfalls wäre es bei der gegenwärtigen Wirtschaftslage nicht ganz so einfach, einen neuen Job zu finden. Weil ich schon relativ lange auf demselben Gebiet arbeite, hat sich natürlich eine Spezialisierung ergeben. Entsprechend hätte man Schwierigkeiten, jetzt etwas Neues anzufangen. In unserem Alter ist das zwar nicht ausgeschlossen, aber einfach wäre es bestimmt nicht.

So hat eben jedes gesellschaftliche System seine Probleme. Ich meine, man hat sich den DDR-Verhältnissen angepasst und danach im Prinzip sein Leben eingerichtet; wie es nunmal unter den gegebenen Verhältnissen möglich war. Heute sind eben andere Verhältnisse da. Ob das nun besser oder schlechter ist, will ich mal dahingestellt sein lassen. Optimal wäre sicher eine Synthese aus beiden Verhältnissen gewesen. Aber es ist eigentlich wenig, das es in der DDR gab und dem ich nachtrauere. Früher spielten Beziehungen die Hauptrolle. Heute ist nur noch das Geld entscheidend. Auch mein Konsumverhalten hat sich absolut verändert.

Nach meinen Erfahrungen in Hannover wird das berühmte „Zusammenwachsen" von Ost und West in unserer Generation wohl nicht mehr erlebt werden. Das gelingt vielleicht der nächsten Generation, also unseren Kindern. Obwohl, unsere Jugend … Ich bin der Meinung, dass die Erziehung, wie sie in der DDR stattfand – zu Ordnung und Ähnlichem –, eigentlich nicht verkehrt war. Dass das stellenweise übertrieben wurde, ist sicher auch klar, aber zu viele Freiheiten sollte man in der Jugend auch nicht haben, finde ich. Zum Beispiel, wenn man das Rumgeschmiere an Wänden sieht, dafür habe ich überhaupt kein Verständnis. Das hängt sicherlich auch damit zusammen, dass ich öfter die sogenannten Chaostage in Hannover erlebt habe. Wenn man das sieht, fragt man sich, was da in der Erziehung falsch gelaufen ist. Welche Missachtung bringt man Werten entgegen und welche vorsätzliche Zerstörungswut trifft man da. Ich glaube, der Rechtsstaat hat da versagt. Wer sich vorsätzlich zu solchen Zerstörungsorgien trifft, der sollte auf Heller und Pfenning zur Verantwortung gezogen werden. Wer kommt denn für die angerichteten Schäden auf? Entweder trifft es Privatpersonen, deren Autos demoliert wurden, oder der Steuerzahler wird zur Kasse gebeten.

Ähnlich ist das mit der Ausländerpolitik – ich habe nichts gegen Ausländer, muss ich dazu bemerken. Man braucht sich aber nicht zu wundern, dass extreme Meinungen ziemlich großen Zulauf haben. Hannover ist dafür – und das wird in vielen anderen Städten genauso sein – das beste Beispiel: Wenn man sieht, wie Schwarze offen und mitten in der Stadt mit Drogen dealen und die Polizei eigentlich machtlos ist. Dann hat meiner Meinung nach der Rechtsstaat versagt. Auch die vielen Asylbewerber oder die Kurdenprobleme. Mögen es die Leute in ihren Heimatländern noch so schwer haben, wenn sie die Gesetze in den Gastländern nicht einhalten, können sie nicht bleiben.

Nicht nur das Zusammenwachsen zwischen Ost und West, auch das in Europa sehe ich eher skeptisch, weil die Mentalitäten völlig verschieden sind. Zum Beispiel kann man die Südländer nicht mit den Mitteleuropäern vergleichen. Die haben eine ganz andere Lebensauffassung, die legen ganz andere Schwerpunkte in ihrem Leben. Einfaches Beispiel: des Deutschen liebstes Kind – jede Beule oder jeder Kratzer führt nahezu zur Krise. In Spanien sieht das da ganz anders aus.

Auch ob das ökonomisch funktioniert, wie man sich das so vorstellt, wage ich zu bezweifeln. Die Wirtschaften der einzelnen Staaten sind ja völlig unterschiedlich in ihrer Stärke. Wie da die Einführung fester Wechselkurse funktionieren soll, das muss man erstmal sehen. Wie der Kauftourismus sich entwickeln wird, das ist überhaupt nicht überschaubar.

Doch ich komme vom Hundertsten ins Tausendste …

Abschließend kann ich sagen, dass es mir nicht schlecht geht. Ich habe eine interessante Arbeit in Hannover. Wir haben in der Heimat, bei meinem Vater, eine Wohnung und noch sehr viele Freunde, mit denen wir uns oft treffen und gemeinsam in Urlaub fahren.

MONIKA D.

Lehrerin für Biologie und Chemie

Erste, spontane Erinnerung: mein Interviewer (lacht). Ja: Betrugsversuch, Russisch. Ich kriege eine Fünf, und das wollte was heißen damals für mich – er macht einen Betrugsversuch und kriegt keine Fünf. Ergebnis: Diskrepanzen und, naja, ziemlich harte Auseinandersetzungen mit der Klassenleiterin; ich fühlte mich total ungerecht behandelt. Später sagte sie mir mal, dass die unterschiedliche Behandlung im pädagogischen Effekt begründet gewesen sei; bei mir hätte sie den noch für möglich gehalten …

Die Schulzeit insgesamt habe ich aber als angenehm empfunden. Wir haben als eine gute Clique von vier Mädchen immer zusammengehalten und hatten aber auch gute Beziehungen zu den anderen aus der Klasse. Für mich waren außerdem die intensiven Kontakte zu unserem Chemielehrer und zur Klassenleiterin wichtig, weil ich wusste, ich will Lehrerin werden. Ich habe die beiden als Persönlichkeiten geachtet und mich zu ihnen hingezogen gefühlt.

Negativ habe ich eigentlich nur zwei Fächer in Erinnerung: Mathe und Physik. Die interessierten mich halt nicht so, und ich hatte zu tun, gute Noten zu kriegen. Ansonsten war mein Grundgefühl Geborgenheit: Ich wusste, ich schaffe mein Abitur, ich wusste auch, dass es anschließend weitergehen würde. Für mich war der Weg klar. Und ich habe das ganz einfach durchgezogen.

Was die ethische Bildung betrifft, die Moral oder politische Ausbildung – das alles war für mich kein Problem. Ich war so erzogen, mit dem Staat konform zu gehen. Meine Eltern waren einfache Leute, Bauarbeiter und Laborantin. Sie lebten angepasst, hatten keine Verwandten im Westen und auch beruflich nichts mit anderen Gesellschaften, etwa der Bundesrepublik, zu tun. Sie standen mit beiden Beinen im gesellschaftlichen Leben. Ich bin da reingewachsen und hatte damit keine Probleme.

Staatsbürgerkundeunterricht beispielsweise gehörte für mich zur Norm. Die Sache mit dem „Abzeichen für gutes Wissen", was wir fast alle gemacht haben – dafür habe ich mir kein Bein ausgerissen; das war halt eine Bedingung an dieser Schule. Ich erzählte, was notwendig war, um eine gute Note zu kriegen.

Da mein Vater auf dem Bau arbeitete und manchmal von Materialmangel einerseits und Termindruck andererseits sprach, wusste ich, dass das irgendwie wirtschaftlich nicht hinhaute, aber das war damals kein Thema für mich. Ich sah nur, dass das, was in der Zeitung stand, in der Praxis anders war. Doch für mich war wichtig, dass meine Eltern mich während der Schul- und Studienzeit materiell ausstatten konnten. Und das war der Fall. Gleichzeitig bin ich auch nie Leuten begegnet, die von mir forderten, etwas zu sagen, woran ich nicht glaubte oder was ich nicht wollte. Ich sagte immer nur das, was ich geglaubt habe.

So geradlinig war meine Entwicklung bis zum Lehrer-Studium, Biologie und Chemie, an der Pädagogischen Hochschule in Halle. Dann war es mit diesem Gefühl von Geborgenheit vorbei. Ich bin da mit Leuten aus der ganzen Republik zusammengekommen, natürlich auch mit Studenten, die kritischer dachten.

Wir hatten da eine Studentin in der Seminargruppe, die im Zusammenhang mit Biermann geext wurde. Nach der Ausbürgerung versuchte sie, über die Tschechoslowakei abzuhauen. Sie ist aber erwischt worden, und von uns erwartete man Stellungnahmen. Dabei war der Zeitpunkt des Fluchtversuchs rein zufällig, er wurde aber gewissermaßen als Kommentar zur Biermann-Ausbürgerung hochgespielt.

Ergebnis war, dass wir uns nicht gegen, sondern für sie aussprachen. Und da gab es dann Ärger. Unser Seminargruppenleiter wollte oder musste uns vor Augen halten, was die Studentin da überhaupt gemacht hat – natürlich wurde da nur schwarz-weiß gemalt – und dass wir im Prinzip eine „Feindin der Gesellschaft" unterstützen würden, was persönliche Folgen hätte. Wir waren natürlich mächtig aufgeregt. Das war eine ganz neue Situation. Denn es war ja nicht üblich, Kritik zu üben, und es war auch nicht üblich, in seiner Entwicklung vom Staat so bedroht zu werden. Also ich kannte das bis dahin von niemandem. Das war schwer für mich, aber in der Gruppe waren wir uns einig: Hier müssen wir helfen, wir machen jetzt keinen Rückzieher. Wir hatten uns im Vorfeld genau darüber informiert, was sie und warum sie es gemacht hat, wir bildeten uns eine Meinung dazu, und wir blieben dabei. Ergebnis war, dass man uns nicht relegierte, sondern uns einfach in Ruhe ließ. Sie haben uns gedroht, haben gemerkt, dass sie in der Gruppe insgesamt nichts erreichen und die Geschichte im Sande verlaufen lassen.

Ich nehme aber heute an, das war eine Taktik. Die wollten die Geschichte nicht weiter hochspielen. Alle anderen haben ja auf unsere Seminargruppe geschaut. Letztendlich haben sie wahrscheinlich auf diese Weise mehr erreicht, als wenn sie durch Druck die Lage zugespitzt hätten. Die Studentin wurde natürlich trotzdem geext.

Diese bewusste Kritik an der Gesellschaft empfand ich also jetzt anders als vorher. Es war sehr wichtig für mich zu sehen, es gibt auch noch andere Meinungen, und man muss nicht alles hinnehmen, was einem da vermittelt wurde. Vorher sah ich das anders, das gebe ich zu, aber ich musste diese Sicht auch nicht haben, weil alles um mich herum geregelt, gelenkt und geleitet wurde und ohne Widersprüche war. Die bekam ich aber jetzt zu spüren.

Mit diesen Erfahrungen wuchs auch die Distanz zu meinem Elternhaus. Es gab Diskussionen und, ja, Widersprüche, was ich aber vor allem als Generationsproblem sehe. Meine Mutter beispielsweise wurde nicht wieder, als ich ihr von dieser Kommilitonin erzählte und dass ich da eventuell Ärger kriegen würde. Das konnte sie nicht kapieren, dass ich, ausgerechnet ich, so was mache.

Nach dem Studium wollte ich eigentlich nach Mecklenburg. Das hing auch mit den Konflikten zu Hause zusammen. Ich wollte endlich auf eigenen Beinen stehen und deshalb so weit weg wie möglich. Zu dem Zeitpunkt, als wir uns für den Einsatzort entscheiden mussten, war ich noch nicht verheiratet. Ich wusste nicht, ob mein Mann mitkommen würde und habe für mich allein entschieden.

Gleichzeitig wurde mir zu verstehen gegeben, dass solch ein Angebot so schnell nicht wieder kommen würde und ich auch an meine Familie denken sollte. Das war für mich eine schwere Entscheidung. Was mache ich? Mein Mann war strikt dagegen, aus Gründen des Einsatzortes in die Partei einzutreten und vor allem, als Stellvertreter zu arbeiten. Denn das bedeutete noch mehr Arbeit. Ich wollte ja eigentlich auch nach Artern, um für meine Familie da zu sein und nicht nur für den Job. Auf der anderen Seite hat man auf mich so eingeredet, dass dies die einzige und letzte Chance sein würde, nach Artern zu kommen. Außerdem gab es eine Reihe von Vorteilen: Es war eine kleine Schule, die hier gebaut wurde, mit 200 Schülern – ich war vorher an einer mit 1.000 Schülern; die Arbeit am Wohnort, die Kinder mussten nicht mehr so zeitig raus, der Stellvertreterposten, der mich auch gereizt hat. Ich fühlte mich auch ein bisschen geschmeichelt, das will ich auch zugeben.

Summa summarum: Ich habe es gemacht. Ich bin, um nach Artern zu kommen, als zahlendes Mitglied in die Partei eingetreten. Das war 1984.

Zu Konflikten während meiner Zeit als Lehrer vor der Wende kam es vor allem bei Schülern, die aus religiös gebundenen Familien stammten. Sie waren in ihrem Klassenverband oftmals anerkannte Schüler, doch wenn sie von ihren Schulkameraden in den Pionier-Gruppenrat oder die FDJ-Leitung gewählt wurden, verlangte man von mir, das zu unterbinden. Und es gab auch Ärger, weil ich das nicht akzeptierte. Denn ich musste ja auch der Klasse ins Gesicht schauen, wenn ich diese Entscheidung zurücknahm. Das ist mir zweimal passiert. Ich beließ es bei der Entscheidung der Schüler und bekam deswegen großen Ärger. Deshalb sah ich zu, dass mir das nicht wieder passierte. Ich habe also Einfluss genommen und dafür gesorgt, dass diese Schüler nicht vorgeschlagen wurden. Ich bin zu den Eltern gegangen und habe sie gebeten, ihre Kinder dazu zu bringen, dass sie – wenn sie gewählt würden – die Wahl ablehnen sollten. Das hat natürlich zu Irritationen bei den Eltern geführt und mir keine Freunde eingebracht. Aber ich wollte keinem Schüler mehr sagen müssen: Du, eigentlich ist es nicht gewollt, dass du hier mitarbeitest.

Die gesellschaftliche Situation vor der Wende hat mich natürlich bewegt. Ich war, das ist klar, begeistert von Gorbatschow, Glasnost war für mich ganz wichtig und Gorbatschow ein Politiker, dem ich vertrauen konnte. Aber es war für mich kein Thema, nach der Grenzöffnung in Ungarn die DDR auf diesem Weg zu verlassen. Es war auch kein Thema für mich, nach Westdeutschland zu gehen. Ich habe mich hier wohl gefühlt. Ich hatte alles, was ich brauchte, ich hatte keine Westverwandtschaft, materiell war ich abgesichert, ich wollte nicht rübergehen. Ich akzeptierte jedoch, wenn jemand rübergehen wollte. Damit hatte ich kein Problem.

Als es dann plötzlich hieß, die Grenze ist offen, wollte ich es erstmal nicht glauben. Dass die Grenze durchlässiger wurde, dass viele nach drüben fuhren und begeistert zurückkamen, das habe ich bewusst und sehr interessiert aufgenommen. Aber ich bin nicht gleich nach dem Mauerfall gefahren. Ich hatte sowieso niemanden, zu dem ich hätte fahren können, zum anderen hat es mich auch nicht in irgendeiner Weise danach gedrängt.

Im Dezember, es hat schon Schnee gelegen, sind wir dann nach Göttingen gefahren, um, wie alle anderen auch, die 100 Mark abzuholen. Das war schlimm. Es hat mich richtig angestunken, wegen des Geldes dahin zu fahren. Auf der anderen Seite dachte ich mir, warum sollst du denen das schenken? Und um mich herum hatten es ja alle schon. Ich sagte mir, du fährst jetzt einfach da rüber und holst dir die 100 Mark. Im Rathaus von Göttingen standen aber immer noch viele Leute, und ich stand eigentlich auch nur da, um diese 100 Mark zu kriegen – ach, das war furchtbar! Ich wusste, wenn ich sie haben würde, könnte ich sowieso nichts damit anfangen. Was sollte ich für 100 Mark kaufen? Erstens brauchte ich nicht unbedingt was, und zweitens, das, was ich mir gewünscht hätte, kriegte ich für die 100 Mark sowieso nicht. Also kaufte ich irgendwas für die Kinder, und da tat mir aber jede Mark weh (lacht), gebe ich ehrlich zu. Nicht wegen der Kinder natürlich, sondern weil die 100 Mark so einen symbolischen Wert hatten. Ich dachte, jetzt gibst du die 100 Mark für Kindersachen aus, die doch irgendwann nicht mehr passen. Wir wussten ja damals noch nicht, wie das weitergehen würde und wofür man die 100 Mark noch brauchen konnte.

Als wir jeder mit 100 Mark in der Tasche aus dem Göttinger Rathaus kamen, gingen wir die Einkaufsmeile lang, und plötzlich lief uns da ein junges Mädel über den Weg. Sie hatte sich eine Pferdedecke übergehängt und war barfuß – im Winter! Das war so ein Schlüsselerlebnis. Meine Kinder standen mit offenem Mund da, und ich musste ihnen erklären, warum das Mädchen barfüßig durch den Schnee watete. Dieser Kontakt mit Armut, der war schlimm für mich. Und ich hatte 100 geschenkte Mark in der Tasche.

Ich bin deshalb lange nicht mehr hingefahren.

Erst zwei Jahre später verbrachten wir dann im Bayerischen Wald unseren Urlaub. Dienstlich war ich jedoch häufiger im Westen. Wir wurden von Schulen und Schulbuch-Verlagen eingeladen und sollten uns angucken, was da drüben lief. Inzwischen war meine Schwester nach Hameln gezogen, und da habe ich sie halt besucht. In Abständen von einem halben Jahr bin ich dann mit der Familie in Hameln gewesen.

Aus den beruflichen Kontakten entwickelten sich mit der Zeit auch private Kontakte. Eine Partnerschule lud uns ein, den Unterrichtsbetrieb kennen zu lernen. Und durch die Gespräche hinterher merkten wir, dass wir uns sehr sympathisch waren. Bei Gegenbesuchen wurde dann auch privat gefeiert. Das waren angenehme Erlebnisse, weil ich gesehen habe, dass das ganz normale Leute sind, die auch bloß mit Wasser kochen und mit denen man durchaus gut zurechtkommen kann. Es gab aber auch Begegnungen, bei denen wir abgelehnt wurden. Wir wurden arrogant von oben herab betrachtet und wie Exoten behandelt, denen man überhaupt nichts zutraute.

Beruflich ging es dann eigentlich grässlich weiter. Meine geliebte Schule, die ich mit aufgebaut hatte, in der ich mich wohl fühlte und in der ich alt werden wollte, sollte dicht gemacht werden. Nach einem Jahr Stellvertreterdasein hatte ich vorher schon das Handtuch geworfen und bin wieder ganz normaler Lehrer geworden. Nun hieß es, die Oberstufenlehrer müssten raus, die Lehrer für die erste bis vierte Klasse sollten zunächst bleiben dürfen.

So kam das erste Mal für mich der Gedanke auf: Du könntest ja jetzt arbeitslos werden, du könntest nicht mehr als Lehrer tätig sein. Und da hatte ich Angst. Mein Mann war mittlerweile auch arbeitslos, die Zuckerfabrik warf Schritt für Schritt ihre Leute raus, bis sie dann endgültig geschlossen wurde. Wir waren echt verunsichert, was die Zukunft betrifft. Jedoch hatte ich Glück insofern, dass Schulen nicht nur geschlossen, sondern auch neue geöffnet wurden, zum Beispiel die Gymnasien. Ich erhielt ein Angebot, am Gymnasium zu unterrichten. Zunächst hatte ich Bedenken, weil ich jahrelang in der Oberstufe gearbeitet hatte und das Niveau der EOS für mich immer ganz weit oben war. Kollegen, die halt an der EOS unterrichteten, galten in Lehrerkreisen als was Besonderes. Neben den Skrupeln gab es aber auch die Angst, wenn du das jetzt nicht machst, könnte es das Aus sein. Ich erkundigte mich also zunächst an den anderen Schulen der Umgebung, ob es da offene Planstellen gäbe. Und in einer Schule wollte mich die Direktorin damals haben. 14 Tage später wurde sie aber selbst ihres Amtes enthoben, und ich stand wieder da, und die Angst wurde größer. Ich hatte noch eine Woche Zeit, mich zu entscheiden, am Gymnasium zu arbeiten, und ich sagte mir jetzt einfach, du versuchst das. Du hast bisher so viel versucht und bist an jeder Schule klargekommen, das schaffst du. Auch mein Mann hat mich unterstützt, und Kollegen, mit denen ich sprach, meinten auch: „Was du nur hast, freilich schaffst du das." Bei meiner Bewerbung musste ich wie üblich den Weiße-Weste-Schein unterschreiben. Außerdem wies ich auf meine einjährige Tätigkeit als Stellvertreter hin. Dem neuen Schulamtsleiter schilderte ich noch einmal und ganz offen, warum ich damals Stellvertreter geworden war. Glücklich war ich mit diesem Posten nie, und mir schien es selbst ein Fehler gewesen zu sein. So habe ich das auch immer offiziell dargestellt. Dazu wurde aber erstmal nichts gesagt, sondern man ließ mich schmoren. Diese Tage bis zur Entscheidung waren wieder übel. Dann aber erhielt ich die Nachricht, in Frankenhausen am Gymnasium anfangen zu können. Das war 1991. Und nun folgten wieder zwei harte Jahre. Ich war nahe dran zu kündigen. Einmal, weil ich Tag und Nacht arbeitete, um das Stoffliche nachzuholen, teilweise Dinge, die ich nicht mal im Studium hatte. Ich wurde sofort in die elfte und zwölfte Klasse geworfen und hatte überhaupt keine Erfahrungen mit den neuen Themen und dem Anforderungsgrad. Dazu neue Methodik und neue Bedingungen – da habe ich echt an mir gezweifelt, ob ich das kräftemäßig schaffe. Der zweite Grund waren die Schüler selbst. Folgende Situation: Ich unterrichtete in einer der sogenannten „Spezialklassen", eine Art Eliteschüler, die sprachlich und naturwissenschaftlich besonders intensiv geschult wurden. Das waren Schüler, die wir später als „wendegeschädigt" bezeichnet haben; ein schlimmer Begriff, aber es war wirklich so: Die wussten mit der neuen Freiheit nichts anzufangen, und auf der anderen Seite haben wir nicht so richtig gewusst, wie wir auf die Schüler reagieren sollten. Sie meinten, sich alles Mögliche herausnehmen und auch gegen uns vorgehen zu können.

Ein Schüler hat zum Beispiel seine Hausaufgabe nicht erfüllt oder eine schlechte Note gekriegt. Du sagst an, das war eine Fünf und begründest dies, und der Schüler sagt zu mir: „Dürfen Sie das überhaupt? Haben Sie überhaupt das Recht, mir eine schlechte Note zu geben? Sie sind doch sowieso ein DDR-Lehrer. Ich muss mir doch von Ihnen nichts sagen lassen. Wenn ich der Meinung bin, dass ich jetzt die Note nicht haben will, ist das doch mein Recht." – Solche Sachen.

Oder da war eine Umweltdemonstration. Es ging um einen Getränkeautomaten, der in der Schule aufgestellt worden war, und damals war „Greenpeace" eine Art Idol für unsere Schüler. In einer Deutschstunde über Umwelt und Umweltschutz sagte der Lehrer: Leute, wir mischen uns ein, das ist jetzt unser Recht. Und da steht der Klassensprecher auf und sagt: Ich mische mich jetzt ein, ich kämpfe gegen den – das klingt furchtbar, aber es war wirklich so – Getränkeautomaten! Und seine Klassenkameraden hinterher. Und der Deutschlehrer: „So war das nicht gemeint, wir machen jetzt Unterricht, kommt wieder zurück." – „Sie haben selber gesagt, wir sollen uns einmischen!" Die sind dann durch die Schule gelaufen, haben den Unterricht der anderen gestört und wollten nun den Getränkeautomaten vernichten. Das war so kurios, weil die Lehrer nicht wussten, wie sie reagieren sollten. Was ist das jetzt? Auf der einen Seite nehmen sich die Schüler das Recht heraus, für ihre Meinung was zu unternehmen, auf der anderen Seite wollten wir nicht die stupiden Lehrer sein, mussten aber den Unterricht absichern. Wir wollten uns ja auch öffnen, aber wir konnten es nicht so richtig. Wir wussten nicht, wie.

Wir haben es über Gespräche versucht, kamen da aber nicht an, weil wir nicht für voll genommen wurden. Wir waren eben die DDR-Lehrer und wüssten doch sowieso nicht, wie man sich verhalten solle. Wir hätten uns doch jahrelang gegen den Umweltschutz gewendet, und jetzt seien die Schüler diejenigen, die was tun. „Lassen Sie uns machen!"

Das war am Anfang eine prekäre Situation, und auch ich habe da viele Fehler gemacht. Ich war ganz einfach eingeschüchtert. Ich wollte nicht in den Topf geworfen werden, in den Schüler andere Lehrer steckten, weil ich immer von dem überzeugt war, was ich gemacht habe. Und politisch versuchte ich immer, möglichst neutral zu bleiben. Auf der anderen Seite gefiel mir nicht, was die da anstellten. Aber wir hatten keine Sprache füreinander.

Mit der Zeit passten wir uns praktisch einander an. Die Schüler akzeptierten, dass es Grenzen gibt und nicht jeder einfach nur seine eigenen Grenzen festlegt. Und die Lehrer besannen sich wieder auf eine Praxis, die wir schon jahrelang angewandt hatten, nämlich das individuelle Gespräch mit den Schülern zu suchen; nicht nur das Gruppengespräch. Das ist zwar eine Sisyphusarbeit, führte jedoch dazu, einen gemeinsamen Weg zu finden. Denn sie brauchten uns, um einen ordentlichen Abschluss zu kriegen, und wir brauchten die Schüler, um auch unseren Weg wieder finden zu können. Wir wollten den Konsens und haben das den Schülern verklickert. In dem Moment, als sie begriffen, dass wir alle in einem Boot sitzen, wurde es besser. Mit Schülervertretungen und „Lehrern des Vertrauens" gab es Gremien, in denen Schwierigkeiten an der Schule aufgedeckt und wirklich gemeinsam Lösungswege gefunden wurden. Eigenartigerweise war ich in diesem ersten Jahr, wo ich eigentlich dachte, ich hätte besonders große Schwierigkeiten gehabt, von den Schülern zum „Lehrer des Vertrauens" gewählt worden.

Das Schwierige für uns war tatsächlich zunächst, die Vorschläge der Schüler zumindest erstmal anzunehmen. Schließlich haben wir uns aber zusammengerauft. Und das hat zum Schluss so gut funktioniert, dass wir uns mit Tränen in den Augen verabschiedeten, nachdem die Schüler das Abitur abgelegt hatten.

Hinzu kam, dass auch das Kollegium am Anfang neu zusammengewürfelt war und jeder zusah, sich nichts am Zeug flicken zu lassen. Wir kannten uns zu wenig, um Vertrauen zueinander haben und uns austauschen zu können. Jeder war ein Einzelkämpfer. Erst als wir merkten, dass eigentlich alle die gleichen Schwierigkeiten hatten, sind wir uns näher gekommen. Das war auch wichtig für die Schüler, das zu spüren. Der Jahrgang, der danach kam, der ist schon gut hineingewachsen. Da gab es Normen an unserer Schule, an die sich alle hielten, und von da an ging es aufwärts.

Ich bin an dieser Schule bis heute. Allerdings brauchte ich fünf Jahre, um dieses Gymnasium für mich zu akzeptieren; fünf Jahre, um fachlich soweit zu sein, ohne Skrupel und Angst in diese Schule zu gehen.

In den ersten zwei Jahren ist es natürlich auch passiert, dass sich unsere werten Schüler mit der Literatur, die wir auch noch nicht kannten, zu Hause hingesetzt haben, um sich ganz komplizierte Fragen auszudenken. Teilweise gab es sogar Wetten, ob du sie beantworten konntest. Wenn nicht, war das natürlich für mich sehr beschämend und sehr hart. Das ging echt an mein Lehrerethos.

Wir hatten an unserer Schule zeitweise auch mehrere Kollegen, die aus den westlichen Bundesländern stammten; die dort ihre berufliche Ausbildung genossen haben und an unseren Schulen methodisch gestrauchelt sind. Dabei haben wir immer versucht, ihnen auf kollegiale Weise Hilfestellungen zu geben.

Fachlich waren die vollgepfropft; das, was wir also am Anfang nicht hatten, hatten die im Übermaß, und didaktisch waren es totale Laien. Ihre methodische Ausbildung war überhaupt nichts wert, und wir haben sie im Prinzip erstmal das Laufen gelehrt. Doch sie konnten eben nicht so richtig einen Draht zu unseren Schülern herstellen. Dieses Lehrer-Schüler-Verhältnis war im Osten und Westen tatsächlich verschieden. Dass es auch ein Gefühl der Geborgenheit gegenüber einem Klassenleiter geben konnte, wurde von den Kollegen aus dem Westen nicht vermittelt, weil sie es selber nie kennen gelernt hatten. Unsere Schüler verlangten das aber nun wieder. Sie wollten uns auch als Partner sehen, vor allem die älteren Schüler. Alle Kollegen, die aus den westlichen Ländern kamen, gingen auch wieder. Sie hielten es bei uns nicht aus.

Trotzdem fehlt mir die Herzlichkeit und Geborgenheit, wie ich sie vor der Wende an Schulen kennen gelernt habe. Wir sind Wissensvermittler geworden. Auch der Kontakt zu den Eltern fehlt mir. Viele Eltern wollen mit der Schule nichts mehr zu tun haben. Die Schüler, die ja unter sehr starkem Leistungsdruck stehen und damit Probleme haben, finden bei ihren Eltern kaum noch ein offenes Ohr. Die haben meist mit sich selbst zu tun. Entweder sind sie beruflich so engagiert, dass sie keine Zeit für ihre Kinder haben, oder sie sind aufgrund von Arbeitslosigkeit oder anderen Bedingungen so mit sich beschäftigt, dass sie überhaupt keinen Draht mehr zu ihren Kindern haben. Sie sagen dann, du hast doch einen Beratungslehrer, wende dich dorthin.

Am Anfang habe ich mich auch in der neuen Gesellschaft sehr unwohl gefühlt. Bis dahin hatte ich ja keine Probleme mit der DDR; zumindest keine existenziellen. Da die nun da waren, hielt sich meine Begeisterung in Grenzen. Das kann man ja nicht positiv sehen.

Außerdem wurde der Betrieb meines Mannes von Leuten aus dem Westen übernommen, die ihn auf sehr unredliche Weise platt gemacht haben. Wenn es aber an die Existenz geht, dann interessiert einen auch nicht, ob man Reisefreiheit hat. So hat es lange gedauert, wieder Selbstbewusstsein zu finden und auch die Ellenbogen zu gebrauchen. Mittlerweile aber haben wir diese Existenzängste nicht mehr. Wir sind materiell so weit, die Vorzüge dieser Gesellschaft nutzen können. Unsere Kinder nutzen sie ganz offensichtlich, was ich als sehr positiv empfinde. Sie können ins Ausland gehen, dort studieren, sie müssen sich nicht sofort festlegen, und ihnen steht im Prinzip die Welt offen. Reisefreiheit ist kein wichtiges Thema für uns, aber ich nehme sie positiv auf. Ich nutze sie, wenn ich es kann und will. Demokratie habe ich inzwischen schätzen gelernt. Mit der Rechtssituation habe ich nach wie vor Schwierigkeiten. Es kann doch zum Beispiel nicht sein, dass ein Häuslebauer, der durch eine Baufirma geprellt wird, sein Recht nicht bekommt, weil er nicht das entsprechende Geld für einen Anwalt hat. Das ist nicht gerecht. Ich muss meine Ellenbogen benutzen, und ich muss Geld haben – erst dann kriege ich mein Recht.

Ich stehe dazu, Ostdeutsche zu sein. Das ist aber missverständlich. Durch den Werdegang in den letzten Jahren hast du Verschiedenes anders gemacht als früher. Es gibt Dinge, die du bewusster machst, die du besser machst – da denke ich schon, ich bin keine richtige Ostdeutsche mehr. Ich trauere dieser Zeit nicht nach, aber sie war eine wichtige Sache für mich. Ich komme, glaube ich, noch nicht so richtig auf den Nenner in dieser Frage.

Wenn ich es insgesamt sehe, bin ich ein Gewinner der Wende, aber nur deswegen, weil ich meine Arbeitsstelle behalten habe und mein Mann auch Arbeit hat. Dadurch können wir alle Vorzüge dieser Gesellschaft nutzen.

Ich will noch sagen, dass dieses Nachdenken über mein Leben eine eigenartige Resonanz auf mich hat. Ich musste Dinge reflektieren, über die ich früher mehr nachgedacht habe. Ich habe offenbar schon wieder meine Richtung gefunden. Es läuft wieder alles. Es ist aber gut, sich immer mal wieder an die anderen Sachen zu erinnern. Das schärft den Sinn für das, was jetzt eigentlich los ist. Mit manchen Antworten bin ich nicht ganz glücklich. Manches ging auch sehr tief rein. Aber damit komme ich schon zurecht.

MARIANNE P.
Steuerhauptsekretärin

Was die Schulzeit in Merseburg betrifft, erinnere ich mich besonders an den Alltag unserer Klasse: die Jungs für sich, die Mädchen für sich; aber insgesamt, finde ich, waren wir eine dufte Truppe. Dazu gehörte auch der Fanfarenzug. Da haben ja eine ganze Menge Schüler der Klasse mitgespielt, und das hat uns auch ein bisschen näher gebracht. Es gab in anderen Klassen untereinander vielleicht engere Beziehungen als in unserer, aber mir hat die Schulzeit gut getan. Sie hat mir auch was gebracht fürs Leben. Mein Freundin von damals, die Moni [Monika D.], ist es auch heute noch.

Ansonsten? Sport! Ja, Sport habe ich gehasst wie die Pest. Und jetzt renne ich jede Woche zweimal zum Sport (lacht). So ändert sich das.

Die politischen Dinge habe ich weggesteckt. Damit konnte ich nie so recht umgehen. Stabü oder so, das waren nicht meine Fächer. Ich war politisch nicht so aktiv wie manche und habe es nicht fertig gebracht, jeden Tag die Zeitung zu lesen und mich dann an der Schule stark zu machen. Das war nicht mein Ding, überhaupt nicht. Ich war eher zurückhaltend in der Richtung. Das hat sich auch später erhalten. Ich war nie in der Partei und bin später auch aus der FDJ raus. Schon während des Studiums war ich nicht mehr drin, weil mir das einfach nicht zugesagt hat. Ich will damit nicht sagen, dass ich völlig dagegen war. Aber es war einfach nicht mein Ding, mich in organisierten Veranstaltungen, unter Zwang gewissermaßen, über politische Sachen zu unterhalten.

Weil ich mein Abitur gerade so mit Drei abgeschlossen habe, waren meine Chancen für ein Studium nicht allzu groß. Ich wollte ganz gerne Pädagogik – Mathe und Kunsterziehung – studieren. Mit meinem Durchschnitt allerdings hatte ich null Chancen. Ich ließ mich also beraten, und das ging so in Richtung Ökonomie. Ich entschied mich dann für ein dreijähriges Fachschulstudium der Agraringenieurökonomie, also für die Landwirtschaftsstrecke. Und während des Studiums in Weimar hat mich das auch immer mehr interessiert, muss ich sagen.

An dieser Fachschule bin ich dann gar nicht erst in die FDJ-Gruppe eingetreten. Glücklicherweise gab es dort auch nicht eine solch straffe Organisation, alles war ein bisschen lockerer, und FDJ war da nicht so wichtig. Wir waren eine gute Seminargruppe – nur Mädchen, ein einziger Junge –, und wir haben uns auch ohne FDJ verstanden.

Die Studienzeit habe ich übrigens positiver in Erinnerung als die Schulzeit. An der Schule war es für mich schon deshalb stressiger, weil ich täglich mit dem Rad kommen musste. In Weimar wohnte ich im Internat und konnte mich unter diesen Bedingungen mehr auf das Lernen selbst konzentrieren. Es war eigentlich eine ganz tolle Zeit. Wir waren ein ganz gutes Team, Kontaktschwierigkeiten hatte ich eh nicht, und politisch negative Erinnerungen an Weimar habe ich auch nicht. Das einzig Ärgerliche war, dass die Architekturstudenten immer locker im „Kasseturm" ein- und ausgehen durften und wir kleinen Fachschülerinnen nicht.

Am Ende des Studiums – wir hatten nicht die Möglichkeit, uns selbst einen Betrieb zu suchen – wurde uns der Einsatzort vorgeschrieben. Das war schon während des Studiums so, dass wir nicht gefragt wurden, wenn irgendwas anlag: Wir waren in Mecklenburg Kartoffeln lesen, sechs Wochen lang im Dreck, auf einem Bauerngehöft. In dem Alter ging das ja noch und machte manchmal sogar Spaß, aber es wurde nicht gefragt – wir hatten es zu tun. Wir waren Kartoffeln sortieren, Zwiebeln auslesen und lauter solche Sachen, die gemacht werden mussten. Und genauso war es später: Der Betrieb wurde ausgewählt – meist in der Region, in der man wohnte … Ganz konkret war das bei mir der Kreisbetrieb für Landtechnik [KfL] in Witschersdorf, bei Kötzschau; das ist hinter Bad Dürrenberg und war für mich nur äußerst ungünstig zu erreichen. Ich wohnte ja damals noch in Luppenau, war auch schon verheiratet, wir hatten aber noch keine Wohnung und mussten notgedrungen zu den Schwiegereltern ziehen, um dann jeden Tag von dort zur Arbeit fahren zu können. Drei Jahre war ich verpflichtet, dort zu arbeiten. Doch ich habe es genommen, wie es kam.
In dieser Zeit habe ich unseren Sohn geboren und bin dann ein paar Wochen zu Hause geblieben. Als ich jedoch wieder anfing zu arbeiten, merkte ich, wie schwierig das wurde. Die Krippe öffnete um sechs Uhr, ich musste halb sechs schon los. Bis dahin habe ich den Sohn fix und fertig gehabt, und mein Mann zog dann mit dem Kinderwagen los. Das war nach einiger Zeit so schlimm, dass ich darum bat, dort aufhören zu dürfen.
Ich habe mich dann beim Rat des Kreises, Abteilung Landwirtschaft, beworben: Verwaltungsarbeit und Bilanzerstellung waren da die Aufgaben, also auch mein Metier. Denn von der Ausbildung her waren wir eigentlich als Buchhalter oder Hauptbuchhalter für Landwirtschaftsbetriebe qualifiziert. Ein Grund dafür, dass das mit der Arbeit beim Rat des Kreises klappte, war, dass mein ehemaliger Chef vom KfL dort als Leiter eingesetzt worden war. Es bestimmte übrigens die SED, wer zum Rat des Kreises umgesetzt wurde.
Der hat da also nun den Chef gemacht und zu mir gesagt, ich solle dahin kommen. Und das tat ich auch. Die Abteilung Landwirtschaft beim Rat des Kreises hatte sich um die LPG-Betriebe dieser Verwaltungseinheit zu kümmern. Die mussten bei uns jährlich ihre Bilanzen vorlegen, und wir haben daraus die Pläne fürs nächste Jahr erarbeitet, besser gesagt: Wir erstellten Vorgaben für die Pläne. Ja, und dann fing ich langsam an zu rebellieren: An jedem Wochenende Erntedienst, bei dem uns die Erträge der Bauern gemeldet wurden. Wir mussten das an den Bezirk weitermelden, und da ging das schon los: Manchmal sträubten sich mir die Nackenhaare, wie diese Meldungen zusammengestellt und manipuliert wurden. Wir waren ja die besten Bauern auf der ganzen Welt! Das hat mich so angekotzt – es war fürchterlich.
Aber irgendwann war auch bei mir Schluss. Drei Jahre vor der Wende habe ich da aufgehört und bin in einen anderen Betrieb gewechselt. Es bot sich zum

Glück die Gelegenheit, in einem kleinen Betrieb, einer Meliorationsgenossenschaft, anzufangen. Da gab es eine Hauptbuchhalterin – so in meinem Alter –, die wollte sich verändern. Eine ältere Kollegin hatte die Stelle zwischenzeitlich übernommen, und ich dachte, wenn die in vier, fünf Jahren in die Rente geht, hast du den Laden voll drauf, dann kannst du die Buchhaltung machen.

Ja, das waren meine Pläne für die Zukunft. Und drei Jahre später kam die Wende. Damals war ich von dieser ganzen Arbeitssituation beim Kreis sehr frustriert. Ständig redete uns die Kreisleitung in wirtschaftliche Angelegenheiten hinein. Und das war ganz üblich! Es hieß: „Was habt ihr hier für Erträge? Das kann nicht sein! Das wird geändert!" Dabei haben die LPG-Vorsitzenden schon immer das Beste rausgeholt, was aus den Betrieben rauszuholen war. Zwar habe ich nicht protestiert, indem ich irgendwo ein Plakat aufstellte, doch das Plakat stand in mir selbst. Deshalb habe ich dort auch aufgehört. Wäre es nicht so gewesen, hätte ich dort doch nie aufgehört, denn das war eigentlich ein guter Job. Dann fand ich eine Alternative in diesem kleinen Betrieb. Die Meliorationstechnik war praktisch ein Dienstleistungsbetrieb in der Landwirtschaft. Und dort hat es mir wirklich gefallen. Da hatte ich die ganze Breite buchhalterischer Tätigkeit: Ich konnte in der Bilanzierung rumwurschteln, ich habe die Inventur gemacht und so weiter, alles das, was ich eigentlich auch gelernt hatte.

Insgesamt war ich da mit meinem Leben nicht unzufrieden. Wir haben gespart, 14 Jahre lang, für einen „Trabant". Den konnten wir uns dann leisten. Wir sind jedes Jahr viermal in Urlaub gefahren.

Im Februar waren wir meist irgendwo im Harz, ein bisschen Ski oder Schlitten fahren mit dem Kind, im Mai für eine Woche irgendwo zum Wandern, im Sommer immer drei Wochen zum Camping, da ja FDGB-Plätze für uns Utopie waren. Zum einen waren die betriebseigenen Plätze knapp und nur umständlich an sie heranzukommen, zum anderen waren wir auch nicht die Typen dafür.

Ich muss ab und zu raus in die Natur. Deshalb schafften wir uns nach und nach eine vollständige Camping-Ausrüstung an und wurden richtige Camper. Materiell hatten wir eigentlich keine Sorgen. Zuviel verdient habe ich zwar auch nicht – und mein Mann lag so etwa im gleichen Niveau –, aber wir sind gut hingekommen.

Unter anderem deshalb gab es bei mir auch nicht den Wunsch auszureisen. Außerdem war meine familiäre Bindung zu groß. Ich habe meine Mutter noch da, die sehr alt ist, und meine Schwester. Weil die in den Harz gezogen war, musste sich einer ja irgendwie kümmern.

Da mein Vater früh starb – ich war da gerade mal zwölf Jahre alt –, spürte ich immer die Verantwortung: Du kannst die Mutter nicht alleine lassen. Auch zu den Schwiegereltern habe ich guten Kontakt, mit der Schwägerin waren wir oft gemeinsam im Urlaub – das waren für mich wichtige Gründe, hier zu bleiben. Ich bin einfach kein Ausreisetyp, kein Ausreißer.

In der Wende war ich zuerst skeptisch. Dieses ganze Hurra war mir schon fremd. Wir haben deshalb auch bis zum Dezember gewartet, bis wir die paar Kröten des Begrüßungsgeldes abholten. (Lacht:) Die wir aber auch unbedingt in Anspruch nehmen wollten; so waren wir nicht, dass wir darauf verzichten wollten. Aus Überzeugungsgründen schon gar nicht.

Bei der Fahrt nach Hof habe ich den Westen dann zum ersten Mal gesehen. Ich fand ihn sehr angenehm. Schön gepflegte Orte. Hier dagegen war ja alles runtergekommen – die Neubaublöcke sahen ja nach zehn, 15 Jahren schlimm aus –, und dort war alles top. Du bist in einen Ort reingekommen – oh! Da blieb dir erstmal der Mund offen. Du hast unterwegs irgendwo angehalten und geguckt: Mensch, wieso ist das hier alles so ordentlich und bei uns nicht?

Wahrscheinlich hätten wir doch ein bisschen mehr Marktwirtschaft in dem Sinne, wie wir sie heute kennen, betreiben sollen und nicht bloß auf dem Sozialstaat rumreiten dürfen. Allen sollte es gut gehen, und es wurden die mitgeschleift, die dreimal im Jahr Kasse gemacht und dabei ihren Garten bestellt haben. Das war nie mein Ding! Vor der Wende kannte ich gar keinen Arzt (lacht). Manchmal ballte sich da schon die Faust in der Tasche, und du dachtest: Mensch, dem geht es doch gut, und unsereiner geht den ganzen Tag klächen [arbeiten].

Das riesige Konsumangebot im Westen konnte ich erstmal gar nicht verstehen. Das kann doch nicht sein, dachte ich, was geschieht mit diesem Überfluss? Wird das nicht weggeschmissen, wenn das am nächsten Morgen nicht mehr gut ist? Ich habe das zwar vorher gewusst, und jeder, der schon mal drüben war, hatte davon gesprochen und gesagt: „Da wirst du erstmal irre, du weißt gar nicht, was du kaufen sollst." Aber wenn du dann selber davorstehst, dann ist das schon extrem. Mir fiel auch nicht ein, was ich zuerst kaufen sollte.

Die Vereinigung empfand ich als die Lösung, die eigentlich sein musste, irgendwie, doch. Irgendwie musste es ja weitergehen. Man ist auch aus der eigenen Bequemlichkeit aufgerüttelt worden. Und mich hat es ja unmittelbar erwischt. Mein Chef hat die Vereinigung gar nicht abgewartet und gleich die ganze Buchhaltung entlassen. Fünf oder sechs Frauen, größer war die Verwaltung nicht – uns hat er gesagt, wir sollten uns um was anderes bemühen. Deshalb empfand ich die Wende natürlich nicht nur positiv.

Ich habe mich auch sofort gekümmert und bekam schnell eine Stelle in der Verwaltung beim Rat des Kreises. Diesmal allerdings in der Abteilung Finanzen, weil ich dachte, die Landwirtschaft hat sicher keine Zukunft. Obwohl damals auch schon im Gespräch war, dass auf dem Gebiet eventuell eine neue Verwaltung – möglicherweise in Magdeburg – aufgebaut werden würde. Außerdem war das nach meiner Erfahrung eine super Truppe; die Kollegen an sich waren prima. Nun aber begann das böse Erwachen: die tollen Kollegen! Ich war ja so naiv!! Ich habe ja nie damit gerechnet, dass es Leute gab, die uns einfach so bespitzelt haben … So blöd war ich! Als ich das erfuhr, war ich fertig.

Für die neue Stelle habe ich noch eine Ausbildung in Finanzamtsverwaltung erfolgreich beendet, bei der wir gründlich im Steuerrecht qualifiziert wurden. Zwei Jahre dauerte der Spaß. Anfangs hat das auch wirklich Spaß gemacht, weil ich vom Steuerrecht überhaupt keine Ahnung hatte. Und das kennen zu lernen fand ich gut. Dann allerdings durftest du nicht an einer Stelle bleiben, sondern wurdest ständig – ich will nicht sagen: rumgeschubst – auf einen anderen Arbeitsplatz in einer anderen Abteilung umgesetzt. Das war mir nicht so ganz angenehm.

Allerdings war die Zusammenarbeit mit den westdeutschen Kollegen positiv. Wir erhielten eine gute Betreuung. Ich war beispielsweise gleich zu Beginn im Bereich Umsatzsteuer / Sonderprüfung tätig, musste also in die Betriebe, um dort die betriebliche Umsatzsteuer zu prüfen und festzustellen, ob die richtig abgeführt wurde. Dabei wurde uns beigebracht, wie man vorzugehen hat, wie man in die Buchhaltung reinschaut und so weiter. Ich kann nur sagen, dass wir da ganz tolle Kollegen hatten. Ich meine, zu uns sind sicher auch nur die gekommen, die das Interesse hatten, uns was zu zeigen und uns nicht bloß von oben herab behandeln wollten. Das waren wirklich angenehme Erfahrungen. Und mittlerweile bin ich Steuerhauptsekretärin.

Trotzdem bin ich weder mit der Gesellschaft im Ganzen noch beruflich so ganz zufrieden. Beruflich bin ich nicht zufrieden, weil sich andauernd politisch bedingte Änderungen der Steuergesetze ergeben: Gerade haben wir meinetwegen eine neue Verfügung – da kommt 14 Tage später eine ganz andere hinterher! Die Leute – ich sitze zur Zeit in der Auskunft – kommen dann natürlich als Erstes zu mir, und dann geht das los: „Ich habe in der Zeitung gelesen …" Du musst dich also ständig auf dem Laufenden halten und dich selbst schulen. Und das nervt. Ein bisschen mehr Stabilität täte der Politik ganz gut. Dieses Hin und Her gefällt mir nicht besonders. Insofern ergeben sich direkte berufliche Auswirkungen aus der politischen Situation.

Innerlich, als Mensch, komme ich auch nicht richtig mit dieser Ellenbogengesellschaft zurecht. Das ist nicht mein Ding. Das merkt man auch an meiner Arbeit. Es heißt dann, ich sollte nicht hier [mit dem Herzen] denken, ich sollte mehr hier [nur mit dem Kopf] denken.

Das kann ich aber in meinem Alter nicht mehr ablegen. Das ist das, was mir immer noch Schwierigkeiten bereitet. Das hat sich nicht gegeben.

Ich kann auch nicht sagen, dass ich mich heute freier fühle als in der DDR. Ich muss meinen Job machen, hart wie er ist, knallhart. Ich konnte zwar nicht reisen, das weiß ich. Aber Reisen ist für mich nicht der Inbegriff der Freiheit. Deshalb vermisse ich jedoch die DDR nicht. Immerhin: Es war eine Erfahrung, die wir gemacht haben! Die haben andere nicht gemacht. Zum Beispiel, dort drüben ist das ständig so gelaufen, wie wir das jetzt kennen, und die haben dort ihr Leben gelebt. Mensch, wir haben doch viel mehr action gehabt! Und dann noch die Wende und alles! Wir mussten das alles verkraften und haben es gepackt. Irgendwo finde ich das schon bewundernswert.

Wenn ich manchmal gefragt werde, ob ich mich mehr als Ostdeutsche oder mehr als Gesamtdeutsche fühle, habe ich keine Antwort. Es müssten vielleicht andere sagen: Du, die ist es, oder die ist es nicht. Ich glaube, ich bin eher eine Ostdeutsche, meine ganz eigene.

Ein Teil dieser Gesellschaft, den ich auch nicht so gut finde, ist das Rechtssystem. Es hat zumindest Lücken, aus denen man Gewinn schlagen kann, wenn man einen ordentlichen Rechtsanwalt hat und ihn sich leisten kann. Mein Rechtsempfinden und das des Staates sind nicht so ganz eins. Manche Leute werden wirklich ungerecht behandelt, aber ich kann vom Gesetz her nichts machen. Und das gärt in meiner Brust (lacht).

Dennoch: Ich persönlich blicke positiv in die Zukunft. Ich habe Tiefpunkte, seelische und moralische – ich bin Krebs, wohlgemerkt, der sehr auf bestimmte Empfindungen und Reize reagiert. Im Allgemeinen sehe ich jedoch meine eigene Entwicklung positiv. Und wenn es Tiefschläge gibt, geht es trotzdem vorwärts. Ich denke aber, das liegt nur an mir selbst. Ich bin so; es ist mein Charakterzug, positiv zu denken. Außerdem habe ich eine gute Freundin, die mir, wenn es nötig ist, sagt: „Du, pass mal auf, Fräulein, nicht hängen lassen!"
Und dann geht es wieder vorwärts.

PETER H.-T.

Facharzt für Stomatologie und Pathologie

Ein starkes Erlebnis mit dieser Klasse gibt es nicht. Ich betrachte die vier Jahre als einen Komplex, der eine gewisse Formung bewirkt hat, vielleicht als zweiten Einschnitt im Leben, nachdem man sprechen lernte.

Ich hätte genauso gut in Halle-Neustadt in einer kleinen Wohnung mit Schrankwand hausen, irgendein Penner auf der Straße oder in Amerika Ölmillionär sein können, wenn ich damals in eine andere Schublade geraten wäre. Meine Schublade war aber durch die politischen und kulturellen Verhältnisse in der DDR bestimmt. Dazu gehörte der Nachhall der 68er-Bewegung, Musik, Literatur et cetera. Man hat einen gewissen Musikstil für sich festgelegt, einen gewissen Umgangston, man bekam ein gewisses Gefühl für Natur und Umgebung, und man hat vor allem gelernt, sich mit politischen Dingen auseinanderzusetzen. Ein Komplex also, der einen in eine ganz bestimmte Lebensrichtung geschoben hat, deren Wurzeln sich bis heute mehr oder weniger deutlich erkennen lassen.

Meine heutige Resignation hat sicherlich auch dort ihre Herkunft. Seinerzeit war man etwas weiter links orientiert, gleichzeitig stand man dem Linkssozialismus des damals existierenden Staates sehr kritisch gegenüber. Und es gab keine Ambitionen zum Westen hin. Ich denke, was bei mir übrig geblieben ist, ist die Affinität zu den Leuten, denen es richtig beschissen geht, ohne dass sie was dafür können. Die leben aber nicht hier. Während in Afrika, in Asien, Lateinamerika viele nicht mal die Chance haben, das Alphabet zu lernen, wird hier der Überfluss zum Mangel degradiert. Für die wirklich Armen würde ich mich gern nochmal einsetzen, aber es ist schwierig.

Nach dem Abi arbeitete ich ein Vierteljahr als Totengräber, eine sehr interessante Tätigkeit. Wir hatten da beim Gräberausschachten immer so ein kleines Kofferradio mit, und dann kam am 11. September die Meldung vom Putsch in Chile. Da wir dafür sehr sensibilisiert waren, wären wir am liebsten gleich runtergefahren, um zu helfen. Chile war auch ziemlich lange Gesprächsthema.

Dem schloss sich eine recht finstere Zeit an, vom 1. November '73 bis zum 30. April '75, als ich anderthalb Jahre bei der Armee in Frankenhausen verbringen musste. Du warst Leuten ausgeliefert, die vielleicht nicht mal ihren Namen schreiben konnten, die dich aber eine Stunde lang im Kreis hüpfen lassen und jeden Blödsinn zu dir sagen konnten. Du warst der Primitivität komplett ausgeliefert und musstest ziemlich clever sein, dem begegnen zu können. Aber dieser psychologische Aspekt, der war's: dass dich richtige Arschlöcher provozieren konnten.

Komischerweise erwachte bei der Armee – durch den intensiven Kontakt – mein Interesse an der Natur wieder. Ich war ein halbes Jahr lang zum Bau einer Kaserne in der Nähe von Klosterlausnitz eingesetzt, in einem Waldstück, das ich von Wanderungen in der Kindheit noch kannte. Selbst den Wachdiensten konnte ich noch was abgewinnen. Du hast dir den Himmel angeguckt und versucht, dir die Welt zu erklären. Ich habe dabei auch den Faust II durchgearbeitet und konnte dann richtig lange Teile daraus frei rezitieren. Außerdem hatte man Zeit zu lesen. Armee war für mich eine Gratwanderung zwischen Hirnlosigkeit auf der einen Seite und freiwilliger Kultur und Bildung auf der anderen.

Der 30. April war eine Befreiung auf doppelte Weise: Als wir entlassen wurden, hörte auch der Vietnamkrieg auf. Bis heute verbindet sich bei mir der 30. April mit diesem politischen Datum der doppelten Befreiung.

Nach der Armee arbeitete ich in einem Pflegeheim für Alte, auf der Station sozusagen vor der Leichenhalle – ich stieg also ein Stückchen aus dem Grab raus. Es stand damals fest, dass ich Zahnmedizin in Halle studieren würde, aber ich hatte bis dahin keine Ahnung von Medizin. Ich wusste, wie ein Zahnarzt aussieht, mehr aber eigentlich nicht. Also dachte ich, ich sollte mal im Gesundheitswesen arbeiten. Da ich während meiner Armeeurlaubstage jedesmal bei Bekannten in Halle war, erfuhr ich, dass das Riebeck-Stift Pfleger suchte. Eine Wohnung gehörte auch dazu – das hörte sich alles nicht schlecht an. Dort waren Leute beschäftigt, die durch den politischen Rost der DDR gefallen waren und keine Arbeit fanden. Die waren meist ein oder ein halbes Jahr da. Es war auch lustig, sich mit den Omis zu unterhalten, wenn du Zeit hattest und dich mal zwei Stunden ans Bett gesetzt hast. Dann haben die ihre Geschichte erzählt ... Ich hätte das auch länger gemacht, wenn das Studium nicht begonnen hätte.

Ein rechtes Motiv dafür gab es nicht. Es ist bei vielen Ärzten so, dass ihr Motiv nicht war, einen edlen Beruf im weißen Kittel auszuüben. Auch bei mir war es eher kurios: Mit sechs oder sieben Jahren war ich zum ersten Mal bewusst beim Zahnarzt und war schwer begeistert! Der stand da mit den ganzen Instrumenten, und alles glänzte und glitzerte und roch so interessant. Da habe ich gesagt: Ich werde Zahnarzt. Und das blieb, ohne dass ich mich irgendwie gefragt hätte, warum. Es gab auch andere Vorstellungen, die habe ich aber realistischerweise – vielleicht leider – nicht weiter verfolgt. Ich hätte durchaus gern Archäologie studiert. Doch man wusste, es gab nur alle zwei Jahre ein paar Studienplätze in Halle ... Allerdings, das hätte man anders angehen müssen. Damals wusste ich jedoch nicht wie. Eine Lehre für meine Kinder könnte sein, dass man sich nicht so früh festlegen sollte. Wir sind in die Schule gekommen, und als sich rausstellte, dass wir nicht ganz blöd waren, gingen wir eben zur EOS, dort machte man Abitur, und dann ging man eben zum Studium. Was man studierte, war egal. Viel lag daran, wer dich beraten konnte. Es hätte auch so laufen können: Du willst meinetwegen Archäologie studieren – dann geht man möglichst dorthin, wo so eine Institut existiert, kreuzt da jeden Tag auf, bis man ein paar Leute kennt, geht denen so lange auf den Geist, bis die sagen, na gut, bei der nächsten Ausgrabung kannst du mal mitkommen. Und Stück für Stück rutscht man da rein. – Das hat mir damals aber keiner gesagt.

Rückblickend muss ich jedoch sagen, das Stomatologie-Studium hat auch Spaß gemacht. Es war so eine Art geistiger Fitnessprozess. Und es half mir auch bei meiner jetzigen Arbeit als Pathologe. Ich weiß als Zahnarzt mehr von der Humanmedizin als die Humanmediziner von der Zahnmedizin. Ich denke, ich stehe in beiden Fächern drin.

Wichtiger als das Studium an sich war in dieser Zeit anderes. Nach kurzer Zeit ging mir das Leben im Internat ziemlich auf den Geist. Ich wollte was in der Stadt haben und bekam dann auch meine allererste Wohnung: kalt und feucht, aber nur 15 Mark Miete im Monat, mit Klo auf dem Hof. Das Haus stand kurz vor dem Abriss, aber es ging, und es war eigentlich ganz phantastisch. Da bin ich dann mit jemandem eingezogen, wir haben uns dann auch später mal geheiratet, und die ersten zwei Jahre waren auch wirklich noch ganz lustig. Das Problem fing an, als das erste Kind kam. Wir zogen vom Hinterhaus nach vorne, da war die Wohnung etwas trockner und etwas besser zu beheizen. Dann kam das zweite Kind, und es wurde doch ein bisschen schwierig, das Studium noch hinzukriegen in dieser Rumpelbude. Als wir über meine Schwiegermutter dann eine ganz ordentliche Wohnung erhielten, stellte sich vor Freude das dritte Kind ein, so dass ich im dritten, vierten und fünften Studienjahr weniger mit zahnärztlicher Tätigkeit als mit der Aufzucht und dem Transport der Kinder befasst war. Dafür entwickelte sich an den Wochenenden so eine Art frühfamiliäres Leben. Es war ja ein bisschen der Trend der Zeit, sich relativ zeitig ein Kind zuzulegen – aus Protest gegen die gesellschaftliche Umgebung: Wir bilden eine autonome Zelle. Gleichzeitig entwickelte man Bekanntenkreise, durch die man sich neue Bekanntenkreise erschloss. Das war eigentlich das Schöne an Halle, es war übersichtlich, nicht zu groß. Ich will das mal illustrieren: Du wirfst ein paar Kieselsteine in einen See, da bilden sich Kreise, jeder Kreis ist erstmal alleine, aber irgendwann entstehen Differenzwellen, es verschmelzen die Kreise. So war das in Halle. Du hattest deinen Hauptkreis, konntest aber leicht in einen anderen Kreis übertreten. Dadurch lernte man ganz unterschiedliche Leute kennen. Man sah sich häufig, weil zum Beispiel die Kinder etwa im gleichen Alter waren, man tauschte sich darüber aus oder machte andere Dinge zusammen. So formte sich in diesen Bekanntenkreisen im Laufe des Studiums auch die Persönlichkeit. Es war wie bei einem Bildhauer, man probierte etwas aus, und wenn etwas falsch war – wenn ein Bauch zu dick oder ein Bein zu lang war –, dann musste man immer mal wieder was abhacken und was Neues dransetzen. Ich bin nicht so vermessen zu sagen, dass ich mich selbst erschaffen habe, sondern ich habe von den Leuten, die ich kennen lernte, sozusagen ein Stückchen abgebrochen und irgendwo an eine Stelle bei mir drangesetzt. Mal sehen, ob es was wird …
Auf der anderen Seite wächst dir dann irgendwo etwas, was auch nicht so gut ist, aber man wird so geformt. Du hast dann auch psychische Missbildungen, die dummerweise irgendwann gewachsen sind, und du hast es zu spät gemerkt. Das ist aber auch logisch: Je intensiver du lebst, um so größer ist die Gefahr, dass du irgendeinen bleibenden Knacks kriegst.

Ich habe nach dem Staatsexamen und der Approbation als Zahnarzt am 1. September 1980 im Pathologischen Institut der Martin-Luther-Universität als wissenschaftlicher Assistent angefangen. Das gab es in Halle und anderswo überhaupt noch nicht, ich war einer der ersten Zahnärzte in der Pathologie. Die Entscheidung fiel schon im dritten Studienjahr und hat meinen weiteren Lebensweg erheblich beeinflusst. Als dieses Angebot von einem Professor kam, sagte ich kurz entschlossen ja, weil ich mir dachte, wenn du Zahnarzt wirst, bleibst du es vermutlich die nächsten 40 Jahre, und da kann man doch zwischendurch erstmal ein paar Jahre was anderes machen, was Interessantes. Da aber dieser Professor ein halbes Jahr vor meinem Staatsexamen zu höheren Weihen nach Berlin berufen wurde, wusste der neue Chef nichts mit mir anzufangen. Als ich am Morgen des 1. September in dem Institut stand, sah er mich ratlos an und sagte: „Gehen Sie mit in den Saal und gucken Sie sich das Ganze mal an." Eine Weile habe ich zugeguckt und dann immer gedrängelt, dass ich das auch mal machen will. Naja, sagten sie dann, soll er mal anfangen, er wusste ja immer Bescheid, wenn er gefragt wurde. So bin ich mit Leib und Seele Pathologe geworden.

Ich habe allerdings die ersten zwei Jahre auch zahnärztlich gearbeitet, weil niemand wusste, wie meine weitere Ausbildung verlaufen sollte. Montags behandelte ich immer noch, und dienstags bis freitags stand ich am Obduktionstisch. Letztendlich nahm ich meine Ausbildung in die eigene Hand, erarbeitete mir einen Ausbildungsplan, unter den mein Chef seine Unterschrift setzte.

Ich denke nicht, dass mein Interesse an der Pathologie Ausdruck einer Perversion ist. Für mich ist interessant, anhand dieses toten Materials irgendetwas herauszufinden. Du musst bestimmte Methoden und ein bestimmtes Wissen haben, mit dem du das Geheimnis des Sterbens löst. Es ist eine Art Archäologie, wenn man so will. Da gibt es durchaus Bezüge. Ich weiß noch, als ich Totengräber war: Die ersten zwei Meter, das war nur schwere Arbeit, aber dann kamst du – das waren ja belegte Gräber – auf die Reste dieser armen Seele. Und dann wurdest du sehr vorsichtig, hast ganz kleine Schippen genommen und dir jeden Knochen angeguckt. Du hast da Geschichte vor dir gehabt. So wie heute: Ich kriege nur ein Stückchen Gewebe und muss rausfinden, welche Geschichte sich dahinter verbirgt.

Im Frühjahr 1988 habe ich die Promotion verteidigt, drei Wochen später war die Facharzt-Prüfung. Das waren zwei Tage schwerster nervlicher Anspannung. Nachdem das überstanden war, ich weiß es noch wie heute, fuhr ich mit einer Kollegin aus Jena im selben Zug nach Hause. Wir waren vollkommen von der Rolle und redeten pausenlos. Und ich stand da und zog mir ständig die Hose hoch. Zu Hause angekommen, stellte ich mich auf die Waage: In den zwei Tagen hatte ich vier Kilo abgenommen.

Kurioserweise hatte ich von dieser Facharzt-Prüfung nie irgendwelche Alpträume, im Gegensatz zum Abi. Das verfolgt mich immer noch regelmäßig: Ich sitze in der Aula vor dem Tisch – mal ist es die Mathe-, mal die Chemie- oder Physikprüfung, immer irgendetwas Naturwissenschaftliches – und kriege diesen blöden Bogen, A-5-Format, klein bedruckt, mit den Fragen. Und ich stelle fest, dass ich das jeweilige Fach ein ganzes Jahr lang nicht hatte. Wie soll ich jetzt die Prüfung bestehen? Sofort verfalle ich in Panik und wache, vermutlich nach Sekunden, erschreckt auf, fix und fertig und zittere wie Espenlaub. Das passiert so alle paar Monate.

Mit der Facharzt-Prüfung endete theoretisch mein Arbeitsvertrag an der Uni. In der Regel wurdest du übernommen, es sei denn, es gab irgendwelche Probleme, und offensichtlich bin ich damals als Problembürger eingeschätzt worden. Der stellvertretende Kaderleiter teilte mir mit, dass für mich kein Platz an der Universität wäre. Doch ich hatte mich vorher bereits umgetan. Außerdem hatte ich 'ne ganze Menge Veröffentlichungen, Vorträge, Seminare und auch ein paar Vorlesungen hinter mir; das reichte mir dann auch.

Ab '88 war ich in Weißenfels, hatte dort 17 Monate lang Narrenfreiheit und wurde überdies zum Oberarzt befördert. Doch es waren ja leider nur noch anderthalb Jahre bis die Revolution ausbrach. Bis dahin hatte ich ein mehr oder weniger ruhiges Leben.

Damals kannte ich auch schon meine jetzige Frau, die am Pathologischen Institut der MLU arbeitete. Die Wochenenden verbrachten wir kaum in Halle, sondern wir fuhren ständig weg – wandern, klettern, Boot fahren, und was weiß ich nicht alles.

Ja, und dann kam so langsam die ganze Geschichte mit den Botschaftsbesetzungen, der Grenzöffnung in Ungarn, der Bekanntenkreis löste sich allmählich auf, weil viele Leute weggingen, und es war schwierig: Was machst du? Also, ich hatte mich entschlossen, auf Teufel komm raus noch zehn Jahre mitzumachen, ich wollte unbedingt den 50. Jahrestag noch erleben. Vorher würde sicherlich nichts passieren, aber am nächsten Tag wäre Schluss gewesen: Dann wären die alle auf einen Ruck tot umgefallen, aber zehn Jahre würden die es noch machen … Da habe ich mich vollkommen verplant. Zehn Jahre, dachte ich, geht's noch, dann übernehmen wir die Macht. Und dann war ein halbes Jahr später Schluss!

Und was haben wir vorher diskutiert! Wir hatten in der Zeit ständig Besuch, jedes Wochenende waren Leute da, und es gab heftige Gespräche. Manche sagten, nichts wie weg hier! Andere wieder, nein, wir bleiben hier.

Im Mai '89 war ich zum ersten Mal im Westen, meine Tante hatte 60. Geburtstag. Ich habe schwer überlegt, ob ich mir das antue … Aber alle sagten: „Mensch, du bist doch blöd, fahr doch, tu es dir an." Gut, dachte ich, man soll keine voreiligen Schlüsse ziehen – obwohl ich ein ziemlich klares Bild vom Westen hatte. Es gab viele Kontakte zu Leuten aus dem Westen, den Rest holte man sich aus dem Westfernsehen … Wir waren sicherlich besser informiert als

84

die im Westen über uns. Ich war also eine Weile bei der Verwandtschaft, dann habe ich noch ein paar Freunde besucht, die ein halbes Jahr vorher ausgereist waren, und einen, der abgehauen war. Die hatten sich irgendwie alle ihr Nest gemütlich zurechtgemacht, und ich konnte gar nicht verstehen, wie die sich plötzlich verändert hatten, ich hatte sie noch ganz anders in Erinnerung.

Wir fuhren viel rum – in Schwaben, wo ja alles reichlich und geleckt und gleichförmig aussieht. Ein Schlüsselerlebnis war das Haus einer wohl 80- oder 90-jährigen Frau, die sich geweigert hatte, ihr schönes Fachwerkhaus, das ziemlich windschief mitten im Dorf stand, mit irgendwelchen Plasteschindeln verkleiden zu lassen, so dass es genauso uniform aussah wie der Rest. Zu diesem Häuschen ging ich jeden Abend, habe mich auf die andere Straßenseite gesetzt und mir diese verfallene Bude angeguckt. – Ich fühlte mich wie zu Hause. Ich durfte nur nicht nach rechts und links gucken.

Obwohl ich die Genehmigung für acht Tage hatte, fuhr ich am sechsten Tag zurück. Ich hielt das einfach nicht mehr aus. Freudestrahlend bin ich in Halle ausgestiegen – alles war rumpelig und dreckig und vermufft, aber es lebte.

Auch beim Mauerfall war klar, dass wir hierbleiben würden. Vom 9. bis 11. November war in Schwerin eine Weiterbildung für die Pathologen der DDR. Ich stieg am späten Nachmittag in Halle in den Zug und kam gegen zehn im Hotel an. Da summte es wie in einem Bienenhaus. Ein paar Bekannte winkten: „He, weißt du noch nichts?" – „Was denn? Ich bin gerade mit dem Zug gekommen, da gab es kein Radio." – „Die haben die Mauer aufgemacht." – „Kannst du mir doch nicht erzählen, warum gerade jetzt?" – Aber keiner wusste es so richtig, es war ein bisschen seltsam. Ich bin dann ins Bett, stellte das Radio an – es war gegen zwölf oder eins, kurz vor den Nachrichten jedenfalls – und ich denke, wahrscheinlich ist wieder irgendwo ein Krieg, denn es war eine fürchterlich aufgebrachte Reporterstimme. Doch dann hörte ich genauer hin: „Die Leute rennen rüber, hundert Meter hin und zurück, ich frage jetzt mal: ‚Wo kommen Sie her?‘ – ‚Ich komme gerade aus dem Westen, meine Tante wohnt hier um die Ecke, die habe ich jetzt mal besucht.‘ – ‚Wo wohnen Sie denn sonst?‘ – ‚Ich wohne im Osten.‘ – ‚Na und, und warum kommen sie zurück?‘ – ‚Na, ich muss doch morgen früh zur Arbeit.‘ – ‚Ja, wollen Sie nicht drüben bleiben?‘ – ‚Nee, ich muss morgen früh arbeiten.‘"

Ich dachte erst, das ist eine Satire-Sendung. Das konnte doch gar nicht sein!

Die Tagung war natürlich ein voller Reinfall und wurde mangels Beteiligung abgebrochen. Meine Frau und ich haben dann überlegt: Was ist nun Sache? Wenn das wirklich alles stimmt, wird es höchste Zeit, hier zu verschwinden, möglichst weit weg. Denn ich wollte diesen ganzen Schwachsinn nicht mitmachen. Mir war klar, wenn die die Mauer aufmachen, wird der Herr Kohl an der Spitze seiner siegreichen Truppen ohne jeden Widerstand hier einmarschieren, die Leute von der Partei werden ihre Fahnen schnell umspritzen und sich ihre

Sesselchen wieder suchen. Und das, was jahrelang unsere politische Überzeugung war, wird kein Schwein interessieren.

Die Volksmassen brüllten auf der Straße gekaufte Parolen, die ich heute noch hasse: Aus „Wir sind das Volk" wurde „Wir sind ein Volk". Die wollten sich angliedern, aber ich wollte nicht so enden. Ich hatte den Ehrgeiz, an das System selbst Hand anzulegen. Man hätte ruhig kurzzeitig die Mauer aufmachen können. Dann hätten die abhauen können, mit denen man ohnehin nichts anfangen kann. Die Leute wollten Bananen und Autos haben. Das sind ja auch alles verständliche menschliche Regungen. Nur sollen sie wenigstens so ehrlich sein und das zugeben und nicht so tun, als wollten sie aus dem politischen System ausbrechen. Dann hätten sie hier bleiben und hier was unternehmen können. Und dieses nun hereingebrochene Konsumsystem war genau auf solche Leute zugeschnitten. Es braucht solche Leute und produziert sie.

Und all das kam völlig überraschend: für Honecker und seine Schleudertruppe, für Kohl, die Russen, die Amerikaner. Es war wie auf der „Titanic": Alle waren mehr oder weniger zufrieden, ein paar wussten zwar um die Probleme, aber als dann das Ding plötzlich auf den Eisberg krachte, war nur noch Panik angesagt. Und genauso hilflos wie die waren wir natürlich auch. Oder wir haben uns mit irgendwelchen Kleinigkeiten erstickt in Form von Runden Tischen und ellenlangen Diskussionen. In der Zeit wurden längst Tatsachen geschaffen von Leuten, die eben noch friedlich einmarschiert waren. Und plötzlich dachtest du: Oh, was ist denn jetzt los? Wieso stehen hier lauter Reklametafeln, wo kommen die denn plötzlich her? Und dann warst du drin in dem System, und jetzt kannst du dich dem natürlich kaum noch entziehen.

Also ich war auch einer dieser hirnverbrannten Vertreter eines dritten Weges. Das Ding hätte nicht DDR heißen müssen, aber dieses Land mit dem Großteil seiner Leute hätte durchaus eigenständig existieren können. Es wäre richtig hart geworden, aber man hätte es selbst aufbauen können, wenn alle mitgemacht hätten. Wir waren es ja gewöhnt, a) durchaus bescheiden zu leben und b) zu improvisieren. Auch rein medizinisch – uns wird ja immer eingeredet, die gesundheitliche Versorgung wäre ganz mies gewesen: Vollkommener Quatsch, denn die Leute, die wenig Technik hatten, mussten sich auf das verlassen, was sie selbst hatten, nämlich Hände zum Tasten, Augen zum Sehen, Ohren zum Hören und eine Nase zum Riechen, damit bist du in der Diagnostik ziemlich weit gekommen. Heutzutage brauchen sie das offensichtlich alles nicht mehr, sondern sie halten den Leuten irgendwelche Apparate auf den Bauch, dann schmeißen sie den ganzen Mist in den Computer, und der sagt uns dann, was der Mensch hat. Aber wehe, es ist mal Stromausfall, dann stirbt derjenige vielleicht, weil der Computer nicht arbeiten kann.

Mit dem 3. Oktober 1990 galt das ärztliche Recht der Bundesrepublik. Nach diesem Recht hätte ich eigentlich nicht mehr arbeiten dürfen, weil ich Fachzahnarzt für Pathologie war. Ich konnte, was ich nicht durfte, und ich durfte, was ich nicht mehr konnte. Denn es war ja nicht zu verantworten, sich so einfach wieder an den Stuhl zu stellen. Zwischendurch kam ich auf die interessante Idee, ein Bestattungsunternehmen aufzumachen. Das wäre bestimmt nicht schlecht gelaufen: Service aus einer Hand, das macht sich immer gut.

Urplötzlich bekamen wir – mein Partner, mit dem ich später die Praxis eröffnete, und ich – jedoch eine Urkunde und wurden sozusagen Arzt ehrenhalber. Das Kuriose an der Geschichte ist, wir haben jetzt den gleichen Status wie Ausländer, die hier arbeiten und in der Regel keine deutsche Approbation haben.

In der Zeit, wo alles unklar war, wollten meine Frau und ich weg. Zunächst versuchten wir es mit Kanada, aber das war ziemlich hoffnungslos. Danach sagte uns eine Freundin aus Simbabwe, wir sollen es in Südafrika versuchen. Wir dachten: Mensch, Südafrika, das liegt uns vom System her erst recht nicht. Doch sie sagte, da tut sich jetzt was, da kippt alles, und die brauchen neue Leute. Es ergaben sich dann aber doch trotz interessanter Angebote – meine Frau hätte auch gleich eine Stelle bekommen können – zu viele Schwierigkeiten, obwohl uns ein dreiwöchiger Besuch an mehreren Unis dort phantastisch gefallen hatte.

Letztendlich wurde nichts daraus, und wir eröffneten im Oktober '92 unsere eigene Praxis in Halle. In einer ehemaligen Poliklinik haben wir 100 m² gemietet, und ich zog los wie ein Teppichhändler, habe die ehemaligen Kollegen abgegrast und sie gefragt, ob sie nicht etwas hätten, was wir untersuchen könnten. Durch meine seltsame Ausbildung, kannte ich viele Leute, das Tragische aber war, dass an der Uni in Halle die mittlere Facharztebene radikal beseitigt wurde. Die wurde dann von den neuen Herrschern aus dem Westen besetzt – so vierte und fünfte Garnitur mit irgendwelchen verschrobenen Vorstellungen …

Es gibt da eine lustige Geschichte: Der neue Chef der Chirurgie unterhielt sich im Fahrstuhl mit seinem Ersten Oberarzt, und da stand ein Patient dabei, von dem die beiden Herren wahrscheinlich glaubten, der versteht sowieso nicht, was sie sagen. Der eine Professor zum anderen: „Also weißt du, das Eine kann ich dir garantieren: In drei Jahren ist die Uni hier ossifrei." Er rechnete aber nicht damit, dass der Dritte das doch verstanden hat und es pflichtbewusst weiterleitete – mit Namen und Adresse. Inzwischen ist dieser Professor nicht mehr da, der hat sich dann doch ein bisschen geärgert.

Wir aber bauten Stück für Stück den Laden auf – das war schon hart – und nach genau einem Jahr hatten wir einen Kontostand von 100.000 im Minus. Der hatte sich so langsam aufgebaut, weil wir ja ständige Ausgaben begleichen mussten, aber kein Geld einnahmen. Wir sind damals mit dem Auto in der Stadt rumgekurvt, haben Möbel aus Krankenhausauflösungen geholt, teilweise auch die technischen Geräte; das hast du damals fast umsonst gekriegt, weil es niemand mehr wollte. Außerdem arbeiteten wir natürlich im Labor – wir haben also alles richtig selber gemacht. Nach zwei Jahren waren wir das erste Mal bei Plus-Minus-Null. Das war schon erfreulich, wir selbst aber hatten noch nichts davon, weil jede müde Mark sofort reinvestiert wurde. Alles, was wir irgendwie entbehren konnten, steckten wir da rein, und unser so genannter Eigenkapitalanteil betrug 5.000 Mark.

Die Leute, die bei uns arbeiten, sind motiviert, das Verhältnis untereinander ist gut, und das Ganze ist eher wie ein Familienbetrieb, in dem jeder weiß, was er zu tun hat und dass seine eigene Initiative notwendig ist, damit das alles läuft. Inzwischen sind wir 24 Leute, außerdem noch ein paar Studenten, die mal halbtags was mitmachen, wenn Not am Mann ist. Inzwischen sind wir halbwegs etabliert, und ich denke, dass die vielen Leute, mit denen wir zusammenarbeiten, zufrieden sind mit dem, was wir machen. Das heißt, man kann sich drauf verlassen, die Qualität stimmt, der Service stimmt, es geht schnell genug, und wir sind auch flexibel genug.

Wenn ich die letzten zehn Jahre betrachte, gibt es viele Bereiche, die ich als Beschränkung empfinde, und es gibt Bereiche, die eine Erweiterung sind. Eine unbestrittene Erweiterung ist, dass man jetzt mit seinem Personalausweis sonstwohin fahren kann, wenn man die Zeit und teilweise auch das Geld hat. Es haben sich in den zehn Jahren auch Gelüste entwickelt, die du früher nicht hattest, a) weil du sie nicht kanntest, b) weil keine Notwendigkeit dafür da war. Ich besaß beispielsweise im Osten nie ein Telefon, weil ich keins brauchte. Die meisten Bekannten hatten auch keines, was sollte ich also damit?

Gut, dann haben wir auch einen guten Wein entdeckt. Wenn man den vergleicht mit dem Gesöff, was wir damals so tranken – da liegen schon Welten dazwischen. Das sind so Dinge, an die man sich gewöhnt, und letztendlich – das traut man sich kaum zu sagen, es ist aber so – sind's die Autos. Aber all das sind schlichtweg Dinge, die in den Bereich Luxus fallen. Ich bin aber auch so ehrlich, das zu sagen.

Im Gegensatz dazu habe ich das Gefühl – das ist vielleicht eine ganz gewagte Theorie, und da werden viele schreiend widersprechen –, ich vermisse in den Verhältnissen, in denen wir jetzt leben, meine Individualität. Ich habe das Gefühl, im Osten mehr Individualität besessen zu haben als jetzt. Ich konnte die früher sicherlich nicht so sehr ausleben, sondern der Individualität waren enge Grenzen gesetzt, aber irgendwie habe ich es hingekriegt, nicht ständig irgendwo anzuecken: Ich hatte meine Ruhe vor vielen Leuten, mit denen ich nichts anfangen konnte und die mir ansonsten auf den Geist gingen.

Ich empfand es immer als ziemlich schlimm, mich anderen Leuten unterzuordnen zu müssen. Abgesehen von der Armeezeit konnte ich ihnen aber meist ausweichen. Heute ist das schwieriger. Natürlich lässt mich niemand mehr springen. Aber es gibt heute so eine Art aufdringlichen, zudringlichen Benehmens, dem ich mich stärker ausgesetzt sehe. In Spanien triffst du Tausende von diesen

Leuten, die sich benehmen, als seien sie die Herren. Sie geben sich nicht die geringste Mühe, die Sprache zu lernen oder sich für die Kultur zu interessieren. Die fahren da runter, weil es warm ist. Letztendlich kannst du auch in Bitterfeld einen Tagebau überdachen, ein paar Heizsonnen reinstellen, dann sind sie wahrscheinlich genauso zufrieden. Und das finde ich eigentlich schlimm.

Mach' mal einfach vormittags um zehn den Fernseher an und geh durch die 25 Programme: Eins ist schlimmer als das andere. Es ist auf diese Schicht von Leuten zugeschnitten. Die werden auf diese Weise abgefüttert, damit sie auf keine anderen Ideen kommen. Mir geht es nicht darum, die Leute zu verdammen, aber ich greife damit diesen Staat an, der den Leuten auch noch das Falsche einredet und sie eigentlich noch animiert, sich so zu benehmen, statt irgendwas Sinnvolles mit denen zu machen. Das ist ein Problem, und deswegen habe ich keine Lust, in diesem Land zu leben. Sicherlich ist es woanders teilweise auch so, aber wenn du ins Ausland fährst – egal, ob in den Süden, Westen, Osten oder Norden – du erfährst schon über die Architektur, wie die Leute leben. Im Süden siehst du drei-, vierhundert Jahre alte Häuser, die noch bewohnt werden und die richtig erhalten sind. Sicherlich: Es gibt fließendes Wasser, Strom für den Computer und so weiter, aber die Substanz und das Ortsbild werden erhalten; die Leute stehen dahinter. Jetzt guck dir mal bei uns ein paar Ortschaften an: Entweder interessiert es die überhaupt nicht, Hauptsache, der Fernseher hat 25 Programme, oder sie lassen sich diese schauderhaften Plastehaustüren einreden ... Also, da kannst du manchmal zum Radikaldenkmalschützer werden. Denn es ist doch einfach wichtig, auch für die, die nach uns kommen, dass diese Orts- und Stadtkerne erhalten bleiben. Aber es wird am laufenden Band die gesamte Geschichte vernichtet. Wir sind schon fast genauso schlimm wie die Amerikaner. Und irgendwann, wenn sie alles breit gemacht haben, lassen sie sich auf irgendeiner leeren Halde aus Plaste eine mittelalterliche Stadt bauen, fahren alle dahin und finden das toll. Auch darauf bezieht sich meine Resignation.

UWE SP.

Facharzt für Allgemeinmedizin

In der Schulzeit fühlte ich mich in meinem ganzen Lebensumfeld ziemlich eingeengt. Das fing mit dem Unterricht an und setzte sich in den straff organisierten Nachmittagen fort. Mittwochs war das FDJ-Hemd vorgeschrieben, und in den Versammlungen wurden für meine Begriffe oftmals sinnlose Sachen erzählt und beschlossen. Das belastete mich, und das zog sich durch die gesamte Schulzeit. Ich fraß das in mich hinein und suchte mir Freiräume woanders, zum Beispiel in der evangelischen Kirchengemeinde. Obwohl ich eigentlich in dieser Beziehung nicht so sehr gebunden war, fand ich dort den Raum, mich mit Leuten zu unterhalten, ohne Angst haben zu müssen, mir dadurch irgendwelche Nachteile einzuhandeln.

Herr Schorlemmer war unser Jugendpfarrer in Merseburg und kam an viel Literatur heran, ob das Brecht war oder andere Sachen. Wir haben Seminare über Karl Marx und die Philosophie sowie viele andere Themen gemacht – das war eigentlich der Ort, an dem sich mein Leben abspielte, wo ich merkte, es gibt noch was anderes als das, was uns die DDR vorgab. Das war auf jeden Fall besser und machte freier. Ich erinnere mich an ein Schlüsselerlebnis: „Nachdenken über Christa T." von Christa Wolf. Die Suche nach dem eigenen Ich, die Schwierigkeit, ich zu sagen – das war ja tatsächlich ein Problem in dem System. Alles ging übers Wir und Wir und Wir. So habe ich das empfunden, und so ist es sicherlich auch gewesen. Mensch, wenn es einmal ein Buch gab von einem DDR-Autor, der in ganz geringen Auflagen gedruckt wurde, dann hat man das in sich hineingefressen und lange diskutiert …

Ich kann mich jetzt langsam erinnern: Ein anderes wichtiges Buch hieß „Schma Israel". Das war eigentlich für uns völlig unerreichbar. Darin ging es um die Entstehung des Staates Israel und handelte von Leuten, die in einem Kibbuz groß geworden sind und davon, worum es ihnen ging. Für mich war es irgendwie paradox, dass in der DDR der Faschismus angeprangert wurde – zu Recht – und die Judenverfolgung, aber auf der anderen Seite hatte ich den Eindruck, dass man in der DDR ein gespaltenes Verhältnis zu Israel und den Juden hatte. Durch das Buch erfuhr ich, wie sich das Leid aus den KZs bis zum Staate Israel hin fortsetzte – und darüber hinaus.

So etwas besprachen wir bei Schorlemmer, deshalb floh ich eigentlich immer aus der Schule: nur schnell weg.

Ein Beispiel für die Sinnlosigkeit war, dass man zur Demonstration am 1. Mai musste, dann aber plötzlich nicht „mitlaufen" durfte, weil man nicht entsprechend gekleidet war. Wenn man etwa Jeans anhatte, wurde das fast als Staatsdelikt hingestellt. Oder wenn ich an den Abschluss in der zwölften Klasse denke: Da ich keinen Studienplatz für Veterinärmedizin bekam, wurden wir zu diesen Lenkungsgesprächen geladen. Meine Klassenlehrerin hatte mir ins Zeugnis geschrieben, ich müsse irgendwann einmal parteilicher werden. Da kam es mir dann schon paradox vor, dass man mir anbot, Berufsoffizier zu werden. Das setzte ja offiziell eine hohe Parteilichkeit voraus. Man warf mir also einerseits den Mangel daran vor, andererseits versuchte man, mich zu überreden, Offizier zu werden. Es war klar, dass die Leute nur ihre Quoten im Kopf hatten und es gar nicht um das ging, was sie als wichtig im Leben vorgaben. Zu den positiven Erfahrungen, das muss ich allerdings auch sagen, gehörte der Herr K., unser Deutschlehrer. Er führte uns für meine Begriffe an die Literatur heran, ohne vordergründig zu werten oder uns in eine Richtung – sozialistischer Realismus – zu lenken. Das habe ich sehr positiv in Erinnerung. Aber ich glaube, er war der Einzige.

Insgesamt fühlte ich mich gegängelt, ohne großen Freiraum. Der Leistungsdruck, das ist klar, der machte auch ein wenig aus, aber das war nicht das Ausschlaggebende. Es war der politische Druck, der mich störte. Dieses ganze Theater mit der FDJ-Arbeit, dieses Verstecken voreinander – mit wem kannst du reden, mit wem nicht, wer guckt Westfernsehen, wer nicht – all das ist heute unvorstellbar. Damals aber war es wirklich ein Problem: Wie bringe ich meine Meinung, dass ich mit etwas nicht einverstanden war, 'rüber, ohne Nachteile in Kauf nehmen zu müssen. Es war eigentlich ein ständiges Abtasten – das war furchtbar.

Mit meinen Eltern konnte ich über solche Probleme kaum sprechen. Meine Mutter arbeitete in einer Molkerei, mein Vater war Techniker in Buna. Er war im Zweiten Weltkrieg Offizier gewesen, Kompanieführer, geriet in Gefangenschaft und wurde in Polen umerzogen. Er kam als glühender Sozialist zurück und versuchte, mit der Partei und so weiter den Staat aufzubauen. Das hat er eigentlich auch immer vertreten, aber ich denke, mehr, um uns nicht zu schaden. Jeder sagte bei uns zu Hause seine Meinung, und er war nicht immer mit dem einverstanden, was ich gesagt habe.

Ich muss noch einmal auf diese Lenkungsgespräche kommen. Ich sollte also in eine andere Richtung gelenkt werden, verweigerte mich dem aber von vornherein. Ich hatte etwas Naturwissenschaftliches vor oder wollte einen handwerklichen Beruf erlernen, zum Beispiel Tischler. Es gab ein paar harte Diskussionen. Offizier zu werden oder Maschinenbau in Magdeburg zu studieren lehnte ich ab, weil ich nicht einsah, irgend etwas zu machen, was überhaupt nicht meinen Neigungen entsprach.

Ich arbeitete nach dem Abitur, vermittelt durch meinen Bruder, bei einer Stahlbaufirma und ging auf Montage, bis zum Oktober, wo die Armee anfangen sollte. Dort, in Böhlen, hatte ich Kontakt zu belgischen und österreichischen Monteuren. Da war mein Entschluss schon gefasst: Ich wollte weg. Für mich war der Westen die Alternative, um in Freiheit leben und mich selbst verwirklichen zu können. Und diese Monteure sagten mir: „Mensch, in Ungarn ist ein Fussballspiel, Ungarn gegen Österreich, da kommst du hin, es ist kein Problem, da kontrolliert keiner, wir nehmen dich im Kofferraum mit."

Das waren ein paar schlimme Tage für mich: Was machst du, haust du ab, haust du nicht ab? Hast keinen Beruf, hast nur das Abitur, das wird dann nicht anerkannt, deine Eltern kannst du nie wiedersehen, deine Geschwister auch nicht. – Ich wusste ja, dass Sippenhaft verhängt wurde, wenn jemand abgehauen war. Aus Angst vor diesen Konsequenzen habe ich das dann sein lassen. Kurze Zeit später, bei der Einberufungsüberprüfung – hier wurde einem mitgeteilt, wo man seinen Wehrdienst abzuleisten hatte – kam der nächste Hammer: Für mich war klar, dass nach dem Abitur die Armee folgte, so dass ich mir danach in Ruhe einen Beruf suchen konnte. Als ich jedoch ins Wehrkreiskommando kam, sagte man mir: „Sie haben keinen Studienplatz, wir ziehen Sie nicht zur Armee ein." Mir lief es heiß und kalt über den Rücken: Was denn nun? Es war Oktober, die Lehrausbildungen hatten angefangen, das Studium hatte begonnen, was sollte ich denn jetzt machen? Auf dem Bau war ich mit Leuten zusammen, die nur das Saufen im Kopf hatten, und dort wollte ich eigentlich nicht weiter arbeiten.

Die schickten mich nach Hause, ich sollte mir überlegen, ob ich nicht doch vielleicht ein bisschen länger gehen wollte. Dann könnte ich gleich eingezogen werden und später meinen Beruf oder mein Studium beginnen. Da habe ich gesagt, das mache ich nicht. Darauf sie: „Wenn Sie nicht drei Jahre zur Armee gehen, lassen wir Sie hängen, und wenn Sie einen Beruf anfangen wollen, dann ziehen wir Sie ein."

So hat man mir das wörtlich gesagt. Ich bin dann noch einmal weggegangen mit der Begründung, ich müsste mich beraten. Aber keiner konnte mir einen Rat geben; meine Eltern nicht, die sagten: „Nun sei ruhig, du musst mit den Wölfen heulen" – das waren die Sprüche, die ich damals zu hören bekam. Meine Brüder waren zu dieser Zeit selbst bei der Armee, die konnte ich auch nicht fragen. Und da habe ich einfach gerechnet: Wenn ich jetzt nicht drei Jahre gehe und kann keine Lehre mehr anfangen, und wenn ich dann anfange, und man zieht mich zur Armee ein – da kann es vier, fünf Jahre dauern, ehe ich überhaupt zu einem Beruf komme. Das war also eine Erpressung der fiesesten Art; und das habe ich auch nie vergessen.

Das Schlimmste aber kam noch: Ich hatte dann unterschrieben, drei Jahre zur Armee zu gehen, aber nur zum Sanitätsdienst – aus Interesse an Medizin und Biologie. Als ich ein Jahr bei der Armee war, kriegte ich die Zusage zum Veterinärstudium. Mit dem Zettel ging ich zu meinem Vorgesetzten. – „Das können Sie vergessen, Sie haben unterschrieben. Vor drei Jahren kommen Sie hier nicht weg." Das war der nächste Schlag.

Da ein Aufschub nicht möglich war, musste ich schreiben, dass ich den Studienplatz nicht in Anspruch nehmen kann, weil ich mich für drei Jahre – vorbildlich, wie ich war als DDR-Staatsbürger – zur Armee verpflichtet hatte.

Für mich war das bei der Armee eine schwere Zeit. Ich habe die Sanitätsunteroffiziersschule in Zwickau besucht. Dort war ich zwar mit Gleichgesinnten, alles Abiturienten, zusammen, aber die Ausbilder waren Achtklassenabgänger, wenn nicht noch darunter. Und das haben die uns spüren lassen! Das war ganz schlimm. Wir mussten mit aufgesetzter Gasmaske singen und lauter so ein Zeugs machen. Man hat manchmal wirklich überlegt, sich den Strick zu nehmen. Ich bin zwar nicht so empfindlich, aber viele hat man fast dazu gebracht. Ich habe das einmal meinem Vater erzählt, der sagte, bei der Wehrmacht gab's das nicht. Wir wurden beispielsweise ausgezeichnet, in den Ausgang zu gehen. Wir mussten antreten, dann haben sie einem jeden zweiten Knopf abgerissen, nun musste man diese in drei Minuten wieder annähen; wenn nicht, waren zehn Klimmzüge fällig, wenn man die nicht schaffte, durfte man nicht raus. Also nur Schikane, ein halbes Jahr lang.

Das war das Dritte, das Erlebnis Armee. Als ich versetzt wurde, hat sich das dann gegeben. Ich kam zu den Baupionieren, dort hatte ich meinen eigenen Sanitätsstützpunkt, mitten im Wald, und konnte so meine Armeezeit über die Runden bringen.

Die Schule in Zwickau war andererseits nicht schlecht. Sie lenkte mich eigentlich in die Richtung, in der ich jetzt arbeite, als Humanmediziner. Das war das Positive daran. Außerdem waren für mich die Kameraden wichtig, die unter diesen unmöglichen Bedingungen aufeinander angewiesen waren. Wir haben auf dem Klo gesessen, haben Gitarre gespielt und Lieder gesungen, auf dem Klo, damit es niemand hört. Aber wir mussten das irgendwie rauslassen. Und im Politunterricht lasen wir verbotene Bücher. Das waren die positiven Erlebnisse. Später in der Truppe, lernte man die Leute kennen, wie sie eigentlich sind: nur auf sich bedacht, egoistisch. Da musste man wieder vorsichtig mit seinen Äußerungen sein.

Nach drei Jahren Armee galt man als vorbildlicher Staatsbürger, und meine Bewerbung zum Medizinstudium in Halle war erfolgreich – auch wegen der guten Beurteilung meines Vorgesetzten.

In der Einführung sagte man uns: „Lernen Sie was, wir werden den Ruf der Universität Halle wahren. Mit Partei kommen Sie hier nicht durch!" Das fand ich schon mal gut. Und das hat sich eigentlich auch bewahrheitet. Ich bin dann kurz vor oder nach dem Physikum aus der FDJ ausgetreten, obwohl man Angst haben musste, eventuell exmatrikuliert zu werden. Aber es ist nichts passiert.

Während des fünfjährigen Studiums mussten wir noch dreimal zur Reserve. Zum Abschluss der Ausbildung in Militärmedizin waren wir in Greifswald, sechs oder acht Wochen, und da hatte man Probleme mit meinem Bart. Da ging's mir ums Prinzip. Ich sagte: „Ich nehme den Bart nicht ab, da könnt ihr machen, was ihr wollt." Zuerst waren wir so 50, 60 Bartträger, dann waren wir noch zehn, schließlich nur noch drei, die eisern blieben. Auch mit dem Risiko, dass man uns dort den Abschluss verweigert hätte, und damit wäre auch unser Studium nicht anerkannt worden. Wir sind dann zu einem General geschickt worden, und der sagte: „Was wollt ihr, die sehen doch ganz ordentlich aus. – Geht mal in die ‚Gaskammer', wenn das klappt, könnt ihr den Bart dran behalten." In der „Gaskammer" ist jedoch nichts passiert, und ich trug den Bart, wie die anderen drei Leute, mit Stolz bis zum Ende; ich hatte mich also wieder einmal durchgesetzt.

Wir haben dann mit dem Diplom abgeschlossen, als die Ersten, die diesem russischen Modell folgten. Für unsere Arbeiten bekamen wir nicht den „Dr. med.", sondern ein Diplom.

Für mich kamen nur zwei Fachrichtungen in Frage, in denen ich arbeiten wollte, Pathologie oder Allgemeinmedizin. Im Endeffekt entschied ich mich für Allgemeinmedizin, und dann wurde man dort eingesetzt, wo sie jemanden brauchten. Da ich meine Frau damals kennen lernte und sie als Lehrerin für Kunsterziehung eine Anstellung hier in der Gegend hatte, besuchten wir den hiesigen Kreisarzt und den, bei dem ich eigentlich eingesetzt werden sollte. Letzterer brauchte gar keinen Arzt, stand aber auf der Verteilerliste – der hiesige Kreisarzt stand nicht auf der Liste, brauchte aber einen.

Wir haben dann den Deal gemacht, dass ich offiziell die vorgesehene Stelle nahm, dann aber weitergereicht wurde, so dass die Uni ihre Quote erfüllte und gleichzeitig der Bedarf hier gedeckt war. Auch wieder so ein Irrsinn, den es nur in der DDR geben konnte. Ich ging also nach P. und wurde in der Poliklinik angestellt.

Ich hatte da ziemlich viel Freiraum, das hatte ich meinem damaligen Chef, dem Doktor K., zu verdanken, einem anerkannten Allgemeinmediziner, der auch ein Buch verfasst hatte. Als ich, 1981, von der Uni kam, machte der Kollege erst einmal drei Wochen Urlaub und warf mich praktisch ins kalte Wasser. Das schulte, ich wurde selbständiger.

Ich habe dann meinen Facharzt für Allgemeinmedizin gemacht, wofür ich zu den einzelnen Kollegen – Orthopäden und so weiter – fahren musste. Ich war ein halbes Jahr in Wittenberg und ein halbes Jahr in Torgau. Außerdem hatte ich für unsere Rentner, die nicht mehr so gut zu Fuß waren, eine Außenstelle in P. Für die brauchte ich unbedingt eine Heizung. Das war kein Arbeiten im Winter, wenn die Patienten sich bei 15 Grad entkleiden mussten.

In dieser Zeit bekamen wir eine neue Bürgermeisterin, und die kriegte, was zu DDR-Zeiten äußerst unüblich war, eine Gasheizung in ihre Wohnung gelegt – damit sie nicht ihren Ofen heizen musste. Und das ist mir mächtig aufgestoßen. 1988 ging ich dann nicht zur Wahl um meine Missbilligung zum Ausdruck zu bringen. Ich fand das gar nicht so schlimm, weil ich mir sagte, das ist eine geheime Wahl, davon nimmt ja sowieso keiner Notiz. Aber das ganze Gegenteil war der Fall! Am anderen Tag wusste es ganz P., obwohl nach dem Wahlgesetz der DDR keiner erfahren durfte, wer was wählte oder zur Wahl erschienen war. Sogar die Stasi tauchte bei uns auf, und es gab einen Haufen Zirkus. Ich flog aus der „Jagd" raus, durfte also nicht mehr zur Jagd gehen und durfte in P. nicht mehr arbeiten. Das hieß, ich musste „sozialistische Hilfe" in der Poliklinik in W. leisten. Über ein Jahr bin ich fast jeden Tag dorthin gefahren.

In dieser Zeit fand ich auch keinen Rückhalt mehr in der Kirche. Das war in meinen Augen auch bloß eine Institution der eigenen Interessen. Herrn Schorlemmer traf ich einmal zufällig in Wittenberg und erzählte ihm ein wenig von meinen Sorgen. Ich sagte ihm, dass ich am liebsten abhauen würde, weil ich es hier nicht mehr aushielt. Und er: „Du musst hier bleiben, das ist dein Platz und mache mal." Dabei war er immer durch die Kirche relativ geschützt, und im gleichen Zuge berichtete er von einer Kanada-Reise, wie das war, und was weiß ich nicht alles. Da dachte ich: Was will dieser Mensch von mir?

Außerdem bedrängte man mich von Anfang an, Kirchensteuer zu bezahlen. Die war ziemlich hoch für mich. Ich verdiente damals gerade einmal 800 Mark. Ich hatte aber eine neue Wohnung, in die ich etwas hineinstellen musste. Das war mir also zu viel, ich sagte, ich bezahle das und das. Als jedoch ein Angehöriger vom Pfarrer gestorben war und ich den Totenschein ausstellte, hat der mich wieder bekniet, die volle Kirchensteuer zu bezahlen. Das gab mir dann den Rest, ich erklärte meinen Austritt. Das war vielleicht etwas kleinlich, doch für mich der Anlass zu sagen: Mit Institutionen und Parteien – das bringt nichts. Die behindern dich nur im Denken und Tun. Das hat schon Albert Schweitzer gesagt, den ich damals las.

Ich will Herrn Schorlemmer nicht zu nahe treten, aber der hat mir einen Satz damals, als ich zur Armee ging, mitgegeben – übrigens auch dem Klaus Sch., wir beide waren ja immer bei ihm –, den ich nicht vergessen habe: „Ihr werdet genauso werden wie alle anderen, ihr werdet vielleicht auch mal in die Partei eintreten und werdet so wie alle sein." Das hat mir immer den richtigen Kick gegeben: So wirst du nicht! Was der gesagt hat, das wird nie eintreten. Das wurde eine Maxime für mich, und so gesehen, habe ich ihm eigentlich viel zu verdanken.

Dazu kam noch eine andere Geschichte. Ich hatte gute Bekannte, die schon immer in den Westen wollten. Eines Abends kamen sie zu mir und sagten: „Dich können wir einweihen, dir vertrauen wir, also wir hauen ab nach dem Westen." Die Frau des einen hatte die Erlaubnis, zu einer Familienfeier in den Westen zu fahren. Und ohne ihr Wissen wollte deren Mann diese Reise nutzen, um abzuhauen. Ein anderer Freund von mir, der mitgekommen war, sagte, er wolle mit abhauen. Wir saßen also in unserem halb fertigen Haus und überlegten: Wie machen wir das? Mir fiel dann was ein: „Mensch, da fahrt ihr in die Slowakei, da lebt ein Verwandter der Frau meines Bruders, und der zeigt euch, wie ihr illegal über die ungarische Grenze kommt." – Man brauchte damals ein Visum für Ungarn, und wenn sie das für dieselbe Zeit beantragt hätten, als die Frau im Westen sein sollte, wäre das vielleicht aufgefallen.

Die beiden fuhren auch dorthin; als ich sie verabschiedete, war Vollmond – das weiß ich noch. Keiner hat etwas gewusst, auch meine Frau nicht.

Das Warten auf Nachricht von ihnen war schlimm: Haben sie es geschafft, haben sie es nicht geschafft? Das hat über eine Woche gedauert. Doch ihre abenteuerliche Flucht gelang. Zunächst waren sie in Italien, wurden jedoch nach Jugoslawien abgeschoben, was übrigens nicht rechtens war. Sie sprangen dann vom fahrenden Zug, erreichten nachts die Botschaft der Bundesrepublik und erhielten ein provisorisches Visum. Es war eigentlich noch abenteuerlicher, das kann man hier aber gar nicht alles erzählen.

Auf jeden Fall stand nach einer Woche die Stasi vor meiner Tür, und da wusste ich, dass das geklappt hat. Das heißt, ich wusste es nicht. Die haben uns zappeln lassen. Erst haben sie meine Frau direkt von der Schule abgeholt, haben nicht gesagt, worum es ging, und die wusste ja auch nichts. Beim Verhör fragte sie immer: „Was ist denn nun eigentlich passiert? Warum denn? Wieso denn?"

Ausgerechnet an diesem Abend waren wir verabredet, zum Polterabend meiner Nichte nach Merseburg zu fahren, und ich wusste nicht, wo meine Frau war. Jedenfalls haben sie sie dann irgendwann rausgelassen und ihr gesagt, dass die beiden abgehauen sind, sie haben aber nicht gesagt, ob die Flucht gelungen war. Das erfuhren wir erst einen Tag später durch einen Anruf aus dem Westen. Wir hatten zu unserem Schutz vereinbart, dass sie ihre Flucht so darstellten, als wenn ich nichts gewusst hätte, denn ich war sicher, dass mein Telefon abgehört wurde – wie meine Frau später anhand ihrer Stasi-Akten feststellte, wurde auch unsere Post geöffnet.

Aber ich hatte von denen noch 40.000 Mark, Versicherungsausweise und alle wichtigen Dokumente zwischen den Kohlen versteckt. Wenn die Stasi Haussuchung machen würde, durften die das nicht finden. Und gedroht hatten sie schon: Sobald es einen Hinweis geben würde, kämen meine Frau und ich für vier Jahre in den Knast. Schließlich habe ich die ganzen Papiere über Kuriere rübergeschickt.

Ein Rätsel ist geblieben, dass die Stasi immer wusste, wann einer von uns in der Wohnung war. Es muss jemanden in unserer engen Bekanntschaft gegeben haben, der denen immer einen ungestörten Zutritt zu unserer Wohnung verschaffte.

Aber meine Akte will ich nicht sehen. Für mich war das Kapitel mit der Wende erledigt. Ich war mir im Klaren, dass es für die, die uns bespitzelten, keine Konsequenzen haben würde. Und letztendlich muss jeder damit selbst fertig werden, was er anderen angetan hat. Abgesehen von schwerwiegenden Sachen – was weiß ich, wenn sie Eltern die Kinder weggenommen und ins Heim gesteckt haben – das muss auch heute noch strafrechtlich verfolgt werden.

Anders als ich ging meine Frau 1988 zur Wahl. Sie wollte zum 65. Geburtstag ihrer Tante fahren. Mir war das alles egal, ich wollte da nicht hin. Doch meine Frau haben sie auch nicht fahren lassen. Als Vorwand gab man ihr keinen Urlaub. Daraufhin sagte ich mir, jetzt teste ich es aus, ich bin so oft dafür bestraft worden, weil ich nicht zur Wahl war, jetzt will ich es wissen. Und was kam? Auch eine Ablehnung für mich. Meine Reaktion: Ich kündigte als Arzt und fragte bei unserem LPG-Stützpunkt, ob sie jemanden zum Schraubendrehen brauchen, ich würde bei ihnen anfangen.

Am selben Abend kamen der Vorsitzende des Rates des Kreises und jemand von der Stasi zu uns nach Hause, sie wollten das abbiegen. Ich sagte: Nein. Jeder Verbrecher wird für sein Vergehen einmal verurteilt, dann ist es gut. Ich werde ständig für etwas bestraft, was der Staat mir als Recht einräumt: die geheime Wahl. Und da antwortete mir dieser Parteimensch: „Sie wissen doch, wie das ist auf dem Dorf: Der Pastor, der Lehrer und der Arzt haben den größten Einfluss." – Das sagte ein Parteimensch!

Bis dahin dachte ich immer noch, die Leute haben vielleicht doch die Überzeugung, die sie an den Tag legten. Aber die haben sie nie gehabt! Das ist ein verlogenes Volk gewesen! Und das gab mir dann immer solche Stiche. Ich wäre vielleicht ein wenig glücklicher gewesen, wenn die Leute wirklich die Überzeugung gehabt hätten, die sie vorgaben.

Na, jedenfalls habe ich das dann so weit getrieben, dass meine Frau nochmal von der Stasi verhört wurde und ich vom Kreischef der Stasi – der jetzt übrigens irgendwo in Mecklenburg ist und irgendwelche Wessis auf irgendwelchen Gütern herumführt – als „Schwein" beschimpft wurde.

Die wollten jedenfalls, dass ich die Kündigung zurücknehme und ordentlich arbeiten gehe. Und da ich das nicht gemacht habe, warfen die mir einen Pass vor die Füße und sagten: „Wir wissen, dass Sie nicht wiederkommen, hier der Pass, hauen Sie ab!"

So – dann musste ich am nächsten Tag fahren. In den Westen, zur Tante. Keiner wusste etwas, ich tauchte dort auf, und alle dachten, ich bin abgehauen. Das war ein Hallo dort! Die wollten mir gleich Arbeit besorgen, aber ich beruhigte sie: „Nee, lasst mal, ich haue nicht ab. Meine Frau ist noch da und mein Kind."

Zu dem Zeitpunkt hatte ich aber den Plan, mit meinem Sohn über Ungarn abzuhauen, falls meine Frau die Genehmigung bekam rüberzufahren – ohne dass sie davon wusste. Das Visum für Ungarn hatte ich schon lange. Kurz vorher wollten wir Urlaub in der ČSSR machen, wurden jedoch an der Grenze festgehalten. Man hat uns geröntgt, nahm uns Kompass und Fernglas weg, und im Nachhinein stellte sich heraus, die Stasi dachte, wir wollten abhauen. Wir durften dann doch fahren, aber ich hatte den Eindruck, dass uns jemand verfolgte; selbst auf den Zeltplätzen. Da war einer, der kriegte nie sein Lagerfeuer an. Da haben wir immer schon gesagt, der ist von der Stasi. Heute bin ich davon überzeugt, dass das so war.

Die erste Westreise war für mich ein großes Erlebnis. Ich bin heute noch dankbar, dass ich zu Zeiten in die Bundesrepublik reisen durfte, in denen die Grenze noch richtig scharf war: Der Zug war gerammelt voll und kam auf diesem

Grenzbahnhof an. Alle, die keinen Sitzplatz hatten, mussten raus, standen dann aufgereiht auf dem Bahnhof, alle paar Meter einer mit MPi und Hund. Mir gingen dabei so Filme durch den Kopf vom Dritten Reich und vom Abtransport der Juden. Ich dachte: Mein Gott, das bestätigt doch wieder, dass das ein totalitäres Regime war in seiner ganzen Falschheit ... Ich dachte an Filme wie „Das Schlangenei" von Bergman, wie die Leute, ohne zu mucken, in die Gaskammern marschiert sind; dieser Massentrieb, diese Masse – das war ein ganz furchtbares Erlebnis.

Ich war also zehn Tage, in der Nähe von Nürnberg. Man kam dahin, alles war so sauber, irgendwie steril. Ständig hatte ich Angst, dass jemand erkennt, dass ich aus der DDR war. Ich traute mich auch nicht, etwas anzufassen – in Buchhandlungen zum Beispiel. Das war irgendwie beängstigend. Auch dieses riesige Konsumangebot hat mich eher gestört als fasziniert. Es war irgendwie erdrückend. Noch heute kann ich nicht lange in einem Kaufhaus herumgehen; das macht mich krank. Und das Leben, das ich da kennen lernte: Im Vordergrund standen das Essen und irgendwelche Statussymbole. Naja, ich bin jedenfalls wiedergekommen und habe den Stasichef angerufen ...

Ich stellte zu der Zeit keinen Ausreiseantrag mehr, weil ich mir als normal denkender Mensch sagte, das hält sich nicht mehr lange, dieses System wird irgendwann zusammenbrechen. Und der Widerstand formierte sich ja. Wir sind damals auch aktiv nach Leipzig gefahren, zu den Demonstrationen. Wenn ich früher einen Ausreiseantrag gestellt hätte, wäre meine Frau aus der Schule und ich aus meinem Beruf geflogen. Wir hatten Angst davor, ohne Mittel dazustehen und zwei, drei Jahre auf die Genehmigung warten zu müssen. Davor habe ich mich eigentlich gescheut.

Aber wenn die Wende nicht gekommen wäre, hätte ich mein Visum nach Ungarn genutzt und wäre abgehauen, ohne meiner Frau etwas davon zu sagen. Ich hätte einfach Tatsachen geschaffen. Ich hatte sie ja eigentlich auch schon überzeugt. Sie war nicht mehr wie beim Studium die aktive FDJ-Gängerin, die nie nach rechts und links sah, wo es eigentlich lang läuft. Aber ich habe sie nicht bedrängt, sondern sie ist allein zu dem Schluss gekommen, dass es so nicht geht, wie es vorgegeben war.

Die Wende fand ich schön und spannend. Jeden Tag mit Freunden vor dem Fernseher – „Tagesschau", nee: „Aktuelle Kamera", da war ja jede Sendung aufregend. Aber ein bisschen Traurigkeit war auch dabei. Zum Beispiel verstand ich nicht, dass man nach Honecker nicht den richtigen Mann dahin setzte, sondern den Krenz nahm. Die hatten immer noch nicht begriffen, was eigentlich los war. Das war schlimm. Denn im ersten Moment hatte man ja gehofft, wir machen das jetzt ein bisschen besser ...

Das war auch so ein Erlebnis: Schon vor dem Mauerfall stellten wir als Zeichen des stillen Protestes immer eine Kerze ins Fenster. Das hätte jeder machen können. Aber hier in P. fand sich kaum jemand. Als die Wende dann offiziell war und die Leute, die Einfluss hatten, nicht mehr da waren, kamen die ersten Besoffenen über die Straße gerannt und brüllten: Deutschland, Deutschland, Deutschland – also da bin ich wirklich erschrocken. Das war für mich der Pöbel, es war ganz schlimm.

Ich habe erwartet, dass es in der DDR zu einer Liberalisierung kommt, dass die Partei verschwindet und die Demokratisierung stattfindet, ohne dass die DDR in die Bundesrepublik integriert wird. Die Vereinigung habe ich nicht erwartet und am Anfang auch gar nicht so gewollt. Ich wollte einen Sozialismus im Sinne Che Guevaras – welch verlorene Illusion: „Man kann im Sozialismus nicht mit den Privilegien des Kapitalismus leben", sagte er einmal. Und das mit den Privilegien ist hier in der DDR abgegangen wie eine Rakete. Und genau das brach dem Staat das Genick. Wir hatten nie einen Sozialismus. Der ging 1953 schon verloren.

Das mit der LPG hatte sich dann für mich erledigt. Ich durfte wieder in P. arbeiten.

Ich fuhr dann zu Verwandten in den Westen, zu denen wir vorher schon Briefkontakt hatten, aber nie eng, weil die sich nicht hierher trauten, die aber die Wende mit offenen Ohren verfolgten – ohne zu sagen, wir sind die Besseren und werden euch erst einmal das Arbeiten beibringen. Sie haben sofort den Kontakt zu einem Kollegen in D. hergestellt. Bei ihm durfte ich eine Woche arbeiten und mir Kenntnisse aneignen, wie eine niedergelassene Praxis in der Bundesrepublik funktioniert. Mit dem Kollegen habe ich dann auch hier meine Praxis geplant. Er hat mir Ratschläge gegeben – von der Ausstattung bis zur eigentlichen Arbeit hin. Sofort nachdem das möglich war, Ende November 1990, habe ich meine Praxis eröffnet, hier in P., die erste und einzige zu dieser Zeit. Die anderen Ärzte blieben in der Poliklinik.

Endlich konnte ich selbständig arbeiten! Ich musste nicht mehr um ein Auto betteln, wenn ich Hausbesuche zu machen hatte. Das Auto der Poliklinik war ständig weg, weil für die Chefs eingekauft wurde – vom BH bis zum Brot. In Notfällen bin ich teilweise mit dem Moped gefahren. Das stand mir einfach bis oben hin. Nun aber war ich endlich mein eigener Herr, konnte meine Arbeit planen, wie ich es wollte, konnte meine Arbeit so tun, wie sie zu verantworten war. Es war das Erlebnis für mich und ist es bis heute geblieben.

Denn ich kann mich noch an schlimme Sachen erinnern: dass Leute verstorben sind, weil die diagnostischen Möglichkeiten nicht da waren. Nur im Regierungskrankenhaus gab es einen Computertomographen. Eine Frau mit einem Hirntumor, zum Beispiel, sollte operiert werden, dafür wäre aber vorher ein Computertomogramm zur Lokalisierung notwendig gewesen. Sie hat ein halbes Jahr gewartet, dann war sie tot. Oder andere Leute, die über 50 waren und nicht an die Dialyse kamen, mussten sterben.

Das sind also so Sachen, an die zu erinnern ist, wenn die Leute immer schimp-
fen. Ich sage dann: Heutzutage weiß jeder, was ein Bypass ist, früher hat den
keiner bekommen, weil kein Geld da war. Dass heute teure Operationen, teure
Implantationen möglich sind, müssen sich die Leute einmal vor Augen halten.
Das ist ein absoluter Fortschritt.

Wenn ich die gesellschaftliche Entwicklung nach der Wende betrachte … Viele
empfinden sicher so, dass man früher mehr zusammengehalten hat. Im Nachhinein erscheint mir das als eine zweckgebundene Notgemeinschaft. Jeder hat
vom anderen gedacht, er kann von ihm etwas erwarten. Deshalb hat man zusammengehalten. Das ist heute auseinandergebrochen. Die Leute, die jetzt noch
zueinander halten, tun dies aus anderen Gründen. Das sind dann echte, menschliche Beziehungen. Alles andere ist zerbrochen. Ob man darüber unbedingt trau-
rig sein sollte … Es war ja doch ein ganzes Stück Falschheit dabei.

Heute geht vieles nach dem Geld, das ist schon richtig. Das liegt wiederum in
der Natur des Menschen, deswegen funktioniert der Sozialismus auch nicht. Jeder denkt, er muss ein bisschen mehr haben als der andere, das kommt jetzt richtig zutage. Jeder benutzt seine Ellenbogen. Im DDR- Sozialismus ist das nur
verwischt worden, weil man nie wusste: Braucht man den anderen noch einmal
oder nicht?

Zuversichtlich bin ich bei der Jugend. Die ist nicht anders als wir damals waren.
Noch immer gibt es die „Weltverbesserer". Nur sind wir jetzt die Spießbürger.

Das Klassentreffen hat einen kleinen Einschnitt in mein Leben gemacht. Ich habe lange überlegt, ob ich fahre oder nicht. Nicht, weil ich die Leute nicht wiedersehen wollte, sondern weil die Erinnerung an die Schule so unangenehm war.
Ich dachte, das kommt wieder so in dir auf … Dann war ich aber froh, es gemacht zu haben und diese Lebensläufe kennen gelernt zu haben. Auch, dass man
über sich selbst wieder nachgedacht hat: Wie hast du dieses oder jenes gemacht,
wie bist du dort rausgekommen? Das war eigentlich ganz aufschlußreich. Ein
bisschen erschreckend fand ich nur, dass man so ältere Leute vor sich hatte
(lacht). Da hat man gemerkt, dass man eigentlich alt geworden ist.

Ich habe mir auch wieder vor Augen gehalten, was ich bei der Armee immer
dachte: Mensch, jetzt bist du so eingesperrt. Wenn du erstmal raus bist, dann
machst du dieses und jenes. Wenn die Schule erstmal vorbei ist, dann … Aber
das ist alles Blödsinn: Entweder man macht es und macht es gleich, oder man
wird es nie im Leben vollbringen. Ich wollte versuchen, das, was ich so vor Augen hatte oder wovon ich träumte, sofort zu vollbringen oder sofort an dessen
Erfüllung zu arbeiten, und nicht auf irgendeinen Anlass warten – den „aufrech-
ten Gang" übend auf dem Wege zu sich selbst – mit der Schwierigkeit behaftet,
„Ich" zu sagen.

KONRAD R.

Pressefotograf

Mein Gesamteindruck von dieser Klasse entsprach dem, was ich bis dahin schon kennen gelernt hatte, nämlich unter Schülern zu sein, die sich nicht ganz so leicht von Lehrern führen ließen. Mit anderen Worten: Da gab es schon eine ganze Reihe von „Chaoten" (lacht). Ich habe mich aber in dieser Klasse immer wohl gefühlt. Es war eigentlich nicht langweilig. Als Bild habe ich vor allem in Erinnerung, dass relativ viele Schüler lange Haare hatten. Das war damals zwar schon gang und gäbe, aber so gehäuft in einer Klasse fand ich das woanders nicht. Ich sah mich bei dem Ganzen eher als stillen Betrachter. Ich bin ja von Natur aus ein ruhiger und zurückhaltender Mensch. Hinzu kam, dass ich in dieser Zeit politisch desinteressiert war und mich auch da kaum geäußert habe.

Ein Beispiel dafür, das ich nicht vergessen werde, war die Prüfung zum „Abzeichen für gutes Wissen", die wir gleich in der neunten Klasse hatten. Ich bin da dreimal durchgefallen, weil ich absolut keine Ahnung von Politik hatte. Selbst die primitiven Fragen, die damals gestellt wurden, waren zu schwer für mich. Erst im Laufe der Jahre erwachte mein Interesse für Politik, und heute verlangt mein Beruf, dass ich mich da auskenne.

Sehr klar kann ich mich auch noch an das Umlenkungsgespräch erinnern, das der Ablehnung meines Studienwunsches folgte. Da kamen die, die vor uns dran waren, aus diesem Raum raus und sagten, da brauchst du gar nicht reinzugehen, die bieten sowieso nur ein Studium an der Offiziershochschule soundso an, und wenn man das nicht akzeptierte, war es das dann schon. Umso erstaunter war ich, dass man mir die Frage, ob ich Offizier werden wolle, gar nicht stellte. Ich habe lange Jahre – immer wenn dieses Thema mal hoch kam – überlegt, warum man mir diese Frage nicht gestellt hat. Eigentlich wollte ich mal Architektur studieren, da aber meine Noten nicht danach waren, habe ich mich dann um Bauingenieurwesen beworben, wurde jedoch abgelehnt. Im Umlenkungsgespräch bot man mir dann einen Studienplatz für Maschinenbau in Karl-Marx-Stadt an, und ich sagte ja, obwohl ich damit überhaupt nichts anfangen konnte. Meine Eltern hatten damals aber noch großen Einfluss auf mich, und ich weiß noch den Satz: „Wir haben dich nicht zwölf Jahre auf die Schule geschickt, damit du hinterher Hilfsarbeiter wirst oder eine Lehre machst. Du musst studieren."

Die einzige Erklärung dafür, dass ich nicht nach einem Studium an der Offiziershochschule gefragt wurde, war für mich meine streng katholische Erziehung. Das heißt, dass ich nicht nur sonntags zum Gottesdienst ging, sondern auch Ministrant war, ich war bei der Erstkommunion, nicht zur Jugendweihe, war Konfirmant ... Bei der Musterung zum Grundwehrdienst hatte man mich für den Grenzdienst vorgesehen, und man stellte mir – wie allen – die Frage, ob ich mir vorstellen könnte, auf einen Menschen zu schießen. Das habe ich strikt abgelehnt; vielleicht wussten die beim Umlenkungsgespräch davon.

Was meine eigene erhoffte Persönlichkeitsentwicklung betrifft, so hatte die Schulzeit keinen Einfluss. Was aber die politische Bildung angeht, und das ist ganz erstaunlich, hat sie mich doch ganz schön geprägt. Selbst heute, wenn es um bestimmte Probleme geht, die dieses System eben mit sich bringt, muss ich an die Schule denken – das ist verrückt, aber oft muss ich daran denken, dass wir das genauso gelernt haben, wie es heute läuft. Andererseits bin ich auch nicht überrascht, dass ich heute wiederfinde, was ich damals lernte.

Nach der Schule habe ich von '73 bis '75 meinen Grundwehrdienst in einem Panzerregiment in Cottbus absolviert. Das habe ich immer als Strafe dafür empfunden, dass ich nicht zur Grenze wollte, denn der Dienst war ziemlich hart. Während dieser Zeit lernte ich einen Freund kennen, der mir später half, einen Studienplatzwechsel vorzunehmen. Als der mitbekam, dass ich – ja seit der ersten Klasse – sportlich ziemlich erfolgreich war, sagte der mir: „Ich habe einen Studienplatz an der DHfK in Leipzig bekommen. Versuch' das doch auch."

Das löste bei mir eine Riesenfreude aus, denn ich dachte, das wäre es doch eigentlich! Ich hätte Hobby und Beruf miteinander verbinden können. Vorher bin ich nie darauf gekommen, weil ich dachte, als Lehrer wäre ich zu ruhig. Ich bin auch ein Mensch, der im Heute lebt und nicht so sehr an morgen denkt. Große Pläne mache ich eigentlich nie. Morgen kann es schon ganz anders aussehen.

Ich habe dann meinen Studienplatz in Karl-Marx-Stadt aufgegeben – davon durften natürlich meine Eltern nichts erfahren –, habe mich an der DHfK beworben, den Eignungstest bestanden und erhielt einen Studienplatz mit Spezialfach Fechten. Man suchte damals Trainer fürs Fechten. Obwohl ich vorher noch nie einen Degen oder ein Florett in den Händen hatte, stimmte ich zu, merkte dann aber, dass unter dieser fehlenden Voraussetzung das Studium äußerst schwierig war. Denn der Trainer steht beim Fechten nicht nur einfach am Rand, sondern er muss seinen Schülern zum Beispiel auch mal eine Lektion geben können. Er muss also Erfahrungen mitbringen, die ich absolut nicht hatte. Ich lernte dann aber Fechten und war später sogar mal Zweiter bei den DDR-Studentenmeisterschaften.

Ansonsten verlief das Studium, wie ich mir das vorstellte – viel Sport treiben, Winterlager, Touristiklager und so weiter. Die vier Jahre möchte ich in meinem Leben nicht missen – und ich bin in meiner Persönlichkeit viel mehr gereift als in der ganzen Schulzeit. Dort lernte ich auch meinen besten Freund kennen, der mir viel Selbstvertrauen gab; das heißt, es fiel mir leichter, in der Öffentlichkeit zu sagen, was ich dachte.

Diese Hemmung kannte ich schon aus ganz früher Kindheit. Ich bin in Sachsen geboren, später zogen wir nach Sachsen-Anhalt, wo man ja doch schon ein bisschen anders spricht. Als ich dann in meine neue Schule kam und mich mit meinem tiefsten Sächsisch vorstellte, lachte die ganze Klasse. Den Tag werde ich nie vergessen; ich wurde rot und wusste gar nicht, was los war. Das war ein Knackpunkt in meinem Leben. In der Folgezeit hatte ich dann immer Angst, in der Öffentlichkeit, vor anderen, zu sprechen.

'79 erhielt ich mein Diplom und bekam verschiedene Angebote, als Fechttrainer zu arbeiten. Da ich damals meine Frau schon kannte, die in Leipzig an der Fachhochschule für Bibliothekare studierte und in Birkenwerder wohnte, bot es sich an, hier in Falkensee anzufangen, als Angestellter des DTSB-Kreisvorstands Nauen.

Als ich hier begann, fand ich einen absoluten Scherbenhaufen vor. Es gab keinen ehrenamtlichen Übungsleiter, man traf sich, wie's grade kam, die Trainingsbedingungen in einem umgebauten alten Kino waren unter aller Würde, und bei der technischen Ausrüstung – Fechten ist eine technisch aufwendige, auch teure Sportart – da haperte es doch sehr ... Dazu muss man sagen, dass Fechten in der DDR keine große Rolle spielte. Es war wegen der dafür nötigen Elektronik eine kostspielige Angelegenheit, und die Medaillen blieben aus.

Ich habe mich bei dieser Arbeit als Fechttrainer nie wohl gefühlt. Außerdem konnte man mir keine Wohnung anbieten. Man verließ sich einfach darauf, dass ich bei meinen Schwiegereltern im Pfarrhaus in Birkenwerder wohnte. Auch darüber gab es mit Sportfunktionären immer wieder ganz schön harte Auseinandersetzungen – an denen ich aber nicht ganz schuldlos war. Ich habe zwar versucht, hier etwas aufzubauen, aber eigentlich war ich doch nicht so ganz bei der Sache und habe nach einem Jahr den ersten Antrag auf Abberufung gestellt. Da dem nicht stattgegeben wurde, spitzte ich dann die ganze Geschichte zu, indem ich Trainingsstunden ausfallen ließ und nicht selbst zu Wettkämpfen fuhr, sondern Übungsleiter schickte – also ich hab da auch ganz schön Mist gemacht. Nach dem vierten Antrag teilte man mir dann mit, dass nicht ich die Abberufung erzwingen könne, sondern dass man mich fristlos entlasse. Diese Stunde werde ich nicht vergessen: Es gab da erst eine große Aussprache mit den Funktionären des Kreisvorstands, und dann wurde mir mitgeteilt, dass ich fristlos entlassen sei.

Ich kann gar nicht sagen, wie viele Steine mir vom Herzen fielen, als ich da rauskam. Ich dachte: Endlich frei! Obwohl es ja in der DDR keine übliche Sache war, dass man fristlos entlassen wurde. Aber ich war unheimlich froh, ungeachtet der Tatsache, dass ich nicht wusste, wie es weitergehen sollte. Doch ich hatte keine Angst um meine Zukunft. Ich komme aus einer Arbeiterfamilie, ich kannte körperliche Arbeit, und ich wusste, dass ich irgendwas finden werde. Zwar war mir klar, dass es mit einer fristlosen Kündigung schwer wird, denn jeder musste ja denken, was ist denn das für ein fauler Sack? Aber Angst hatte ich nie. Ich zog dann mehrere Sachen ins Kalkül, unter anderem wollte ich bei einem Förster als Waldarbeiter anfangen – und lauter solche Spinnereien.

Natürlich kam ich irgendwann auch auf die Fotografie. Immerhin kam diese Überlegung ja nicht von heute auf morgen. In der zweiten, dritten Klasse hatte ich schon zu fotografieren begonnen und entwickelte auch meine Filme selbst. Ich war dann bis zur Armee in verschiedenen Fotozirkeln und hatte während des

Studiums kleinere Foto-Ausstellungen. Aber daraus einen Beruf zu machen, daran hatte ich bis dahin eigentlich nicht gedacht.

Nach einigen Umwegen landete ich dann bei der PGH „Foto und Film Dallgow". Der PGH-Vorsitzende guckte mich erstmal wegen meiner Beurteilung groß an, sagte dann jedoch: „Naja, eine Chance muss man Ihnen ja wenigstens geben. Sie machen einen ganz vernünftigen Eindruck auf mich. Wir stellen Sie ein." So wurde ich Hilfsfotolaborant. Zwei Jahre lang machte ich dann nichts anderes als Filme entwickeln – Filme rein in den Tank, Filme raus aus dem Tank. Das habe ich ausgehalten, weil der PGH-Vorsitzende, zu dem ich ein sehr gutes Verhältnis bekam, mir versprochen hatte, mich zu unterstützen und mir eine Facharbeiterausbildung zu ermöglichen. Sonst hätte ich das diese zwei Jahre lang nicht durchgehalten – das war eine so monotone Arbeit, das war eigentlich überhaupt nichts für mich.

'83 erhielt ich dann bei der DEFA in Babelsberg die Möglichkeit, im Rahmen der Erwachsenenqualifizierung meinen „Facharbeiter für Fotografie" zu machen. Das ging zwei Jahre, danach durfte ich mich als Fotograf bezeichnen. Kurze Zeit später stieg ich in der PGH sogar zum Laborleiter auf. Ich war dort bis Anfang '90 beschäftigt.

Am Abend des 9. November saß ich vor dem Fernseher und hörte Schabowskis berühmte Pressekonferenz. Ich verstand seine Äußerungen auch genauso, wie sie gemeint waren. Mein erster Weg war nach oben ins Schlafzimmer, um meine Frau wachzurütteln, aber das gelang nicht so richtig. Eigentlich wollte ich an diesem Abend an die Grenze fahren, um zu sehen, was sich da abspielte – das sind ja nur fünf Minuten von hier –, doch meine Frau war eben nicht wach zu kriegen. Ich saß dann den ganzen Abend vor dem Fernseher, und mein erstes Gefühl war eine absolute Freude. Wir hatten ja sehr viel Westverwandtschaft, und diese Trennung war ja nicht normal, selbst wenn unsere Verwandtschaft oft hier war.

Doch einen Ausreisewunsch gab es bei uns nicht, das stand nie zur Debatte. Natürlich wäre ich auch gern mal zu einem Gegenbesuch gefahren, aber ausreisen wollten wir nicht. Trotz aller Missstände habe ich mich in der DDR wohl gefühlt. Vielleicht habe ich auch Glück gehabt, aber man hat mir nie Steine in den Weg meiner Entwicklung gelegt: Obwohl ich kirchlich gebunden war, durfte ich zur EOS, zum Studium …, meine Wünsche sind in diesem Land erfüllt worden. Dazu kam eine großzügige Westverwandtschaft, durch die wir uns sicherlich viel von dem erfüllen konnten, was anderen nicht so möglich war. Wir wussten schon, dass wir in der Hinsicht verwöhnt waren. Deshalb konnten wir in unserer Situation auch nicht sagen: Scheißland, wir wollen hier raus.

Meine erste Westreise sozusagen war nach dem Mauerfall nach Westberlin – unter Tränen, muss ich sagen. Obwohl ich bereits Anfang '89, sogar mit meiner Frau zusammen, hätte fahren können. Aber mittels eines kleinen Familienkrachs

– wegen Kleinigkeiten – habe ich es geschafft, diese Reise nicht anzutreten. Meine Frau fuhr damals, ich blieb hier. Daran sieht man schon, dass – obwohl mich das schon interessierte – der Druck, unbedingt zu reisen, bei mir nicht so groß war.

Bei dieser ersten Fahrt nach Westberlin fiel mir vor allem diese Buntheit auf, die Farben der Reklame. Und an die Schlangen vor den Banken kann ich mich erinnern. Obwohl wir es nicht – ich sag' das jetzt mal ein bisschen überheblich – nötig hatten, stellten wir uns auch nach dem Begrüßungsgeld an; schenken wollten wir es denen ja auch nicht. Wir hätten in dem Trubel sogar fast unsere Kinder verloren (lacht). Ich muss sagen, das war der erste Eindruck. Bei der Rückfahrt – über die Heerstraße – fielen mir schon die Großplattenbauten auf. Ich dachte, Mensch, die haben ja hier auch solche Plattenbauten, und die sehen ja auch nicht viel besser aus. Gut, das war Spandau; wenn wir woanders rübergefahren wären, hätte es anders ausgesehen. Aber insgesamt: So überrascht war ich von dieser ersten Fahrt nicht.

Ein anderer Eindruck war, dass Berlin doch eigentlich so nah war. Wenn wir früher von Falkensee nach Ostberlin gefahren sind, war das eine ziemliche Strecke, weil wir um ganz Westberlin rum mussten.

Für meine berufliche Entwicklung bedeutete die Wende, dass sich ein Wunsch erfüllte, den ich schon bei meiner Arbeit in der PGH hatte, nämlich für die Presse zu fotografieren. Denn während der DDR-Zeit bewarb ich mich bei der „Volksstimme", dem SED-Blatt für den Bezirk Potsdam. Ich fuhr dahin, stellte mich vor, und die erste Frage werde ich nicht vergessen: Es wurde nicht danach gefragt, wo ich wohne, welche Ausbildung ich habe oder ob ich irgendwelche Arbeiten mithabe, sondern die erste Frage war: „Sind Sie Parteimitglied?" Und die musste ich verneinen. Da merkte ich schon, wie der die Augen verdrehte. Die zweite Frage war, ob ich Mitglied des FDGB bin. Die musste ich auch verneinen, weil ich Mitglied der Handwerkskammer war und nicht im FDGB. Das war dann für diesen Herrn Grund genug, mich wieder nach Hause zu schicken. Ja, und nach der Wende bestand ja die Möglichkeit, sich bei Zeitungen als Fotograf zu bewerben, und das klappte dann auch auf Anhieb. Vorher kündigte ich bei der PGH, weil absehbar war, dass die keine Zukunft haben würde. Es wäre ein Wunder gewesen, wenn die PGH sich über die Wendezeit hinweg hätte retten können. Und heute gibt's die auch nicht mehr. Ich war dann ein halbes Jahr Mitarbeiter im Stadtmuseum Nauen und machte da die fotografischen Reproduktionen. Später kam ich als festangestellter Fotograf zur „Märkischen Allgemeinen", die von der FAZ übernommen worden war. Mir war aber schon bald klar, dass es diese Festanstellung nicht lange geben würde. Wir waren damals immerhin 15 festangestellte Fotografen, und das kann sich keine Zeitung leisten. Das Witzige war – oder das weniger Witzige, wie man's nimmt –, dass ich nach zwei Jahren die Kündigung von demselben Herrn erhielt, der mich schon zu DDR-Zeiten abgewiesen hatte. Der ist heute übrigens immer noch bei der Zeitung – zwar nicht mehr in derselben Position, aber auch nicht in einer so sehr schlechten Stellung. Das kann man sicherlich verallgemeinern: Ich habe nichts gegen die Menschen, die zu DDR-Zeiten in bestimmten, auch politischen Positionen gearbeitet haben, aber wenn die sich dann so gewendet und um ihre Posten gekämpft haben, dann finde ich das nicht gerade schön. Wer früher bestimmte Entscheidungen fällte oder mittrug, der kann heute meiner Ansicht nach nicht wieder Verantwortung übernehmen. Dazu zähle ich auch die Armee. Wenn man in der NVA hoher Offizier war und dann den Sprung in die Bundeswehr machte, dann finde ich das unfassbar. Und ich gehe sogar so weit zu sagen, dass bestimmte Zeitungsmacher aus der DDR es eigentlich mit ihrem Gewissen nicht in Einklang bringen dürften, in diesem System weiter Zeitung zu machen. Das ist für mich schizophren. Ich verstehe eigentlich nicht, wie die das können.

Den Wechsel in die Freiberuflichkeit habe ich nicht als Karriereknick erlebt, denn es war immer meine Einstellung, dass in diesem Land, in diesem System sich immer irgendwas findet, dass es immer irgendwie weitergeht, wenn man will und ein bisschen flexibel ist. Jedenfalls gilt das für unsere Generation; dass es Ältere schwerer haben, ist klar. Aber wenn ich jüngere Leute rumheulen höre über Arbeitslosigkeit und so, dann verstehe ich das immer nicht. Mein Gott, was soll das Rumgejammere? – Man muss was machen und sich bewegen! Allerdings muss ich ehrlicherweise sagen, dass mir auch etwas anders war, als ich die Kündigung auf dem Tisch beziehungsweise in der Hand hatte – obwohl ich darauf eingestellt war und sie erwartet hatte. Als ich den Brief durchlas, dachte ich: Ach, du Scheiße. Aber das hielt nicht lange an. Ich hatte allerdings dabei auch das Glück, dass ich mit der Kündigung gleich das Angebot erhielt, weiter als Pauschalist zu arbeiten. Das heißt, man bekommt monatlich ein Pauschalhonorar, wenn man soundso viele Bilder abliefert. Dadurch hat man einen festen Betrag, mit dem man rechnen kann. Das beruhigt natürlich. Etwas anderes wäre es gewesen, wenn ich völlig frei hätte arbeiten müssen. Da weiß ich nicht, ob es zum Leben gereicht hätte. Obwohl ich ja schon viele Jahre in diesem Metier arbeite und dadurch viele Leute, auch von anderen Zeitungen, kenne.

Doch in dieser Hinsicht bin ich ein optimistischer Mensch. Ob ich es insgesamt bin, kann ich nicht sagen. Ich bin mir jedenfalls für keine Arbeit zu schade. Das hat ja die Vergangenheit bewiesen. Was ich im Fotolabor dieser PGH gemacht habe, war bestimmt nicht einfach, und auch als Schüler habe ich in Zwölf-Stunden-Schichten in Buna als Abfüller gearbeitet. Zwölf Stunden lang Fässer in einem Chemiewerk abzufüllen bringt nun auch nicht gerade die totale Befriedigung.

Insofern empfand ich die Wende auch als eine Stärkung meiner Persönlichkeit. Das brachte schon die freie Tätigkeit mit sich. Die zwang mich praktisch dazu.

Denn ich war ein Mensch, der von sich aus nur schwer was in die Gänge kriegte. Aber wenn ich Druck, zum Beispiel von der Zeitung, spüre, dann kann ich auch loslegen. Und bei der Zeitung ist es außerdem so, dass du auf die Leute zugehen musst. Du kannst nicht darauf warten, dass jemand zu dir kommt. Ich mache das ja jetzt schon ein paar Jahre, und aus der Perspektive meiner Tätigkeit kann ich sagen, dass jedenfalls mir die Wende geholfen hat.

Der besondere Reiz dieser Arbeit besteht für mich darin, dass ich dorthin komme, wo viele andere nicht hinkommen (lacht). Dadurch lerne ich viele Leute kennen und sehe sie nicht nur, wie die sich in der Öffentlichkeit präsentieren. Ich sehe, wie sie wirklich sind. Ich kann also beobachten, was hinter den Kulissen passiert. Manchmal auch unfreiwillig.

Aber ich denke schon, dass ich ein neugieriger Mensch bin – doch wer ist das nicht? Natürlich erfahre ich durch meine Arbeit mehr darüber, was sich zum Beispiel in den Parteien abspielt ..., und das blieb für meine politische Haltung nicht folgenlos; doch mit dieser Bemerkung will ich's auch bewenden lassen.

Im Übrigen halte ich nicht viel von dem immer noch aufgebauschten Ost-West-Konflikt. Zwar bin auch ich mit Rückübertragungsansprüchen konfrontiert gewesen. Das würde ich aber nicht zu einem prinzipiell gestörten Verhältnis zwischen Ost- und Westdeutschen verallgemeinern. Beispielsweise habe ich hier Ost- und Westnachbarn und zu allen ein gutes Verhältnis. Sowohl durch unsere Verwandtschaft als auch durch die Arbeitskontakte kenne ich viele Westdeutsche, und da gibt es keine nennenswerten Probleme. Es kommen ja zur Zeitung immer wieder Redakteure, Volontäre, Praktikanten aus Westberlin, und mit denen habe ich mich immer gut verstanden. Ich kann mich nicht daran erinnern, dass es jemals Schwierigkeiten gab, nur weil ich ein Ostdeutscher bin. Wobei ich sagen muss, dass ich ein toleranter Mensch und in der Beziehung auch noch eher ruhig und zurückhaltend bin. Ich kann auch viel einstecken, ohne darauf reagieren zu müssen. Ich denke mir dann mein Teil. So bin ich nunmal (lacht).

Starke Veränderungen hat es seit der Wende jedoch in meinem Kulturverhalten gegeben. Das hängt aber viel mit meinem Beruf zusammen. Früher war ich oft im Theater oder zu anderen Veranstaltungen, heute schaue ich da mal rein, mache meine Fotos und muss schon auf die Uhr gucken, weil ich den nächsten Termin habe. Das regt mich eigentlich an meinem Beruf ein bisschen auf. Ich bin viel bei Konzerten oder im Theater, kriege davon aber eigentlich nichts mit. Ich bin immer froh, wenn ich mal keinen weiteren Termin habe und beispielsweise bei einem Konzert sitzen bleiben kann.

Dadurch kommt zweifellos auch das Ehe- und Familienleben zu kurz. Meine Frau unternimmt dann sehr viel alleine, weil sie sehr kunst- und kulturinteressiert ist ... Das bin ich natürlich auch, aber naja ...

Das war früher schon anders, und daran erinnert man sich als eine schöne Zeit. Die gab es selbstverständlich auch in der DDR. Überhaupt war es ja die Zeit der eigenen Jugend, später erlebte man, wie die Kinder groß wurden, man erfüllte sich private Wünsche. Es gab auch schöne Feiern mit den Nachbarn in dieser Straße hier. Man war also nicht immerzu bedrückt und missmutig, wie das heute manchmal so dargestellt wird. Aber ich glaube nicht, dass dieses Erinnern etwas mit Nostalgie in dem Sinne zu tun hat, wie man es jetzt immer über die Ostdeutschen hört. Es gab da genauso ein Privatleben, an das man sich einfach gern erinnert.

Wenn ich heute bestimmen sollte, ob ich mich eher als Ost- oder als Gesamtdeutscher fühle – es ist wirklich schwer zu sagen …, tendenziell eher als Ostdeutscher. Obwohl: Es gab in der DDR ja auch solche und solche (lacht). Aber im Allgemeinen war es vielleicht so, dass man nicht so ehrgeizig war und um jeden Preis seine Interessen durchsetzen und irgendetwas schaffen wollte. Ich habe mal mit dem Gedanken gespielt, als Sportfotograf zu arbeiten. Das würde mir großen Spaß machen, und ich könnte das wahrscheinlich auch. Aber dann ist man noch weniger zu Hause, es wäre vielleicht mit einem Umzug verbunden, ich würde aber gern hier wohnen bleiben. Das wäre eine Belastung für die Familie, ach nee. Die Familie spielt vielleicht für die Ostdeutschen auch eine größere Rolle. Außerdem müsste ich mich dann anbieten, mich präsentieren und so. So wichtig ist mir eine solche Karriere nun auch wieder nicht. Und das unterscheidet uns wohl auch: Es gibt bestimmt viele Ostdeutsche, die in ihrer Karriere eher zurückstecken. Denen ist etwas anderes wichtiger.

GERLINDE K.
Geographin

Die Vergangenheit ist eigentlich nicht mein Ding. Ich lebe mehr in der Zukunft oder in der Gegenwart, die ist eigentlich noch viel besser. Trotzdem: Spontan fällt mir zur Schulzeit der Fanfarenzug ein; das fand ich ganz toll. Fast die Hälfte der Klasse war im Fanfarenzug, und wir sind oft nachmittags nach der Schule zusammen gewesen. In dem Zusammenhang gab es auch ein negatives Erlebnis. Da ist ein Schüler geext worden, weil er während einer Probe das Deutschlandlied geblasen hat. Da wurde ich richtig stutzig: Da muss also irgendeiner dabei sein, der so was weiterträgt. Das berührte mich damals sehr; es konnte doch nicht wahr sein, dass jemand, der das Deutschlandlied spielte – natürlich war das zur damaligen Zeit streng verboten – dafür von der Schule flog und damit sein ganzer Lebensweg kaputt gemacht wurde. Ich kann mich da an eine eigene Auseinandersetzung erinnern. Die habe ich eigentlich noch immer im Kopf. Im Stabü-Unterricht sprachen wir, glaube ich, über den Klassenkampf, und dieser Stabü-Lehrer hat mich mal echt zur Sau gemacht, weil ich die Worte „Arbeitnehmer" und „Arbeitgeber" in den Mund nahm: „Wie kann man so was sagen! Das ist kapitalistisches Vokabular!" Und alles so einen Scheiß. Das werde ich wohl nicht vergessen.

Ich fand aber gut, dass ich durch den Schulwechsel aus Wallendorf rauskam; gerade in der Zeit, zwischen 14 und 18, in der man sich ja sehr entwickelt. An der Schule bestand die Möglichkeit, viel zu diskutieren, zum Teil sehr konträr – auch mit Lehrern. Dabei haben mir meine Eltern immer gesagt, das, was wir zu Hause besprechen – ich war und bin ja nun mal die Tochter eines selbständigen Mostereibesitzers und galt damals vielleicht als „nicht ganz auf der Linie" – bleibt unter uns. Das gaben mir meine Eltern mit auf den Weg: Zu Hause konntest du offen sprechen, wir hatten außerdem viele Westkontakte, in der Schule aber musstest du oftmals konform diskutieren. Tja, und als ich „Arbeitnehmer" und „Arbeitgeber" sagte, hat diese Trennung oder Spaltung offenbar nicht funktioniert. In dem Zusammenhang kann ich mich erinnern, dass ich mal ein Werbeplakat für den Fanfarenzug schrieb. Darauf stand: „Hallo, Fans! Wer hat Interesse an Musik? Wer will in den Fanfarenzug?" Das habe ich dann am Eingang angebracht – und es hing keine fünf Minuten. Ich musste zum Direktor: Wie ich mir erlauben könne, „Hallo Fans" zu schreiben. An dieser Schule seien keine Fans, sondern Schüler. Das Vokabular durftest du nicht benutzen, obwohl das damals absolut gängig war. Das fand ich sowas von idiotisch!

Bei den Besuchen von westdeutschen Verwandten erfuhr ich, dass es dort ganz anders war, als man uns in der Schule erzählte. Dabei hatte ich einen Cousin, der schon sehr kritisch war. Er war Lehrer für Geographie und Sport, und der hat mir immer gesagt: „Was der Westen so verkauft und als Fassade aufbaut, du, dahinter sieht es oft anders aus. Nicht alles ist Gold, was da glänzt." Und der war Beamter! Mit dem unterhielt ich mich auch oft über seine Schüler, und da wurde mir so richtig bewusst, dass diese freie Meinungsäußerung, die Schüler im Westen praktizierten, uns eben nicht erlaubt war. Naja, ich habe mich damit abgefunden. Aktiven Widerstand habe ich damals noch nicht geleistet (lacht). Dass mein Studium gelenkt worden wäre, daran kann ich mich nicht erinnern. Das habe ich vielleicht gestrichen, weil ich das nicht für voll genommen habe. Mir war wichtig: Ich bestimme mein Leben selbst; ich lasse mir nicht von anderen sagen, was ich später mal werden will. Aber die Berufswahl war schwer. Mit 17 wusste ich absolut nicht, was ich machen sollte. Mein Vater wollte verständlicherweise, dass ich Lebensmittelchemie studiere. Aber Chemie war nie mein Ding. Ich sagte zu ihm: „Mach ich nicht, will ich nicht."

Drei, vier Wochen bevor man seine Entscheidung mitteilen musste, holte ich mir einen Studienführer aus der Bibliothek. Den blätterte ich so durch und entschied mich – auch so ein bisschen geprägt durch meinen Cousin – für Geographie. Wahrscheinlich war das das Ausschlaggebende. Denn unser Geographielehrer kann es nicht gewesen sein. Den habe ich gehasst, und das beruhte auf Gegenseitigkeit. Der hat mich höchstens dazu gebracht, mich ihm gegenüber zu beweisen: So blöd, wie der mich hinstellen will, bin ich nicht.

Ich studierte dann in Halle, und das Witzige war: Ich wusste damals gar nicht, dass dort immer nur zehn Leute alle zwei Jahre angenommen wurden; und ich hatte das Abi ja nur mit Zwei gemacht. Zehn Leute, dachte ich, da wirst du nie dabei sein. Letztendlich bin ich dann aber doch angenommen worden.

Obwohl ich durch mein Elternhaus ein bisschen beeinflusst wurde – meine Mutter liebte sehr die klassische Musik und spielte selbst auch Geige – bin ich absolut kein musischer Mensch. Solche Fächer kamen für mich also nicht in Frage. Was Kunst betrifft, habe ich irgendwo ein Defizit. Nur bei der Literatur war das anders. Ich beschäftigte mich damals mit russischen Schriftstellern, vor allem mit Turgenjew. Den habe ich ganz intensiv gelesen, weil mir eine Patentante ab dem 14. Geburtstag immer ein Buch von Turgenjew schenkte. Erst dachte ich: Russische Schriftsteller – liest du nicht und habe das beiseite gestellt. Später blätterte ich doch mal darin herum und fand unwahrscheinliche Landschaftsbeschreibungen. Turgenjew ist für mein Leben immer noch der, der mir die russische Mentalität und Literatur nahe gebracht hat. Ich habe diese Turgenjew-Bände immer noch bei mir im Schrank stehen, und wenn ich mal viel Zeit habe, lese ich sie nochmal.

Das Studium war die schönste Zeit, die es je gab. Es fiel mir auch sehr leicht, und es war so, wie ich es mir eigentlich wünschte: In Halle wurde vor allem physische und weniger ökonomische Geographie – das waren die zwei Teilbereiche zu DDR-Zeiten – gelehrt. In den ersten zwei Jahren wurde vor allem Geologie gemacht: Geländearbeit, Exkursionen von März bis September, wir haben viel kartiert, das Gelände mit dem Theodolit vermessen und so weiter. Ich bin auch mehr ein praktischer Typ, der nicht ganz so viel von theoretischen, nicht greifbaren Dingen hält. Diese ersten beiden Jahre waren für mich genau das, was ich wollte.

Manchmal nervt das ja die Leute, wenn ich mit Vegetationsgeographie komme und erzähle, warum gerade dort solche Pflanzen wachsen. Aber wir hatten Bodenkunde bis zum Gehtnichtmehr bei einem ganz tollen Professor, bei dem ich dann auch Hilfsassistent war. Nach den zwei Jahren kam jedoch alles ganz anders. Der Studienplan verlangte, nach Berlin zu gehen. In Halle studierte man die alte Tradition der Geographen, in Berlin dann mehr ökonomische Geographie. Aber aus Halle kamen die richtig guten Köpfe, die auch in der Fachwelt anerkannt waren. Ich fand das ganz witzig, als ich mich nach der Wende mit Geographen aus dem Westen unterhielt und die alle unsere Lehrbücher hatten. Die guten Lehrbücher wurden im Osten verfasst. Noch heute merke ich, dass unsere Ausbildung wirklich Hand und Fuß hatte.

Wir waren der erste Jahrgang, '73, bei dem es den Universitätenwechsel nach dem Grundstudium gab. Berlin fand ich erstmal toll, zumal ich in der Zeit meinen jetzigen Mann kennen lernte. In Berlin aber war man nicht auf uns vorbereitet. Dort bildete man nur Lehrer aus. Das war etwas chaotisch. Wir mussten dann viel ökonomische Geographie machen, Territorialplanung, Wirtschaftsstatistik und so – jedenfalls waren die zwei Jahre für mich fachlich nicht so gut wie die in Halle.

In Berlin studierten wir auch Verkehrs-, Bevölkerungs- und Entwicklungsgeographie, aber ich muss sagen, dass die Dozenten dort eigentlich unwahrscheinlich offen waren. Wenn zum Beispiel Amerika, Afrika, Asien Themenschwerpunkte waren, habe ich nicht gemerkt, dass man bewusst bestimmte Kontinente im Studium verstärkt behandelte oder vernachlässigte. Anders als in Halle war jedoch, dass ich in Berlin mehr Sensibilität für Politik vorfand. Die Ausbürgerung von Biermann fiel in die Zeit meines Studiums, und das war für mich so ein Einschnitt. Es gab damals so geheime Schriften; Heftchen, von Studenten an der Uni gedruckt, gingen von Hand zu Hand, und man erhielt viel mehr solcher Informationen als in Halle. Auch in den Studentenclubs wurde damals schon viel diskutiert.

Mein Studium schloss ich mit einer ganz guten Diplomarbeit ab, und mein Betreuer wollte, dass ich an der Uni bleiben und meine Promotion machen sollte. Das wollte ich aber nicht, ich wollte arbeiten.

Während des Studiums habe ich irgendwann geheiratet. Mein Mann studierte in Leipzig und kam dann als Absolvent mit einem Dreijahresvertrag nach Magdeburg. Dort fand ich jedoch keine Arbeit. Deshalb entschied ich mich, in Berlin zu bleiben. Aber das war ein Fehler, denn das war eine ganz blöde Stelle: Mitarbeit beim Magistrat für Tourismus und Fremdenverkehr. Dort sagten die mir: „Wir haben mit Ihnen große Dinge vor. Berlin ist Tourismusmetropole, und wir machen mit Ihnen einen Kaderentwicklungsvertrag." Das bedeutete aber, dass ich erstmal im Stadtbezirk Köpenick beim Ausflugs- und Erholungswesen arbeitete. Naja, das war ganz schlimm, und ich fragte mich, wofür ich studiert hatte. Ich musste nämlich mit dem Bürgermeister oder mit irgendwelchen Betrieben darüber verhandeln, dass die Geld rausrückten, um irgendwelche Strandbäder zu bauen, Straßen und Wege zu sanieren oder Liegeplätze für Boote zu schaffen. Nach einem halben Jahr habe ich gesagt, nein, dafür hast du nicht vier Jahre Geographie studiert.

Denn ich wollte eigentlich gern in die physische Geographie, in die Geologie, da gab's aber keine Stellen. Mir wurde gesagt, da müssen die Leute erst wegsterben. Kurz und gut: Ich sagte, ich höre hier auf, obwohl das als Absolvent mit einem Dreijahresvertrag schwierig war. Die haben mich auch zum Magistrat bestellt und mir gesagt, dass das nicht geht. Aber ich sollte in die Partei eintreten und was weiß ich. Das war dann das Ausschlaggebende. Ich sagte: „Ich will nicht in die Partei, ich kündige diesen Vertrag." – „Dann kommen Sie da nicht raus." Kurz und gut, ich legte meine Kündigung auf den Tisch: „Ich will nicht mehr!"

Allerdings war mein Chef verständnisvoll. Dem erklärte ich: „Ich bin nicht so ein Mensch, der irgendwann in der Politik tätig sein will und sich irgendwo mit der SED auf die Karriereleiter begibt. Ich will das tun, was mir Spaß macht, und diese Arbeit ist überhaupt nicht das, was ich mir vorgestellt habe." Der verstand das also, und ich kam mit Ach und Krach aus dem Vertrag raus. Da ich irgendwas machen musste, setzte ich eine Annonce in die Zeitung: „Junger Geograph sucht interessante Arbeit". Eine einzige Zuschrift bekam ich darauf, vom „Büro für Tiefbauplanung und Koordinierung" in Berlin. Ich also dahin, und mein zukünftiger Chef sagte gleich, gegenüber Frauen habe man in dem Betrieb Bedenken, doch er habe schon einmal eine Geographin gehabt und mit der gute Erfahrungen gemacht; er werde mich einstellen.

Mir ist aber im Gedächtnis geblieben, dass er sagte: „Naja, Sie sind ja eine Frau, wie stellen Sie sich das mit Kindern vor? Ich weiß, Sie sind verheiratet. Haben Sie denn die Absicht, Kinder zu kriegen?" – „Ach", habe ich gesagt, „eigentlich nicht, ich möchte erstmal was Neues machen. Die nächsten fünf Jahre denke ich eigentlich nicht, dass ich Kinder haben werde." Das war '78. Ich habe dann tatsächlich nur mit Männern, Bauingenieuren, gearbeitet.

An diese Stelle war jedoch die Bedingung geknüpft, ein Fernstudium zu machen und sich zum Trassierungsingenieur zu qualifizieren. Das habe ich dann praktisch nebenbei gemacht, und die Arbeit dort gefiel mir. Die Firma plante die unterirdischen und oberirdischen Rohr- und Freileitungstrassen für ganz Berlin und sicherte die Sanierung. Das Arbeitsklima war auch ganz relaxt. Niemand kam da jeden Monat an und wollte dich für die SED werben oder so. Mein Chef war zwar in der Partei und hatte auch manchmal einen anderen Ton – bei diesen aktuell-politischen Gesprächen, bei denen versucht wurde, die Leute ein bisschen auf Linie zu bringen. Aber das war ja sehr von den Leuten abhängig, die dort arbeiteten. Und die waren eigentlich ganz offen. Dort war ich bis 1985.

Ende der 70er Jahre holte ich meinen Mann nach Berlin, der fand einen ganz guten Job beim Ministerium für Kohle und Energie, im „Verbundnetz Gas". Ostberlin versorgte Westberlin ja mit Gas, und da mein Mann Energietechnik studiert hatte, gab es fachliche Gespräche in dem Zusammenhang. Doch in dieser Zeit war zu spüren, dass der politische Druck anstieg. Wegen unserer zahlreichen Westverwandschaft sagte man ihm, er wäre politisch nicht mehr tragbar. Da gab es ein ganz witziges Erlebnis: Da wir viele Sachen aus dem Westen bekamen, trug mein Mann zum Beispiel Hemden, auf denen „Camel" stand oder so. Das musste er überkleben, weil er Werbung für Westmarken mache.

Das spitzte sich bei ihm dann immer mehr zu: Ständig zogen die ihn zur Reserve [der NVA]. Er ging auch nicht in die Partei oder zur Kampfgruppe – und es wurde richtig fies. Bevor unser Kleiner, im Dezember, geboren wurde, zogen sie meinen Mann zur Reserve – übers Weihnachtsfest – und ich war schwanger alleine zu Hause.

Das hatte also alles keine Perspektive, und ich sagte zu ihm, dass wir aus Berlin raus sollten. Die Kinder sind zwar im Zentrum Berlins groß geworden, und wir hatten eine schöne Wohnung, aber ich kam aus einer Gegend, wo ich mich so richtig frei entfalten konnte und mein Mann auch. Wir antworteten dann auf Annoncen und wollten nach Schwerin ziehen. Das kannte mein Mann, weil dort seine Oma gewohnt hatte, die er als Kind oft besuchte. Die Alternative war Potsdam – nicht so weit von Berlin entfernt, und Berlin fand ich immer ganz toll. Nach langem Hin und Her zogen wir dann nach Potsdam.

Der Hauskauf war ein absoluter Glücksfall. Im Leben gibt es vielleicht nur zwei Glücksfälle, und das war einer davon. Wir bekamen wirklich ein schönes Haus in Babelsberg angeboten, das einem Professor von der Potsdamer Hochschule für Staat und Recht – an der die politischen Kader, Diplomaten und so weiter ausgebildet wurden – gehörte. Dieser Mensch lebte dort allein, seine Frau war gestorben, und offenbar waren wir ihm sympathisch. Denn es ist ja auch eine Frage der Sympathie, wenn du jemandem dein Haus, in dem du vierzig Jahre gelebt hast, verkaufst. Dieser Herr Professor G. war jemand, von dem ich sagte: Es ist das erste Mal, dass ich erlebt habe, dass so ein richtiger alter Genosse eine überzeugende, aber doch ganz andere Idee des Sozialismus hatte, als sie verwirklicht war. Da mein Mann auch so ein unwahrscheinlich politischer Mensch ist, gab es gleich bei unserem ersten Besuch eine Diskussion, bei der der Professor sagte, der Sozialismus, wie er in der DDR verwirklicht wurde – das ist eigentlich total falsch gelaufen. Das war für mich das erste Mal, dass du dich richtig offen über die Negativseiten der DDR unterhalten konntest und auch vernünftige Antworten gekriegt hast.

Doch ich fand zunächst keine Arbeit in Potsdam. Und mit zwei kleinen Kindern zu Hause zu sitzen, das war nicht so mein Ziel. Also rannte ich mit einer Liste aus dem Telefonbuch rum, aber niemand brauchte mich. Schließlich sah ich, dass es einen Meteorologischen Dienst in Potsdam gibt. Nur war der eben sehr weit draußen. Wir wohnten in Babelsberg, und der Dienst befand sich Richtung Michendorf. Ich machte mich dann doch auf, und sagte: „Hier bin ich, ich suche Arbeit, können Sie mir was anbieten? Ich mache alles." So ohne Arbeit, das gefiel mir wirklich nicht.

Zuvor gab es jedoch noch ein einschneidendes Erlebnis. Ich las in jener Zeit, dass sich die Akademie der Wissenschaften auch mit Fernerkundungen beschäftigte, und damit hatte ich mich auch während des Studiums als Hilfsassistent befasst. Ich wertete damals Luftbilder aus dem Raum Halle aus; vom Süßen See, von den Bergbaulandschaften der Kupferhütten und so weiter. Das machte mir richtigen Spaß, weil du auf Luftbildern die Struktur der Landschaften erkennst, die jemand, der nur auf der Erde rumläuft, überhaupt nicht sieht. Mensch, dachte ich, das wäre eigentlich was Interessantes.

Das erzählte ich alles diesem Kaderchef, auch, dass ich oft an Veranstaltungen der Berliner Gesellschaft für Fernerkundung teilgenommen hatte, und der fand, das hörte sich ganz gut an. „Wir werden uns Ihre Kaderakte schicken lassen, und dann hören Sie von uns", versprach er.

Meine Kadertante in der Berliner Tiefbaufirma bestätigte auch, dass da jemand nach meiner Kaderakte gefragt hätte. Kurz und gut, ich habe davon nie wieder gehört und dachte, naja, vielleicht bist du nicht gut genug, hast zu wenig Erfahrung. Nach der Wende erfuhr ich dann, woran das lag.

Weil diese Fernerkundungsdaten der Satellitenaufnahmen vorwiegend für militärische Zwecke genutzt wurden und für die Landschaftsplanung fast gar nicht, musstest du praktisch mit Lenin verwandt sein. Meine vielen Westverwandten waren da ein zu großer Risikofaktor.

Inzwischen hatte ich mich aber beim Meteorologischen Dienst beworben, und nach 14 Tagen bekam ich eine Einladung zum Vorstellungsgespräch. Ich sprach ja von den zwei Glücksfällen im Leben. Dort sagte man mir, ein Kollege, auch ein Geograph, sei ganz plötzlich an Herzinfarkt verstorben, sie brauchten sofort einen Mitarbeiter, um ihre Verträge gegenüber einer Firma erfüllen zu können, für die Klimatografien angefertigt werden mussten. „Würden Sie in zwei Wochen anfangen zu arbeiten?"

Tja, so bekam ich also diesen Job als wissenschaftliche Mitarbeiterin und wusste gar nicht, wie mir geschah. Denn das war das beste Arbeitsgebiet, das ich bis dahin hatte.

Wegen der Westverwandtschaft bekam ich zwar nicht die Stelle bei der Akademie, aber ich war seit '86 jedes Jahr im Westen. Meine erste Westreise unternahm ich gemeinsam mit meiner Schwester. Sie fand den Westen immer ganz toll, und – hach – hat immer geschwärmt, wenn sie in die Kaufhäuser kam. Ich fand das natürlich auch toll, bin aber nicht so ein Mensch, der auf Konsum so anspringt.

Die Zeit drüben fand ich erstmal toll, ich habe wirklich unwahrscheinlich viel gesehen. Köln fand ich sehr beeindruckend. Der Kölner Dom, das sind so Sachen, die du dir immer mal in deinen Träumen gewünscht hast. Über die Friedrichstraße in Berlin kam ich dann wieder zurück und war so frech, mir zu sagen: Mensch, du fährst über Berlin, da steigst du einfach in West-Berlin aus, du musst einfach mal über den Ku'damm laufen wie jeder normale Berliner. Das leistest du dir, obwohl du es nicht darfst.

Abends um acht hatte ich jedoch so ein Schlüsselerlebnis, als ich auf dem Bahnhof Zoo meine Tasche aus dem Schließfach holen wollte. Der ganze Bahnhof Zoo voller Penner, die dich anbettelten, die da rumlagen und sich irgendwelche Spritzen reindrückten.

Da habe ich dann wirklich gedacht: Irgendetwas stimmt in dieser Gesellschaft nicht. Ich bin vielleicht mit kritischeren Augen drüben rumgelaufen als andere. Auch bei meinem Besuch '87 habe ich manche Sachen gesehen, die mir an dieser Gesellschaft nicht gefielen. Ich fand es total idiotisch, wenn ich zum Beispiel mit meiner Cousine einkaufte: Dieser Überfluss in der Kaufhalle – oder im Supermarkt, wie es ja jetzt neudeutsch heißt – auf der einen Seite, und vor dem Supermarkt saßen irgendwelche türkischen Kinder, die bettelten. Das passte irgendwie nicht zusammen.

1988 war ich sogar in Australien. Der Bruder meines Vaters war ausgewandert und hatte, glaube ich, 75. Geburtstag und 40. Hochzeitstag. Ich dache, jetzt musst du einfach probieren, wie weit es geht; ob sie dich fahren lassen. Wenn ich die ganze Prozedur erzählte, würde das sicher ein Viertel des Buchs füllen. Im Endeffekt habe ich die Erlaubnis gekriegt, nachdem mir zwischendurch Reisepass und Visum wieder weggenommen wurden und ich bis zum Polizeipräsidenten von Potsdam gelaufen war. Ich sagte mir, das lässt du dir nicht gefallen. Im März 1988 flog ich jedenfalls von Berlin aus über Jugoslawien nach Australien.

Als ich wieder zurückkam, wollte ich auswandern. Aber nicht in die BRD, wie man so schön sagt, sondern nach Australien. Das war so ein Mittelding zwischen dem Überfluss an Konsum und Glimmer und Glamour der Bundesrepublik und der DDR. Australien ist ein Land mit einer Multi-Kulti-Gesellschaft, die nur von Einwanderern lebt. Als ich aus Südaustralien kam, dort lebte mein Onkel – in einer Region mit vielen Deutschen –, habe ich nur gesagt: „Hier raus!" Ich hatte echt drei Wochen lang Depressionen. Zu meinem Mann sagte ich: „Du, ich gehe jetzt und werde mich erkundigen, wie man von Ostdeutschland nach Australien auswandern kann." Ich rief also die australische Botschaft in Berlin an und leitete alles Mögliche in die Wege: Du musst einen Bürgen, eine Kaution und so weiter haben. Schließlich hatte ich alles zusammen – das war im Herbst '88 …

Mein Mann aber ist ein bodenständiger Typ. Und der sagte: „Australien ist ja doch etwas weiter weg, es liegt auf der anderen Seite der Erde, Mensch, willst du das den Kindern antun?" Naja, das war der Punkt, wo ich mir gesagt habe, gut, du musst nicht immer nur deins durchsetzen. Und ich habe den Schritt dann nicht getan.

Zumal mein Mann und ich uns in der Zeit auch politisch stärker engagierten. Ich habe schon 1986 gesagt, es ist der Untergang der DDR, wenn die die jungen Leute rauslassen. Die sehen ja viele Dinge anders als etwa Rentner, die im Westen waren. Ich bin dann auch, mit Herzklopfen, zum Neuen Forum gegangen und habe mich da vor der Wende engagiert. Da wir noch relativ kleine Kinder hatten – der eine Sohn war '89 sieben, der andere neun – blieb immer einer zu Hause bei den Kindern. Auch zu Demonstrationen sind wir gegangen, obwohl man nie wusste, wie so was ausgeht.

Übrigens waren wir im August '89 in Ungarn im Urlaub. Da gab es in Sopron dieses Fest zur Grenzöffnung und so eine Ost-West-Begegnung. Damals haben wir, die Kinder waren mit, überlegt, ob wir gehen wollen … Wir sind dann nach Hause gefahren, haben aber gesagt, es muss jetzt was in der DDR passieren. Die absolute Härte und für mich ein einschneidendes Erlebnis war dann die Niederschlagung der Studentenrevolution auf dem Pekinger Platz des Himmlischen Friedens. Ich kann mich noch an eine Diskussion mit unserer Parteisekretärin erinnern; ich fand das unmöglich, wie da die Wahrheit verdreht wurde.

Die Wendezeit war dann eigentlich die spannendste Zeit. Wir lebten hier in Babelsberg direkt an der Mauer. Wir brauchten nur fünf Minuten die Straße runter und standen vor Steinstücken, einer Exklave West-Berlins. Hinter der Mauer war der Todesstreifen mit spanischen Reitern. Die konntest du sehen, weil in die Fugen zwischen den Betonteilen schon Löcher gekratzt worden waren.

Am 9. November stand ich abends in der Küche, mein Mann guckte Nachrichten, und plötzlich sagt er: „Komm mal her, das kann nicht sein! Die Mauer ist auf! Schabowski hat das gerade gesagt." Ich wollte es nicht glauben. Ich weiß es noch wie heute, es war ein Donnerstagabend. Als ich Freitag früh die Kinder weckte, sagte ich zu unserem Großen: „Flori, die Mauer ist auf!" Und er: „Mutti! Ja, ich habe sie heute Nacht klopfen gehört!" Das ist mir noch so in Erinnerung, wie ein Neunjähriger sagte, ich habe sie klopfen hören.

Ich bin dann zur Arbeit gefahren und guckte mir im Bus die Leute an: Was wird bei denen vorgegangen sein, als das gestern Abend gesagt wurde? Für mich war dieser 9. November unwahrscheinlich prägend. Am nächsten Abend rief mich ein längst verschollener Cousin, ein Banker aus West-Berlin, an und sagte: „Gerlinde, komm uns doch heute Abend besuchen. Setz dich einfach ins Auto und komm." Und ich bin dann am 10. November abends im dicksten Nebel mit dem „Wartburg", meine beiden Kinder hinten drin, über „Dreilinden" nach Westberlin gefahren. Das war für mich ein absoluter Schock, denn „Dreilinden" war sicherlich einer der am besten gesicherten Grenzübergänge Europas. Ich muss so ausführlich darüber berichten, weil wir mit der Mauer 15 Jahre lang gelebt haben. Wenn wir aus dem Süden nach Berlin kamen, stand an der Autobahn in Potsdam-Babelsberg „Letzte Abfahrt in der DDR".

Ich kann mich an ein damaligen Gespräch mit einer Kollegin erinnern, die sich freute: „Oh! Jetzt können wir endlich alles kaufen." Und ich war knallhart: „Wenn jetzt alles mit West-Produkten überschwemmt wird, dann geht logischerweise die ganze Wirtschaft kaputt, denn hier werden ja auch Nahrungsmittel und Klamotten produziert." Natürlich weiß ich, dass ich verwöhnt war durch die vielen Sachen, die man uns aus dem Westen schickte, und durch das Westgeld, das wir auch zu DDR-Zeiten hatten. Aber das, was Marx und Engels lehrten, ist ja eingetreten: Der Kapitalismus hat uns auch uralte, brutale Brüche beschert.

Doch zwischen November '89 und dem 3. Oktober 1990 konntest du in der DDR am kreativsten sein und machen, was du bis dahin nie konntest; es war eine rechtsleere Zeit.

Ich engagierte mich besonders in der Schule, arbeitete in „Argus" mit, einer Untergruppe des Neuen Forum. Wir haben darum gekämpft, dass Englisch ab der dritten Klasse unterrichtet wurde, und wir haben das geschafft.

Das war die eine Seite, die andere Seite zeigte sich auf Arbeit. Uns war klar, dass wir fusionieren müssen, weil es keine zwei Wetterdienste in Deutschland geben würde. Das bedeutete aber eine ganz komische Regelung: Entweder, du wurdest in die Warteschleife gestellt – das heißt, du hattest die Chance, noch ein Jahr bezahlt zu werden und wurdest dann automatisch arbeitslos – oder du wurdest übernommen. Kurz und gut, arbeitsmäßig haben mein Mann und ich es gut überstanden. Ich bin übernommen worden und habe dann beim Wetterdienst in Offenbach gearbeitet, bis 1992.

Ich war aber nicht zufrieden mit dem, wie zusammengearbeitet wurde. Als ich mich mal darüber beschwerte, bekam ich ein Schreiben, in dem stand, dass wir das Land sind, das beigetreten ist und wir uns deshalb den bewährten Regeln des Wetterdienstes zu fügen hätten. Ich aber stellte in diesen zwei Jahren fest, dass dieser Wetterdienst rückständig, bürokratisch und verkrustet war und an alten Normen fest hielt. Die konntest du aber nicht aufbrechen.

Mich hat außerdem gestört, dass wir nach Offenbach umziehen mussten – die Außenstelle Klimatologie in Potsdam wurde aufgelöst –, doch die Gegend gefiel mir überhaupt nicht, und die Mentalität der Hessen war uns eher fremd. Der Versuch, zum Seewetteramt nach Hamburg zu gehen, scheiterte unter anderem daran, dass man dort so schwindelerregende Preise hatte, als wir ein Haus kaufen wollten.

Urplötzlich erhielten wir in dieser Zeit – zwei Tage vor Weihnachten 1991 – außerdem den Rückübertragungsanspruch eines Westbesitzers auf unser Haus in Babelsberg. Wir konnten also für einen möglichen Umzug nicht mal das Haus verkaufen. Zu jener Zeit war alles ein bisschen turbulent, schlussendlich sagte ich mir, du musst dir was anderes suchen. Obwohl das eine wirklich feste, gute Stelle war mit einem tollen Arbeitsgebiet: Ich hatte beim Wetterdienst mit geographischen Informationssystemen zu tun, was mir sehr lag, weil ich auch beim Meteorologischen Dienst viel EDV gemacht hatte. Eine Freundin gab mir dann den Tipp, dass beim Umweltbundesamt eine für ein Jahr befristete Stelle frei sei. Ich hätte dann auch nicht mehr ständig pendeln müssen, denn das hältst du auf Dauer als Frau nicht aus. Ich tauschte also die feste gegen eine Jahresstelle im Umweltbundesamt, und da bin ich heute noch; ich habe dort unter anderem die Luftimissionsdaten in einer Datenbank verwaltet.

Den Prozess um das Haus haben wir in dritter Instanz gewonnen. Was andere Außenstehende nur aus der Presse kennen, haben wir live erlebt. Allerdings sind uns die Alteigentümer nicht auf den Pelz gerückt, die haben das alles über Rechtsanwälte geregelt, aber es gibt noch Recht in Deutschland.

Die ganze Entwicklung nach der Wende sehe ich zwiespältig. Einerseits sehe ich es sehr, sehr positiv, weil du dich viel mehr entfalten kannst. Positiv ist es vor allem für unsere Kinder, die den Druck in der Schule, den wir hatten, nicht mehr erleben müssen. Die Schüler können sich bei Dingen engagieren, die uns früher total versagt waren. Mein großer Sohn ist zum Beispiel Chefredakteur einer Schülerzeitung – wenn ich da an mein Plakat für den Fanfarenzug denke … ja, die machen da ganz tolle Dinge.

Doch der Individualismus, den man entwickeln kann, ist gleichzeitig das Negative dieser Gesellschaft. Jeder versucht sich auszuleben, und das geht teilweise auf Kosten der anderen. Was dabei herauskommt, sieht man. Es fehlt mir so ein bisschen die menschliche Wärme, die man früher hatte. Worüber ich mich damals mit Kollegen unterhielt würde ich mit den jetzigen Kollegen nie besprechen. Da musste ich durch zu viele negative Erfahrungen sehr, sehr vorsichtig werden. Es fehlt auch dieses Wir-Gefühl. Jeder kämpft eben für sich alleine.

Ach, da gibt es ein ganz dummes Ding, nach der Wende; das muss ich erzählen, weil es für mich auch einschneidend war: Mein Traum, nach Australien auszuwandern, war wieder aufgewacht. Da dachte ich, jetzt ist ja alles einfacher: „Los, Familie, wir wandern aus!"

Mein Mann war dann auch soweit. Der Ärger mit dem Rückübertragungsanspruch und der Bürokratie reichte ihm. Glücklicherweise wurde die Auswanderungsbehörde für ganz Ostdeutschland in Potsdam eröffnet, und ich ging dahin. Als ich da vor einem Büro wartete, kam eine junge Frau auf mich zu: „Ach, warum sitzen Sie denn hier?" Und ich erzählte dann so ein bisschen warum, weshalb. Drei Tage später komme ich nach Hause, und mein Nachbar sagt zu mir, Frau K., das hätte ich ja nie von ihnen gedacht! „Was denn?" – „Naja, ich habe in der ‚Morgenpost' gelesen, dass Sie auswandern wollen. Das hätten Sie auch früher sagen können!" – „Wie kommen Sie denn darauf?" – „Es steht doch ein Interview mit Ihnen in der Zeitung." Dann bringt er die „Morgenpost", das meistgelesene Blatt in Berlin – und ich lese meinen Namen, und ich lese meine Worte! Ich dachte: Das kann nicht wahr sein! Die hat nichts zu mir gesagt! Ich hielt das für ein rein persönliches Interesse, gutgläubig, wie man ist. Das zog natürlich Kreise. Abends klingelte das Telefon: „Wenn Ihr auszieht, was wird dann mit dem Haus? Wollt Ihr uns nicht das Haus verkaufen?" Es war richtig schlimm, wie jeder versuchte, irgendwo seinen Vorteil rauszuschlagen, wenn wir das Haus verlassen würden.

Das war für mich so ein Beispiel für die Verlogenheit dieser Gesellschaft. Leute erschleichen sich dein Vertrauen, bloß um eine gute Story zu machen. Das finde ich grässlich, und das ist eigentlich auch meine Enttäuschung. Aber das wussten wir ja doch schon vorher.

Vielleicht ist das auch ein Grund, dass unser jüngster Sohn, der zur Zeit in Frankreich ist, vor kurzem sagte: „Mutti, ich werde in Frankreich leben, nicht in Deutschland." Der will wahrscheinlich Franzose, der will Europäer werden. Ich finde es schön, dass die Kinder in eine offene Gesellschaft wachsen, für die nicht Deutschland, sondern Europa zählt. Aber das ist vielleicht nicht typisch. Ich sehe viele Jugendliche, die sich überhaupt nicht für Politik interessieren oder sich für soziale Fragen engagieren. Mein großer Sohn findet das eben auch absolut Scheiße, dass sich die jungen Leute – so mit 17, 18 – nicht für politische Themen interessieren. Er hat deshalb eine Diskussion zur Lage im Kosovo organisiert. Und er hat wirklich die Turnhalle voll gekriegt, indem er Leute von der Bundeswehr einerseits und Friedensforscher andererseits zu einer Diskussion darüber einlud, was man dagegen oder dafür tun soll. So was finde ich wichtig. Aber oftmals ist das Elternhaus Schuld, dass die Jugendlichen so desinteressiert sind. 70 Prozent der Bundesbürger sind Bild-Zeitungsleser. Das sagt doch alles …

Wenn ich jetzt für mich resümieren soll, kann ich das eigentlich nicht in den Kategorien „Gewinner" oder „Verlierer der Wende". Du hast – wenn du nach der Wende nicht gerade rausgeflogen bist aus deiner Bahn – den eigenen Lebensweg viel stärker selbst bestimmen können, hast Eigenes viel besser verwirklichen können, als das früher vielleicht möglich war. Klar, es hat manchen auch hart getroffen. Wenn ich so in den Bekanntenkreis gucke, da haben wir jemanden … Nee, das erzähle ich lieber nicht.

Dazugewonnen hat man auf jeden Fall was: eine Menge an Erfahrungen; und man hat viele Leute kennen gelernt. Ich hatte jetzt gerade eine gute Zeit, vier Wochen in Australien. In dieser Zeit habe ich viel über mein Leben nachgedacht. Früher habe ich viel geträumt und bin auch so träumend durchs Leben gegangen. Nach der Wende habe ich nach der Devise gelebt: Lebe deine Träume. Ein Traum war, mal wochenlang, nur mit einem Rucksack, quer durch Australien zu ziehen. Das habe ich gerade gemacht. Das ist natürlich nicht immer ganz einfach, und ich mache mir dadurch auch selber viel Stress. Manche fragen mich auch: „Warum machst du dir denn immer so viel Stress?" Aber das brauche ich, andere brauchen das nicht. Für mich aber bleibt: Lebe deine Träume!

HILDEGARD G.
Lehrerin für Deutsch und Musik

An die Klasse in M. erinnere ich mich als eine, die aus einzelnen Gruppen bestand. Da ich eigentlich immer schon eher ruhig und zurückhaltend war und nicht jemand, der so auf die Leute zuging, hatte ich nur Kontakte zu einzelnen Schülerinnen und Schülern.

Eigentlich sollte ich jedoch gar nicht auf die EOS kommen. Ich war weder in der Pionierorganisation, noch habe ich die Jugendweihe mitgemacht. Das waren Gründe für die Schule in Sch., meinen Vater zum Gespräch zu bitten und ihm nahe zu legen, dass es für mich vielleicht nicht der richtige Weg ist, die EOS zu besuchen. Aber offensichtlich überzeugten meine Leistungen dann doch, obwohl ich sehr streng christlich erzogen worden war. Da ich nun nicht weiter als Außenseiter gelten wollte, trat ich dann in die FDJ ein. Es war mir schon wichtig, nicht immer so außen zu stehen, sondern dazuzugehören. Ich wollte vielleicht nicht länger das Besondere sein, denn das empfand ich bereits an der POS immer als ein bisschen unangenehm.

Ich glaube, es war in der dritten Klasse, da durften wir die Patenbrigade im Bunawerk besuchen. Ich durfte nicht mit, weil ich nicht in der Pionierorganisation war. Bei einem späteren Besuch sagte man mir: „Wenn du mitkommen willst, dann zieh' aber wenigstens eine weiße Bluse an und eine Strickjacke drüber, damit es so aussieht, als hättest du das Halstuch darunter." Das waren eben die Konsequenzen dieser Erziehung.

Ich hatte immer ein gespanntes Verhältnis zu meinem Vater. Er war Angestellter – nicht bei der Kirche, aber er versuchte, uns streng christlich zu erziehen. Dass ich dann in die FDJ eintrat, geschah auch aus einer gewissen Oppositionshaltung ihm gegenüber heraus. Trotzdem arbeitete ich außerhalb der Schule in der Kirche mit. Das war der Bereich, in dem ich mich wohl fühlte. Mit 14 durfte ich dann auch abends in die Kirche von Sch. gehen. Dort haben wir nicht nur getanzt, sondern saßen auch an der Saale und sangen verbotene Lieder.

Ich weiß nicht mehr, von wem das ist, aber ich erinnere mich noch an eine Strophe (singt:) „Oh, gebt mir Land, freies Land, unterm Sternenhimmel dort./Sperrt mich nicht ein …"

Dieses Zusammengehörigkeitsgefühl habe ich in der Schule ein bisschen vermisst. In der Kirche fand ich es, wie es auch meine drei Geschwister fanden – ich habe noch eine ältere Schwester, einen jüngeren Bruder und eine jüngere Schwester. Mein Bruder ist übrigens bei der Kirche als Organist angestellt.

Was meine eigene musikalische Ausbildung angeht, da bin ich durch die Kirche sehr gefördert worden. Der Pfarrer von Sch. gab mir Klavierunterricht oder regte wenigstens an, dass ich überhaupt Klavierunterricht nehme. Er finanzierte das auch, denn meine Eltern hätten sich Privatunterricht nicht leisten können. So fing meine musikalische Ausbildung mit acht Jahren an.

Dabei sahen es meine Eltern offenbar insgesamt lieber, dass ich mehr von der Kirche als von staatlicher Seite erzogen wurde. Natürlich spielte auch das Finanzielle eine Rolle. Wir waren vier Kinder zu Hause, da wurde schon jede Mark umgedreht.

Von klein auf habe ich alles mitgemacht, was man mir vorgab. Ich empfand es als normal, sonntags in die Kirche zu gehen, die Fest- und Feiertage einzuhalten, freitags kein Fleisch zu essen. Auch dass vor dem Essen gebetet wurde, war für mich normal. Doch je älter ich wurde, desto eingeengter fühlte ich mich. Auch der Eintritt in die FDJ war ein Ausdruck dafür, etwas völlig anderes zu machen, auszubrechen aus dieser Enge. Dazu gehörte ein minutiöser Tagesablauf: Sonntags um zwölf musste das Essen auf dem Tisch stehen, dann musste das Gebet gesprochen werden, um zehn musste ich abends zu Hause sein. Egal, ob ich in der Jungen Gemeinde war oder mich mit jemandem traf. Und immer wurde gefragt, wohin gehst du, was machst du, mit wem triffst du dich. Zu Geburtstagen durfte ich gehen, musste aber immer pünktlich zu Hause sein, egal, ob das eine angenehme Feier war oder nicht. Das spielte keine Rolle. So kamen ernsthaftere Kontakte oft nicht zustande, weil ich immer Angst hatte, zu spät zu Hause zu sein. Ich hatte also allen Anlass, dagegen zu opponieren.

Im September 1973 begann ich, an der Universität in H. Deutsch und Musik zu studieren. Das war eigentlich nicht mein Wunsch. Ursprünglich hatte ich mich für ein Psychologiestudium beworben. Aus B. bekam ich jedoch eine Ablehnung, und dann gab es die üblichen Umlenkungsgespräche. Du spielst doch Klavier und Orgel, hieß es, und in H. bestand die Möglichkeit, Deutsch und Musik zu studieren und Lehrer zu werden. Eigentlich war mir noch gar nicht so richtig bewusst, was da auf mich zukommt. Aber gar nichts zu machen, keine Ausbildung nach der Schule – das war undenkbar, das gehörte einfach dazu. Ein Jahr auszusetzen oder aufzuhören, darüber dachte ich erst gar nicht nach. Das wäre ein Ding der Unmöglichkeit gewesen, denn mein Vater hatte alle Hoffnungen in mich gelegt. Ich war diejenige, die Abitur gemacht hat, im Gegensatz zu meiner älteren Schwester, bei der das in der Schule nicht ganz so geklappt hat. Ich wollte ihn nicht enttäuschen.

Und da sagte ich mir, eigentlich stimmt es ja, du hast eine musikalische Vorbildung. Ich fuhr also zur Aufnahmeprüfung nach H. und bestand sie, obwohl ich damals nicht wusste, dass Beethovens „Mondscheinsonate" in cis-moll steht (lacht). Seitdem weiß ich das aber.

Dann ging alles relativ schnell. Ich kannte damals schon meinen Mann, den ich 1974 heiratete, und meine Tochter Daniela war schon unterwegs; sie wurde im Oktober 1974 geboren. Da hieß es: Jetzt geht das schon im ersten, Anfang des zweiten Studienjahres los, dass die Studentinnen Kinder kriegen. Aber irgendwie wollte ich das, und ich sagte mir: „Ich schaffe das, ich packe das." So bin auch um die „Zivilverteidigung" herumgekommen. Ich brauchte also nicht in diesen Militäranzügen rumzuspringen. Außerdem erhielt ich nach einem halben Jahr eine eigene Wohnung in M. Ein Krippenplatz war ja damals auch nicht so problematisch wie heute. Ich fuhr dann jeden Tag von M. nach H., Kind abgeben, Vorlesungen und Seminare besuchen, Kind abholen, schnell wieder nach Hause, mit Kind beschäftigen und abends auf den nächsten Tag vorbereiten. So habe ich studiert. Wie intensiv das letztendlich war, kann ich vielleicht erst jetzt, wo ich langsam zur Ruhe komme, einschätzen. Aber ich bekam in jedem Jahr Leistungsstipendium. So schlecht konnte das also nicht sein, was ich da machte. Nur mit Musikästhetik konnte ich wenig anfangen. Das war mir alles zu theoretisch.

Zum Ende des Studiums, 1977, wurden uns Stellen angeboten, auf die wir uns bewerben konnten. Da mein Mann als Bauingenieur schon in B. arbeitete, bewarb ich mich um die eine Stelle in Berlin. Wir wollten unbedingt aus dieser Industrieecke raus, um Abstand von diesem Leben zu bekommen, von zu Hause, vielleicht auch von der Kirche.

Ja, und das klappte dann auch. Uns wurde gleich eine Zweiraumwohnung mit Innentoilette in F. zugewiesen, sieben Minuten von der Schule entfernt. Am 1. August 1977 begann also meine Arbeit als Lehrer an einer Schule in F., was zunächst hieß, Bauschutt raustragen und sauber machen, denn das war 'ne ganz neue Schule. Aber ich freute mich darauf, dort anzufangen. Es war für mich ein gutes Gefühl, mit anderen einfach was ganz Neues anzufangen.

Ein bisschen Angst war natürlich auch dabei, weil ich ganz gut einschätzen konnte, dass ich es mit meinem doch eher ruhigen, zurückhaltenden Wesen sicher nicht so einfach haben würde. Viele haben gesagt, Mensch, in dieser Stadt, die haben da alle so eine große Klappe. Doch ich dachte, das musst du irgendwie packen, versuch's ganz einfach.

Also, ich war neugierig, aber wahrscheinlich auch ein bisschen naiv: Jetzt fängst du einfach an und probierst das aus. Bisher lief doch alles ganz gut: Wir hatten die Wohnung, das Kind war mittlerweile schon fast drei Jahre alt, immer lieb und artig und entwickelte sich ordentlich. Nun wollte man endlich auch Geld verdienen.

Dann aber war es das doch ganz schön schwierig. „Ah, wir haben eine neue Schülerin!" – Und ich sah auch fast so aus wie eine neue Mitschülerin in dieser neunten Klasse. Doch ich lernte auch Kollegen kennen, die mit ähnlichen Schwierigkeiten zu kämpfen hatten, an die Schüler ranzukommen. Während all der Jahre an dieser Schule fühlte ich mich nie alleine. Das war wichtig, denn ich wollte oft aufhören, weil ich dache, das packe ich nicht. Es enttäuschte mich immer wieder, wenn ich bei der Vorbereitung so viel investiert hatte und dann so wenig rüberkam. Es gab aber immer Leute, die mir sagten: „Mensch, hör nicht auf, mach weiter. Hör aber auf, Perlen vor die Säue zu werfen."

Anfangs habe ich auch alles, was Schüler sagten, ganz persönlich genommen. Herauszufinden, dass das alles am allerwenigsten mit mir selbst zu tun hatte, dauerte sehr, sehr lange. Damit bin ich auch heute immer noch nicht fertig. Das macht mir vielleicht die Arbeit auch so schwer. Immer denke ich: „Was meint er jetzt? Inwieweit spiele ich jetzt dabei eine Rolle?"

Sich für die Schüler offen zu halten und sich für sie Zeit zu nehmen, ist sehr schwer, und ich hatte zu Beginn ganz einfach mit mir selbst zu tun und gar nicht die Zeit zu fragen, wie sie sind, wenn sie sagen: „Lass mir doch in Ruhe!"

Vielleicht hat man sich auch ganz einfach zuviel zugemutet. Man wollte das schaffen, was einem als Frau auch suggeriert wurde: Steht euren Mann, seid gute Mütter, euch stehen alle Wege offen. Ihr könnt studieren, sollt aber auch den Haushalt führen …

Zudem war mein Mann damals schon beruflich sehr engagiert. Er wurde sehr bald Auslandskader, reiste viel herum, und ich war oft alleine mit den Kindern. Das musste ich auch irgendwie bewältigen und hatte ganz einfach zu wenig Zeit, mich mit meinen Schülern wirklich auseinanderzusetzen. Aber nach und nach merkte ich, dass ich auch mit meiner ruhigen, stillen Art was erreichen kann.

Als ich das zweite Kind bekam, war das vielleicht so eine Art Ausstieg. Ich redete mir ein, du packst das jetzt nicht, du widmest dich jetzt erstmal deiner Familie. Sicher war das eher ein unbewusster Ausstieg, denn ich wollte mehrere Kinder haben. Ich habe mich schon gern in der Mutterrolle gesehen, das muss ich sagen. Ich habe immer gern gegeben, ganz einfach, um zu sehen, wie sich so ein Kind entwickelt in meinen Händen.

Irgendwie hielt ich es dann aber doch nicht zu Hause aus. Als ich wieder anfing, wunderten sich alle: „Du kommst wieder zurück?" Doch ich fühlte mich da wohl. Die Leiterin hatte sich auch sehr für mich eingesetzt, und zu den Kollegen gab es viele persönliche Kontakte. Wir haben immer viele Sachen zusammen gemacht, viele waren ungefähr im gleichen Alter, unsere Kinder gingen in denselben Kindergarten. Das Arbeitsklima empfand ich auch als äußerst angenehm.

1982 habe ich nochmal aufgehört, da kam das dritte Kind. Weil aber die Entwicklung der zweiten Tochter komplizierter verlief und sie öfter krank war, entschied ich mich, länger zu Hause zu bleiben. Ich wollte das Aufwachsen des Kindes bewusster miterleben.

In den 80er Jahren veränderte sich das Klima an der Schule deutlich. Ein Beispiel: Es war an den Schulen hier in B. üblich, dass Schüler und Lehrer an zwei Demonstrationen teilnahmen, an der 1.-Mai-Demonstration und im Januar an der Liebknecht-Luxemburg-Demonstration. Im Laufe der Jahre gab es dann so etwas wie eine unabgesprochene Übereinkunft, dass wir uns immer weniger zur Mai-Demonstration verabredeten, sondern zu der im Januar. Obwohl es eigentlich Pflicht war, zu beiden zu gehen. Wir sagten den Schülern: „Wir Lehrer gehen dahin, und wer will, soll mitkommen." Und gerade die älteren Schülern machten davon immer mehr Gebrauch. Für die Mai-Demonstration motivierten wir unsere Schüler auch nicht mehr so sehr. Es war auch immer die Frage, in-wieweit man Einfluss nahm. Man hätte auch drohen können: „Ihr müsst da und da hin, und wehe, ihr kommt nicht, dann passiert das und das!" Das hätte man ja auch machen können, aber ...

Auch außerhalb der Schule waren die Veränderungen spürbar. Bei uns im Haus wohnten verschiedene junge Leute, so in unserem Alter, zu denen wir einen ganz guten Kontakt hatten. Wie das so ist: Man war froh, wenn man sein Kind mal „abliefern" konnte, um was zu besorgen oder so. Eine Familie, mit der wir immer den Kindertag zusammen auf dem Hof feierten, hatte einen Ausreisean-trag gestellt. Es hat uns bewegt, als die erzählten, wie man damit auf ihrer Ar-beit umging, wie sie praktisch isoliert wurden. Den Fortgang dieser Geschichte haben wir schon verfolgt. Kurios war dann, dass sie zwei Tage vor der Mau-eröffnung ihre Ausreisegenehmigung kriegten und am 9. November ausreisten. Am Tag der Maueröffnung sind die gegangen.

Für uns selbst hatte das jedoch keine direkten Konsequenzen. Wir haben uns un-ser Leben hier eingerichtet. Wir konnten einen solchen Schritt nicht tun und wollten dies auch nicht. Warum? Ich habe nie großartig etwas auszustehen ge-habt. Meine Familie war mir immer das Allerwichtigste, meine Kinder. Ich den-ke, das wäre für meine Kinder einfach ein zu großes Risiko gewesen. Einen sol-chen Schritt zu tun, das kam überhaupt nicht in Frage.

Bei uns gab es zwar auch Frustrationen bei der Arbeit, ich war ja auch nicht so glücklich, aber das liegt in der Natur der Sache, dass man als Lehrer nie zufrie-den sein kann. Es ist jeden Tag aufs Neue aufregend, es passiert jeden Tag was. Wir selbst waren auch in einer etwas privilegierten Situation, weil mein Mann zu denjenigen gehörte, die über die Mauer gelangten. Er arbeitete in Schweden, war in England und brachte mir mal zu Weihnachten Tulpen mit.

Vom Mauerfall hörte ich übrigens im Radio. Ich dachte im ersten Moment, ich ha-be mich verhört. Dann schaltete ich den Fernseher an und sah die Übertragung dieser Pressekonferenz. Unmittelbar danach klingelte es: „Eh, habt ihr das gehört, stimmt das?" Obwohl es in allen Medien kam, glaubte man es nicht. Man muss-te sich untereinander vergewissern, ob die anderen das Gleiche gehört hatten.

Wir gehörten jedoch nicht zu denen, die gleich zur Mauer loszogen. Warum das so war, darüber habe ich schon mal nachgedacht. Wir konnten vermutlich nicht wie andere Hurra rufen, weil wir eine Art Zugereiste in B. waren. Wenn ich Leu-te reden hörte, die hier in B. geboren sind, auch ältere Kollegen, die den Mau-erbau miterlebt und ganz persönliche Erfahrungen mit der Trennung ihrer Fa-milien hatten – die auch beschrieben, wie sie vor der Mauerschließung quer durch B. fuhren – für die muss das ein ganz anderes emotionales Erlebnis ge-wesen sein. Wir haben B. ja nie anders kennen gelernt. Sicher, wenn wir nach P. fuhren und mit der S-Bahn zwischen diesen beiden Mauern durchmussten, hat-te ich immer ein sehr beklemmendes Gefühl und hielt irgendwie die Luft ein

bisschen an, bis man durch war. Aber das ist nicht vergleichbar mit dem Gefühl, wie es wahrscheinlich Leute empfunden haben, die die Schließung erlebten.
Den Westen kannte ich aber bereits durch die Verwandtschaft. Mütterlicher- wie väterlicherseits gab es Tanten und Onkel, Cousins und Cousinen. Meine Großeltern wohnten im Westen und alle Geschwister meines Vaters. Er war der einzige, der hier im Osten blieb und wie meine Mutter Übersiedler aus Schlesien war. So hatten wir also auch viele briefliche Kontakte zum Westen, und zu Weihnachten kamen Westpakete.
Nur mein Mann musste als Auslandskader den Kontakt zu einer Patentante abbrechen. Aber die waren sowieso kaum vorhanden. Deshalb fiel ihm das, denke ich, auch nicht schwer. Ich selbst wurde nicht aufgefordert, irgendwelche Kontakte einzustellen.
Das erste Mal im Westen war ich im Sommer 1989. Irgendwann waren die Geschwister alle schon zu irgendeinem Verwandtenbesuch – 60. Geburtstag von Onkel oder Tante – und ich war eigentlich die Letzte, die noch nicht im Westen war. Als ich dann sah, dass auch Kollegen – bei Lehrern war das ja immer besonders problematisch – ihre Anträge auf Reisen bewilligt bekamen, sagte ich mir: Ein Onkel wird 60, er schickte eine Einladung, also probierst du es ganz einfach, mal sehen, ob's funktioniert.
Ich kannte den Grenzübergang F. bereits durch die Erzählungen meines Mannes. Aber als ich dann auf der anderen Seite stand, am gelben Strich auf dem Bahnsteig, den ich nicht übertreten durfte, als dann der Zug einfuhr und die Polizisten mit ihren Hunden angelaufen kamen, die dann überall nochmal drunter guckten und die Hunde überall schnupperten, da dachte ich: Was machst du eigentlich hier? Du lässt deine Familie hinter dir, deine Kinder lässt du hier und fährst einfach weg. Das war dann schon ganz beklemmend – furchtbar! Als wir dann durch West-Berlin fuhren, war es eben das Bunte, was einem sofort ins Auge fiel. Unangenehm schrill, muss ich sagen.
An meiner Schule war ich dann bis zur Wende. Dann ist das Schulsystem umstrukturiert worden, und es gab die verschiedenen Schultypen in B. – Grundschulen, Realschulen, Hauptschulen, Gesamtschulen, Gymnasien. Nach der Maueröffnung befiel uns Lehrer eine große Unruhe. Was wird nun, sind wir überhaupt tragbar?
Wir suchten dann Kontakte zu westlichen Schulen und hospitierten da. Das fand im Frühjahr '90 statt, an einer West-Berliner Schule. Es waren freundlich-distanzierte Kontakte. Die Schule war ja von der Ausstattung besser, aber als wir dann die Schüler rumlaufen sahen, haben wir festgestellt, das sind Schüler, wie wir sie auch haben. Die Arbeit konnte offensichtlich auch keine andere sein. In dem Alter haben alle eine große Klappe, genauso wie unsere Schüler.
Man begrüßte uns dort im Lehrerzimmer, und jeder bekam so ein Zettelchen angeheftet. Das fanden wir schon etwas befremdlich: Man beschilderte sich. Wir

sind rumgeführt worden in der Schule, aber zu intensiveren Gesprächen kam es nicht. Uns sind Bücher gezeigt worden: „Nehmt das doch mal mit und guckt da mal." Aber ich hatte nicht das Gefühl, dass die Kollegen unbedingt interessiert hat, was wir eigentlich machten. Sie vermittelten das Gefühl, sie seien diejenigen, die was zu geben haben. Es war also kein Geben und Nehmen, so wie wir uns das vielleicht eher vorstellten: einen Austausch.

Das ist wohl eine grundsätzliche Einstellung, wie man an die Dinge herangeht. Wenn ich ernsthaft bemüht bin, was Neues anzufangen oder jemanden kennen zu lernen, der vielleicht andere Erfahrungen gemacht hat, erwarte ich ganz einfach, dass sowohl die eine als auch die andere Seite etwas mitbringt. Man kann dann prüfen, was ist machbar, was hat hier funktioniert und was dort. Aber wenn man von vornherein schon weiß, dass man nur was zu geben hat und nicht offen genug ist, etwas anzunehmen, kann das auch nichts werden.

Lassen wir es so stehen.

Die beiden Bildungssysteme zu vergleichen ist schwierig. Sehr vorsichtig ausgedrückt, denke ich, die polytechnische Oberschule, hat erstmal generell für alle eher die Möglichkeit geboten, ein bestimmtes Niveau zu erreichen. Jetzt wird man schon sehr früh auf bestimmte Niveaustufen festgelegt. Und es ist schwer, wenn man sich erstmal auf einem Niveau eingependelt hat, das nächsthöhere zu erreichen. Als Schüler muss man da sehr viel Kraft und Energie aufbringen. Deshalb sind heute die Anforderungen an die Persönlichkeitsentwicklung des Schülers viel höher. Das ist früher vielleicht doch mehr von Schule und Gesellschaft getragen worden. Heute kommt es mehr auf jeden Einzelnen an, ob er sich behaupten kann oder eben nicht. Man muss schon stärker sein.

Na klar, sicherlich gibt's auch Möglichkeiten für Leute, wenn sie sich später entwickeln. Aber es sind doch immer Einzelne, wenn ich mir die Masse der Schüler ansehe.

Unser Umzug hier nach J. erfolgte vor elf Jahren, das heißt also 1988. Meine Zweiraumwohnung war ziemlich eng für fünf Personen, und mein Mann hatte schon angefangen, das Dach auszubauen. Zu dieser Zeit ist uns dieses Grundstück angeboten worden, ein kleines Haus, untere Etage, eigentlich auch wieder nur eine Dreiraumwohnung, aber im Grünen. Da das Haus nicht nur mit Geld zu bezahlen war, haben wir dem Verkäufer unsere Autoanmeldung übertragen. Mit Geld konnte man damals auch nicht unbedingt so viel anfangen.

Nach der Wende bin ich an eine neu gegründete Gesamtschule versetzt worden. Das war eine Zeit, in der ich nach einem halben Jahr aufhören wollte. Es war ganz furchtbar für mich! Jeder glaubte damals, machen zu können, was er will. Im ersten Jahr unterrichtete ich sogar mal mit der Polizei vor der Tür. Wir sind auch öfter evakuiert worden, weil Molotowcocktails in der Aula deponiert waren. Unsere Schule befand sich in unmittelbarer Nähe von besetzten Häusern. Einige unserer Schüler lebten dort. Es kam schon häufiger vor, dass wir gerade diesen Schülern, wenn sie überhaupt zum Unterricht kamen, sagen mussten: „Willst du dir nicht wenigstens auf der Toilette die Hände waschen?" Oder: "Hier hast du 70 Pfennig, geh dir erst mal eine Schrippe kaufen." Also Unterricht war damals teilweise nicht möglich.

Und wir mussten selbst erst einmal sehen, wie dieses System „Gesamtschule" laufen kann. Kurse sollten angeboten und Praktika durchgeführt werden – ein Zusammenraufen fing an, und wir versuchten ganz einfach, was draus zu machen.

Gleichzeitig wollte ich hier in Wohnnähe eine Stelle finden. Das war aber nicht möglich, weil nur ein Austausch von Lehrern mit der gleichen Fachkombination in Betracht kam. Ich sagte mir dann: Du kannst jetzt auch nicht so einfach wegrennen. Naja, das zweite Jahr an der Gesamtschule lief auch schon wesentlich geordneter.

Dann aber hieß es, drei Gesamtschulen braucht F. nicht, eine sollte geschlossen werden. Das schürte bei mir sogar die Hoffnung, nochmal mit einer Sache neu anzufangen. Ich wurde mit drei Kollegen dann an eine andere Schule versetzt und habe noch einmal neu angefangen. Wieder mit meist neuen Kollegen, aber es war viel ruhiger – nicht so wahnsinnig aufregend, wie das damals zur Wendezeit war.

Im Nachhinein finde ich, dass mich das alles gestärkt hat. Damals, so mittendrin, war es natürlich sehr stressig, eine Zeit unaufhörlichen Suchens und Ausprobierens. Aber es war auch eine interessante Zeit; auch was den Inhalt des Unterrichts angeht. Man traute sich zu DDR-Zeiten doch nicht so, das zu machen, wovon man schon mal gehört hatte.

Aber man denkt auch an diese Zeit zurück. Vielleicht auch nostalgisch. Ganz banales Beispiel: Meine Kinder aßen zu DDR-Zeiten diese kleinen „Leckermäulchen" gern. Und auch heute sagen sie: „Holst du mal wieder ‚Leckermäulchen'?" Diese Kleinigkeiten. Oder meine große Tochter, sie schenkte mir vor zwei Jahren ein Büchlein über DDR-Begriffe, die da auf witzige Art und Weise erklärt wurden. Meine Große hat ja die Wende bewusster miterlebt und ist eben noch so ein richtiges DDR-Schulkind. Bei ihr ist auch so ein bisschen DDR-Nostalgie da, ich glaube schon.

In der Schule selbst machen wir eigentlich auch immer mehr die Erfahrung, dass vieles, was wir gemacht haben, wieder im Gespräch ist. Ich las gestern beispielsweise in der Zeitung, dass es wieder Verhaltensnoten geben soll. Die Persönlichkeit oder bestimmte Werte will man plötzlich wieder in eine Zensur fassen. Das sind ja Dinge, die wir auch versucht haben. Man besinnt sich wieder auf die Wertevermittlung. Und das ist schon sehr wichtig. Es ist aber natürlich die Frage, welche Werte vermittelt werden sollen.

Diese Unsicherheit macht es auch schwieriger, heute an die Schüler ranzukommen. Darüber mache ich mir immer mehr Gedanken. Aber man investiert natürlich auch sehr viel Zeit und Kraft. Und wenn dann eine Stunde vorbei ist, naja, dann findet man sie doch nicht so gelungen, weil tausend andere Einflüsse dies verhinderten. Das alles ist komplizierter geworden, vor allem in den letzten zehn Jahren.

Wenn ich vorhin sagte, ich käme langsam zur Ruhe, meinte ich, mich einfach auf mich selbst besinnen zu können. Darauf, was mir selbst wirklich wichtig ist in meinem Leben. Es ging bei mir ja alles sehr, sehr schnell: Schule, Heirat, Kind, Ausbildung, wieder Schule, wieder Kind, wieder Schule und so weiter. Jetzt, wo meine Kinder beginnen, ihre eigenen Wege zu gehen, fange ich an, viel gründlicher nicht nur über mein eigenes Leben nachzudenken, sondern auch, meine Arbeit gründlicher und viel bewusster zu machen. Ich will verstehen zu leben. Das Leben mit meinen Kindern ist mir immer das Wichtigste gewesen. Jetzt, da sie ihre eigenen Wege gehen, suche ich für mich eine neue Aufgabe.

ANDREAS G.
Diplom-Sozialpädagoge

Mit meiner Schulzeit an der EOS verbinde ich positive und negative Erinnerungen. Zu letzteren zählte der Schulwechsel nach Merseburg, weil er mit einem Umzug verbunden war. Ich kam aus einer Kleinstadt im Erzgebirge. Dort bin ich bis zur achten Klasse ziemlich unpolitisch beschult worden und in einem religiösen Elternhaus aufgewachsen.

Nun kam ich an diese Penne, und gleich am ersten Tag gab es „Politinformation". Das war ein absolutes Novum für mich. Wir sollten – es war die Zeit der Moskauer Beratung Kommunistischer und Arbeiterparteien, 1969 – die Zeitungsartikel durchlesen und darüber diskutieren. Da musste ich mir erstmal eine Zeitung kaufen, und ich habe absolut nicht verstanden, was da stand. Darüber auch noch diskutieren zu sollen, war ein traumatisches Erlebnis, das ich die ganzen vier Jahre nicht so richtig losgeworden bin: über etwas Politisches diskutieren zu müssen, obwohl überhaupt keine alternative Meinung zugelassen war. Ich konnte das einfach nicht, mir fiel dazu nichts ein, und ich hatte Horror vor jeder Politinformation. Deshalb hatte ich auch ganz schlechte Mitarbeitsnoten.

Die positive Erfahrung war auf der einen Seite Klaus [Klaus Sch.], neben dem ich während der vier Jahre saß und mit dem mich bis heute eine Freundschaft verbindet. Auf der anderen Seite die Deutschstunden bei Herrn K. Einen ganz starken Eindruck hat zum Beispiel die Behandlung des „Faust" auf mich gemacht. Ein halbes Jahr „Faust I" – das war sehr ungewöhnlich. Was der da rausgeholt hat, beeindruckte mich unheimlich. Auch an Brechts „Galilei" erinnere ich mich noch gut. Ich denke, so seine Art und Weise, das Weltbild zu prägen – eigentlich außerhalb dieses sozialistischen Rahmens, an den wir sonst immer stießen – das war humanistische Bildung. Das waren auch die einzigen Stunden, in denen ich richtig bei der Sache war und auf die ich mich gefreut habe. Ansonsten sind aus der Schulzeit ganz viele Sachen verblasst. Das ist mir beim Klassentreffen bewusst geworden. Ich war vielleicht auch so ein bisschen eine Randfigur.

Trotzdem gibt es eine Geschichte aus der Schulzeit, die für meinen weiteren Lebensweg bestimmend war. Ich hatte nie ein richtig konkretes Studienziel. Viele Jahre lang habe ich immer hin und her überlegt, worauf ich mich festlege. Medizin war mir zu kompliziert; da traute ich mich nicht ran. Dann suchte ich im technischen Bereich, weil ein Freund Elektrotechnik in Jena studieren wollte. Dort gab es auch „Wissenschaftlichen Gerätebau"; ich dachte, das könnte was sein. Dafür hatte ich mich dann in der elften Klasse beworben, doch ich kriegte eine Absage. Und dann geschah, was mein Leben prägte und mir einen Weg abschnitt: Während irgendeiner Unterrichtsstunde in der zwölften Klasse wurden vier Mann rausgeholt; sie hatten alle noch keinen Studienplatz. Das waren Gerald [Gerald V.], Uwe [Uwe Sp.], Konrad [Konrad R.] und ich. Uns wurde gesagt, das sei ein Umlenkungsgespräch. In einem Klassenzimmer saßen zwei, drei Leute in Zivil – Offiziere, wie ich bald mitkriegte – die fragten jeden von uns, wie er zur Offizierslaufbahn stünde.

Ich hatte mir noch nie Gedanken darüber gemacht, wie ich zur Offizierslaufbahn stehe; es war klar für mich, dass ich nicht Offizier werden wollte. Ich hatte aber in dem Moment überhaupt keine Argumente parat. Jeder wurde nun hochnotpeinlich verhört. Der Erste war Gerald, der hatte es mit seiner Scheuermannschen Krankheit leicht und war damit lang. Ich war der Zweite. Ich habe Blut und Wasser geschwitzt, weil ich einfach nicht wusste, warum ich nicht Offizier werden wollte. Als ich sagte, ich hielte mich nicht für geeignet, wurde natürlich nachgebohrt. Bis mir zum Schluss nichts anderes einfiel, als zu sagen, naja, eigentlich wollte ich sowieso zu den Bausoldaten gehen. Damit war das Gespräch für mich beendet. Damit war ebenso klar, ich würde keinen Studienplatz bekommen.

In jener christlichen Gemeinschaft, in der ich groß geworden bin, wurde die Möglichkeit, Bausoldat zu werden, zwar diskutiert, aber ich muss sagen, dass ich in der Schulzeit diese Sache ausgesprochen opportunistisch anging. Ich vermied möglichst, mir meine Zukunft zu verbauen: Ich habe die Jugendweihe gemacht, nebenbei aber auch die Konfirmation; ich bin in der FDJ gewesen und so weiter. Ich dachte deshalb, naja, die anderthalb Jahre, die machen ja so viele, machst du es eben auch, um dir einen Studienplatz zu ermöglichen – bis ich in diese Situation kam und so in die Enge getrieben wurde, dass ich dachte, jetzt ist es auch scheißegal, du sagst das jetzt einfach. Bis zu dieser Stunde war ich sogar eher geneigt, meine anderthalb Jahre bei der Armee einfach runterzureißen.

Damit hatte sich dieses Lenkungsgespräch erledigt, und es kamen auch keine weiteren mehr.

Es kam aber noch ein zweites Erlebnis. In der zwölften Klasse hatten wir dieses „Abzeichen für gutes Wissen" in Gold abzulegen. Ich war für die Prüfung bei unserem Staatsbürgerkundelehrer auch ordentlich vorbereitet; Thema war irgend so ein Buch über Jugendverbände. Es ging dann darum, dass die Jugendverbände, der Komsomol in diesem Fall, sich auch für die Landesverteidigung stark machen sollen – ich weiß das gar nicht mehr so genau. Eine Inhaltsangabe genügte diesem Lehrer aber nicht; er wollte natürlich wissen, wie ich persönlich dazu stünde. Ich sagte, dass ich manche Sachen zwar ganz gut nachvollziehen könne, die Frage der Landesverteidigung würde ich aber ein bisschen anders sehen. Damit war für mich auch das „Abzeichen für gutes Wissen" gestorben. Das kriegte ich nicht, dafür aber zwei Tage später einen Zettel von unserer Klassenlehrerin: Ich möchte mich bitte im Volkspolizei-Kreisamt in Halle, Etage soundso, Zimmer soundso, melden.

Das war natürlich die Stasi, aber das wusste ich zu dem Zeitpunkt nicht. Ich dachte, das hängt irgendwie damit zusammen, dass ich noch keinen Einberufungsbefehl hatte wie die anderen in der Klasse. Ich also dahin, und das war eine ganz merkwürdige Situation. Ich fand dieses Zimmer, klopfte an, da ging ein Summer. Ich ging rein und stand plötzlich in einer Schleuse: zwei Türen, mit Blech beschlagen, hier keine Klinke – da keine Klinke. Die Tür fiel ins Schloss, und ich stand da drin – bestimmt fünf Minuten. Es passierte nichts. Ich stand da. Ein kleiner Raum ohne Fenster, Blechtüren auf beiden Seiten, ohne Klinken. Es passierte nichts. Ich klopfte dann, und ein älterer Herr kam herein, der mich freundlich begrüßte. Er führte mich in ein Büro und begann ein belangloses Gespräch, was ich denn so mache und so. Er kam dann bald zur Sache, und es stellte sich heraus, dass der sehr gut über mich informiert war. Er meinte, naja, ich würde da so einer kirchlichen Gemeinschaft angehören und hätte den Wehrdienst verweigert … Er selbst habe totale Hochachtung vor Leuten, die so zu ihrer politischen Meinung stehen, und finde das richtig gut. Da sei aber natürlich das Problem, dass der Staat eine Menge in mich investiert und deshalb ein Recht darauf habe, dass ich mich loyal erweise. Wenn ich mich nun nicht an der Landesverteidigung, die von allen jungen Männern abverlangt werde, beteiligen könne, gebe es ja andere Möglichkeiten. Dann könne er sogar in Richtung Studienplatz einiges machen, um mir aus diesem Dilemma herauszuhelfen. Dann erzählte er mir irgendwas von Weltfestspielen – die waren da gerade in diesem Jahr – und vom Terrorüberfall im Jahr zuvor bei den Olympischen Spielen in München. Wenn ich da irgendwelche Kenntnis erlangen würde – sie brauchten immer wachsame Leute. Das Gespräch dauerte ungefähr zwei Stunden, und zum Schluss musste ich eine Erklärung unterschreiben, mit niemandem darüber zu reden.

Er gab mir den nächsten Termin, und da dämmerte mir endlich, wohin ich geraten war. Ich beriet mich dann mit einem Pastor, und der sagte: „Du musst sehen, dass du da rauskommst. Unterschreibe nichts mehr und sage beim nächsten Mal, dass du über dieses Gespräch mit deinen Eltern reden wirst."

Das tat ich dann auch und war nach einer halben Stunde wieder draußen. Damit war die Sache erledigt; es ist auch nie wieder was gekommen.

Diese beiden Geschichten haben mein Leben geprägt. Zum einen bekam ich keinen Studienplatz, zum anderen verlor ich so ein bisschen meine Blauäugigkeit, was die politische Macht anging. Ich wusste, ich würde nun eine gewisse Zivilcourage entwickeln müssen.

Nach dem Abi war ich ziemlich ratlos. Alle anderen hatten ihre vorgezeichneten Wege, ich selbst sah erstmal kein Land. Es war ja in der DDR so, dass in der Regel alles lückenlos passte. Du bist nicht durch die Maschen gefallen, und ich war erstmals in der Situation, mich selber kümmern zu müssen. Gezogen haben die mich auch nicht gleich; Bausoldaten haben die erstmal eine Weile zappeln lassen. Nachdem ich bis September keine große Initiative gezeigt hatte und mit meinem Freund nach Bulgarien gefahren war, meinten meine Eltern, es ginge so nicht weiter, ihnen auf der Tasche zu liegen.

Es gab damals ja schon ein Arbeitsamt, und da bin ich hin – das waren zwei Leute im Rathaus von Halle – ich kriegte einen Zettel mit fünf Adressen von Betrieben, die angeblich Leute suchten. Ich war dann in zwei Betrieben, die aber sagten, sie brauchten niemanden. Das war mir dann zu dumm, und ich fuhr nach Buna, weil ich von meinem Vater, der da arbeitete, wusste, die suchen immer Leute. Ich wurde da auch sozusagen unter Freudentränen empfangen und fing in Buna an, als Anlagenfahrer in Schichten zu arbeiten. Ich war ein Jahr lang „Quecksilbersucher" in einem Betrieb, in dem dieses Zeug als Katalysator verwendet wurde. Das musste immer wieder aus der Anlage zurückgewonnen werden. Ein total giftiger Job, aber gut bezahlt. Ich kriegte gleich zwischen 700 und 800 Mark auf die Hand. Schon nach einem halben Jahr stieg ich zum Brigadier auf und hatte also eine glänzende Karriere in Buna vor mir. Die wollten mich sogar gleich zum Studium schicken. Aber es war halt doch nicht so das Geschäft, das ich mir vorstellte. Der Verdienst lockt ja in diesem frühen Jugendalter vielleicht doch noch nicht so sehr. Nach einem Jahr war mir das alles zu nervig. Ich habe den Dreck und diese stumpfsinnige Arbeit nicht mehr sehen können.

Da ich von einem Freund aus Halle wusste, dass für das Magazin der Unibibliothek auch immer mal Leute gesucht wurden, bin ich da hingedackelt und konnte auch sofort anfangen – für 350 Mark. Das war zwar weniger als die Hälfte von dem, was ich in Buna hatte, aber es waren zwei tolle Jahre. Währenddessen absolvierte ich berufsbegleitend eine Ausbildung als Bibliotheksfacharbeiter, mit der Option eines Fachschulstudiums für Bibliothekare an der Deutschen Bücherei in Leipzig. Ich hatte diesen Studienplatz schon in der Tasche, überlegte es mir aber doch noch mal und dachte: Mensch, das ist vielleicht auch nicht so dein Ding: immer in einem Büro zu sitzen, Bibliographien zu schreiben, oder was weiß ich. Ich habe das dann sausen lassen …

Damals las ich viel Psychologie. Das war ein ominöses Gebiet, das mich interessierte. Ich hatte halt ein paar Freunde, wunderliche Käuze, die auch Psychosen hatten – ich durchschaute damals natürlich nicht, was da ablief – all das fand ich aber spannend. Ich las alles, was mir in die Finger geriet, zusammenhanglos, konnte mir aber keinen richtigen Reim drauf machen.

Ich habe dann 1976 in der Uni-Nervenklinik Halle angefangen; geschlossene Männerstation. „Männer 5" – das war eine Institution in einschlägigen Kreisen in Halle.

Anfangs dachte ich, Mensch, wo bist du denn hier hingeraten? Ich erwartete Psychotherapie mit Couch und so, und das war richtig knallharte Psychiatrie! Ich wusste erstmal überhaupt nicht, was man von mir wollte. Ich wurde in einen weißen Anzug gesteckt, aber keiner erklärte mir groß was. Der Stationspfleger sagte: „Komm, setz dich mit vor, unterhalte dich mit den Leuten!" Doch man konnte ganz normal mit denen reden. Ich wusste überhaupt nicht, was das nun soll und was die haben …

Bis dann eines Tages in der zweiten Woche – ich saß da irgendwo im Dienstzimmer – plötzlich der Stationspfleger aufsprang, sich einen der Patienten schnappte, den aufs Bett warf und schrie: „Oh, die Spritze!"

Das war alles so skurril, und es hat eine Weile gedauert, bis ich die unterschiedlichen Krankheitsbilder differenzieren konnte. Doch gleich nach einem Vierteljahr bekam ich das Angebot, eine Ausbildung als Krankenpfleger zu machen; als ein berufsbegleitendes Fachschulstudium. Dafür brauchte man jedoch einen Stempel vom Wehrkreiskommando, dass man nicht zur Einberufung vorgesehen war. Ich bin also mit meinen Unterlagen dahin und kriegte prompt den Stempel nicht. Partout in diesem Jahr plante man meine Einberufung. Ich bin dann wieder zurück an die Fachschule und habe gesagt: „Tut mir leid, ich habe den Stempel nicht gekriegt." Und der Schulleiter, der ein ganz kulanter Mann war, sagte, das wäre scheißegal, sie nähmen mich jetzt trotzdem. Und wenn ich im Herbst müsse, dann könnten wir das unterbrechen. So kam es dann tatsächlich.

Das war wieder so ein Einschnitt. Ich wurde nach Straußberg eingezogen, in die Hochburg des DDR-Militärs. Dort bekamen die Bausoldaten so eine Art Grundausbildung, einen Monat lang. Wir mussten zwar im Kampfanzug da rumrennen, aber alles ohne Gewehr eben. Was mich erstaunt hat, war, dass es von Anfang an unter den Bausoldaten sehr enge Beziehungen gab. Was man da sonst so von der Armee kannte, diese EK-Geschichten, die gab es da nicht. Man hatte sehr viel Kontakt untereinander. Das half uns, über diese schwierige Situation hinwegzukommen.

Alle anderthalb Jahre wurden richtig große Gruppen von Bausoldaten eingezogen, ich war jedoch in so einem Zwischenjahr mit nur 23 Leuten aus der ganzen DDR. Die waren zunächst in Straußberg und wurden dann verteilt. Ich kam an die Ostsee, nach Prora. Bausoldaten hat man möglichst weit von ihrem Heimatort entfernt stationiert. In Prora wurden in einer riesigen Kaserne Kampfschwimmer und Fallschirmjäger ausgebildet. Und es gab da ein NVA-Erholungsheim, in dem wir stationiert wurden. Beschäftigt hat man uns mit Kuli-Arbeiten: Straßen fegen und Küchendienste. Wir arbeiteten im Sommer in riesigen Küchen, durch die um die zweitausend Urlauber versorgt wurden. Hitler hatte diese Gebäude als KdF-Heime errichtet. Wir mussten riesige Bratpfannen, Töpfe und Unmengen von Geschirr abwaschen oder das Essen in die Etagen bringen. Zum Bau von Schießplätzen hat man uns schon nicht mehr eingesetzt; es gab zu viele Störungen in den Jahren davor.

Da man unsere kleine Gruppe von zehn, zwölf Bausoldaten nicht so streng im Blick hatte, gab es abends die Möglichkeit, in Zivil über den Zaun zu klettern und nach Binz zu gehen. Bei solch einem „Ausgang" habe ich meine Frau kennen gelernt, die Tochter des Pfarrers.

Auch aus diesem Grund war die Armeezeit wichtig. Außerdem habe ich sehr viel gelesen: Hesse, von Albert Schweitzer fast alles, Thomas Mann ... Die hatten bei der Armee auch tolle Buchhandlungen; da hast du Sachen gekriegt, die du draußen kaum zu sehen bekamst.

Ein halbes Jahr vor der Entlassung hatte ich das Glück, dass mir der Direktor der Fachschule das Angebot machte, meine Ausbildung zu beenden. Wenn es mir gelänge, die theoretischen Fächer – es hatten damals gerade die klinischen Fächer angefangen – selbst zu erarbeiten und abzuschließen, könnte ich wieder in meine alte Klasse einsteigen. Das war natürlich toll! Ich setzte mich also an die Mitschriften einer Kommilitonin – die war mal Gerichtsschreiberin und hatte fast alles wörtlich – und habe die wichtigsten Fächer noch bei der Armee durchgeackert. Ich war dann wirklich sehr gut drauf und habe die meisten Prüfungen mit Eins gemacht.

1981 schloss ich die Ausbildung als Krankenpfleger ab und arbeitete bis zum Sommer 1988 in der Psychiatrie; zuletzt als stellvertretender Stationspfleger. Neben allen möglichen Zusatzausbildungen habe ich mich zwischenzeitlich auch noch mal auf Medizin beworben. Mein Stationsarzt, er war auch der Parteisekretär, sagte gleich: „Pass auf, das hat keinen Sinn, ich kann dir zwar aus meiner Sicht eine Befürwortung schreiben, aber als Parteisekretär muss ich schreiben, dass du als Bausoldat für das Medizinstudium nicht zu befürworten bist. Fachlich ist überhaupt nichts zu sagen, aber das bringt nichts." Einmal habe ich mir dann eine Absage geholt, und dann war es gut.

Während dieser Ausbildung hatten wir auch ML. Und ich habe angefangen, mich richtig damit auseinanderzusetzen. Ich wollte endlich diese Scheu, die ich die ganzen Jahre nicht losgeworden bin, ablegen. Es war erstaunlich, wie schnell die Leute unsicher wurden, da ich in einer ziemlich unangreifbaren Position war. Die wussten, die können mir nichts – das Fachliche hatte ich gut drauf –, und dieser ML-Lehrer wusste bald nicht weiter. Damals war gerade der Krieg der Russen in Afghanistan. Als ich anfing, die Sache von der Seite her anzusprechen, dass der „große Bruder" vielleicht nicht alles richtig macht und es für uns schwierig ist, das wirkliche Geschehen objektiv zu beurteilen, hat den Lehrer das in große Schwierigkeiten gebracht. Ich habe da gar nicht groß Kritisches anmerken müssen, sondern dies einfach nur mit Zurückhaltung zu äußern brauchen – schon entstand große Verwirrung.

Ich habe dann wegen meiner Frau dort aufgehört. Ich wäre da gern geblieben, weil ich mit Leib und Seele Krankenpfleger bin. Ich habe auch auf anderen Stationen gearbeitet, unter anderem im OP, aber die Psychiatrie war der Bereich, in dem ich mit Begeisterung gearbeitet habe; auch weil es vom Team her stimmte. Die meisten, die dort hinkamen, waren ja irgendwie Aussteiger.

Mir ging es vor allem um die Patienten, die da hinkamen. Die Psychiatrie im Osten hatte ja keinen hohen Stellenwert, und sie war immer noch sehr restriktiv. Erst in den 80er Jahren kam nach und nach die Sozialpsychiatrie ins Gespräch, und man begann, die geschlossenen Einrichtungen wenigstens teilweise aufzulösen und psychiatrische Krankheiten mehr im ambulanten Bereich zu behandeln.

Es war für mich ein ganz wesentliches Moment, diese restriktive Psychiatrie, die ich ja nicht aus der Welt schaffen konnte, ein Stück menschlicher zu machen. Das ist auf dieser Station deshalb gut gelungen, weil die Mitarbeiter dahinterstanden. Es war ein menschliches Ziel. Man konnte einer körperlichen Auseinandersetzung zwar nicht immer aus dem Weg gehen, aber es gab ein starkes Bemühen, sich dem Patienten menschlich zuzuwenden.

Der Wechsel 1988 ist durch meine Frau betrieben worden, weil sie von der Ostsee kam und zu Halle nie eine solche Beziehung aufbauen konnte, wie ich sie hatte. Sie wollte auch den Mief nicht länger aushalten, der damals die Stadt fast erdrückte.

Es gab dann das Angebot, nach Weitin zu gehen und beim Aufbau dieser Einrichtung zu helfen, in der ich bis heute arbeite. Meine Frau kannte von früher den damaligen Leiter, und der hat gefragt, ob wir nicht als zweites Ehepaar hierher ziehen wollen. Ich habe mich dann breitschlagen lassen.

Das Heim war noch nicht fertig. Zu DDR-Zeiten hat das alles lange gedauert, obwohl es ein Limex-Bau war, also mit Hilfe von Westmitteln finanziert wurde. Die Diakonie hatte da ihre Kanäle. Als es dann losgehen sollte, musste der damalige Leiter weggehen und ich mich fragen, ob ich die Einrichtung leiten will. Ich habe mich nie nach einer Leiter-Karriere gerissen. Weil aber die Arbeit beginnen sollte und wir die Einzigen waren, die hier schon Fuß gefasst und die Sache hätten in die Hand nehmen können, habe ich mich wieder breitschlagen lassen. Zu DDR-Zeiten war geplant, hier 24 Behinderte zu betreuen – jetzt leben hier 63 Bewohner, es gibt noch zwei Außenstellen, dazu Betreutes Wohnen, also Wohnungen in der Stadt, wo ungefähr 150 Bewohner leben. Um die 50 Mitarbeiter sind es jetzt.

Von der Maueröffnung habe ich im Autoradio auf einer Fahrt von Güstrow nach Weitin gehört. Es war verrückt. Die Nachricht vom Mauerfall war erstmal kaum zu fassen. Noch im August 1989 erzählte mir ein Psychiater von befreundeten Lehrern, die davon berichteten, dass die sonst vor Beginn des Schuljahres übliche Veranstaltung zur politischen Ausrichtung ausgefallen war: „Da passiert irgendwas." Ich habe gesagt: „Du spinnst! Ich kann mir das nicht vorstellen." Ich habe nicht geglaubt, dass die DDR schon so nahe am Zusammenbruch sein sollte.

Wir hatten dann auch hier in Neubrandenburg diese Montagsdemonstrationen, eine ziemlich aufregende Geschichte. Als das begann, im Oktober, sind wir vom Bürgermeister und einigen Pastoren zur Mitarbeit eingeladen worden. Wir alle waren sehr bemüht, die Sache friedlich zu halten, denn es wurde von Woche zu Woche dramatischer, und es wurde von Woche zu Woche offener gesprochen. Ich habe aber trotzdem nicht damit gerechnet, dass diese Maueröffnung so abrupt geschieht. Ich habe immer gedacht, die kriegen noch die Kurve. Wie die

DDR so plötzlich zusammengefallen ist, auch dieser Stasi-Apparat, das war mir alles unvorstellbar.

Dann gab es eine Zeit, in der sich plötzlich unheimlich schnell unendlich viele Möglichkeiten auftaten. Ich aber war ja mit dem Aufbau dieses Heimes beschäftigt und hatte mich auch möglichst darauf zu konzentrieren.

Wir sind dann im Januar 1990 im Westen gewesen; vorher war ich schon zweimal, 1987 und im Sommer 1989. Bei meiner ersten Reise bin ich gleich nach meiner Ankunft in Hannover zur Meldestelle, habe mir einen bundesdeutschen Pass ausstellen lassen und bin mit meiner Schwägerin nach Amsterdam und Paris gefahren. Es war phantastisch. Schon nachts in Hannover auf dem Bahnhof ..., da spielte eine lateinamerikanische Band, das war alles so ... Ich bin abends in Halle los – da war schon fast alles zu – und kam nachts in Hannover an, und da pulsierte das Leben. Wir sind auch sehr großzügig von den Verwandten meiner Frau aufgenommen und mit Geld ausgestattet worden. Das ging alles so reibungslos, und es waren Offenbarungen, die du dir als DDR-Bürger nie vorstellen konntest. Und dann plötzlich stehst du in Amsterdam! Das war also diese Freiheit.

Was mich ebenso unheimlich beeindruckt hat, das war dieses Überangebot in den Geschäften. Ich dachte, wer kauft das hier alles? Das kann doch überhaupt keiner kaufen. Es ist doch sinnlos, die Geschäfte so vollzustopfen. Alles, was nicht gekauft wird, muss man doch wegschmeißen ... Als ich dann wiederkam und im Gemüseladen an der Ecke die vertrockneten Möhren sah, dachte ich, naja, es wäre schon schön ...

Aber ich bin gern wieder zurückgekommen, das war ja das Verrückte. Ich bin wahrscheinlich ein recht bodenständiger Mensch. Diese Reise hat mich ja total beeindruckt, und mir hat das alles gut gefallen, aber meine Wurzeln sind eigentlich hier.

Es gab auch ein Gefühl von Fremdheit: Das war nicht meine Welt, das habe ich da ganz stark erlebt. – Trotzdem zog ich auch dann noch in Betracht, einen Ausreiseantrag zu stellen.

Als wir aus Paris zurückkamen, bin ich fast durch die ganze Bundesrepublik getrampt – vom Süden hoch nach Emden. Dort besuchte ich meinen ehemaligen Stationspfleger. Mit fast 60 war der noch in den Westen gegangen, weil seine Tochter schon dort war und die DDR-Behörden ihn nicht zur Geburt seines ersten Enkelkindes rüberließen. Das hatte den so geärgert, dass er einen Ausreiseantrag stellte. Der war Hallenser mit Leib und Seele und wäre unter anderen Umständen nie weggegangen.

Dem ist es da in Emden nicht gut gegangen, obwohl er alles hatte. Er führte mich zu ALDI: „Guck mal hier, die Büchse Champignons – 70 Pfennige, die kostet bei euch im ‚Delikat‘ 4,20 Mark; und hier, die Büchse Ananas – 60 Pfennige!" Der hat mir da den Korb vollgepackt mit Zeug – aber es ist ihm nicht gut gegangen. Einfach weil er mit Fleisch und Blut Hallenser war. Das ist ihm so schwer gefallen, diese Stadt verlassen zu müssen. Seinen Lebensabend hatte er sich anders vorgestellt. Dieser äußerliche Wohlstand, der hat mich damals auch eher befremdet. Das war nicht das, was ich eigentlich wollte.

Was mich aber am Mauerfall am meisten gefreut hat, war die Freiheit zu reisen. So wie mich auch in der DDR am meisten störte, hier eingesperrt zu sein; und diese entwürdigende Behandlung, wenn du eine Reise nach dem Westen oder selbst nach Bulgarien oder Ungarn beantragt hast. Außerdem dachte ich beim Mauerfall daran, dass meine Kinder es mal besser haben werden. Sie müssen diese einengende Schulbildung nicht über sich ergehen lassen.

Für mich selbst ist die Wende zehn Jahre zu spät gekommen. Sonst hätte ich mich sicherlich noch einmal neu orientiert. Aber 1992 wurde mein drittes Kind geboren, und der Job hat mich voll gefordert.

Nach der Wende entstanden in der Behindertenhilfe Möglichkeiten, die es zu DDR-Zeiten nicht gab, zum Beispiel die Wohnsituation für viele zu verbessern. Ich habe Behinderte aus Pflegeheimen rausgeholt, die im Keller hinter Eisengittertüren gehaust haben; denen waren alle Zähne gezogen worden, weil die mal eine Schwester gebissen hatten. Das sind Sachen, die kann man sich manchmal gar nicht vorstellen. Wir haben in dem Fall einen Strafantrag gestellt, aber das hat nichts genützt.

1992 begann ich ein berufsbegleitendes Studium der Sozialpädagogik in Berlin und saß vier Jahre, 1990 bis '94 in der Neubrandenburger Ratsversammlung. Einfach aus der Euphorie heraus, dass man sich jetzt engagieren und was machen muss. Ich habe aber bald gemerkt, dass das nicht mein Geschäft war.

Ich denke, dass wir aus der uns anerzogenen Mentalität, in der wir viele Jahre gelebt haben, nicht so ohne weiteres herauskommen. Ich mache zur Zeit in Münster eine Ausbildung in Sozialmanagement, und da wird mir ein bisschen ein Unterschied deutlich: Ostdeutsche Bewerber können sich oft nicht verkaufen. Das können Wessis einfach besser. Ich denke nicht, dass das immer gut ist – es wird oft übertrieben, oder es steht nichts dahinter. Aber ich erlebe es hier bei Leuten, die haben in einem Kurs beim Arbeitsamt mal gelernt, wie sie ein Vorstellungsgespräch machen sollen, und das wirkt dann peinlich und hilflos.

Eine andere wesentliche Prägung ist, dass wir mit der Erfahrung der Mangelgesellschaft, in der man viel improvisieren und Beziehungen haben musste, manche Dinge mehr schätzen und mehr Wert auf Beziehungen legen, auf menschliche Züge. Auch wenn ich mir im Westen das Berufliche angucke – gerade im sozialen Bereich: Da ist alles gut durchorganisiert, es wird sehr viel Wert aufs Fachliche gelegt, aber dieser menschliche Aspekt ist davon oft sehr gut abgetrennt. Sich selber in eine Beziehung hineinzugeben wird im Westen sehr viel zurückhaltender getan. Das wird sich in ein paar Jahren vermutlich auch erledigt haben. Die Geschichte der letzten Jahre zeigt, dass man scheinbar nur erfolgreich sein kann, wenn man sich darüber hinwegsetzt.

Vor zwei Tagen haben sie in Stavenhagen einen alten Mann in seiner Wohnung erschlagen aufgefunden und mittlerweile rausgekriegt, das waren ein 16- und ein 18-Jähriger. Die sind zweimal in diese Wohnung eingestiegen, weil sie den Schlüssel im Keller dieses Mannes gefunden hatten. Als er das mitkriegte, haben sie ihn erschlagen.

Da denke ich: Was ist das nur? Das kann ich mir nicht vorstellen. Vielleicht ist es Quatsch: Aber ob das in der DDR möglich – oder nötig – gewesen wäre, solch eine Verrohung? Auch diese Art von Oberflächlichkeit, die ich an meinen eigenen Kindern wahrnehme, scheint mit dem hohen Wohlstand zu tun zu haben. Man will die Wünsche nach diesem Wohlstand auch für sich befriedigt sehen. Dass für uns diese materielle Bedürfnisbefriedigung nur in sehr bescheidenem Umfang möglich war, gehört nicht zum Schlechtesten an der DDR, wenn man mal von diesem System absieht.

Ich würde auch für mich nie behaupten, die 40 Jahre in der DDR – ach, das waren für mich ja gar keine 40, das waren 30 – sind verlorene Jahre gewesen. Ich habe unheimlich viele schöne Dinge erlebt, von denen ich sehr zehre. Und die sind in der DDR passiert. Ich neige da nicht zur Nostalgie, aber ich denke, für mich gab es ganz wichtige Zeiten in der DDR. Ich habe eine Prägung erfahren, die teilweise durch dieses System bedingt war, aber sehr entscheidend waren auch mein Elternhaus und die Kirchenzugehörigkeit. So wenig es bei mir so eine DDR-Nostalgie gibt, so wenig denke ich, dass jetzt endlich das goldene Zeitalter angebrochen ist. Es gibt Sachen, die einfach angepackt und gestaltet werden müssen. Die Zeit in der Bundesrepublik, die ich erlebt habe, war für mich eine Zeit, in der vieles möglich war – wenn es jetzt auch wieder stockt –, und wo es immer noch Möglichkeiten gibt, die es zu DDR-Zeiten nicht gab. Für bestimmte Sachen muss man auch heute kämpfen. Aber der Kampf zeitigt unter Umständen Erfolge, die zu DDR-Zeiten von vornherein aussichtslos waren.

Der schärfste Einschnitt in meiner Biographie war – ich sag das mal ein bisschen pathetisch – der erfolglose Abgang von der Schule. Ich hatte zwar mein Abitur, konnte aber nichts damit anfangen. Meiner Frau ging es ähnlich. Sie hat das Abitur mit Auszeichnung gemacht und erhielt die Lessing-Medaille. Auch sie konnte damit nichts anfangen, weil ihr Vater Pastor und sie nicht in der FDJ war. Meine Biographie hat an der Stelle tatsächlich einen Bruch, und das war mir damals auch ganz deutlich. Aber ich denke, so, wie sie verlaufen ist, habe ich mich damit ausgesöhnt.

Mit der Rolle, die ich jetzt einnehme, bin ich zufrieden. Nicht in dem Sinne, dass ich mich zurücklehne und sage: Es läuft alles gut. Es ist eine streitbare Auseinandersetzung geblieben. Doch ich habe eben auch das Gefühl, ich habe speziell hier was bewegen können. Ich habe hier wirklich was gestaltet.

KLAUS SCH.

Lehrer an einer Waldorfschule

Die Schulzeit war bedeutsam für mein Leben. Ich war an einigen Fächern durchaus interessiert; an Physik und Mathe, auch an Chemie und Biologie. Aber ich glaube, diese Zeit war aus anderen Gründen eigentlich noch wichtiger. Weil ich da bestimmte Mitschüler getroffen habe, mit denen ich Gedanken austauschen und etwas zusammen tun konnte. Durch sie habe ich sehr viel Neues kennen gelernt. Ich sehe die Schulzeit positiv.

Ich kann mich dabei an eine Phase erinnern, da hat mich der Tod sehr stark beschäftigt: Was würde beim Sterben geschehen? Wäre dann alles irgendwie vorbei? Wäre das alles dann nicht eigentlich sinnlos? Was geschähe mit den vielen Erfahrungen, die man in seinem Leben gemacht hat? Sollten die alle ins Nichts gehen? Das hat mich eine Zeit lang sehr beschäftigt, und darüber habe ich damals mit unserer Klassenlehrerin diskutiert. Oder ich habe die naturwissenschaftlichen Lehrer mit meinen Fragen gelöchert …

Eine andere Möglichkeit, mich mit diesen Fragen zu beschäftigen, war das Schreiben. Ich hatte da so kleine Notiz- oder Tagebücher, darin habe ich meine Gedanken formuliert; in einer Art Prosa. Es kann sein, dass ich die noch irgendwo liegen habe. Später hatte das aber keine Bedeutung mehr für mich.

Da mich immer viele Fragen bewegt haben, bin ich zur Jungen Gemeinde und zur Studentengemeinde gegangen. Ich hatte den Eindruck, dass Friedrich Schorlemmer die Fragen ernst nahm, und es war immer gut, das zu erleben. Schorlemmer hatte so ein gewisses Fluidum, bei dem man den Eindruck von umfangreicher Bildung hatte, von literarischer, historischer, zeitgeschichtlicher Bildung. Das hat mich angezogen. Es hat sich auch irgendwie auf sein Publikum ausgewirkt und war sehr anregend.

Meine äußere Biographie verlief, in Stichworten, folgendermaßen: Nach der Schulzeit war ich anderthalb Jahre bei der Armee. Von 1975 bis 1981 habe ich in Halle Physik studiert und mit dem Diplom abgeschlossen. In dieser Zeit habe ich meine Frau kennen gelernt. 1978 haben wir geheiratet, und 1980 bekamen wir schon das erste Kind. 1981 bin ich nach Jena gezogen und habe begonnen, bei Zeiss zu arbeiten. Dort blieb ich bis zur Wende als wissenschaftlich-technischer Mitarbeiter und habe, salopp formuliert, Programme für Geräte entwickelt, die bei Zeiss gebaut wurden.

Wesentliche Schritte meiner inneren Biographie vollzogen sich, als ich von der Armee wiederkam. Gegen die Verhältnisse, wie ich sie im Elternhaus und auch gesellschaftlich kennen gelernt hatte, bäumte ich mich nun auf. Ich habe auch nach der Armee in einem Betrieb gearbeitet und empfand mich jetzt losgekoppelt von der Ideologie, die man in der Schule eingetrichtert bekam. Es war schon ein wichtiger Schritt, so ein erster Wendepunkt, an dem ich mich sehr stark von zu Hause gelöst habe. Ich hätte bequem während des Studiums im Elternhaus wohnen können, wollte aber auf eigenen Füßen stehen. Deshalb ging ich nach Halle.

Ein weiterer wichtiger Schritt war, dass ich meine Frau kennen lernte. Die Religiosität in ihrem Elternhaus war für mich neu, denn ich bin, will ich es pauschal sagen, atheistisch groß geworden. Außerdem lernte ich während des Studiums Kommilitonen kennen, die vielleicht nicht im „großen Leben" bedeutsame Menschen, die aber für mich wichtig waren.

Ohne mich konfessionell festlegen zu können, bin ich zum Christentum gewechselt. Ich nenne das eine eher individuelle Frömmigkeit. Ich hatte in dieser Zeit gewisse persönliche Krisen durchzustehen; keine Weltanschauungskrise, sondern das war mehr eine Sinnkrise. Die hatte ich dann so in der letzten Hälfte des Studiums ziemlich stark. Im Nachhinein denke ich aber, dass das so zusammengehörte. Das Religiöse war in diesen Krisen etwas, das einen halten konnte.

In Jena hatte ich keinen näheren Kontakt zur Opposition. Jürgen Fuchs zum Beispiel habe ich nie kennen gelernt. Ich habe zwar mitbekommen, wenn auf dem Marktplatz was los war, wenn Ausreisewillige sich versammelten und die Polizei eingriff. Aber das waren Leute, die nicht zu meinem Bekannten- oder Freundeskreis gehörten. Trotzdem haben mich solche Sachen ergriffen. Ein Bekannter hat davon auch Fotos gemacht. Es war ja zu DDR-Zeiten sehr ungewöhnlich, dass da eine Demonstration stattfand und ein Wahnsinnsaufgebot von Polizei zu sehen war. Das hat mich nicht nur nachdenklich gestimmt, da war schon ein kalter Schauer angesichts der vielen Polizisten und der anderen Uniformierten.

In den 80er Jahren habe ich begonnen, unsere Existenz aufzubauen. Wir hatten unser Haus, ich ging bei Zeiss regelmäßig arbeiten, wir hatten unsere drei Kinder. Es war eine Zeit, in der ich vieles aufgebaut habe und ziemlich diszipliniert arbeiten musste; im Betrieb und zu Hause. Ich habe es als sehr prägend empfunden, dass man nicht mehr wie in der Studentenzeit ein etwas loseres Leben führte; es war eine Zeit der Verpflichtungen, ein solides Leben.

Wobei ich mich auch – das war ein Vorzug zu DDR-Zeiten – mit vielen anderen Dingen befassen konnte. Man traf sich im Gesprächskreis, hat zusammen etwas gelesen oder ging zu Vorträgen.

Von der Wende wurde ich eigentlich nicht überrascht. Ich dachte schon ein halbes Jahr vorher, das kann nicht mehr so weitergehen: Die Leute sind alle unzufrieden, die SED-Führung verstrickt sich in immer größere Widersprüche, Gorbatschow ermöglicht größere Lockerungen. Aber dass sich dann alles so drastisch und schnell umwälzen würde, habe ich nicht erwartet.

Die Wende habe ich in Jena erlebt. Erfahren hat man das durch den Rundfunk – wir hatten zur damaligen Zeit kein Fernsehen – und durch Gespräche. Sehr aufmerksam habe ich verfolgt, als das Neue Forum aufkam. Denn die Personen des Neuen Forums, die später die SPD gründeten, kannte ich. Im September gingen hier die Demonstrationen los, und montags waren die Friedensgebete in der Stadtkirche. Anfang Oktober war dann plötzlich diese Diskussionsfreiheit da, auch im

Betrieb. Es wurden Wandzeitungen angefertigt, an denen jeder seine Meinung äußern konnte; es war eine Meinungsexplosion, die da gezündet wurde.

Vom Mauerfall habe ich am Abend des 9. November nichts erfahren, sondern erst am nächsten Morgen im Betrieb. Ich kann mich noch daran erinnern, wie so ein gewisser Jubel in mir hochkam, und ich fragte: Was bedeutet das für Deutschland, für Europa, für die ganze Welt? Das waren die drei Gedanken, die mir nacheinander kamen.

Ich selbst habe mich in dem Moment gefragt: Was fängst du damit an? Dass man Verwandte und Bekannte besuchen kann – was machst du jetzt selbst damit? Neben dem gewissen Jubel darüber, dass wieder etwas in Bewegung gekommen war, stellte sich auch ein bisschen Nachdenklichkeit ein. Denn ich kannte den Westen durch den Besuch einer Familienfeier kurz vor der Wende. Zunächst wollte ich gar nicht glauben, dass man da so rüberfahren konnte, in diesem vollen Zug, in dem wir, die ganze Nacht stehend, fuhren. Als man dann da war, habe ich gemerkt, dass das eine andere Welt ist. Ich habe es als anstrengend empfunden: die Gespräche, die man hatte … Ich hatte immer das Gefühl, dass man sich so sehr vernünftig unterhält. Eine unbeschwerte Rumflachserei mit Freunden und Bekannten war irgendwie unmöglich.

Außerdem hatte ich den Eindruck – das kann ich nur schwer beschreiben –, es gibt auch so eine merkwürdige Uniformität; so eine Freundlichkeit wie aus dem Shop. Und ich hatte das Gefühl, dass ich so nicht unbedingt leben möchte. Ich hatte bei diesem ersten Besuch auch große Probleme, das bisschen Geld, was ich hatte, irgendwie sinnvoll anzulegen. Mit diesem Problem ging ich durch die Kaufhäuser und kam mit Kopfschmerzen wieder raus. Da habe ich mich aus der City von Frankfurt weggewünscht.

Das habe ich als belastend empfunden.

Auch als wir im November zum ersten Mal nach Westberlin fuhren, habe ich das nicht als erhebend empfunden. Ich fühlte mich eher ein kleines bisschen verlassen. Wir haben einen Verwandten besucht, aber irgendwie wusste man sich da gar nicht richtig zu bewegen. Es war alles so fremd.

Vor dem 3. Oktober '90 diskutierten wir darüber, was passieren würde; beispielsweise über den „dritten Weg"; ob das nun realistisch war oder nicht. Damals habe ich stark empfunden, dass die Volkskammer, die bis dahin noch existierte, ziemlich nahe am Volke war. In der Zeit danach, als dann plötzlich die Gesetze schon irgendwie fix und fertig aus Bonn kamen, hatte ich das Gefühl, jetzt ist es vorbei. Man konnte an der großen politischen Linie nichts mehr mitgestalten. Man hatte das Gefühl, das wird da irgendwie gemacht. Wenn noch etwas anderes möglich gewesen wäre, hätte ich mir das eigentlich gewünscht. Ich kann es nur nicht näher beschreiben.

Es ging dann bei Zeiss weiter bis 1991. Dann wurden viele entlassen. Das betraf auch mich. Ich erinnere mich an den Moment, als mir das von dem damaligen Abteilungsleiter mitgeteilt wurde. Eigentlich war ich ein bisschen froh darüber, dass man jetzt mal woanders hinkommt, dass etwas Neues, etwas Ungewisses losgeht. Obwohl das auch schwer zu ertragen war.

Ich hatte dann etwas über ein Jahr eine ABM-Stelle. Es wurde ein Verein gegründet, in dem das wissenschaftlich-technische Personal von Zeiss und von der Uni aufgefangen wurde. Ich erarbeitete damals ein Programmsystem, mit dem wiederum andere Programme entwickelt werden konnten. Dabei ist – auch im Nachhinein – schon etwas Sinnvolles herausgekommen. Nur das eigentliche Anliegen, durch diese ABM einmal eine kleine Firma zu gründen, erfüllte sich nur bei wenigen. Parallel beteiligte ich mich an der Gründung einer Waldorfschule in Jena und überlegte, ob ich da nicht Lehrer für Mathematik, Physik oder Informatik werden könnte. Ich war dann für ein Jahr in Mannheim auf einem Lehrerseminar für Waldorf-Pädagogik und habe für ein Jahr in Erlangen gearbeitet. Seitdem bin ich hier Lehrer in der Waldorfschule.

Die innere Biographie dieser Zeit ist nicht so einfach zu beschreiben. Es war einmal schwer zu ertragen, arbeitslos zu werden; wenn auch nur für kurze Zeit. Warum ich? Ich habe doch eigentlich besser gearbeitet als der andere, der da noch bleiben konnte.

Diese Fragen hatte ich trotz des Entlastungsgefühls. Ich sah dann aber, dass sie irgendwie müßig wurden. Doch man wusste nicht, wie es weitergehen soll: Es war das erste Mal, dass einem der Boden unter den Füßen weggerissen wurde. Man hatte ein Stück Sicherheit verloren und war auf sich allein gestellt. Jetzt hing's von mir ab, was ich damit anfange.

Bei Zeiss war ich es gewohnt, mir vor Beginn einer Arbeit einen Plan zu machen und den dann zu realisieren. Im Gründungsprozess der Waldorfschule habe ich eine andere Art gelernt, wie man etwas verwirklicht: Man weiß, man will etwas erreichen, weiß aber noch nicht, wie das aussehen soll und wie es zu erreichen ist. Man muss warten, bis sich die Gelegenheit bietet zuzugreifen.

Während des Waldorfseminars war ich erstmals längere Zeit im Westen und habe da sehr viele gute Freunde kennen gelernt. Außerdem konnte ich da lernen, was ich vorher als einen Mangel verspürte; also nicht so sehr im kognitiven, sondern im künstlerischen Bereich. Auch da lässt sich einiges durch Übung entwickeln.

Aber es war auch eine schwere Zeit. Als ich die Leute im großen BMW habe rumfahren sehen, und ich bewegte mich oftmals mit Rucksack und Fahrrad durch die Gegend, da war mir manchmal zum Heulen zu Mute. Aber auf der anderen Seite war auch ein kleiner Stolz da: Du machst was, du lernst was, es passiert was. Es war wie eine Gratwanderung, bei der man leicht abstürzen konnte. Denn auf mir lastete die Verantwortung für die Familie. Nicht nur ich konnte bei diesem Risikoakt sozial abgleiten, sondern die ganze Familie. Dieses Gefühl, keinen Boden unter den Füßen zu spüren, war zwar unheimlich interessant, aber es war auch immer eine große Unsicherheit dabei.

Ich habe dabei die Erfahrung gemacht, dass es immer weiter ging. Es hat sich immer etwas gefunden. Das bestärkte meine Hoffnung, dass alles seinen Sinn und seinen Zweck hat. Wenn ich mich um Stellen bewarb, bei denen ich mir sagte, ich wäre da gerade der Richtige, hatte ich auch das Gefühl, es sollte nicht sein; ich sollte jetzt den Weg gehen, den ich gerade gehe. Manchmal denke ich, das ist schicksalsbedingt.

Ich arbeite jetzt zwar in fester Anstellung, aber dieser Boden ist auch nicht sehr fest. Es könnte sein, dass die Schule nicht so gut läuft … In fünf Jahren wird man vielleicht die Frage beantworten können: Was habe ich durch meine Arbeit entwickelt? Bis dahin müssen viele Probleme gelöst werden. Ob die Kollegen und ich das alles schaffen, das ist eben die Frage.

Man hat sich vorgenommen, etwas ins Leben zu rufen, und dass dieses sich gut entwickelt, dafür bin ich auch verantwortlich – auf Gedeih und Verderb.

In den letzten Jahren habe ich auch Prägungen aus der Zeit vor 1989 an mir bemerkt; zum Beispiel, dass ich irgendwie röter bin, als ich eigentlich dachte. Gerade als ich im Westen war und jemanden aus dem Osten traf, habe ich mich mit dem irgendwie besser verstanden. Es war irgendwie ein herzlicheres Verhältnis. Ich weiß nicht, ob es nun gerade von dieser Person abhing, aber man ist sich auf eine andere Art als Mensch nahe gekommen. Vielleicht spielt ein Stück gemeinsamer Geschichte eine Rolle. Ich habe den Eindruck, dass man als Ostler in einer gewissen Weise salopper ist, nicht so förmlich. Man ist vielleicht auch ein bisschen praktischer als die Wessis. Man merkt jedenfalls, ob jemand aus dem Westen kommt oder aus dem Osten; nicht nur an der Sprache, auch an anderen Dingen und an so manchem Habitus. Ich glaube, man hat dafür irgendwie einen Instinkt.

Ich bin eigentlich froh darüber, dass ich erstmal dieses Ost-System kennen gelernt habe. Dadurch haben wir die Chance, das Ost- mit dem West-System zu vergleichen. Man hat Erfahrungen, die man wirklich durchlebt hat und die kein anderer mehr durchleben kann. Vielleicht war es gut, dass man diese – ich nenn's mal – „Beschränkung" im Osten hatte. Man war gezwungen, seine Freiheit woanders zu suchen, weil sie äußerlich gesellschaftlich fehlte. Im Westen hatte man so eine äußere Verfassungsfreiheit, man darf eine Firma oder einen Verein gründen … In dieser Hinsicht war man in der DDR doch sehr stark beschnitten. Dagegen hatte man nach meinem Eindruck im Osten mehr Möglichkeiten, im Besinnlichen zu leben. Man hat die Freiheit mehr innen gesucht und konnte in der DDR durchaus eine geistige Freiheit haben; nur durfte man dies nicht nach außen verbalisieren. Da musste man vorsichtig sein. Aber innen konnte man die durchaus haben.

Vielleicht glorifiziere ich jetzt die Vergangenheit zu sehr. Ich meine, dass man mehr Zeit hatte, manche Sachen zu durchdenken und sich mehr auf die kleinen Dinge des Lebens zu konzentrieren. Jetzt wird man stärker nach außen gezogen und ist so sehr von sich weg. Man ist in einer gewissen Hektik und hat wenig Möglichkeit, bei sich selbst zu sein. Zu DDR-Zeiten hatte ich in dieser Hinsicht sehr viele gute, beglückende Erlebnisse. Man hatte mehr Zeit für verschiedene Dinge, und die Menschen waren vielleicht tiefsinniger.

Heute ist sehr vieles oberflächlich geworden, und gleichzeitig ist der Druck da, immer mehr tun zu müssen. Man darf nicht stehen bleiben, dann ist man „out". Man soll „top" auf seinem Gebiet sein und muss dies nach außen zeigen. Das geht oft in den privaten Bereich, der kaum noch vom beruflichen zu trennen ist. Der ganze Mensch ist gefordert. Man darf nichts vorenthalten. Das hat allerdings nicht nur negative Aspekte, sondern auch die positive Seite, dass man engagiert arbeitet, was zu DDR-Zeiten nicht immer der Fall war. Ich meine aber, dass dieses ständige Arbeiten nicht immer effektiv ist. Das Arbeitspensum, über einen größeren Zeitraum verteilt, würde ebenso wirkungsvoll sein können. Inzwischen muss man als einen bewussten Akt setzen: Heute gönne ich mir diesen Nachmittag oder diesen Abend. Ich habe dadurch den Eindruck, die Zeit vergeht schneller.

Aber die Situation ist heute entspannter als in den ersten Jahren nach der Wende, 1990 bis '92. Damals war die Zeit von Ereignissen übervoll. Das hat sich inzwischen beruhigt.

Außerdem hatte ich den Eindruck, dass zu DDR-Zeiten doch mehr Gemeinsinn da war. Jetzt individualisiert sich das immer stärker und differenziert sich auch sozial immer mehr. Diese Gleichheit, die es im Osten noch gab – ich weiß nicht, ob man die begreifen kann, wenn man es nicht erlebt hat.

Der Differenzierungsprozess hat also auch hier stattgefunden; sowohl sozial als politisch. Ich habe es oftmals erlebt, dass da manche Sachen nicht mehr zusammenpassen. Man hatte mit jemandem intensiven Kontakt, und plötzlich geht das gar nicht mehr. Man beginnt irgendwie, eine andere Sprache zu sprechen. So zerfällt auch das Soziale.

Mein Wunsch am Ende der Schulzeit war es, das Leben in biologischer Hinsicht zu erforschen und zu begreifen – hinter den Sinn des Lebens zu kommen. Ich habe deshalb in Halle Physik mit der Perspektive studiert, danach Biophysik zu betreiben. Ich bin dann aber davon abgekommen und habe mich mit anderen Ideen auseinandergesetzt, mit denen man diesen Fragen vielleicht näher kommen konnte.

In den letzten zwei Jahren wurde ich angeregt, mein angelerntes Weltbild zu korrigieren. Zum Beispiel im Hinblick auf alternative Energien. Ich meine nicht die Nutzung von Solar- oder Windkraftenergie, sondern ich denke, dass es andere Seinsbereiche gibt, die man nutzbar machen kann. Das klingt vielleicht etwas mystisch, aber ich denke da beispielsweise an den Bereich der „kalten Kernfusion" oder den sogenannten „Forellenantrieb". Das widerspricht eigentlich dem bekannten wissenschaftlichen Weltbild. Praktische Erfahrungswerte liegen aber trotzdem vor. Dieser eigenartige „Antrieb" wurde an der Forelle studiert, die in der Strömung steht, fast bewegungslos, und da wirken Prinzipien, von denen ich nicht weiß, ob die Wissenschaft die schon zufriedenstellend geklärt hat. Oder wenn eine Forelle in einem Wasserfall einen Höhenunterschied überwindet – dann nutzt sie keine mechanische Energie, sondern sie macht das auf eine andere Weise, wenn sie diesen Wasserfall hochgleitet. In dieser Richtung gibt es eine alternative Wissenschaft, die mich interessiert. Das ist ein Teil meines veränderten Weltbildes.

Es hat vielleicht mit der Wendeerfahrung zu tun, aber auch ein Stück spirituelle Entwicklung hat dazu beigetragen. Es fällt mir schwer, da weiterzureden ... In einem Buch über die Aborigines, die Ureinwohner Australiens, habe ich zum Beispiel von einem höheren Selbst beim Menschen gelesen. Vielleicht kommt man auf dem beschriebenen Weg dem wahren Sein des Menschen ein Stück näher.

An meinen jetzigen sozialen Bedingungen kann ich jedenfalls nichts entdecken, wodurch man dieses wahre Selbst finden kann. Dieser Wohlstand und das Arbeiten bis zum Umfallen können es ja nicht sein. Man erzeugt irgendwelche Konsumgüter, die man anschließend verbraucht. Und die Politik und der Staat sind auch nicht gerade das, was sinnstiftend ist. Der Staat ist für mich nur ein großes Verwaltungsinstrument; und da werden meine Fragen auch provoziert. Aber das war zu DDR-Zeiten auch schon so. Vielleicht handelt es sich in einer anderen Weise um eine Fortsetzung: Weil man in der Gesellschaft versucht, alles zu Ende zu denken, gelangt man an einen Punkt, wo die Dinge absurd werden. Wenn ich nur an dieses große Werbungssystem denke: Da kommen Zeitungen, die man gleich wieder in den Müll wirft – eigentlich sinnlos. Autos müssen kaputtgehen, damit wieder produziert werden kann. Man wird zum Konsumenten gemacht, damit dieses System weiterlaufen kann. Darin sehe ich eine große Sinnlosigkeit. Absolut sinnlos ist es natürlich nicht, weil man ja viele Dinge für sein Leben braucht, nur findet man darin nicht den Sinn des Lebens.

Vergleicht man die Ostler und die Westler, so sind Letztere in der Regel irgendwie die Macher. So, wie sie es kennen, setzen sie es auch durch. Zum Beispiel bringen die ihre Firmen hierher. In diesem Zusammenhang hat der Ostler irgendwie ein Defizit. Obwohl es sicher auch sehr viele gute Unternehmer im Osten mittlerweile gibt, sind die Westler wahrscheinlich irgendwie cleverer. Aber das Wissen der Ostler, dass es so, wie es jetzt ist, nicht unbedingt sein muss, könnte sie etwas mehr in die Zukunft blicken lassen. Wir haben den einen Staat zusammenbrechen sehen, und – ich will jetzt nicht Negatives prophezeien – warum soll es nicht sein, dass das hier auch mal zusammenbricht. Manche sagen sogar, vielleicht erleben wir das ja noch mit.

Ich habe mal einen Auftritt Genschers in Erlangen erlebt. Ich hatte dabei immer den Eindruck, es ginge nur darum, das westeuropäische Modell nach dem Osten zu bringen. Das wäre die Erfüllung: diese durchorganisierte Wirtschaft und diese Correctness im Geschäft; das verlotterte Östliche müsse irgendwie durch die Westler gerichtet werden. Man muss aber die Frage stellen: Was bringt eigentlich der Osten – nicht nur der deutsche, auch der europäische Osten – ein? Hierauf könnte man antworten, dass der Osten hinsichtlich der sozialen Kompetenz etwas einzubringen hat. Wenn man sieht, wie Polen oder die GUS-Staaten weggedrängt und abgekoppelt sind, dann fehlt das sicher in Europa. Europa ist zu sehr durch Geschäft und Wirtschaft dominiert. Die soziale Komponente müsste dazukommen. Man müsste wieder mehr zu sozialen Strukturen kommen, innerhalb derer man wieder mehr zum Miteinander gelangt. Denn dass Menschen auf der Strecke bleiben, ist natürlich ein Problem, auch in meinem Bekanntenkreis. Aber ist derjenige in gutem Amt eine bessere Persönlichkeit als der Arbeitslose, der den Anschluss an die Gesellschaft verloren hat? Der Arbeitslose, der sein wahres Gesicht zeigt, ist nicht weniger wertvoll als ein Politiker, der sich hinter einer Fassade versteckt und irgendwelche Phrasen daherredet.

Ich war politisch eigentlich immer wenig aktiv. Aber gerade nach der Wende hatte ich öfter Berührung mit Politikern, wenn da irgendwelche Gesetze entworfen wurden und man da bestimmte Dinge hinein haben wollte. Also in der Weise bin ich aktiv geworden, aber in der Parteienpolitik nicht; es waren mehr zweckorientierte Sachen.

Diese soziale Sicherheit, die man in der DDR hatte, ließ aber nie den Wunsch so stark werden, dass ich das wiederhaben wollte. Das politische Gebilde DDR war ja auch irgendwie künstlich geschaffen. Nach dem Zweiten Weltkrieg ist in die sowjetische Besatzungszone alles so reingeschwappt ... Das war eine künstliche Welt, wie die DDR-Kulturwelt ja auch zum Teil künstlich war.

Wahrscheinlich begegnet mir deshalb Nostalgie bei Freunden und Bekannten wenig. Gut, man denkt manchmal nach, wie dies und jenes war. Man kritisiert die aktuellen Verhältnisse und lernt vielleicht manches schätzen, was durchaus gut war. Aber man möchte diese Zeit nicht zurückdrehen.

Es war mal jemand da, der hatte so eine CD mit Pionierliedern mit. Man schmunzelt dann über vieles, was man so alles erlebt hat. Aber dass ich da jetzt wieder reinwollte, so ist es sicher nicht. Ich hatte auch das Gefühl, dass man gar nicht so sehr von dem Kakao getrunken hat. Man hatte diese Distanz zu dem, was man zu DDR-Zeiten mit dem Menschen erreichen wollte, ja auch früher schon. Wie sollte ich mich da jetzt wieder hineinbegeben wollen?

Ich glaube eher, dass wir uns schon ein ganzes Stück an die westlichen Verhältnisse angepasst haben. Wenn man darin leben muss, geschieht das zwangsläufig. Ich bin beispielsweise zu DDR-Zeiten nicht so viel Auto gefahren wie jetzt. Es ist zur Gewohnheit geworden, dass man seinen Einkauf mit dem Auto ranschleppt. Auch sein Geld verwaltet man irgendwie anders, und man unterhält sich darüber, wo man dieses und jenes günstig kriegt. Wer hatte damals zu Hause einen Computer stehen? Heute findest du ihn überall. Man meint, ohne den geht es gar nicht mehr. Alle müssen einen Internet-Anschluss haben und sind davon begeistert … Irgendwie passt man sich dem Schritt für Schritt an. Es ist ein schleichender Übergang in diese Verhältnisse hinein.

Es gibt aber sicherlich einen Unterschied, ob man in Erlangen oder in Jena lebt. Deutschland war ja in verschiedene Fürstentümer geteilt, die Dialekte sind verschieden, und ich glaube, dass diese Gegenden unterschiedliche Mentalitäten hervorgebracht haben. In Mannheim und Südwestdeutschland haben die Menschen eine andere Mentalität als beispielsweise in Erlangen und München oder in Berlin, in Leipzig und in Halle.

Im Moment würde ich sagen, die Prägung durch diese Landstriche ist gewichtiger als die Ost-West-Prägung. Aber ich bin da vorsichtig; vielleicht sollte man sagen: Sie wird mal bedeutsamer. Denn es gibt sicher eine große Trennlinie, diese Grenze, die gravierend war. Auch die sozialen Unterschiede sind prägend. Die Arbeitslosenquote, wobei ich es hier in Jena momentan nicht so deutlich spüre, und die Unterschiede der finanziellen Kraft in Ost und West sind nicht unbedeutend.

Wenn unsere Generation mal ausstirbt und unsere Kinder groß sind, dann spielt vielleicht diese Ost-West-Problematik nicht mehr solch eine große Rolle. Meine Tochter wird in diesem Jahr 18. Ich glaube, dass es für die Kinder anders ist. Ich weiß nicht, wie sie das selbst sehen, aber sie äußern manchmal, dass das für sie keine so große Bedeutung haben wird. Bis zum neunten, zehnten Lebensjahr haben sie die DDR bewusst miterlebt und dann diese Veränderungen. Sie werden wahrscheinlich dann dahin gehen, wo sie Arbeit haben werden. Sie werden vielleicht mal nicht so bodenständig sein wie wir. Die Kinder stellen auch wenig Fragen zur DDR. Es kommen manchmal bei dem ältesten Sohn Erinnerungen, wie es damals war. Er war nicht bei den Pionieren, weil wir ihn da nicht angemeldet hatten. Weil er deshalb diskriminiert wurde, kommt das manchmal heute wieder. Aber diese Erinnerungen spielen im Interessenfeld der Kinder keine große Rolle. Vielleicht kommt da mal irgendwann im Laufe der Jahre eine Prägung zum Vorschein. Aber das interessiert sie momentan nicht so sehr. Andere Sachen sind wichtiger: Was werde ich mal studieren, wo gehe ich dann hin? Da denken sie nicht so sehr in den Kategorien „Ost" und „West". Meine Tochter sagt, sie will mal nicht in Deutschland leben, sondern sie möchte ins Ausland gehen.

Was mich betrifft, würde ich sagen, dass der Einschnitt in meiner Biographie durch die Wende noch nicht bewältigt ist. Man lebt schon mit den neuen Verhältnissen, aber immer wieder taucht diese Frage nach Ost und West, nach den Mentalitätsunterschieden, auf. Die Änderung ist ja da, und man vergleicht Gegenwart mit Vergangenheit – ohne Nostalgie zu betreiben, sondern einfach, um die gegenwärtigen Verhältnisse zu bewerten. Der Vergleich ist ja ein übliches

Verfahren, wenn man etwas bewerten oder einschätzen will. Und man gelangt zum Vergleich, wenn man sich erinnert: Wie war es damals, wie ist es jetzt? Man liefert sich so den Verhältnissen vielleicht nicht ganz so vorbehaltlos aus. Man weiß, das Leben kann auch anders arrangiert, das Geld kann anders verwaltet, der Staat kann anders organisiert werden. Es ist zwar momentan das Paradigma, in dem man lebt, doch es könnte auch anders sein. Denkt man so, bringt man die Geschichte in Fluss: So, wie es jetzt ist, ist es ein vorübergehendes Stadium. Insofern ist die DDR-Vergangenheit wichtig, um die Gegenwart einzuordnen zu können und zu wissen, in der Zukunft geht es mal weiter – mit anderen Worten: Wie es jetzt ist, wird's nicht bleiben.

GUDRUN K.

Sozialarbeiterin

Ich erinnere mich vor allem an hilfsbereite Schüler, wie Klaus Sch. zum Beispiel, und an ein paar nette Schüler aus Leuna. Es gab auch andere; die hielten sich bedeckt. Das hing wohl mit der örtlichen Trennung zusammen. Vom Leistungsniveau her war es eine ganz ordentliche Klasse, eigentlich eine sehr gute Klasse mit mindestens zwei überragenden Schülern, was man auch selten hat. Ich habe das alles auch ein bisschen elitär empfunden, weil ich damals andere Sorgen hatte, etwa wegen der Pflege kranker Familienmitglieder. Deshalb war es für mich auch schwierig, in gewisse Kreise reinzukommen.

Ich habe auch Elke B. [s. Nachwort – W. G.] als sehr positiv auf mein Leben wirkend empfunden. Sie bestärkte mich: „Fang an zu studieren, auch wenn es nicht das ist, was du wolltest." Doch zu sagen, ich sei mit wehenden Fahnen jeden Tag zur Schule gegangen, wäre entschieden verkehrt. Meine vielen Pflichten zu Hause ließen mir überhaupt keine Zeit, zu mir zu finden. So hatte ich kaum Freizeit, in der ich Beziehungen hätte aufbauen können. Nur Elke hat sich um mich gekümmert, das habe ich als sehr positiv empfunden. Aber die Klasse im Allgemeinen hat mir auch geholfen, nicht vor dem Abitur abzugehen.

Denn eigentlich wollte ich Grundschullehrer werden und dann in der sozialen Richtung weitermachen. Es gab aber kein Studium in dieser Art. Ich wollte aber schon immer die Menschen erreichen mit meiner Art. Es gab jedoch kein Lehrerstudium, von dem ich gesagt hätte, das Fach interessiert mich; die Bandbreite war einfach nicht da.

Für mich war das eine Klasse, in der Eliten rausgebildet wurden – aber mit zu einseitiger Ausbildung. Die naturwissenschaftlichen Fächer wurden überbetont, die soziokulturellen wurden vernachlässigt. Das hat mir sehr gefehlt, das hat auch weh getan. Deswegen konnte ich mich auch nicht entfalten – aus meiner Sicht.

Dazu kam die Angst davor, etwas zu sagen, wodurch meine Eltern im Beruf Schwierigkeiten hätten bekommen können. Diese Angst war größer als alles andere. Es ging immer um die Eltern und um die Familie. Das war ein DDR-Problem und immer mit Angst verbunden.

Um der Schule gegenüber nicht ungerecht zu sein: Es gab auch drei, vier gute Lehrer, die Kunsterzieherin, der Deutschlehrer, Herr V., der Physik- und Herr Sch. als Mathematiklehrer.

Ich empfand die Schule als Staatsschule. Die Reglementierung habe ich als so großen Druck empfunden, dass ich ihn fast nicht aushielt. Aber ich sah keine Möglichkeit, hierüber mit irgendeinem Mitschüler zu sprechen, weil die Angst da war, es könnte weitergetragen werden. Ich bin froh, das jetzt mal sagen zu können. Das hat mir den ganzen Schulalltag vergällt. Und ich glaube, es gab viele, die sich einen ganz anderen Austausch untereinander gewünscht haben. Wir hätten ein ganz tolles Team werden können als Klasse, weil wir so viele verschiedene Typen hatten, die ihre Anlagen schon sehr weit ausgeprägt hatten.

Auch die Junge Gemeinde in Merseburg fehlte mir. Ich glaube, dort hätten ganz kreative Gespräche stattfinden können. Das ging aber nicht, weil ich zu Hause einem anderen Druck ausgesetzt war. Der Vater musste in die Partei gehen, um seinen Meister machen zu können. Er war Schneidermeister, ein perfekt ausgebildeter Mann, der nach Aussiedlung und Flucht aus Schlesien, nochmal neu anfangen musste. Meine Eltern schafften den Neuanfang auch, indem sie sich perfekt anpassten und nie auffielen. So bin ich erzogen worden. Sie ermöglichten mir die Schule, in die ich aber eigentlich nicht wollte. Ich fühlte mich da immer fehl, denn es wurde erwartet, dass die Schüler politisch perfekt reagieren, sauber und ordentlich waren, mehr als woanders.

Ich durfte jedoch den Weg zur Kirche nicht gehen. Wobei ich jetzt sage: Hätte ich es doch mal versucht; es wäre ein Gewinn für mich gewesen, weil ich selber Christ bin. Meine Eltern sagten: „Kirche kommt nicht in Frage. Wir wollen nicht, dass die Kinder und Kindeskinder Nachteile haben." Das war die Angst.

Ich möchte mich so gern an diese Schule erinnern, weil sie eigentlich von der Anlage her aus meiner Sicht das Profil gehabt hätte, sich wirklich herauszuheben, aber ich habe keine guten Erinnerungen, und deswegen spreche ich auch nicht gern darüber. Denn dabei kommt all das wieder hoch, was ich gar nicht mehr wissen will, was ich verdrängen will! Nee, die Schule kam mir wie eine Anstalt vor: Da rein in dieses dunkle Gebäude, und dann wird dir da was aufgepfropft. Du konntest da im Unterricht nicht so ohne weiteres andere Fragen stellen. Dafür gab es einfach nicht die Fächer. Es war eine Politschule für mich. Und das Traurige war ja: Es gab überhaupt keine politische Diskussion. Es wurde ein Reglement vorgegeben, und du hattest dich in diesem Rahmen zu verhalten.

Ich war nicht gesellschaftlich aktiv, weil ich meine Möglichkeiten dort nicht sah. Aber ich sah, wie auch andere darunter litten, gerade die Mitglieder der Jungen Gemeinde. Sie machten ihre Sache trotzdem, doch die Einflussnahme war da – sehr indirekt und sehr dubios.

Ich wollte einen Beruf, durch den ich auf Menschen einwirken konnte. Unter meinen Voraussetzungen war ein Theologiestudium nicht möglich, außerdem hatte man als Pastor oder Pastorin keine Entwicklungsmöglichkeiten. Es gab auch kein Sozialarbeiterstudium – wenn doch, wusste ich es nicht.

Der Studienwunsch war eigentlich schon mit zwölf Jahren da. Ein Lehrer sagte damals zu mir: „Du wirst Lehrer! Gudrun, du wirst Lehrer!" Ich fand aber kein Fach und sackte durch diesen ganzen Druck leistungsmäßig stark ab. Ich fühlte mich ausgepowert, ich fühlte mich missverstanden und an der Schule fehl am Platz.

Plötzlich sagte Elke: „Mensch, mach doch Technik! Das interessiert dich doch irgendwie, und du kannst kreativ sein, wenn du ein Textilstudium machst." Das Studium in Leipzig brachte nicht die erwartete Kreativität. Es war ein technisches, sehr schweres Studium, textilmechanische Technologien, es war aber interessant.

Nebenbei habe ich in einem Heim chilenische Kinder betreut, die durch diesen Putsch 1973 Waisen geworden waren. Ich arbeitete auch auf dem Bahnhof in Cottbus, bildete Lerngruppen und habe mich auch um studentische werdende Mütter gekümmert – diese ganze Bandbreite sozialer Arbeit hat mir gefallen. Sie gab mir auch selbst viel, weil ich versucht habe, diese Grenzbereiche herauszufinden – bei mir, bei anderen. Vielleicht war das ein Effekt dieser Schule: Ich wollte herausfinden, wie andere damit umgehen, so unterdrückt zu sein. Die Schule hat mir dabei geholfen zu wissen, da gehöre ich nicht hin, ich muss was anderes machen.

Das Studium ging von 1973 bis '77. Und ich ging offen darauf zu. Ich wusste, es wird schwer, aber ich wollte neu ansetzen und etwas aufbauen. So wurde ich die rechte Hand des FDJ-Sekretärs unserer Seminargruppe, weil wir ein wahnsinnig gutes Verhältnis untereinander schaffen konnten. Die Gruppe insgesamt hielt gut zusammen. Wir kochten gemeinsam, gingen oft zusammen weg, und ich erlebte in Forst eine gute Atmosphäre. Die Schule und das Internat lagen sehr schön, und als ehemalige Privatschule hatte sie Profil. Zu den Lehrern hatten wir auch ein gutes persönliches Verhältnis. Ich fühlte mich da wohl, wurde sogar Mitglied der GOL und wurde „Funktionär für Kultur und Internat". Dabei ging es um die Kontrolle des Internatslebens und um die Zusammenarbeit von Internatsleitung und Studenten. Man weiß ja, wie Studenten sind: Schweinskram hin und Schweinskram her. Außerdem arbeitete ich auf der kulturellen Strecke.

Politisch war das Studium zwar auch geprägt, spielte jedoch keine Rolle für mich. Ich hatte keine Angst mehr. Vielleicht hing das auch mit einem persönlichen Reifeprozess zusammen. Ich war übrigens sehr links damals. 1973 begann das Studium, und in diese Zeit fiel der Putsch in Chile. Die Entwicklung dort hatte mich schon immer interessiert, obwohl sie kommunistisch geprägt war. Das führte dann soweit, dass ich Menschen persönlich kennen lernte, denen ich helfen konnte. Dabei war es für mich selbstverständlich, dass ich mich politisch auf der richtigen Seite befand, dass wir friedensliebend sind.

Dieser politische Blick entstand einfach durch die ganze gesellschaftliche Erziehung. Und als uns Bilder von politisch Inhaftierten gezeigt wurden, sah man, dass die zu Unrecht inhaftiert waren. Für mich war selbstverständlich, dass so was nicht sein darf. Dass Menschen sich aus ihrer schlechten Lage befreien wollten, fand ich in Ordnung. Gegen den Terror in Chile etwas zu tun – ich habe nie daran gezweifelt, dass das richtig war. Ich halte das heute auch noch für einen folgerichtigen Schritt. Ich habe in der DDR gelebt, und da war es selbstverständlich, sich für unterdrückte Menschen einzusetzen.

Nach dem Studium ging ich nach Apolda, weil ich mir sagte, man muss auch mal raus aus diesem häuslichen Umfeld. Ich wollte mich einfach in Thüringen bewähren. Doch ich war entsetzt von dieser hässlichen Stadt. Außerdem stellte man mir eine Aufgabe, die überhaupt nichts mit meinem Fach zu tun hatte. Ich wurde auf dem Gebiet der Strickerei ausgebildet – das sind riesige Maschinen, vollmechanisch und elektronisch –, und plötzlich musste ich einen optimalen Prozessablauf in der Konfektion, wo Nähmaschinen standen, entwickeln.

Das war mein Einstieg. Später stellte ich fest, dass Apolda eine ganz besondere Stadt ist mit sehr vielen reichen Leuten. Der Facharbeiter verdiente oft mehr als jeder Akademiker. Daraus ergab sich einerseits ihr besonderer Status und andererseits, dass man sich da seine Sporen verdienen musste. Mir wurde vorgeschlagen, als Meister in die Produktion zu gehen, drei Schichten und als einzige Frau unter Männern. Das war eine harte, aber auch schöne Zeit.

Nach drei Jahren hieß es: „Sie übernehmen einen anderen Betriebsteil." Da hatte ich 70 Frauen unter mir, beim Zuschnitt und in der Konfektion. Hierbei war mir immer wichtig, auf Menschen zuzugehen und zuzuhören, wenn jemand Probleme hatte.

Es war in der DDR nicht einfach, einen Betrieb aufrechtzuerhalten. Ständig musstest du dir irgendwas einfallen lassen, um gute Arbeit leisten zu können. Ich wurde dann in die Betriebsleitung geholt, und dort sah ich, was eigentlich alles nicht läuft. Dort wurde offen beispielsweise über die schlechte Arbeit des Ministeriums geredet und so weiter. Es ist auf dieser Ebene ehrlich über die Probleme geredet worden, ohne wirklich etwas ändern zu können.

Das war zwar ein staatlicher Betrieb, er war aber ehemals privat. Der Betriebsdirektor etwa war sich dieser Tradition immer bewusst. So entließ er gleich nach der Wende die gesamte Leitung und führt heute ganz allein mit seiner Familie diese Firma. Das sind wieder ganz knallharte Kapitalisten geworden.

In Apolda war ich zwölf, dreizehn Jahre. Ich hatte alles erreicht, und mich interessierte es dann irgendwo nicht mehr. Krankenschwester wollte ich werden, um den beruflichen Hintergrund neu aufzurollen. Doch da hieß es: „Ein Ingenieur der sozialistischen Industrie verlässt seinen Betrieb nicht." Das war so ein typischer DDR-Satz.

Dann wollte ich nach Jena – Universitätsstadt. Nach einem Jahr bekam ich eine Tauschwohnung im Stadtteil Neulobeda. Das war eine Akademikerstadt, dort wohnten die Leute von Zeiss. Zu dieser Zeit wurde ich von der Uni, Sektion Physik, angeworben. Ich bin sicher über ein halbes Jahr überprüft worden und büßte dadurch alle meine Kontakte ein. Ich merkte das gar nicht, erst, als es zu spät war. Das ging bis zum Verlust der Partnerschaft.

Als Mitarbeiter auf dem Gebiet des wissenschaftlichen Gerätebaus wurde ich im neu erbauten Technikum „Optik" eingesetzt; dort ging es um den Bau von Militärgerät. Als ich dies erfuhr, wollte ich da raus; auch, weil jener Herr Doktor, mit dem ich im Management arbeitete, mich mobbte. Er sah mehr die Frau in mir – ich hatte damals lange Haare und so. Es war nicht möglich, dass eine Frau sich da entfalten konnte.

Vor allem aber kam ich mit den Konsequenzen meiner Arbeit und mit dem Wissen, an das ich dabei gelangte, nicht zurecht. Ich wusste beispielsweise, wo und was für welchen Reaktor gemacht wurde. Irgendwann dachte ich, du hältst dieses Wissen nicht aus, du musst da raus. Die Uni hat aber gesagt: „Wir lassen Sie nicht gehen. Wir haben Sie angeworben, weil wir mit Ihnen eigentlich etwas anderes vorhaben. Die Arbeit im Technikum ist nur eine Zwischenstation."

Nach einem Jahr aber war für mich Schluss. Ich kündigte, weil ich sauber bleiben wollte. Das war zur Zeit der Wende. Ich fing dann in einer Erfurter Textilfirma an. Doch es stellte sich bald heraus, dass das der falsche Schritt war. Denn unglücklicherweise wurde ich schwanger. Aus heutiger Sicht war das der schlimmste Bruch in meiner Biographie. Denn ich erhielt während des Babyjahrs die Kündigung. Leider habe ich erst zu spät erfahren, dass ich als Unverheiratete mehr Rechte gehabt hätte.

Während des Mauerfalls war ich in Dürrenberg, schwanger. Meine jüngste Schwester kam eines Nachts mit ihrem Freund nach Hause und zeigte mir Bilder: „Gudrun, die Mauer ist gefallen, das gibt es nicht, wir waren in Berlin und haben die Nacht durchgemacht und gefeiert!" Mir kommen jetzt noch die Tränen, es war unfassbar. Es war für mich unbegreifbar, ich habe immerzu gesagt: „Mensch, das kann nicht sein!"

Die erste Westreise führte mich nach Hessen. Kontakte zu Sozialarbeitern ermutigten mich, in die Höhle des Löwen gehen. Gerade dorthin zu gehen, wo wir nicht Bescheid wussten, reizte mich. Nicht finanziell, finanziell ist nie was rausgekommen. Doch Frankfurt/Main fand ich recht schlimm. Das war 1991 – das Babyjahr hatte ich hinter mir, war jedoch gesundheitlich ziemlich schlecht dran: Spätgeburt, mit 35 Jahren, das steckte der Körper nicht so leicht weg.

Bei dem Gedanken, du fährst das erste Mal über die Grenze, wo andere immer kontrolliert wurden, lief es mir kalt über den Rücken. Dieses Gefühl habe ich erst vor kurzem abgelegt.

Ich wollte in einer hessischen Fachklinik für Neurologie und Psychiatrie eine Ausbildung zur Krankenschwester beginnen. Ich stellte mich dort vor, hatte auch ein tolles Gefühl, und man sagte mir: „Bewerben Sie sich mal, das sieht recht gut aus!" Ich schickte also eine handgeschriebene Bewerbung, doch der fehlte irgendwie ein Zeugnis oder irgendeine Beurteilung aus einem Betrieb. Nach Wochen bekam ich sie zurück und erfuhr, dass ich keine Ahnung davon hatte, wie man sich richtig bewirbt. Doch ich wollte jetzt endlich mal wissen, was auf der anderen Seite möglich ist. Ob ich endlich das machen konnte, was ich immer wollte. Inzwischen hatte ich mich auch von dem Kindsvater getrennt, musste also und wollte nochmal ganz von vorne anfangen. Das Angebot war toll, auch finanziell.

Ich merkte aber, dass ich nicht in diese Gesellschaft gehöre. Bereits am Bahnhof in Frankfurt am Main war es schon ganz schlimm. Da sahst du die Fixer, die sich ihre Drogen reinzogen, und die ganze Stadt war unangenehm. Wir Ossis zogen in einer Gruppe noch ein bisschen durch die Stadt und hatten alle das Gefühl, wir gehörten da nicht hin.

Der Aufenthalt in Hessen war aber durch die Begegnung mit Sozialarbeitern wichtig für mich. Ich arbeitete dann in der Schwangerenkonfliktberatung von Pro Familia. Erstaunlicherweise war es dort sehr wohl so, dass du die Frauen auf die Fortsetzung der Schwangerschaft orientieren solltest; selbst in diesem Verein, in dem sich ganz progressive Leute engagierten. Ich habe ganz anders beraten. Ich versuchte, die wirkliche Situation dieser werdenden Mutter herauszuarbeiten und wollte nicht sagen, das drücke ich dir jetzt auf, weil das die gesellschaftliche Norm ist. Aber mir wurde zu verstehen gegeben, dass es hier nicht wie in der DDR zugehen sollte. Es existiert immer noch das Bild, wir wären willenlose Mütter oder Frauen gewesen, die sich nicht frei entscheiden konnten. Das führte letztendlich dazu, dass ich dort aufhörte und mir sagte: Ich gehöre in den Osten, dort verstehe ich die Menschen aus ihrer ganzen Geschichte, aus ihrer Biographie heraus. Es gibt da nicht viele Parallelen zu den westdeutschen Biographien, selbst wenn der soziale Status gleich ist.

Ich bekam dann eine ABM hier in Jena, im Jugendamt, vorher im Umweltamt, eine sehr, sehr gute, anspruchsvolle Tätigkeit. Aber bei diesen Tätigkeiten war schnell ein Ende sichtbar. Das hat mich ausgehöhlt. Du konntest nicht wirklich etwas aufbauen.

Es gab dann immer mal wieder eine ABM, zwischenzeitlich musste ich zwei Jahre lang mein krankes Kind betreuen, bis ich eine Einladung der Uni-Klinik bekam. Sie brauchten Leute für die Klinik-Sozialarbeit. Es wurden 30 Leute befragt, vier wollte man nehmen, aber zu Konditionen, die kein Hilfsarbeiter akzeptiere würde. Das ist bei meiner jetzigen Tätigkeit die Kehrseite der Medaille. Außerdem muss das Klinikpersonal damit umgehen lernen, dass es – anders als in der DDR – Sozialarbeiter gibt. Du betreust die Leute mit all ihren Sorgen und Ängsten. Sie sollen mit ihrer Krankheit umgehen und damit fertig werden können. Das ist nicht so leicht, wie es sich anhört. Die Schwestern können meist gar nicht interpretieren, was du da zu machen hast. Die sagen: Wir könnten nicht solche Gespräche mit den Patienten führen.

Im Moment überlege ich aber, wie ich eine Ausbildung zum Ergotherapeuten machen kann. Hierbei werden eigentlich auf wunderbare Weise Sozialarbeit und medizinische Betreuung verbunden. Seit drei Jahren versuche ich das, bekomme jedoch immer nur ABM-Stellen. Meine jetzige ist auf drei Jahre befristet, und danach kriege ich überhaupt kein Arbeitslosengeld mehr. Doch Bildung ist mein gutes Recht. Deshalb will ich sehen, wie ich die Ausbildung zum Ergotherapeuten irgendwie finanzieren kann.

Ich würde mich dann niederlassen, nötigenfalls auch in einer anderen Stadt. Aber wir haben eben nur die eine Stadt, Berlin, und ich würde gern dahin gehen, wo sich etwas entwickelt. Jena ist zwar eine kleine, feine Universitätsstadt, aber ich bin kein Thüringer. Ich würde gerne dort wohnen bleiben, doch du kriegst wegen der vielen Akademiker keine Arbeitsstelle.

Ich würde schon woanders hingehen. Leider bin ich zu alt, um einfach sagen zu können, ich gehe mal schnell, was weiß ich, rüber nach England oder so.

Meine Erfahrung nach der Wende ist: Ich bin ein Mensch, der sich beim Arbeitsamt zu melden hat. Im Babyjahr war ich zum ersten Mal da. Das war schlimm. Ich hatte nicht das Gefühl, dass es um eine Mutter ging, die wieder Arbeit brauchte, sondern darum, jemanden zu registrieren. Da war diese Machtlosigkeit auf andere Weise wieder da. Nur unter dem Motto: Du kannst dir aussuchen, was du jetzt machst, aber wenn du was willst, musst du dich hier melden. Ich fühlte mich ausgegrenzt nur wegen der Tatsache, dass ich eine allein stehende Frau mit Kind war.

Ich habe mich 1989, also zu DDR-Zeiten, für das Kind entschieden, ohne zu wissen, was auf mich zukommt. Damals konnte ich sicher sein, dass es keine Probleme geben würde, wieder Arbeit zu bekommen. Mein Eindruck ist, dass die neue Gesellschaft absolut unmenschliche Züge hat. Es geht nur um Macht und Geld. Der Sozialstaat und das soziale Netz existieren nicht mehr; nur noch in den Wunschträumen irgendwelcher Politiker.

Dabei habe ich den Mauerfall als befreiend empfunden. Mich hat besonders interessiert, wie diese Revolution zustande kam. Wir haben noch gelernt, es gibt keine Revolution ohne Gewalt. Und wir erlebten eine friedliche Revolution. Außerdem habe ich bis heute noch nicht verarbeitet, dass die Vereinigung sich so schnell ereignete.

Ich sah das auch mit Sorge. Ich bin als Mensch nicht so spontan. Die Spontaneität ist mir aberzogen worden, von Anfang an. Ich beobachte erstmal und habe erstmal Angst. So ist wahrscheinlich mein Charakter. Man kann nicht alles auf den Staat schieben. So schlechte Erinnerungen habe ich nicht an meine Heimat. Die DDR ist doch auch Heimat gewesen.

Trotzdem würde ich nicht sagen, ich habe eine DDR-Identität. Nee, ich habe eine DDR-Geschichte hinter mir, aber ich habe keine DDR-Identität. Ich könnte jederzeit woanders hingehen. Ich halte es allerdings für eine Bereicherung, in der DDR groß geworden zu sein. Ich lernte beispielsweise, dass es neben mir noch andere gibt und dass man zusammen viel bewegen kann.

Ich habe keine DDR-Identität, beziehungsweise ich versuche, das weit von mir zu weisen, doch wenn ich jetzt so eine CD mit diesen DDR-Songs höre – die mich früher gar nicht so interessierten – dann komme ich doch ins Grübeln. Da werde ich nachdenklich. Ich denke an meine alten Zeiten, und dann ist da plötzlich ein tolles Gefühl. Ich bin nicht DDR-typisch, aber ich habe meine Geschichte hier, und darauf bin ich auch stolz. Anpassen musst du dich überall.

In meinem Bekannten-, aber auch im Patientenkreis erlebe ich, dass die absolut zu ihrem Leben stehen. Die sind stolz auf das Land, in dem sie wohnen; also nicht auf diese Bundesrepublik, sondern auf ihr Thüringen. Das sind Menschen, die wissen, was sie geleistet haben und die sehr darunter leiden, wenn gesagt wird: „Ihr habt ja nichts geschafft." Und das ist ja auch nicht wahr. Sie reflektieren sehr wohl, dass sie durch die Wende Nachteile hatten.

Es gibt natürlich auch solche, die sagen, wenn das so weiter gegangen wäre, dann hätten wir nicht mehr gekonnt; die sagen, wir wollten schon immer weg, es ist gut so, wie es gekommen ist, wir wollten nicht im Gefängnis „DDR" bleiben, wir wollten überall hinfahren – das übliche Klischee. Oder: Wir wünschen uns das andere nicht zurück, aber mit dem hier sind wir auch nicht zufrieden.

Ich denke auch, es gibt sehr wohl große Unterschiede zwischen West- und Ostdeutschen – einfach als Ergebnis der unterschiedlichen Entwicklungswege. Und ich weiß nicht, ob wir irgendwann im Kopf mehr zueinander finden. Das wird wohl drei, vier Generationen dauern, bis sich alles verwischt hat und die Erinnerungen nicht mehr da sind. Ich halte auch eine Annäherung nicht für sinnvoll, wenn dabei die Unterschiede verschwinden sollen. Für zweckmäßig halte ich aber einen produktiven Austausch von Lebenserfahrungen. Nee, ich würde es für besser halten, wenn die Menschen sich annähern und versuchen würden, daraus politisch was zu machen. Bewahrenswert aus der DDR ist ja das sozial engagierte Denken, eine gewisse soziale Sicherheit der Arbeitsplätze.

Nach meinen Erfahrungen muss ich sagen, dass meine Entwicklung nach der Wende eindeutig beeinträchtigt wurde. Eindeutig. Abbau der Entwicklung. Eindeutig. In der DDR war vieles aus politischen Gründen nicht möglich, und es gab leider bestimmte Ausbildungsgänge nicht. Auf der anderen Seite hätte ich mich besser entwickeln können, weil meine Motivation stimmte. Heute kannst du dich trotz dieser Motivation nicht entwickeln, wenn die sozialen Voraussetzungen nicht da sind. Ich möchte sagen, dass ich da nicht als gutes Beispiel dienen kann. Auf keinen Fall.

Rudolf W.

Verfahrenschemiker, z.Zt. in einer ABM

An Episoden, die mir in Erinnerung geblieben sind, fallen mir die Klassenfahrten ein. Oder wie wir so als Clique irgendwo auf dem Schulhof zusammensaßen – da hat man sich schon irgendwie wie wer gefühlt. Wir waren noch nicht erwachsen, aber Kinder waren wir auch nicht mehr.

Zu irgendeiner Clique wollte man schon gehören, weil man dachte, da sind auch die gleichen Ideen; da hängst du dich mit dran, da kannst du dich verwirklichen, egal in welcher Art und Weise. Das kann positiv und negativ sein, das weiß man vorher nicht.

Das Klassentreffen nach 25 Jahren war wie Lotto spielen: Wer kommt als Nächster? Wie sieht er aus, erkennst du ihn? Aber ich habe, bis auf eine Ausnahme, alle auf Anhieb erkannt. Der Abend war natürlich zu kurz, man konnte nicht mit jedem reden. Da setzt du dich eben mit jemandem zusammen, von dem du weißt, mit dem kannst du den ganzen Abend quatschen. Nach den vielen Jahren war es angenehm, mal wieder Bekannte zu treffen, ist doch klar. Wer findet das nicht angenehm.

Gleich nach dem Abitur kam die Armeezeit, anderthalb Jahre; war ja lange genug. Man war immerhin zwei Jahre weg dadurch. Ich habe dann angefangen, in Merseburg Chemie zu studieren, und zwar Verfahrenschemie, speziell Hochpolymeren-Chemie. Anfangs sollten es nur vier Jahre sein, aber nachdem ich angefangen hatte, sagte man uns im ersten Semester, dass es ein Jahr länger dauert. Da war natürlich die Freude groß – ein Jahr weniger Geld verdienen. Arbeiten, ein bisschen eigenes Geld verdienen – darum ging es ja auch. Du warst schon Mitte zwanzig und hattest immer noch kein eigenes Geld verdient, musstest immer noch von anderen leben. Und dann wurde das noch verlängert. Aber das Studentenleben war sonst schön, das bringt immer was. Du lernst ja allerhand. Du bist für dich selbst verantwortlich, dir redet keiner mehr rein, deine Eltern haben dir nichts mehr zu sagen, du bist volljährig und musst nur zusehen, dass du nun ordentlich lernst. Du musst deine Prüfungen bestehen und dir selber Druck machen, auch wenn du manchmal keine Lust hast. Du denkst vielleicht manchmal: Ach, jetzt ist diese Woche nichts weiter, da kann ich mal ein bisschen rumsumpfen, dann noch einen Tag und so weiter; dann ist die Woche rum, und du musst dann alles nachholen. Aber die eine Woche war eben auch schön, und das merkst du dir auch. Du hast ja nicht nur rumgesumpft, sondern du hast dann irgendetwas unternommen.

Die politischen Diskussionen beim Studium habe ich nicht so stark verfolgt. Das hat mich nicht beschäftigt. Ich habe mich immer gewundert, wie sich da manche engagierten …, aber für mich war das irgendwie zuviel. Ich wollte das alles nur fachlich haben. Ich wollte Chemie studieren – weshalb musste ich zusätzlich ML studieren?

Dass ich dieses Fach gewählt habe, kommt wohl daher, dass mein Vater auch Chemie studiert und als Chemiker in Buna gearbeitet hat. Ich habe gesehen:

Ringsum, in Buna, Leuna, Böhlen, Lützkendorf bis hoch nach Bitterfeld, alles Chemieindustrie, hier hast du eine Chance. Chemiker werden immer gebraucht, dachte ich damals jedenfalls. Mein Vater hat mich in meinen Berufswunsch auch bestärkt.

Als wir uns entscheiden mussten, wie alt waren wir denn da? Da hattest du eigentlich noch keine Vorstellung von deinem Beruf. Und so spinnige Wünsche wie Astronaut oder Feuerwehrmann hatte ich nie. Ich habe schon geguckt, mir was Sinnvolles auszusuchen – aber was, das war zu dem damaligen Zeitpunkt schon schwierig. Du weißt ja nicht: Was kommt danach, was musst du dann machen? Du hast zwar gehört, den Beruf gibt es und den gibt es, aber was macht man da genau? Bei meinem Vater wusste ich das so ungefähr, und ich dachte mir, da könntest du dir später mal Rat holen, und wenn du Glück hast, arbeitest du sogar mit ihm zusammen, was auch beinahe geklappt hätte.

Das Radfahren im Verein habe ich dann auf der Hochschule aufgegeben. Ich musste ja doch jeden Tag mindestens zwei bis drei Stunden trainieren, und das habe ich dann nicht mehr geschafft. Wenn du bis drei Uhr Schule hast, kommst dann nach Hause, musst essen und dann noch trainieren ... Außerdem musstest du noch lernen, und ein bisschen Freizeit wolltest du auch haben, willst ja nicht nur Sport treiben – das wurde dann zuviel.

Trainiert habe ich in Merseburg, auf der Radrennbahn. Wir haben immer einen Tag auf der Bahn trainiert und dann am nächsten Tag auf der Straße, praktisch jeden Tag. Am Wochenende waren die Rennen. Es gibt ja verschiedene Disziplinen beim Radsport. Mannschaftsrennen, Einzelrennen ..., das haben wir alles trainiert und geübt, in bestimmten Leistungsklassen. Die Besten wurden dann von der Sportschule angefordert, zum Beispiel von der KJS. Die haben da natürlich besseres Material gekriegt, mehr Unterstützung – ärztlich, im Training.

Manche haben sogar so getan, als hätten sie Ahnung vom Doping. Die haben immer kurz vor dem Fahren Nasentropfen genommen und dachten, jetzt sind sie gedopt. Genützt hat das natürlich nichts; so schnell wirkt das auch nicht. Aber manchmal hilft schon die Einbildung. Das war mehr so Geikel. Bis die Sauerstoffaufnahme vergrößert wird, das dauert länger.

Das Hallentraining habe ich dann im Winter meistens noch mitgemacht. Das machte Spaß, und irgendwie brauchtest du eine Gruppe. Der Deutsche ist doch irgendwie ein Vereinstier. Wie in der Schule, wenn du zusammen in der Clique gesessen hast oder auf Klassenfahrt, wolltest du immer mit jemandem zusammen sein.

Einmal Training in der Woche hat eigentlich auch gereicht. Hattest du mal die Schnauze voll – du warst ja auch fix und fertig hinterher –, dann hast du bald gemerkt, es fehlt dir doch was. Das ist genauso, wenn du Urlaub hast oder Ferien: Schule – ach, Scheiße, aber dann freust du dich doch auf den ersten Tag, die Leute wiederzusehen. So ist das, immer hoch und runter, so eine richtige Sinuskurve.

1980 habe ich das Studium als Diplomchemiker abgeschlossen. Danach habe ich in Buna in der Forschung angefangen. Eigentlich wollte ich aber in die Produktion. Man kriegte ja immer drei Sachen zur Auswahl; ich habe mir alle drei in Buna ausgesucht, weil ich in der Nähe – ich wohnte damals noch in Merseburg – bleiben wollte. Unter „Forschung" konnte ich mir erstmal nichts vorstellen. Da sitzt du am Schreibtisch den ganzen Tag, nur Theorie, das ist doch wie Studium, dachte ich. Nein, das willst du nicht, du willst rausgehen, mit den Leuten reden, willst aber trotzdem deinen Schreibtisch haben, wo du dich hinsetzen kannst; praktisch so eine Art Leiterfunktion, Betriebsleiter oder so was, das wollte ich werden. Ist aber nichts geworden. Die haben mich in die Forschung gesteckt – gerade das, was ich nicht wollte. Ich hatte da zwar auch meinen Schreibtisch und meine Laborantin, ich bin aber nicht mal in die Gruppe gekommen, in die ich kommen sollte – da ist ständig alles geändert worden.

Die Gruppe bestand aus drei Chemikern und zwei Laborantinnen. Die haben diese Arbeit schon jahrelang gemacht und hätten das auch alleine schaffen können. Außerdem musste ich mich selber erst einarbeiten, weil ich ja nicht studiert habe, was dann zu tun war. Zum Beispiel haben wir Papierbeschichtungen für Kaffeefiltertüten entwickelt, die das Aroma – also das Fett der Kaffeebohnen – bewahrten.

Ich habe dort nicht lange gearbeitet, bloß ein knappes halbes Jahr, dann wurden Freiwillige für die Karbidproduktion gesucht. Da wollte keiner hin, weil es dreckig war und außerdem nur Rüpel dort arbeiteten und so. Überwinden musste ich mich dazu nicht, denn ich wollte denen den Wind aus den Segeln nehmen und habe mich freiwillig gemeldet. Ich sagte, wenn ihr mir eine Wohnung gebt, dann gehe ich. Wenn nicht, hätte ich mich ja freiwillig gemeldet und wäre erstmal aus dem Rennen gewesen. Als überraschend eine Wohnung abgegeben wurde, musste ich wohl oder übel zu meinem Wort stehen, habe dafür aber nach einem halben Jahr geschafft, wofür manche Jahre brauchten: eine eigene, wenn auch nur eine Einraumwohnung.

Es war damals ja nicht so wie heute, wo jede Menge Wohnungen in Halle leer stehen. Jetzt suchen sie, damals hast du gesucht. Damals war das schon was, deine eigene Wohnung mit separater Küche und Toilette – nicht so ein kleines Wohnklo, wo man praktisch in der Küche wohnte. Da habe ich mich schon gefreut. Die Miete war nicht hoch, so um die 30 Mark. Zur Arbeit fuhr ich mit dem Zug von [Halle-]Neustadt aus; das war alles kein Problem.

Dann musste ich zum Karbid und habe eigentlich wieder von vorne angefangen. Als Neuer kriegst du eben die ganzen Dreckarbeiten. Das waren zwar alles Forschungsthemen, aber als erstes durfte ich Koks sieben – Korngrößen bestimmen, Festigkeiten, Abrieb und so was. Es gab noch andere Sachen, die sauberer waren – zum Beispiel Statistiken anlegen; nur das kam später. Erstmal musstest du dich richtig schwarz machen. Einer muss eben die Dreckarbeit machen. Ich war in die Gruppe „Rohstoffe" gekommen, und die hatte nun mal die Rohstoffe zu bearbeiten; von alleine sieben sie sich nicht. Als Neuling bist du, wie man so schön sagt, der Neger. So sah ich dann auch hinterher aus. Ich war aber nicht der Einzige, der da neu angefangen hatte. Wir waren bald wieder eine richtige Clique. Selbst ein Jahr später sind noch welche dazugekommen, die ich vom Studium her kannte.

Das habe ich bis zu meiner Entlassung getan. Die war 1991, zum Halbjahreswechsel. Das letzte Mal habe ich eigentlich 1990 voll gearbeitet. Ende 1990 ging es schon mit Kurzarbeit los, immer weiter runter von 80 Prozent auf null. Dann haben sie uns noch einen Lehrgang gegeben; den habe ich Anfang 1991 begonnen. Während des Lehrgangs bin ich dann gekündigt worden. Die haben uns erzählt, Karbid geht auf jeden Fall bis Ende 1993 weiter, aber die haben es schon 1991 Knall auf Fall zugemacht. Die Treuhand hatte das praktisch übernommen.

Als 1991 der Karbidofen explodierte – es kam damals auch in den Nachrichten – habe ich dort noch mit gearbeitet. Den Ofen haben wir Stück für Stück abgebaut – das Karbid innen war natürlich knochenhart, man nimmt das ja auch zum Schleifen –, um zu sehen, was der Auslöser der Explosion war. Es gab ja zwei oder drei Tote damals. Ich nehme an, dass das auch der Anlass war, die Karbidfabrik früher zu schließen.

Nach der Entlassung musste ich mich als Arbeitsloser orientieren und zusehen, wie ich wieder in Lohn und Brot komme. Ich habe dann zig Bewerbungen geschrieben und es manchmal geschafft, zum Bewerbungsgespräch eingeladen zu werden. Aber es hat nicht sollen sein – ich bin immer noch ohne Lohn und Brot. Nun musst du sehen, was du für Angebote bekommst, um ein bisschen Geld zu verdienen, zumindest mehr als Arbeitslosengeld oder -hilfe. Lehrgänge – da bekommst du Unterhaltsgeld, das ist ein wenig mehr, und du bist wieder unter Leuten; kannst mit jemandem reden. Das ist sehr wichtig, sonst bekommst du einen Koller, man kann ja nicht den ganzen Tag fernsehen.

Ich habe jetzt die zweite ABM; es ist die gleiche, die ich schon mal hatte. Da muss man hinterher sein, vom Arbeitsamt bekommt man so etwas nicht angeboten. Diese ABM schon gar nicht, da habe ich mich selber drum gekümmert. Ihr Inhalt ist die Recherche alter, erloschener DDR-Patente. Die prüfen wir auf ihre Innovationsqualität und erstellen booklets. Dafür fahren wir in Bibliotheken, machen Literaturrecherchen und prüfen, ob diese Patente noch Neuheitswert haben und für irgendeinen mittelständischen Betrieb interessant sein können. Haben wir dann etwas gefunden, wird das in diesen booklets beschrieben – das sind bis zu 100 Patente – und ein Mittelständischer kann schauen, ob etwas für seinen Bereich enthalten ist. Das Patent kann er dann kostenlos nutzen.

Die meisten sind nach 20 Jahren sowieso erloschen. Und da ein mittelständischer Betrieb selber nicht viel Geld in die Forschung stecken kann, ist es gut, wenn er ein sinnvolles Patent auf den Tisch gelegt bekommt. Viele Patente scheiterten zum Beispiel daran, dass es zu DDR-Zeiten bestimmte Rohstoffe nicht gab. Heute ist es einfacher, und das Patent kann dadurch wieder einen Sinn haben.

Wir sind insgesamt 20 Leute in verschiedenen Altersgruppen. Das sind Studenten, frisch von der Schule, Leute, die gerade fertig geworden sind oder Leute kurz vor der Rente. Was auffällt: Es sind viele Promovierte dabei. Kein Wunder, die haben früher Chemiker gebraucht, sie haben Chemiker ausgebildet, und jetzt haben sie einen Haufen Chemiker, die nicht mehr gebraucht werden. Es drückt natürlich auch den Lohn, wenn da schon 100 Leute stehen und auf den Job warten.

Ich habe mich hauptsächlich hier im Osten beworben, ist klar, hier habe ich meine Wurzeln. Natürlich auch im Westen, bis hoch an die äußerste Westgrenze. Aber mehr, als mich zu bewerben, kann ich nicht. Wenn ich nur Absagen bekomme, dann: ... dumm gelaufen. Ich bin auf dem Arbeitsamt bundesweit gespeichert zur Vermittlung. Von da kommt nichts; bisher zwei Angebote, glaube ich, in den zehn Jahren. Eins sollte nach Ägypten gehen, gerade zu dem Zeitpunkt, als in Ägypten wieder ein Tourist umgebracht worden war. Außerdem war mir die Sache irgendwie ein bisschen windig. Da war bloß der Name eines Ingenieurs angegeben und keine Firma dazu ... Das war auch ziemlich kurzfristig alles. Als ich dort anrief, hatte es sich auch schon erledigt; es waren da schon Leute auf dem Sprung. Das wäre sowieso nichts geworden.

Am 9. November 1989 war ich zu Hause, habe aber die Maueröffnung nicht mitbekommen. Erst am nächsten Tag habe ich gespürt, dass irgendwas ist: Die Leute waren alle so komisch, irgendwas musste passiert sein. Ich wollte es gar nicht so richtig glauben, weil es so unwahrscheinlich war, was da passiert sein sollte. Und da man Geschichten aus Budapest und Prag kannte, wusste ich nicht, ob das vielleicht schon wieder ein Windei war.

Und auch der Zufall: Es war schon Wochen vorher eine Dienstreise nach Berlin für mich geplant, und ich bin deshalb kurz nach dem Mauerfall nach Berlin gefahren und konnte mir das ansehen. Da war ich beim Patentamt – ich hatte damals auch schon viel mit Patenten zu tun – gleich in der Nähe vom Checkpoint Charly. Da war so eine enge Straße, nichts weiter, und auf einmal stehst du im Westen; und gehst du ein Stück weiter, bist du auf dem Ku'damm. Da war ein Andrang! Alle strömten dorthin. Überall standen sie Schlange, an den Banken und wollten ihr Geld holen. Ich war erstmal erschlagen. Anfangs war ich neugierig: gucken! Jetzt kannst du hier rüber: Wirklich wahr, jetzt bin ich drüben! Irgendwie große Gefühlsausbrüche hatte ich aber nicht. Du hast dich natürlich irgendwie anders gefühlt, aber du kannst es nicht beschreiben. Weil, du hättest nie daran gedacht, dass du das mal machen wirst. Höchstens mit vielen Hindernissen im Job oder als Rentner.

Das war eigentlich das Einzige, was mir als DDR-Bürger gefehlt hat. Ich hatte meine Wohnung, ich hatte meinen Farbfernseher, hatte ein Auto. Reisen konnte ich zwar auch: Polen, Tschechien, Ungarn, das waren auch ziemlich offene Länder nach dem Westen hin, da hast du auch schon einiges gesehen. Du konntest auch weit wegfahren und schön Urlaub machen. Nur ins westliche Ausland konntest du nicht. Das war das Einzige, was gefehlt hat, und nun konntest du das plötzlich.

Damit war für mich die Freude darauf auch noch weg ... So empfand ich das eigentlich: So, nun bist du da und hast praktisch das Letzte geschafft, was du haben wolltest, was dir immer gefehlt hat in deinem Leben, was dir immer verwehrt worden war.

Vor der Grenzöffnung habe ich nie ernsthaft den Gedanken gehabt, in den Westen zu gehen. Bin ich da drüben, dann kenne ich da niemanden; das ist ja noch schlimmer, und die bürokratischen Hindernisse, die waren im Westen ja eigentlich noch viel größer als bei uns zu DDR-Zeiten, das merkt man ja jetzt. Ich war aber nicht in der Partei. Das war für mich kein Problem, so karrieresüchtig war ich nicht. Ich wollte fachlich weiterkommen, aber nicht Generaldirektor werden. Leitungsfunktionen schon, Gruppenleiter, Betriebsleiter oder so etwas in der Art, auf der unteren Ebene.

Wenn wir den Reiseverkehr bekommen hätten, wäre vielleicht alles anders gekommen ... Aber die DDR war ja schon schwach auf der Brust. Wenn du gesehen hast, dass eigentlich bloß noch geflickt wurde: Die Karbidöfen zum Beispiel sollten schon 1970 abgestellt werden, also 20 Jahre vor meiner Entlassung! Es sollte umgestellt werden auf Erdöl, doch das Erdöl war damals teuer, es musste importiert werden, obwohl es von den Freunden, aus der SU, kam. Deshalb sind sie bei dem geblieben, was sie hatten – Braunkohle und Kalk. Das hatten wir alles im eigenen Land und war billiger, selbst wenn es mit großem Aufwand hergestellt und hergeschafft werden musste. Die Karbidöfen sahen bei ihrem Alter entsprechend aus, und die Rohstoffe wurden auch nicht besser.

Ich war ja fast jeden Tag dort in den Ofenhäusern, neben den Karbidöfen. Man wusste es ja: Wenn die Rohrleitungen undicht sind, Wasser austritt und in den Ofen läuft – der hat über 2.000 Grad – nicht bloß ein Liter, sondern Tonnen, dann geht der Wasserdampf, der da entstanden ist, irgendwann raus; dann gibt's eine Verpuffung, dann ist der Ofen weg.

Politisch habe ich die Zeit bis zum März 1990 nur noch undeutlich in Erinnnerung. So richtig konkret haben die sich ja auch nie ausgelassen, wie es weitergehen sollte. Du konntest nicht sagen, das Modell will ich, oder das will ich nicht. Knall auf Fall wurde dann beschlossen, uns einzugemeinden in die Bundesrepublik. Damit war im Prinzip der Fall erledigt. Denn das war Anfang des Jahres, als es schon feststand, dass wir am 3. Oktober beitreten. Also so lang war die Phase nicht, in der gefragt wurde: Was machen wir, was machen wir nicht.

Da gab es eigentlich keine Zeit zum Überlegen. Irgendwie fand ich das übereilt, damals schon.

Erst recht, als dann Kohl gesagt hat, in zwei Jahren habt ihr blühende Landschaften! Das war von vornherein abzusehen, dass das keine zwei Jahre dauert. Fünf Jahre mindestens, habe ich damals gedacht. Dass es so schlimm ist, dass die Regierung es in zehn Jahren nicht schafft, habe ich nicht geglaubt. Wenn du siehst, wie viele Arbeitslose es gibt und dass die Industrie immer noch am Boden liegt – das dauert noch 20, 25 Jahre.

Mir war damals schon klar, als wir beigetreten sind, das haut nicht hin, was der uns erzählt. Das war so weltfremd; wer weiß, was sie dem erzählt haben. Die haben ihre ganzen Fabriken für eine Mark verschleudert, ist doch klar, dass dann alles zu Boden gehen muss.

Die haben sich hier doch bloß gesundgestoßen. Was sie für eine Mark gekauft haben, ist dann für zehn Millionen in Einzelteilen wieder verkauft worden. Das ist wie mit einem Auto, die Einzelteile sind immer teurer.

Im Prinzip ist danach mein Leben so weitergelaufen, bis auf die Umstellung auf die neue Währung. An die neuen Waren musstest du dich noch gewöhnen, du musstest jetzt die Preise vergleichen, die Mieten fingen an zu steigen, und andere Sachen wurden teurer mit der Zeit. Das war das Einzige, wo man sich ein bisschen umstellen musste. Du hast jahrelang in einem bestimmten Rhythmus gelebt, und den konntest du dann nicht so schnell ablegen.

Erst die Arbeitslosigkeit bedeutete dann eine prinzipiell andere Situation. Das war einschneidend: der Horror. Zu DDR-Zeiten hast du in den Nachrichten von Arbeitslosen im Westen gehört. Nun warst du selber in der Bundesrepublik und selber arbeitslos. Die heutige Jugend wächst damit auf; für die ist das gang und gäbe. Aber du warst sozial abgesichert. Du wusstest, du wirst nicht entlassen, du konntest arbeiten bis zur Rente. Und nun? Wie kommst du an Geld? Du musstest ja deine festen Kosten bezahlen … Da kam natürlich eine gewisse Panik in dir auf, und du hattest den ganzen Tag Stress: zum Arbeitsamt, wo du dich nicht auskanntest. Zu wem musst du gehen, was fragen die, was musst du denen erzählen? Da musst du ja praktisch dein Innerstes nach außen kehren, die wollen alles wissen; die horchen dich erst einmal aus.

Der Anfang, der Übergang zur Arbeitslosigkeit, der war wirklich schlimm. Jetzt weiß ich ja, dass ich eigentlich ruhig sein kann. Dass ich mein Geld kriege, dass ich nicht verhungere, dass ich nicht auf die Straße gesetzt werde. Aber das wusste ich zu dem Zeitpunkt noch nicht, da hast du eben Panik gekriegt in dem Moment.

Nun komme ich aber hin. Im Prinzip habe ich jetzt schon alles. Ich bin eingerichtet, nur neue Kleidung muss ich mir kaufen und was zu essen; daneben die Festkosten wie Miete und Strom. Weniger werden darf es aber nicht, dann würde es eng werden. Doch sehe ich aus, als würde ich vom Fleisch fallen? Du kannst das Geld natürlich nicht mit vollen Händen aus dem Fenster werfen, aber ich kann mir zum Beispiel ein Auto leisten.

Meine Verwandtschaft im Westen kannte ich vor der Wende schon, die haben mich schon zu DDR-Zeiten öfter mal besucht, so alle zwei, drei Jahre. In ihrem Haus in Frankreich bin ich mal gewesen und habe im Sommer dort ein paar Wochen verbracht. Das war meine einzige Auslandsreise.

Die Beziehung zu den Verwandten hat sich nach der Wende verändert. Nach der Wende war die enger. Von ihren Erfahrungen mit dem Leben im Westen konnte man was lernen. Die kamen auch gleich nach der Wende. Meine Eltern und ich haben sie ein paarmal besucht. Inzwischen ist es wieder so wie früher.

Wenn ich mein Leben vor der Wende mit dem jetzt vergleiche, könnte ich sagen, dass ich früher glücklicher war, unbeschwerter. Ich bin früh auf Arbeit gefahren und abends zurückgekommen. Dazwischen habe ich meine Arbeit gemacht, und wenn ich das Werktor hinter mir hatte, war ich bloß noch Rudi W. und fertig – bis zum nächsten Morgen. Ich habe gemacht, was ich wollte. Ich musste mir um nichts Sorgen machen, mich um nichts kümmern. Du hast dein Geld bekommen, genug, es hat gereicht, du konntest wirklich gut leben.

Als Hauptberuf könnte ich mir vorstellen, irgendwo im Büro zu sitzen. Zu DDR-Zeiten war ich immer verantwortlich für die Computer bei uns in der Abteilung. Ich war da quasi Chef und habe die Leute angeleitet. Das war 1988. Gerade mal zwei Jahre habe ich das gemacht und dann war auch schon Schluss. Durch etliche Lehrgänge kenne ich mich mit Computern richtig gut aus. Wenn ich einen Computerarbeitsplatz hätte, das wäre schon nicht schlecht … Am liebsten wäre mir ein Job bei so einer Firma. Dafür werden Leute auch reißend gesucht, aber du musst Informatik studiert haben. Soll ich jetzt noch mal fünf Jahre Informatik studieren? Dann ist der Markt gesättigt, bis ich fertig bin, und ich kriege wieder keinen Platz. Du musst schon das haben, was jetzt händeringend gesucht wird. Bei mir reicht die Qualifikation nicht aus, die wollen eben Informatiker haben oder Mathematiker.

Ich möchte eine Arbeit finden, die mir auch wirklich Spaß macht, wo man sagt, die kann ich mit ruhigem Gewissen machen. Wenn dir aber vom Arbeitsamt irgendwas aufgedrängt und gedroht wird, wenn du das nicht nimmst, dann wird dir das und das gestrichen, dann fühlst du dich nicht wohl; so etwas kann dich krank machen. Wenn du dir aber eine Arbeit suchst, von der du sagst, die mach ich mit Spaß, selbst das, was du nicht gelernt hast und hast wieder eine Aufgabe – das ist natürlich mein vorrangiges Ziel.

Wenn ich das also jetzt sagen soll, würde ich sagen, ich habe mich damals glücklich gefühlt. Damals habe ich mich aber vielleicht gar nicht glücklich gefühlt. Ich besaß nicht gleich einen Farbfernseher und ein Auto. Ich konnte auch nicht überall hinfahren, selbst nicht nach Polen oder Ungarn. Es ist natürlich leichter, das hinterher einzuschätzen.

Genau wie jetzt. Ich kann nicht sagen, ob ich wirklich unglücklich bin. Vielleicht sage ich in zehn Jahren: Mensch, das war aber eine gute Zeit ..., wenn es dir noch dreckiger geht. Ich weiß nicht, was in zehn Jahren ist, was sich da alles ändert. Dann ist ja vielleicht die Bundesrepublik pleite; wenn du siehst, wo sie überall kürzen; und immer bei den falschen Leuten.

Das Gros will ja bloß seine Ruhe haben, abgesichert sein, und ich denke, das will ich auch: Das Leben genießen in aller Ruhe, ohne überlegen zu müssen, wie du morgen über die Runden kommst. Daran musstest du zu DDR-Zeiten nicht denken, selbst wenn du manches Luxusgut nicht hattest. Das war unwichtig, eigentlich.

Natürlich gab es auch Spinnereien, von denen man wusste, dass man sie wahrscheinlich sowieso nicht erreicht. Dass ich vielleicht ein eigenes Haus hätte ... Das war schon zu DDR-Zeiten unerschwinglich, genau wie heute. Inzwischen wohne ich in einer größeren Wohnung, ein Raum mehr. Auch noch zu klein, die Wohnung. Eine noch größere – es sind ja genug da – wäre ja kein Problem, bloß die Miete kann ich nicht zahlen.

Als Ausgleich habe ich mir einen Garten zugelegt, schon zu DDR-Zeiten. Da hat man dann etwas zu tun, wird abgelenkt. Und es ist im Grünen, wohin ich flüchten kann. Den Garten habe ich nicht gleich in Halle-Neustadt, das hätte ich mir auch schenken können, sondern ein Stückchen weg, wo ich hinfahren kann. Da habe ich meine Ruhe.

Ich hatte jetzt viel Zeit auf einmal, und irgendwas musste ich machen, um mich abzulenken. Und besser, du machst was Sinnvolles, als dich am Bahnhof hinzustellen und Bier zu trinken, wie es viele gemacht haben, auch Studierte, die dann abgesackt sind.

Ich selber war nie in Gefahr abzusacken. Wenn du das da siehst, das ist schon abschreckend genug. So will ich nicht enden. Und ich bin vollauf beschäftigt, wenn ich den ganzen Tag da draußen bin. Wenn es dunkel wird und du wieder nach Hause fährst, bist du groggy.

Ich habe da beim Urschleim angefangen, das war alles Brachland. Ich musste einen Zaun setzen, ein Haus bauen, Wege anlegen, alles anpflanzen und vorher das Alte alles roden. Ich habe das Land urbar gemacht.

Eigentlich sollte die Gartenanlage neu gegründet werden, aber es sind bloß ein paar Interessenten zusammengekommen, und die sind dann auch noch abgesprungen. Ich bin als Einziger übrig geblieben. Ich habe wie Robinson angefangen.

Und mit einer Parzelle von 550 m² hat man schon zu tun: Es gibt Stellen im Garten, da habe ich noch nie was gemacht. Du kommst gar nicht nach, denn du musst dich ja darum kümmern, dass die angelegten Kulturen nicht wieder eingehen. Ich habe keine Gartennachbarn und kann hier quasi machen, was ich will. Denn ringsrum ist da Acker; da stört mich keiner. Wochentags bin ich meistens alleine, am Wochenende fahren meine Eltern mit und helfen mir. Die kümmern sich dann um das Grünzeug, ich mich um das Bauliche. Ich bin inzwischen fast perfekt in Hoch- und Tiefbau, ich habe Wege angelegt, ein bisschen gemauert, ein bisschen gezimmert. Das war eine Herausforderung, ein neues Gebiet.

Erst schaust du in Bücher, und dann versuchst du, das zu kopieren. Später experimentierst du, bringst deine Phantasie ein. Mein Verpächter vom Dorf, der hat sich gefreut, dass ich die Wege ein bisschen geschwungen angelegt habe und nicht so gerade mit richtigen Kreuzungen und so. Ich habe nichts gegen rechte Winkel, aber sie sehen blöde aus im Garten.

Zu einsam ist es mir nicht. Der Garten liegt am Schkeuditzer Kreuz, und wenn ich die Faxen dicke habe, dann fahre ich ins Einkaufszentrum, das ist nur fünf Minuten weg. Immer bin ich auch nicht draußen, nicht bei einem Wetter wie heute zum Beispiel. Obwohl: Jetzt klart es langsam auf.

WOLFGANG G.
Freier Publizist

Der ersten Erinnerung misstraue ich inzwischen. Ich bin nicht mehr sicher, ob sie stimmt: Beim unserem ersten Appell an der EOS wurden mehrere Leute aus der damaligen zwölften Klasse, die Berufsausbildung mit Abitur machten, die also in die 13. kommen sollten, relegiert, weil sie im Sommer – ein Jahr nach Einmarsch der Russen in die ČSSR – an einer Demonstration teilgenommen hatten. Ich sprach mit verschiedenen ehemaligen Mitschülern darüber, doch keiner konnte sich so recht daran erinnern. Ich kann das gar nicht verstehen, denn für mich ist das eine ganz wichtige Erinnerung. Gleich am Anfang stand eine Drohung: Man kann da aus bestimmten Gründen auch runterfliegen!

Von unserer Klasse habe ich mich ziemlich herausgefordert gefühlt. In den Klassen vorher war ich fast immer der beste Schüler, und das veränderte sich nun schlagartig. Meine Noten sackten um eine im Durchschnitt ab, das war ziemlich frustrierend. Außerdem sah ich, dass da welche waren, die mir geistig überlegen waren. Insofern empfand ich die Klasse als eine ziemliche Herausforderung.

Im Gegensatz zu vielen anderen habe ich die Diskussionen, die wir an den FDJ-Nachmittagen hatten, sehr viel interessanter in Erinnerung, weil diejenigen, die in der Jungen Gemeinde waren, bei den Dingen, die wir da besprachen, ziemlich konträre Auffassungen hatten. Oft saßen deshalb der Direktor oder der Parteisekretär mit in diesen FDJ-Versammlungen. Im Vergleich dazu war dann die Uni später eine einzige Enttäuschung.

Da ich zwei Jahre lang FDJ-Sekretär der Klasse war, versuchte ich zu erklären, was politisch in der DDR passierte oder was den Staat betraf. Das konnte ich wohl oft nicht besonders gut, wollte es aber trotzdem. Irgendwie empfand ich mich auf verlassenem Posten, aber das störte mich nicht weiter. Ich war sozusagen derjenige, der irgendwas vertrat, das wahrscheinlich gar nicht zu vertreten war. Aber das ist eine nachträgliche Interpretation.

Ich kann mich erinnern, dass wir mal über das Thema Pazifismus diskutierten; ob also eine pazifistische Position praktikabel sein konnte, oder ob die Polarisierung in der Welt sie illusorisch machte, weil sie immer die Stärkeren stützte. Es gab dieses idiotische Gedicht von Wilhelm Busch, „Bewaffneter Friede", eine Fabel, in der Fuchs und Igel sich begegnen, und der Fuchs sagt, es ist beschlossen, dass alle Tiere des Waldes ihre Waffen ablegen, du zieh also deine Haut ab. Und der Igel antwortet, erst wenn du dir deine Zähne ziehen lässt; er kugelt sich ein, „bewaffnet, doch als Friedensheld" – also ein simples Verständnis. Aber damals war das meine Position, ich dachte, die DDR, wie alle anderen sozialistischen Länder, sind gezwungen, sich zu bewaffnen – siehe Vietnamkrieg –, um sich schützen zu können. Trotzdem war ich selbst nicht bereit, länger als anderthalb Jahre zur Armee zu gehen.

Mein politisch prägendes Erlebnis war der Einmarsch der Warschauer Vertragsstaaten, wie sie damals hießen, in die ČSSR. Der fiel genau auf meinen 14. Geburtstag. An diesem Tag war ich mit meinen Eltern in unserem Garten, und dort hörten wir im „Deutschlandfunk" die Nachricht vom Einmarsch. Meine Mutter fing an zu weinen und sagte: „Hoffentlich gibt es keinen Krieg". Das war für meine damaliges Denken derart ausgeschlossen, dass ich unheimlich erschrak: Krieg konnte es bei uns doch gar nicht geben! Ich glaube, an diesem Tag wurde bei mir sozusagen ein politisches Urmisstrauen ausgebildet. Aber diese Misstrauen war nie so stark, dass es mich in eine prinzipielle Distanz zur DDR oder zum Sozialismus gebracht hätte. Ich wollte im richtigen Staat, in der richtigen Gesellschaft leben. Prag '68 war das eine – ich habe da ab 18 öfter meinen Geburtstag im „U Fleků", dieser Schwarzbier-Kneipe in Prag, gefeiert, auch '78, als Panzer in Prag standen.

Prag war das eine, aber es gab auch das andere. Und ich traf immer wieder, auf allen Stufen und in allen Bereichen, Leute, die ein ebenso zwiespältiges Verhältnis hatten wie ich. Für mich gab es drei Gruppen in dieser Hinsicht: die, die ein klar distanziertes Verhältnis zur DDR hatten, jene, die ein unreflektiert positives Verhältnis hatten, und solche mit reflektiert positivem Verhältnis, was einschloss, die Widersprüche oder Kehrseiten zu sehen; ich rechnete mich natürlich zu dieser dritten Gruppe.

Ich fühlte mich deshalb an der EOS auch nicht so eingeengt wie andere – mal abgesehen von dieser ständigen Nerverei mit den Haaren und Jeans – ich glaube, eine Zeit lang waren sogar Rollkragenpullis unterm FDJ-Hemd unerwünscht –, den Nervereien mit dem längeren Armeedienst oder der Offizierswerbung. Mein Vater sagte mal zu mir: „Mach doch drei Jahre, dann hast du Ruhe." Aber erstens war Ruhe kleinbürgerlich, und zweitens war Armee für mich selbst ein Gräuel. Schon, weil man sich dafür die Haare abschneiden lassen musste. Überhaupt alles, was mit Uniformen zusammenhing, war mir verdächtig; selbst der Fanfarenzug an der Schule.

In der zehnten Klasse, kann ich mich erinnern, haben wir den Prüfungsaufsatz im FDJ-Hemd schreiben müssen, und der damalige Direktor ging durch die Reihen und guckte, wem die Haare übern Kragen standen. Die schickte er zum Frisör. Also solche Sachen, die empfand ich wirklich als Schwachsinn.

Prag war mir wichtig, aber von der 68er Studentenrevolution habe ich so gut wie gar nichts mitgekriegt. Das hat mich überhaupt nicht beschäftigt, obwohl ich Westfernsehen geguckt habe. Das nahm ich bestenfalls vermittelt über Musik, Literatur, auch Mode – lange Haare und Jeans – wahr.

Es muss 1972 oder '73 gewesen sein, dass wir mit der Klasse im Klubhaus der Buna-Werke eine Gastinszenierung des Deutschen Theaters von Plenzdorfs „Die neuen Leiden des jungen W." gesehen haben. In dem Stück gibt es ein Lied über Jeans, über Bluejeans als Ausdruck von Opposition, Widerstandsgeist. Also nur so vermittelt kam bei mir die Studentenrevolte an. Diese Inszenierung ist mir nicht nur wegen dieses unangepassten Edgar Wibeau in Erinnerung geblieben, sondern weil ich überhaupt zum ersten Mal richtiges Theater sah. Außerdem war ich selbst immer auf der Suche nach richtigen Jeans – also nicht diese Wisent-Dinger aus DDR-Produktion, die nicht ausbleichten und nicht knitterten, weil der Stoff so hart war, dass du die Hosen abends an die Wand lehnen konntest. Ich hatte da einen Freund, der kriegte ab und zu Jeans aus dem Westen, und wenn die durchgescheuert waren, musste der die wegschmeißen – seine Mutter war Lehrerin –, und wir haben da mal ausgemacht, dass er mir vorher Bescheid sagt, wenn er sie wegschmeißen muss. Ich stand dann hinter der Mülltonne und habe sie wieder rausgeholt. Da sich meine Mutter, eine gelernte Schneiderin, weigerte, die Jeans zu flicken, musste ich das selbst machen – an einer mechanischen Nähmaschine, so einer mit 'ner Fußwippe. Ich hatte mal richtig Übung darin.

Insgesamt fand ich die Klasse als ziemlich hilfreich beim Erlernen von kritischem Denken. Es gab da sozusagen zwei Techniken: das Abtropfenlassen und das Dagegenhalten; die eine Haltung: Naja, erzähl' deinen Scheiß, wir bringen die Stunde schon irgendwie hinter uns – oder eben die Diskussion. Und in unserer Klasse konnte man kaum in die Lage kommen, alles zu glauben, was die Lehrer sagten.

Dass ich trotzdem FDJ-Sekretär war, hatte im Wesentlichen zwei Gründe. Der eine liegt in meiner persönlichen Geschichte: Mein Vater stand dem System ziemlich ablehnend gegenüber, weil er einigen ungerechten – sage ich heute – Maßnahmen ausgesetzt war. Im „Kampf" zwischen Vater und Sohn wurde ich zwangsläufig in die Gegenposition getrieben, musste also verteidigen, was er kritisierte und umgekehrt. Das ist nunmal bei Söhnen meist so – sie kommen über diese Zwischenstufe leichter zu ihrem eigenen Ich. Der andere Grund war, dass mir einfach die Rummotzerei gegen die Zustände in dieser Gesellschaft auf den Nerv ging. Ich dachte, um was verändern zu können, muss man sich engagieren – und zwar nicht außerhalb der sozialen Institutionen.

Unmittelbar nach dem Abitur gab es eine für meine weitere Biographie wichtige Episode. Ich hatte bereits einen Studienplatz für Verfahrenschemie in Merseburg. Das war ein Wunsch, der schon aus der vierten Klasse stammte. Damals qualifizierte sich meine Mutter zur Chemie-Laborantin in Leuna. Weil ich in der Schule unterfordert war, lernte ich mit ihr mit. Das ging ganz gut, weil die gewissermaßen mit dem Urschleim anfingen, also Grundlage der Elemente, Wertigkeiten, einfache Reaktionsgleichungen und so weiter. Später besuchte ich einen „Zirkel junger Chemiker" in Leuna und bin da bestimmt zweimal oder dreimal in der Woche hingefahren. Ich nahm dann an Kreis- und Bezirksolympiaden teil, beschäftigte mich also ziemlich intensiv mit der Sache. Deshalb war für mich völlig klar: Ich wollte Chemie studieren und dann in die Forschung. Doch dann gab es Ende '72 oder Anfang '73 Knatsch mit einer Band, in der ich sang und Perkussion spielte – wir nannten uns SEM, Soul Ensemble Merseburg.

Die wurde in Vorbereitung auf die Jugend-Weltfestspiele 1973 in Berlin gegründet und von einem Saxophonisten der Musikschule geleitet. Wir waren acht Leute, hatten eine Bläsergruppe mit Saxophon, Posaune und Trompete und spielten so „Chicago", „Blood, Sweat & Tears" oder Joe Cocker nach. Als wir anfingen, eigene Titel zu machen und selbst Texte zu schreiben, war es aus. Und wir sind dann nicht als Band nach Berlin gefahren, sondern ich habe mit meinem Freund an einem Berliner See gezeltet, und tagsüber waren wir auf dem Alexanderplatz, wo das Jugendleben vergleichsweise brodelte. – Also die Volkspolizei muss da zu äußerster Zurückhaltung angehalten worden sein: Die sahen zu, wie die Leute auf dem Alex rumlagen, die Kaskaden des Fernsehturms hoch rannten und so. Ich weiß noch, wie ich mich wunderte, dass der Tod Walter Ulbrichts in diesen Tagen praktisch im Trubel unterging.

Jedenfalls haben wir uns bei dieser Gelegenheit einen Plan für unser zukünftiges Leben gemacht. Wir wollten nicht mehr Chemie – bei meinem Freund war es Mathe – studieren, sondern beide Deutschlehrer werden, wollten an der Universität studieren, die am weitesten von unseren Elternhäusern entfernt war, und schließlich zusammen an eine Schule im Bezirk Suhl – irgendwo ganz tief im Thüringer Wald – gehen und dort die Elite der Nation heranbilden. Das war der Plan 1973. Ich kam dann zur Armee, zog meinen Studienplatz in Merseburg zurück und bewarb mich in Rostock. Meine Eltern dachten natürlich, ich bin nicht ganz dicht, weil ich das Risiko einging, zum Schluss ohne Studienplatz dazustehen. Das war mir aber egal, ich war von dem Vorhaben überzeugt. Und die Zulassung für Rostock erhielt ich dann auch ohne Probleme, genauso wie mein Freund. Punkt eins des Plans war damit erledigt. 1975, nach der Armee, begann ich dann ein Lehrerstudium für Deutsch und Englisch.

Die Armeezeit war wieder eine sehr zwiespältige Sache. Auf der einen Seite der übliche Stress: In meiner Kompanie waren fast nur Abiturienten oder Leute, die bereits studiert hatten, und die Gruppenführer hatten oft nur den Abschluss der achten Klasse. Die tobten da voll ihre intellektuellen Minderwertigkeitsgefühle aus. Das war zum Beispiel ein promovierter Musikwissenschaftler, Verfasser einer Monographie über Johann Sebastian Bach, den mussten die mit „Soldat Doktor" anreden und zahlten es ihm mit besonderen Schikanen heim. Naja, das Übliche, das muss man nicht ausmalen. Das vielleicht Unübliche war ein psychisch ziemlich anspruchsvoller Dienst. Ich war in Straußberg beim Zentralen Gefechtsstand der Luftstreitkräfte, und wir dokumentierten den Flugverkehr an der Grenze zur Bundesrepublik. Das heißt, wir bekamen minütlich die Koordinaten von Flugobjekten und mussten deren Bewegungen mit Fettstiften und in spiegelverkehrten Zahlen an durchsichtige Plastekarten zeichnen; spiegelverkehrt, damit sie von den Offizieren vor der Karte richtig herum gelesen werden konnten. Die wichtigsten Daten wurden dann in einer zentralen, fünf Meter hohen Karte gesammelt, an der in zwei Etage gezeichnet wurde; und da arbeitete ich. Der Vorteil war: Bei guten Leistungen bekamst du schnell Sonderurlaub, der Nachteil: Wenn dir absichtliche Fehler zugewiesen wurden, warst du schnell im Knast. Zu diesem Druck kam eine enorme psychische Belastung allein durch die Art der „Datenübetragung". Wir bekamen die Daten – Koordinaten, Flughöhe, Art des Objekts und so weiter – über Kopfhörer und haben mal ausgerechnet, dass bei nur zehn Objekten, die gleichzeitig darzustellen waren, man drei Zahlen in der Sekunde hörte und dabei gleichzeitig „zeichnen" musste. Als ich das dort zum ersten Mal erlebte, hätte ich nie für möglich gehalten, dass ich das jemals schaffen würde. Aber durch intensives Training schaffte man in Extremsituationen mehr als das Doppelte oder – was ich bei einem Kollegen selbst erlebte – man drehte durch. Sowohl das unerhört schnelle Lesen als auch das Zeichnen waren eigentlich akrobatische Leistungen, reif für den Zirkus.

Doch ich hatte auch Glück in diesem Unglück. Zum einen gab es keine EK-Bewegung, zum anderen hatten wir nach einem 48-Stunden-Zyklus – jeweils sechs Stunden Dienst und sechs Stunden Pause – relativ viel Freizeit. Und die Garnison hatte sowohl eine unheimlich gut belieferte Buchhandlung als auch eine sehr gute Bibliothek. Ich las damals fast die ganze skandinavische Literatur des 19. und 20. Jahrhunderts. Aber auf all das hätte ich gerne verzichtet, wenn die gesagt hätten, du wirst morgen entlassen.

Das Studium war von den Anforderungen her keine große Hürde. Es gab nur anfangs eine Ausnahme, germanistische Sprachwissenschaft, denn ich rechnete überhaupt nicht damit, beispielsweise Morphologie und Syntax zu haben. Ich konnte mich noch dunkel erinnern, was ein Fürwort ist, und die wollten wissen, welche Indefinitpronomen es gibt. Ein Kollege, mit dem ich später gemeinsam Seminare veranstaltete, fragte mich im ersten Semester streng, ob ich glaubte, bei diesem Studium richtig zu sein. Aber das war schnell behoben, so dass das Studium ziemlich konfliktlos verlief. Am Ende des ersten Studienjahres, nach der Prüfung in DDR-Literaturgeschichte, fragte mich der Professor, bei dem ich später Assistent wurde, ob ich mir vorstellen könnte, an der Uni zu bleiben. Wichtig war nur, dass – nachdem feststand, dass meine Frau und ich an der Uni bleiben würden, sie in der Sprachwissenschaft, ich in der Literaturwissenschaft – wir 1978 von zwei Stasi-Leuten besucht wurden, die uns zur Mitarbeit werben wollten. Als ich sah, dass meine Frau gar nicht merkte, dass die von der Stasi waren – die haben ja nicht gesagt: „Guten Tag, wir kommen vom Ministerium für Staatssicherheit ..." –, bat ich um Bedenkzeit, und am nächsten Tag lehnten wir ab. Das stellte meine Assistenz und das Forschungsstudium meiner Frau nicht in Frage, hatte aber die Konsequenz, dass wir nicht ins Ausland fahren durften. Gleich nach dem Studium gab ich Seminare; darunter so ein Hammer wie „Einführung in die Dramatik. Von Aristoteles bis zur Gegenwart". 1984 verteidigte ich meine Doktorarbeit zur Literatur junger DDR-Autoren, gleichzeitig erweckte ich gemeinsam mit ein paar Freunden das Studententheater in

Rostock zu neuem Leben. Zehn Jahre habe ich da als Regisseur und Dramaturg gearbeitet, und ich investierte in diese Arbeit sehr viel Zeit. Doch es war für mich wirklich im weitesten Sinne ein großes Vergnügen. Nicht nur, weil die Proben kreativ, lustig und intensiv waren, sondern weil man gleichberechtigt und kollektiv arbeiten konnte. Außerdem hatten wir freche Inszenierungen, um die uns die Schauspieler am Volkstheater Rostock beneideten. Natürlich musste man dann in Kauf nehmen, dass manche Premiere am Abend davor noch auf der Kippe stand, weil es die Uni-Kulturkommission beispielsweise nicht so lustig fand, dass der Staatsrat in Büchners „Leonce und Lena" aus sieben Blinden bestand.

Das heißt, ich praktizierte auch im Studententheater diese kritische, im Grundsätzlichen aber positive Haltung zur DDR. Gerade wegen dieser Arbeit galt ich als aufmüpfig, und das ging so weit, dass ein von mir geschätzter Professor in der Kulturkommission sagte: „In der Studentenbühne sitzt der Feind." Und so etwas sagte man damals nicht leichtfertig daher.

Wie relativ meine kritische Haltung zu bewerten war, sah ich erst nach der Wende. Erst dann fiel mir auf, was ich alles nicht wahrnehmen konnte, weil es nicht in mein Weltbild passte.

Als feststand, dass ich mit einer unbefristeten Stelle an der Uni bleiben würde – der Plan mit Thüringen war dadurch aufgehoben –, entschied ich mich dafür, in die SED einzutreten. Ein Kollege, der selbst schon Parteistrafen und Benachteiligungen hinnehmen musste, diskutierte mit mir eine ganze Nacht darüber. Zum einen war mir wichtig, dass diese Parteimitgliedschaft nicht mehr im Zusammenhang mit der unbefristeten Stelle stand, zum anderen leuchtete mir seine Pragmatik ein. Er agitierte nicht mit „der Rolle der Bedeutung", sondern schilderte ein Patt-Situation. Er sagte, es gibt Reformer in dieser Parteigruppe, und es gibt Stalinisten. Die halten sich ziemlich die Waage, und wir haben dich kennen gelernt als jemanden, der an einer Reform dieser Gesellschaft und der Partei interessiert sein könnte. Willst du nicht diese Reformerpartei unterstützen? Damit war wieder mein Glaube angesprochen, dass man in den Institutionen was bewirken konnte.

Ich trat also in die Partei ein, und die Richtigkeit dieser Entscheidung schien sich sofort zu erweisen, als unmittelbar darauf die Glasnost/Perestroika-Bewegung Gorbatschows in der Sowjetunion begann. So ein Höhepunkt war dabei 1988 das Verbot des „Sputniks", einer sowjetischen Zeitschrift. Anlass war ein Artikel eines Historikers über den Stalinismus in der Sowjetunion, der nicht ins Bild der offiziellen Geschichtsschreibung in der DDR passte. Ich war damals als relativ junger Mann Parteisekretär der Literaturwissenschaftler, und es war vorher mit ein paar Kollegen besprochen worden, einen Protestbrief ans ZK zu schreiben. Germanisten schreiben einen Protestbrief – es war eine Tragödie! Von heute aus: eine Groteske. Bis tief in die Nacht saßen wir, feilschten um jedes Wort und diskutierten semantische Kontexte. Nach dem Motto, wenn wir das schreiben, dann lesen die Genossen gar nicht mehr weiter … Es war furchtbar, es war lachhaft. Aber es war das erste Mal, dass offiziell und schriftlich die nicht mehr absolute Übereinstimmung mit der Parteiführung fixiert wurde. Das ist heute nur schwer zu erklären. Ich weiß noch, dass mir die Knie wackelten, als ich – denn als Parteisekretär dieser Gruppe stand nur mein Name unter dem Brief – den Brief einfach in den Postkasten schmiss, anstatt ihn an die nächsthöhere Parteiebene zu geben, wie es der Dienstweg eigentlich vorsah.

Im Jahr davor passierten auch schon zwei für mich wichtige Dinge: 1987 erhielt ich die Lehrbefähigung, das heißt, ich durfte Vorlesungen zur Geschichte der DDR-Literatur halten. Besonders heikel war, dass ich dies nicht nur in Rostock tat, sondern auch eine Vertretung an der PH Güstrow übernehmen musste, einer wirklich finster-roten Kaderschmiede. Als ich beispielsweise „Brechts ‚Buckower Elegien' und der 17. Juni 1953" ankündigte, saßen die Professoren der Sektion ML geschlossen in der ersten Reihe – aber es geschah nichts, obwohl ich lang und breit über Brechts dialektische Einwände sprach. Das hätte ich eigentlich schon als Indiz für den Niedergang der DDR verstehen können – ich sah dieses Schweigen aber als Zeichen der Hoffnung.

Von November '87 bis zum Sommer '88 war ich in Rumänien. Da ich kein Reisekader war, wurde eine Sonderregelung genutzt, nach der man als Nicht-Reisekader Dienstreisen für drei Monate ins sozialistische Ausland unternehmen durfte. Ich war dann eben drei mal drei Monate dort, jeweils mit offizieller Einreise, Ausreise, Einreise und so weiter. Irgendwie fand sich für diese Stelle in Klausenburg/Cluj-Napoca in Siebenbürgen niemand, weil man da nicht an die Lebensmittelversorgung der DDR-Botschaft angeschlossen war, sondern Lebensmittelkarten hatte wie alle Rumänen. Das hieß 300 Gramm Brot pro Tag; 10 Eier, ein Pfund Wurst und Fleisch pro Monat und so weiter. Natürlich bekam man außer Brot nichts, da konnte man so viele Marken haben wie man wollte. Außerdem hätte ich es sowieso nicht gewagt, einem Rumänen seine Ration wegzuschnappen. Ich wusste ja, dass ich nach relativ kurzer Zeit wieder zurück sein würde. Als ich zu Ostern '88 in der DDR war, ergab sich so ein hübsches Beispiel für die Relativität des Begriffs „Mangelwirtschaft": In Rumänien gab's keine Eier, in der DDR beklagte meine Schwägerin, dass sie keine Eierkerzen bekommen konnte.

Doch der Winter dort war ziemlich hart: Bei nur vier Stunden Strom am Tag und zwischen acht und zwölf Grad Zimmertemperatur konnte man nur eine Kerze anzünden, sich im Bett einmummeln und lesen. Unglücklicherweise rückte der BRD-Lektor am Institut nichts aus seiner Bibliothek raus, so dass ich am Ende vor Verzweiflung die vier Schinken „Der Friede im Osten" von Erik Neutsch las. Dieser Aufenthalt war aber für mich eine wichtige Erfahrung deshalb, weil ich sah, es gibt in diesen sozialistischen Gesellschaften, so wie sie machtpolitisch angelegt waren, prinzipiell nichts, was Entwicklungen wie in Rumänien verhindern musste. Diese extrem diktatorischen Zustände wären eigentlich in jedem sozialistischen Land strukturell möglich gewesen. Das war für mich eine ziemliche Ernüchterung. Zudem fiel in diese Zeit der 70. Geburtstag Ceauşescus – mit Lenin-Orden aus Moskau und Karl-Marx-Orden aus Berlin. Das waren zwar nur die üblichen Rituale, aber es brachte viele auf. Nach dieser persönlichen Erfahrung des Alltags kam ich sozusagen wutentbrannt zurück und hielt einige Vorträge darüber. Das kam nicht überall gut an. Ich versuchte, rumäniendeutsche AutorInnen in „Temperamente", einer Zeitschrift für junge Literatur, unterzubringen, das ging auch nicht.

So, ein halbes Jahr später kriegten wir die Nachricht, dass wir nach zehn Jahren Bemühen im Ausland arbeiten dürften – als Sprachwissenschaftlerin und Literaturwissenschaftler waren wir eigentlich ein Traumpaar: beide einsetzbar und in unterschiedlichen Bereichen der Germanistik. Da unsere Tochter damals schon in die vierte Klasse kam und wir die Kinder nicht in die eine sowjetische Botschaftsschule geben wollten, kamen nur Budapest und Prag in Frage, weil dort DDR-Botschaftsschulen waren, die bis zur zehnten oder zwölften Klasse führten. Im Sommer '89 fuhren wir dann mit dem Trabbi und Sack und Pack nach Prag. Wir arbeiteten am DDR-Kulturzentrum in Prag, ich war verantwortlich für Projekte und Konferenzen von tschechoslowakischen und DDR-GermanistInnen, meine Frau war in der Weiterbildung von DeutschlehrerInnen beschäftigt. Als wir nach Prag kamen, fing die Botschaftsbesetzung an – aber das ist ein Thema für sich. Ich habe am 18./19. November den Umbruch in der Tschechoslowakei erlebt. Mit meiner persönlichen Bindung an diese Geschichte war es wirklich eine glückliche Fügung, dass mich ein Zufall genau an jenem Tag nach Bratislava schickte, als Alexander Dubček seine erste öffentliche Rede nach der Niederschlagung des Prager Frühlings hielt. Später nannte man die Wende in der ČSSR die „samtene Revolution". Genau so habe ich sie in Prag empfunden. Ich war oft auf dem Wenzelsplatz; mir ging zwar der Kult um Vacláv Havel bald auf die Nerven, aber die Heiterkeit der Leute – die war sehr bewegend, und es wird sie nie wieder geben.

Ganz anders ging es mir beim Mauerfall. Den habe ich verflucht als politischen Verrat. Ich hörte davon am 9. November abends im Radio, denn wir wohnten in der Südstadt von Prag und konnten kein DDR-Fernsehen empfangen. Als ich in der Zeit davor die Berichte von den Demonstrationen in Leipzig und Losungen wie „Wir bleiben hier" hörte, da schien es mir tatsächlich möglich zu sein, die DDR zu reformieren. Auch die Demonstration der Künstler am 4. November in Berlin, bei der Christa Wolf, Christoph Hein und andere sprachen, deutete darauf hin. Außerdem gab es die erste Möglichkeit einer öffentlichen Diskussion in der DDR über das Reisegesetz. Und dann, als am 9. November die Mauer aufging, wusste ich, es ist alles aus – jedenfalls das, was ich so an politischen Zukunftsvorstellungen hatte. Die waren damit erledigt.

Das hat mich regelrecht niedergeschmettert, vor allem, weil ich kurz vorher in Budapest war und dort so einen richtigen Farb- und Geruchsschock erlebt hatte. Als ich da ins Zentrum kam und diese grelle Werbung sah – es waren vor allem die Farben –, war ich sinnlich so fasziniert, dass ich kaum mit meinem Willen dagegen ankam. Vom Westen konnten man ein Häppchen in Budapest ahnen. Ich konnte mir also vorstellen, was passieren würde, wenn die Leute aus der DDR so unvermittelt nach Westberlin kamen. Die würden der Faszination des Konsums, der Waren, der Farben erliegen, und ich konnte alles vergessen. Es würde aus der DDR nicht das werden, was ich mir immer vorgestellt habe.

Ich habe die Bundesrepublik als System nie für eine sinnvolle Alternative zur DDR gehalten. Konsum und materieller Wohlstand waren das Einzige, was sie zu bieten hatte – so sah ich das jedenfalls. Und das interessierte mich überhaupt nicht. Arbeitslosigkeit, Obdachlosigkeit, Armut, Kriminalität, Korruption, NPD-Aufmärsche und so weiter – wenn all das diese Gesellschaft nicht in den Griff bekommen konnte, war sie es nicht wert, dass man da genauer hinschaute. Das aber kam jetzt auf mich zu: diese Gesellschaft, die ich nie haben wollte. Das hatte auch berufliche Konsequenzen: Ich konnte nicht mehr schreiben. Es entstand die totale Sinnfrage. Warum sollte ich mich noch mit Kultur, Literatur, Sprache beschäftigen, wenn ich mit den Grundlagen dieser Kultur gar nichts zu tun hatte?

Dazu kamen so viele Analogien; um ein Beispiel zu geben: Man hat sich über die DDR lustig gemacht wegen dieser Propaganda-Veranstaltungen, überall hingen irgendwelche Sprüche über den neunten, zehnten, elften Parteitag oder was weiß ich. Fahnen hingen an jeder Ecke: die Marken der Macht. Wie Hunde an jeden Stein pissen müssen, markiert die Macht ihr Territorium. Die Fahnen waren bald wieder da, sie sahen nur anders aus, und sie erschienen an anderen Orten; letztendlich waren es aber auch wieder nur Marken der Macht. Auf einmal wurden die Tankstellen und Großmärkte bewimpelt, es gab auch nicht mehr so viele vordergründig politischen Sprüche – es sei denn, es waren Wahlen – es hatte sich eine andere Macht etabliert. Sie definierte sich nicht mehr über Politik, sondern über Geld und Ökonomie. Das war der fragwürdige Unterschied. Das war mir grundsätzlich zuwider. Ich konnte auch nichts anfangen mit dieser unverhüllten Konsumgier der Ostdeutschen, also mit diesen peinlichen – so empfand ich das – Schlangen an den Bankschaltern zum Empfang des Begrüßungsgeldes von 100 Mark.

Naja, dazu kamen meine Beobachtungen bei der Botschaftsbesetzung in Prag. Da war kein Freiheitswille. Die Leute wollten einfach ihren materiellen Wohlstand verbessern, auf ziemlich aggressive Weise. Etwas anderes habe ich jedenfalls nicht gesehen. Allein, wie die mit ihren Kindern umgingen …

Wir sind nach einem Jahr wieder zurück nach Rostock, obwohl wir drei Jahre in Prag bleiben wollten. Es tauchten da ein Haufen Gerüchte auf: Die Unis werden geschlossen, Stellen werden gestrichen und so weiter. Uns wurde jedenfalls geraten, da zu sein, falls irgendwelche Entscheidungen fallen sollten. Wir haben dann praktisch nach einem Jahr wieder in unseren Jobs angefangen und weiter unterrichtet.

Im Frühjahrssemester '92 erhielt ich ein Stipendium der Humboldtstiftung, um das ich mich beworben hatte, um aus meiner Ummauerung rauszukommen. Ich musste Westdeutsche, Menschen, kennen lernen, um mich nicht mehr weiter nur am System zu verbeißen. Ich war an der Uni in Freiburg im Breisgau, habe da praktisch ein Forschungssemester gemacht und auch ein bisschen unterrichtet. Und das war für mich tatsächlich eine Befreiung in dem Sinne, dass ich Westdeutschland nicht mehr nur als Staatssystem sah, sondern als eine Gesellschaft von Menschen.

Dieses sehr intensive halbe Jahr hat mich lockerer und auch toleranter gemacht. Weniger erfreulich war dann die Umstrukturierung an der Rostocker Uni ab Herbst '92. Das war eigentlich eine erpresserische Handlung: Die Institute wurden neu strukturiert, es wurden unsere unbefristeten Stellen einfach gestrichen – obwohl das, dachte ich, arbeitsrechtlich überhaupt nicht möglich war –, und wir hatten dann die Möglichkeit, uns für die neu geschaffenen befristeten Stellen zu bewerben oder gleich zu gehen. Ich erhielt nun eine befristete Stelle, die lief '98 aus, und ich war draußen, arbeitslos. Die Lehrstühle wurden inzwischen fast komplett mit Westdeutschen besetzt. Es fand ein Eliteaustausch statt, wie er im Buche steht. Der Witz war, dass mein so genannter „Kaderentwicklungsplan" aus dem Jahr 1988 vorsah, dass ich 1995 den Lehrstuhl für „Geschichte der DDR-Literatur" übernehmen sollte; in meiner Stasi-Akte las ich, dass die Jungs von „Horch und Guck" das verhindern wollten – im Endeffekt ging ihr Plan auf, meiner nicht so sehr.

Trotzdem bin ich mit meiner jetzigen Situation als freier Publizist nicht unzufrieden. Die Arbeit am Institut machte immer weniger Spaß, weil durch den drastischen Stellenabbau eine seriöse Ausbildung eigentlich nicht mehr möglich war. Dazu kamen die Machtkämpfe der neuen West-Professoren, die reine Willkür bei den Lehrangeboten, und die Forschung lag ganz am Boden. Innerlich habe ich mich also schon viel früher von der Uni verabschiedet, obwohl mir die Arbeit mit den StudentInnen Spaß machte. Aber es war keine gute Atmosphäre mehr am Institut.

Wichtig war mir aber, dass ich durch die Wende gemerkt habe, was ich vorher alles nicht denken konnte. Dabei war auch die Psychoanalyse sehr wichtig, mit der ich mich in Prag zu beschäftigen begann. Es war tatsächlich sinnlich wahrnehmbar, wie meine Denkmauern sozusagen im Kopf bröckelten. Und das empfand ich als Befreiung und als Bereicherung.

Und jetzt, nach Arbeitslosigkeit und Abschied von der Uni, arbeite ich als freier Publizist, bin mit tausend Sachen beschäftigt und empfinde das als sehr interessant. Das hätte mir die Arbeit an der Uni nie ermöglicht und schon gar nicht die Arbeit an einer DDR-Uni.

Es ist zwar ziemlich anstrengend, bei den meist saumäßigen Honoraren im Osten die nötige Kohle ranzukriegen, aber ich kann mir aussuchen, womit ich mich beschäftigen will. Das ist ein nicht zu unterschätzender Vorteil.

Ich denke, es ist sinnlos, sich Einzelheiten aus der DDR zurück zu wünschen. Ich misstraue jenen Erinnerungen an die damalige Geborgenheit und Freundlichkeit zwischen den Leuten. Das stimmt zwar, aber das waren Effekte einer ganz bestimmten Lage in der DDR. Es waren zum großen Teil Notgemeinschaften: Was blieb einem in einer Mangelgesellschaft übrig, als freundlich miteinander umzugehen? Wenn der Markt nicht funktioniert, müssen die Emotionen ran. Insofern war diese Freundlichkeit sehr bedingt, denn anders wäre nicht zu erklären, dass sie nach der Wende so schlagartig verschwand. Aber diese Freundlichkeit lebt nunmal in den Erinnerungen, und heute muss man eben sehen, ob und wie man hierfür neue soziale Bedingungen schaffen kann. Immerhin eine Aufgabe, die alle Anstrengung verdiente.

HANNELORE K.

Stewardess, z. Zt. Invalidenrentnerin

Wir waren eigentlich eine ganz dufte Klasse, brauchten aber eine gewisse Zeit, bis wir uns zusammengerauft hatten. Ich erzähle heute noch gern, dass wir immer ganz stolz waren, auf dem letzten oder vorletzten Platz in der „Klassenwertung" zu landen. Es hat mir gefallen, dass nicht so ein extremes Strebertum herrschte, der eine besser sein wollte als der andere, und dass wirklich auch mal Zeit für Spaß war. Ich kann mich noch daran erinnern, dass wir uns mal schwarze Zahnlücken angemalt hatten, weil gemunkelt wurde, der Astrolehrer hätte nach einer Prügelei eine Zahnlücke gehabt; da malten wir uns eben auch so eine Lücke an. Dass da wirklich alle mitgemacht haben, das fand ich gut.

Man vergisst ja eigentlich das Negative, nur das Lustige oder Schöne bleibt in Erinnerung, aber da waren ein paar Sachen … Zum Beispiel sagte ich einmal zu unserem Physiklehrer: „Einbildung ist auch 'ne Bildung". Ich meinte das aber gut, weil er sich immer einbildete, wir können ihn nicht leiden; ein anderer Lehrer walzte das dann als Respektlosigkeit breit.

Ich erinnere mich auch, wie ein Stabülehrer eine Mitschülerin fertiggemacht hat, weil sie im Unterricht das Wort „Arbeitnehmer" benutzt hat. Das war schon sehr unangenehm. Die ist total fertig gewesen.

Als wir in der elften Klasse waren, stellte man fest, dass es zu viele Abiturienten und zu wenige Studienplätze gab. Deshalb gab es die Losung: Werdet Facharbeiter mit Abitur! Man konnte so den Facharbeiterbrief innerhalb eines Jahres erwerben – bei relativ hohen Bezügen; es gab es da wohl von Anfang an 400 Mark – für einen Lehrling viel Geld zu DDR-Zeiten. Dieses Angebot kam mir eigentlich entgegen, denn ich wusste absolut nicht, was ich studieren sollte. Ich schrieb jedesmal einen anderen Beruf auf, wenn wir danach gefragt wurden. Man hatte ja auch kaum Informationen. Du wusstest, man kann Chemie oder Pädagogik studieren, als Junge konnte man Offizier werden, und für das Bauwesen wurde stark geworben. Alles andere musstest du dir selbst zusammensuchen. In der Zeit hörte ich dann von der Möglichkeit, zur See zu fahren. Und weil ich schon immer so ein bisschen Fernweh hatte, war damit für mich das Ziel klar.

Mir ist vorhin bewusst geworden, dass ich seit zehn Jahren hier in Rostock wohne. Das ist das erste Mal, dass ich so lange an einem Ort bin. Ich bin in meinem ganzen Leben immer umhergezogen. Mein Vater war Offizier, Testpilot, bei der NVA, und deshalb mussten wir öfter umziehen. Ich habe nie lange an einem Ort gewohnt. Während der Schulzeit bin ich zehnmal umgezogen und habe acht- oder neunmal die Schule gewechselt. Das scheint irgendwie die Ursache für mein Fernweh zu sein, und auch heute könnte ich sofort meine Sachen packen und irgendwo hingehen. Aber es war nicht so, das will ich gleich dazusagen, dass ich aus der DDR weg wollte. Ich hielt es einfach an einem Fleck nicht lange aus; ich wollte was sehen. Vielleicht war es auch ein bisschen Verlegenheit, weil ich nicht wusste, was ich an ein und demselben Ort machen sollte.

Denn mein Fernweh hatte keine bestimmten Ziele. Einfach raus in die Welt, sich die Welt angucken, was sehen und andere Leute kennen lernen. Mich hat es schon immer interessiert, wie andere Leute leben oder wohnen. Ich habe mich zum Beispiel in Merseburg gerne an die „Hölle" gestellt und manchmal eine Stunde lang Leute angeguckt, die da so vorbeigingen. Dabei habe ich mich gefragt, was die wohl machen und warum die gerade jetzt hier vorbeikommen.

Vor allem im Ausland – wir waren gerade in Venedig – habe ich mir oft gewünscht, dass die Mauern der Häuser aus Glas sein mögen, damit man mal sehen kann, wie die Leute da leben.

Dummerweise – und das ist eigentlich der Knackpunkt in meinem weiteren Leben gewesen – wurde ich mit meinem Lehrberuf falsch informiert, indem man mir sagte, ich müsse Kellnerin lernen, um bei der Seereederei angenommen zu werden. Ich lernte also Kellnerin bei der HO in Merseburg, doch als ich zur Reederei kam, war ich die einzige Bewerberin, die das gelernt hatte. Später, als ich von der Reederei wegging, zeigte sich, dass dieser Beruf, gerade für eine Frau, eigentlich unnötige Schwierigkeiten mit sich brachte.

Im Januar 1975 fing ich bei der Reederei an. Meine erste Reise habe ich mit der „Karl Marx", einem Handelsschiff, gemacht, obwohl ich da gar nicht hinwollte. Wir wurden in einem Lehrgang auf die erste Reise vorbereitet, und die Truppe war eigentlich ganz lustig. Mit denen wollte ich gern zusammenbleiben, aber man erklärte mir, das wäre eine große Ehre für mich. Nur weil ich Abitur hatte, durfte ich auf das damalige Vorzeigeschiff der Reederei. Das wurde damals gerade in Dienst gestellt. Doch es war gleich eine meiner schönsten Reisen. Sie ging über Hamburg, Antwerpen, Rotterdam und über Malaysia nach Hongkong, Singapur und Japan. Außerdem war die „Karl Marx" ein sehr modernes Schiff mit Einzelkammern für sämtliche Besatzungsmitglieder, was man zu der Zeit auch noch nicht so oft hatte.

Mein erster Landgang war in Hamburg. – Fürchterlich, fürchterlich! Ich bin mit einem sogenannten Springer – Leute, die Besatzungsmitglieder für einen längeren Urlaub ersetzen – an Land gegangen. Das war dermaßen ätzend und anstrengend, weil der mich nur durch Kaufhäuser geschleppt hat. Der wusste, wo was am allerbilligsten war, und etwas anderes interessierte den nicht. Für mich war das nur Stress, und ich war total erschlagen von dem Warenangebot. Das Einzige, was ich durchsetzen konnte, war ein Besuch der Reeperbahn. Nach dem ersten Landgang bin ich dann vom Alten [Kapitän] nach meinem Eindruck gefragt worden. Dem gab ich eine Antwort à la Agitpropfunktionär (lacht): Dass es auch viel Schein ist, dass hinter dieser glänzenden Fassade auch viel Müll und Mist ist und so weiter. Das war aber auch meine Meinung, und sie ist es heute noch.

Allein wäre ich bei meinem ersten Landgang bestimmt nicht losgegangen, um irgendwas einzukaufen. Hamburg, das war ja überhaupt der Inbegriff dessen, was man eigentlich nicht durfte oder konnte – da hätte ich lieber jemanden gehabt, der mir erstmal ein bisschen was von der Stadt gezeigt hätte; das war eben Pech. Land und Leute hätten mich mehr interessiert als das Kommerzielle. Klar war man auch darauf aus, doch wir hatten einen Devisensatz von 3,50 DM pro Tag. Groß einkaufen konnte man da sowieso nicht. Nachher natürlich, als wir jenseits des großen Teichs waren, hat man in Malaysia, Singapur und Honkong viel gesehen. Vom Schiff aus wurden viele Fahrten ins Land organisiert.

Trotz meines Fernwehs habe ich mich richtig sicher und geborgen erst dann gefühlt, wenn ich wieder zu Hause war. Ich weiß nicht, da irgendwo im Ausland, das war …, jedenfalls habe ich nie eine Sekunde darüber nachgedacht abzuhauen; wirklich nicht. Das ist mir nicht in den Sinn gekommen, weil man viel von den negativen Seiten gehört hatte und das aber auch selber sah, wenn man ein bisschen die Augen offen hielt. Hinter diesem ganzen schönen Schein war eben vieles nicht so schön. Du hast Bettler gesehen und Penner, die auf der Straße schliefen; eben Leute, denen es nicht gut ging. Und dann sahst du in vielen Ländern eine solche Armut, wie wir sie uns gar nicht vorstellen konnten. Das Allerschlimmste war Indien. Die Kinder werde ich mein Lebtag nicht vergessen. Nein, also die Idee abzuhauen ist mir wirklich nie gekommen; heutzutage woanders hinzugehen: sofort. Aber damals nicht.

Ich hätte auch gar nicht gewusst, wohin: Wir hatten keine Westverwandtschaft, die für viele ja sicherlich der Anstoß war. Es war auch strengstens verboten, Kontakte im Ausland zu haben. Ich habe einmal in Holland versucht, Ellen [Ellen S.] anzurufen. Ich hatten einen solchen Schiss, dass ich gleich aufgelegt habe, als nur ihre Tochter dran war. Man wusste, wenn du erwischt wirst, bist du weg vom Fenster. Bei der Reederei gab es da kein langes Federlesen. Beim geringsten Verdacht warst du dein Seefahrtsbuch los, und dann war es eben vorbei.

Heute weiß ich, dass etwa drei Leute auf jedem Schiff für die Stasi gearbeitet haben. Damals habe ich aber nie so richtig dran geglaubt. Ich dachte, naja, das ist so ein Gerede. Ich wusste zwar, dass man überprüft wird. Doch das fand ich irgendwie o.k. Das war eben damals so: Wenn du raus wolltest, wurdest du überprüft.

Das ist heute vielleicht ein bisschen schwer zu verstehen, aber ich war eigentlich immer wirklich überzeugt. Ich bin so zu Hause erzogen worden. Ich habe nie jemandem zum Munde geredet, sondern das war immer meine wirkliche Überzeugung. Ich stritt sogar mit den Genossen auf dem Schiff, wobei ich die offizielle DDR-Position bezog, und die Genossen vertraten praktisch die Gegenseite. Aber ich war nicht in der Partei. Das war auch keine Bedingung. An Bord waren im Höchstfall 30 Prozent Genossen.

Ich habe einmal so eine Nacht- und Nebelaktion mitgekriegt, als der Verdacht bestand, jemand wollte abhauen. Das lief nicht allzu fein ab. Da wurde eine Stewardess von Bord geholt, die auf einer Reise mit einem Westdeutschen was an-

gefangen hatte; der begleitete eine Herde Kühe aus Südamerika, die wir trans-
portierten. Die Stewardess wurde auf hoher See einem Schiff übergeben, das
nonstop nach Rostock fuhr. Also solche Aktionen sind abgelaufen. Die war weg
vom Fenster, die ist nie wieder zur See gefahren.

Aber abzuhauen stand für mich nie zur Diskussion. Ich habe manchmal zu Hause gesagt, wenn ich nicht wiederkomme, dann haben die mich gekidnappt. Das
haben viele an Bord gesagt. Sie finden es zwar auch beschissen zu Hause, aber
sie würden nicht abhauen. Und das waren keine Genossen, sondern ganz normale Menschen, mit denen man jeden Tag zu tun hatte. Wenn dann wirklich mal
einer abgehauen war, sagten viele, sie könnten das nicht verstehen. Es kann
sein, dass das aufgrund des privilegierten Jobs nicht so ausgeprägt war. In der
ganzen Zeit, in der ich fuhr, war diese Sache mit dem jungen Mädel die einzige, die ich selbst erlebt habe. Und die Sache war – der Mann war verheiratet –
im Prinzip sinnlos.

Bei der Reederei war ich bis 1982. Dann kam unser Kind, und ich habe natürlich aufgehört. Wir entschieden uns, dass ich erstmal ein Jahr zu Hause bleibe.
Damals gab es die Möglichkeit, mit einem Kind ein Jahr unbezahlt Urlaub zu
machen.

1984 begann ich, mich nach einer anderen Arbeit umzugucken, und damit fingen die Schwierigkeiten an. Ich schrieb wirklich Bewerbungen, so wie das heute ist. Eine gute Bekannte wollte mich in der Warnowwerft unterbringen. Ich
war mit dem Abteilungsleiter per Handschlag schon einig, aber immer wieder
kamen Absagen. Ich dachte schon, ich habe einen schwarzen Fleck in der Kaderakte, obwohl ich ja ganz normal und in Ehren aus der Reederei ausgeschie-
den bin. Ich wusste partout nicht, was eigentlich los war. Ich schriebe über 20
Bewerbungen, bis ich eine Zusage von „Baltica", einer Außenhandelsfirma, bekam. In dieser Zeit erfuhr ich endlich, warum ich überall abgelehnt wurde: Es
gab eine Verordnung, dass im Küstenbezirk wegen des Urlauberbetriebs Kellner und Gastronomen gebraucht wurden, so dass ausgebildete Kellner nicht woanders eingestellt werden durften.

Bloß, als Seemannsfrau mit einem Kleinkind konnte ich ja keine Spätschichten
machen oder am Wochenende arbeiten; die paar Stellen in den Tagescafés waren auf Jahre besetzt. Doch wo sollte ich, da mein Mann zur See fuhr, die Lüt-
te lassen? Außerdem wollte ich auch nicht unbedingt als Kellner arbeiten, sondern mich irgendwo neu orientieren.

Doch dieser Außenhandelsbetrieb gehörte zum Schalk-Unternehmen, der konnte sich dann wahrscheinlich über diese Sache hinwegsetzen. Man hatte sogar
Pläne mit mir: Ich sollte Außenhandelsökonomie studieren. Das wollten sie mir
ermöglichen. Ja, dann aber hat mein Kind das nicht durchgehalten. Wir mussten
früh um zehn vor fünf aufstehen – die ersten drei Jahre war sie zu Hause, wo ja
doch alles ein bisschen geruhsamer ablief –, und dann mussten wir zehn vor

sechs von Groß-Klein rüber nach Lichtenhagen. Abends haben meine Kollegen manchmal bis zehn oder elf gearbeitet, ich aber musste spätestens um zehn vor sechs vor der Krippe stehen. Naja, das war natürlich ein sehr langer Tag, und das hat sie nicht verkraftet. Ich war vielleicht drei oder vier Monate da beschäftigt, dann war meine Tochter dermaßen krank, dass die Kinderärztin sie kindergartenunfähig schrieb. Ich sagte mir, was soll's, zu Lasten des Kindes soll es auf keinen Fall gehen, suchst du dir also einen anderen Job, möglichst mit geringerer Stundenzahl. Das war aber damals sehr schwer. Ja, und dann landete ich 1986 in der Fleischwirtschaft. Das war wohl der Anfang vom Ende: 1988 wurde ich krank.

Die ganze Zeit über merkte ich, dass das dort überhaupt nicht flutschte. Ich hatte unheimlich viele Schwierigkeiten, mich da einzuarbeiten. Das kannte ich früher überhaupt nicht. Während meiner Reedereizeit saß ich ab und zu mal im Büro und habe mich sofort in die Arbeit reingefunden – die Strichlisten, die von Bord kamen, haben wir EDV-mäßig aufbereitet –, da habe ich mich nebenbei eingearbeitet und hatte überhaupt keine Probleme. Und da in der Fleischwirtschaft, das war eine lächerliche Arbeit eigentlich, habe ich nichts kapiert. Auf jeden Fall merkte ich, dass mit mir irgendwas nicht stimmte und es immer schlimmer wurde. Bis es soweit kam, dass ich nicht mehr laufen konnte. Vom Hausarzt bin ich zum Neurologen überwiesen worden und von da in die Klinik. Nach dem ersten, langen Klinikaufenthalt war ich ein paar Wochen zu Hause. Aber man war sich über die Diagnose nicht einig. Dann begann das ganze Dilemma von vorn – wieder sechs Wochen Klinik.

Ich sagte dann meiner Ärztin, dass es eventuell MS [Multiple Sklerose] sein könnte. Und sie: „Na, wenn Sie das schon selber sagen, können wir das nur bestätigen." Zu DDR-Zeiten hat man, weil MS ohne die technischen Möglichkeiten von heute nur schwer zu diagnostizieren ist, sich auf das Nervenwasser und die Symptome konzentriert. Man konnte also nie eindeutig sagen, ob es nicht vielleicht bloß eine Nervenentzündung war. Es ist ja auch ein Hammer, wenn du die Diagnose MS bekommst. Dann weißt du, was dich erwartet: ein Leben im Rollstuhl. Deshalb haben sie sich da sehr zurückgehalten. Mir hat man später die Akten über die Diagnose gezeigt. Und da stand echt ein Fragezeichen.

1996 wies man mich aufgrund meines akut verschlechterten Gesundheitszustands erneut in die Klinik ein. Dort stellte man durch moderne Computertechnik endlich die wirkliche Krankheitsursache fest: Es war eine Art Gehirntumor, den ich wahrscheinlich schon seit meiner Geburt hatte – aber mit großer Sicherheit keine MS! Dank der nun verfügbaren Technik konnte ich in Greifswald schonend und erfolgreich operiert werden. Das war für mich verständlicherweise die eigentliche Wende und ihr positivster Effekt.

Die politische Wende habe ich zu Hause erlebt. Das war die allerspannendste Zeit überhaupt in meinem Leben. Ich hatte ja nun den ganzen Tag Zeit und

konnte das alles mitkriegen. Übrigens auch, was man später drüben schnell vergaß, nämlich dass es vor der Wende mit der westdeutschen Wirtschaft ein bisschen bergab gegangen war und die Konjunktur erst durch uns zustande kam. Der Aufschwung entstand durch uns, die wir damals den ganzen Mist kauften. Ich kann mich noch erinnern, wie schon kurz vor der Wende Westjoghurt und -seife hier verkauft wurden, und die Leute haben angestanden wie die Idioten. Doch es wurde von Tag zu Tag mehr im Fernsehen und im Rundfunk gebracht, was bei uns alles nicht in Ordnung ist. Es stimmte ja auch vieles, aber es wurde ja früher nie so offen und immerzu und immer wieder gesagt. Das ist mir schon irgendwie aufgefallen. Da habe ich gedacht, was soll das denn jetzt? Warum wird das alles so …? Dann aber habe ich dummerweise den wichtigsten Satz verschlafen. Den habe ich mir jetzt erst vor kurzem in der Wiederholung mal angeguckt, wie der Schabowski den sagte. Ich bin auf der Couch vor dem Fernseher eingeschlafen – also, dafür könnte ich mich heute noch prügeln. Und als ich irgendwann aufwachte, waren jubelnde Massen zu sehen.
Aber irgendwie hat man das ja kommen sehen. Die Montagsdemonstrationen und diese Fluchtaktionen im Sommer, wo ich gesagt habe: Mensch, sind die bescheuert?
Für mich war das alles sehr schlimm. Man hat ja gesehen, dass vieles hier nicht in Ordnung ist. Aber dass es so kommt – also das war für mich wirklich schlimm, eine Katastrophe, muss ich ehrlich so sagen. So lange es hieß, „Wir sind das Volk", war es ja noch o.k. Man hätte nochmal eine Chance auf einen Neubeginn gehabt, aber als die Rufe „Wir sind ein Volk" kamen, da war das Ding gegessen. Da war klar, wohin der Hase läuft. Aber was sollte man machen?
Ich meine, ich bräuchte das nicht zu erzählen, aber ich erzähle es trotzdem: Damals habe ich wirklich darüber nachgedacht, jetzt endlich in die PDS einzutreten. Weil ich so wütend war. Naja, wie das dann so ist: Nach einiger Zeit verläuft sich das wieder. Außerdem hatte ich immer wieder gesundheitliche Probleme und dachte, du bringst sowieso nichts groß zustande. Aber ich hatte ein paar Jahre daran zu knapsen. Bis ich gesagt habe, es hat keinen Zweck, sich ewig fertigzumachen; es ist eben so, wie es ist, und so, wie es war, konnte es nicht mehr weitergehen. Nun muss man mit dem leben, wie es ist und versuchen, das Beste daraus zu machen. Aber es hat eine Zeit lang gedauert. Ich kenne Leute, die sind da bis heute nicht richtig drüber weg.
Das, woran ich die ganze Zeit geglaubt habe, war praktisch über Nacht weg, weggebrochen einfach. Es war ja nicht nur die DDR – da war ja alles weg. Was damals ans Tageslicht kam, das hat mich schon ganz schön schockiert. Ich dachte ja wirklich, dass das eben was Gutes ist, was da gemacht wurde; mit Fehlern, sicherlich, aber wenn man einen guten Freund hat, den akzeptiert man ja auch mit Fehlern. Deswegen würde man sich ja nicht von ihm abwenden, und so war

das auch bei diesem System. Für mich war es etwas, wo ich dachte, das hat mal Zukunft. Deshalb habe ich in dieser Zeit oft an unsere Klassenlehrerin denken müssen – die war ja eigentlich noch überzeugter: Wie es der wohl ergangen ist mit ihrer Überzeugung? Aber beim Klassentreffen sagte sie, sie habe das auch ganz gut …

Was mich nochmal gegrämt hat, waren die Möglichkeiten, die man dann nach der Wende gehabt hätte. Sehr viele haben vollkommen neu umgeschult und sind ganz woanders eingestiegen. Das hätte ich auch gern gemacht. Das Büro, in dem ich saß, wurde als eines der ersten nach der Wende geschlossen. Es war die Reklamationsabteilung. Also hätte ich als eine der Ersten zum Arbeitsamt gehen müssen und hätte dann vielleicht eine Umschulung bekommen, mit der ich nochmal von vorn hätte anfangen können. Mit der Berentung ging das natürlich nicht.

Dass ich finanziell einigermaßen abgesichert bin und mein Mann seine Arbeit behalten hat, spielt natürlich eine Rolle dabei, wie jemand die Wende für sich annimmt oder nicht. Obwohl mich eigentlich sehr verwundert, dass viele aus meinem Bekanntenkreis, denen es seit der Wende nicht mehr besonders gut ging, einstimmig sagen, sie wollen die DDR nicht mehr zurückhaben. Das finde ich ein bisschen eigenartig. Und die können das auch nicht erklären. Die wollen die DDR nicht zurückhaben, obwohl sie heute jede Mark dreimal umdrehen müssen. Zum Beispiel eine Tante, mit der ich wie mit einer Schwester groß geworden bin, die hat seit der Wende wirklich viele Probleme und muss als Alleinstehende mit einem knappen Budget auskommen. Aber die sagt trotzdem, sie würde nicht wieder zurückwollen. Da staunt man doch eigentlich.

Ich denke manchmal, es liegt daran, dass das Leben in der DDR irgendwie langweilig war. Es war immer der gleiche Trott, du wusstest, du bist in 20 Jahren immer noch an demselben Arbeitsplatz, du bist in derselben Wohnung und so weiter. Wenn auch nicht immer positiver, so ist es aber doch spannender geworden. Seit der Wende genieße ich besonders das Reisen. Ich war mit meinem Kind dreimal auf Mallorca. Von dieser Insel, also nicht „Ballermann" oder so was, sind wir wirklich angetan. Es ist ein wunderschönes Stück Landschaft, mit netten, freundlichen Menschen. Da haben wir oft gesagt, das hätten wir zu DDR-Zeiten nicht haben können. Aber ansonsten? Das Gerede von irgendwelcher Freiheit oder so, das fand ich persönlich Quatsch. O.k., du kannst jetzt mehr kaufen, aber nur, wenn du auch den entsprechenden Geldbeutel hast; sonst nützt dir das auch alles nichts. Schon in der Wendezeit habe ich immer gesagt, eigentlich weiß ich nicht, was besser ist: dass man Geld in der Tasche hat und die Läden sind leer, oder man steht mit leerem Portmonee vor der Fensterscheibe und drückt sich die Nase platt. Vielleicht sehe ich das auch kritischer als andere, weil es uns vor der Wende materiell besser ging – obwohl mein Mann auch heute recht gut verdient und ich eine Rente habe.

Ich wusste auch durch die Schauerleute in den deutschsprachigen Häfen, dass uns keine goldene Zukunft erwartet. Na klar, die hatten alle ihr Häuschen oder ihr Auto, und die Frau hat zum größten Teil nicht gearbeitet. Aber die mussten eben auch wirklich richtig ranklotzen, um diesen Lebensstandard zu halten. Wenn du Arbeit hattest, konntest du dir auch entsprechend etwas leisten.

Wir waren nach der Wende viermal im Urlaub drüben. Wir wollten erstmal den Teil Deutschlands bereisen, den wir vorher nicht sehen konnten. Wir waren an der Nordsee, im Schwarzwald und in der Lüneburger Heide. Aber nicht in irgendwelchen Urlauberzentren.

Mein Mann fährt auf der „Arkona" ständig diese typischen Urlaubsgegenden an und hat an Bord immerzu Urlauber um sich. Im eigenen Urlaub will er die nicht auch noch sehen.

Bei den Reisen nach Westdeutschland haben wir eigentlich immer positive Erfahrungen gemacht. Irgendwie negative Bemerkungen hörten wir nicht, wenn wir mit Leuten ins Gespräch kamen. Nur einmal dachte ich, die Wessis müssen ja wirklich eine Meinung von uns haben … Aber im Prinzip kann man es auch verstehen: Woher sollen sie sie haben? Die haben ja auch nur ihre Bild-Zeitung. Das war im Schwarzwald. Wir wohnten in einer größeren Pension und lernten ein Ehepaar kennen, weil der Mann früher mal zur See gefahren war. Durch Zufall – unsere Toilette lag neben ihrer Zimmertür – hörte ich ein Gespräch der beiden mit, bei dem der Mann sagte: „Na, der muss ja bei der Stasi sein, wenn der jetzt immer noch bei der Reederei ist. Wenn der als DDR-Offizier gefahren ist und jetzt immer noch als Offizier fährt, muss der bei der Stasi sein." Doch mein Mann war auch nie in der Partei und hat immer alles in dieser Richtung abgelehnt. Das empörte mich also ziemlich, und ich wollte den Nachbarn noch am nächsten Tag zur Rede stellen. Aber mein Mann beruhigte mich: „Woher sollen die wissen, dass nicht alle Leute in der DDR bei der Stasi waren?"

Wir sind jedoch nicht gleich nach der Maueröffnung in den Westen gefahren. Aus Spaß sagte ich damals, es kommt bestimmt bald eine Durchsage im Fernsehen, dass Familie K. die Letzten sind, die ihr Begrüßungsgeld noch abholen müssen. Ich fand das einfach blöd. Wenn es nach mir gegangen wäre, hätte ich das nicht abgeholt. Es war unangenehm, irgendwie beschämend. Wir sind aber doch nach Schlutup gefahren, zu diesem großen Parkplatz, von dem aus man mit dem Bus nach Lübeck kam. Wir standen da so ein bisschen verloren rum, da hielt ein großer Mercedes mit einer Frau mittleren Alters. Die bot an, uns mitzunehmen. Das fand ich sehr nett, und wir haben uns gleich gut unterhalten. Also ich muss sagen, unsere Erfahrungen waren durchweg gut, obwohl ich immer gesagt habe, woher ich komme. Damit habe ich kein Problem.

Dabei wurde ich von den damaligen Enthüllungen, über die Stasi und so, furchtbar schockiert. Einiges hat man, gerade durch die Seefahrt, natürlich mitgekriegt. Aber ich habe das vor der Wende immer so empfunden, dass da, wo eben was getan wird, auch Fehler passieren. Dass nur, wer nichts tut, keine Fehler macht. Doch dass das stellenweise so ausgeartet ist – entweder wollte man oder konnte es nicht sehen.

Ich muss in dem Zusammenhang vielleicht kurz erklären, dass meine Mutter aus einer ganz armen Dorffamilie kam. Denen ging es wirklich von dem Tag an besser, an dem die Sowjets da waren. Sie bekamen täglich ihre Milch, ihre Lebensmittel und hatten später Möglichkeiten, sich zu entfalten. Diese Erfahrung hat sie natürlich an mich weitergegeben.

Sie begann damals, an der ABF in Halle zu studieren, musste jedoch nach meiner Geburt – in den 50er Jahren war das anders als heute – aufhören. Zum Schluss war sie in Leuna und hat da auch eine Parteischule mitgemacht. Als ich Kellner in Merseburg lernte, sagte sie: „Jetzt bist du 18, jetzt könntest du in die Partei eintreten." Als ich dann einen Antrag stellte, wurde mir von Seiten der Gaststättenleitung gesagt, ich wäre ja gerade mal frisch von der Schule gekommen und sollte mich erstmal in der Produktion bewähren. Das hat mich eigentlich ein bisschen schockiert, und ich erzählte das meiner Mutter. Die ist gleich auf die Barrikaden gegangen und empörte sich darüber, dass ein junger Mensch, der von sich aus Genosse werden will, so behandelt wird.

Die Geschichte zog solche Kreise, dass derjenige, der meinen Antrag abgelehnt hatte, einen rübergekriegt hat. Der kam dann später auf mich zu und sagte, jetzt könne ich ja dann in die Partei eintreten. Ich weiß nicht, ob es jugendlicher Gnatz war, oder ob ich mir tatsächlich noch ein bisschen mehr Zeit lassen wollte – ich sagte jedenfalls, dass ich nun auch nicht mehr wollte. Und so ist das dann eben geblieben.

Zu meiner Erziehung gehörte auch, dass es kein Westfernsehen gab. Ich habe auch nicht heimlich geguckt. Meinem Vater als Offizier war das strengstens untersagt. Und wir konnten irgendwie mit unserem Fernseher auch keinen Westen empfangen. Erst sehr viel später – da war ich bestimmt schon in der neunten oder zehnten Klasse – hatte meine Mutter einen Mann, der Westfernsehen guckte. Vorher hatten wir echt kein Westfernsehen zu Hause.

Klar, man hat nach der Wende auch die positiven Seiten des Westens gesehen, man ist ja auch nur ein Mensch. Vieles war nun einfacher, rein vom Konsum her. Obwohl ich immer sage, dass die DDR-Mangelwirtschaft auch ihre schöne Seite hatte. Heutzutage kann man sich doch über nichts mehr so richtig freuen. Mensch, wenn du früher mal irgendwas ergattert hattest, was wirklich eine Rarität war, dann hat man sich ein Loch in den Bauch gefreut. Wenn du mal ein paar Schuhe gekriegt hast, die wirklich so waren, wie du sie haben wolltest, dann habe ich mir die ein paar Tage lang auf den Nachtschrank gestellt. Oder wie hat man sich früher über das erste Gemüse gefreut hat; wenn es das erste Mal Gurken oder Tomaten gab. Klar, du hast eine Stunde lang angestanden, doch dann hast du sie auch wirklich mit Genuss gegessen. Und jetzt? Jetzt ist das alles so selbstverständlich. Immer ist alles da, und es schmeckt oftmals gar nicht richtig.

Und wenn man sich in der DDR wirklich was in den Kopf gesetzt hatte, das ist jedenfalls meine Erfahrung, dann kriegte man das zum Schluss auch; vielleicht über 1000 Ecken und Beziehungen, aber man kriegte es und schätzte das dann auch mehr. Sicherlich freut man sich, wenn man seine Küche neu einrichten kann und einen Geschirrspüler hat, doch über Kleinigkeiten kann man sich nicht mehr so freuen.

Ich stehe vollkommen dazu, dass ich in der DDR groß geworden bin. Vielleicht ist das zum Teil DDR-Nostalgie, ich weiß es nicht. Ich gucke mir auch viel an, was mit der DDR zusammenhängt. Der MDR bringt da ja noch sehr viel. Aber wahrscheinlich sehe ich jetzt vieles aus einer gewissen Distanz. Nachdem man viel mehr über die Hintergründe weiß, ist man kritischer geworden. Aber es tut mir nicht leid, in der DDR gelebt zu haben. Ich sage immer – und das hat leider auch schon mein Kind übernommen –, wenn ich gesund wäre und die Möglichkeit hätte, würde ich eher gestern als heute meine Tasche packen und irgendwoanders hingehen. Ich hätte keine Probleme damit, für immer wegzugehen. Die Geborgenheit, die ich mit Heimat verknüpfe, die ist weg.

PETER K.
Geschäftsführer

Ich habe erstmal gute Erinnerungen an die Klasse und an die Zeit der erweiterten Oberschule in Merseburg. Ich stamme selbst aus Merseburg, und es war doch sehr interessant, mit Schülern, Jugendlichen aus der Region bekannt zu werden. In der neunten Klasse beschäftigte mich, ob ich dieses Niveau fürs Abitur überhaupt erreichen werde. Ich hatte als einziges Kind unserer Familie die Chance dieses beruflichen Weges.

Ich erinnere mich an eine Reihe von Episoden dieser Zeit, an Klassenfahrten, an das sogenannte „Lager für Arbeit und Erholung"; aber speziell erinnere ich mich – weil es mich in der Wendezeit sehr nachdenklich gemacht hat – an ein Gespräch, das die Gruppenleitung [der FDJ] mit mir führte. Dabei ging es um meine Einstellung im Staatsbürgerkunde-Unterricht und meine politische Haltung. Ich war damals relativ kritiklos und stimmte der Politik in der DDR ohne Vorbehalt zu. In diesem Gespräch wurde ich damit konfrontiert, dass man das gesellschaftliche Leben kritischer sehen sollte.

Wenn ich über die Wirkung dieses Gesprächs nachdenke, ist das der Stand von 1999 – und der ist wegen der inzwischen gemachten Erfahrungen anders als zur damaligen Zeit. Aber ich muss sagen, wir sind Kinder und Jugendliche gewesen, die nach dem Krieg geboren wurden und in einer gewissen Sicherheit aufwuchsen: Sicherheit im beruflichen Leben, Sicherheit, die einem die Familie gegeben hat und die man im Freundeskreis erfuhr. Und die Familie spielte bei dem, was man meinte, schon eine ziemlich große Rolle. Dieses Gespräch habe ich damals durchaus als Aufforderung aufgefasst, kritischer zu werden, aber es hat meine Grundeinstellung zur damaligen Zeit nicht verändert. Neben der Familie prägte mich wohl auch eine gewisse einseitige Darstellung der Geschichte und des Lebens in der DDR. Es fehlte ja auch der Vergleich zum Leben im Kapitalismus, in der Marktwirtschaft. Und so habe ich das auch später als Lehrer für Staatsbürgerkunde und Geschichte unterrichtet. Die Lehrbuchtexte und den Standpunkt der öffentlichen Medien sah ich als Einheit, als solche verarbeitete ich sie und gab sie auch so weiter.

Also ich glaube trotzdem, dass ich mich in der Klasse wohl gefühlt habe. Ich war sicherlich nicht dominierend, oder jemand, der damals die spritzigen Ideen hatte. Aber ich sage mal so: Man konnte sich bei bestimmten Aktionen auf mich verlassen.

Die Schulzeit hatte einen Einfluss auf mein späteres Leben, in mehreren Punkten. Das Kollektiv, das Team und Teamwork waren da wichtig. Das war natürlich im Sozialismus charakteristisch: Es ging weniger um die Entwicklung des Individuums. Ein weiterer wichtiger Punkt war, wie die eigentlich verschiedenen Interessen und Neigungen der Einzelnen doch wieder zu einem Ganzen zusammenflossen, ob das im literarischen, im sportlichen, im künstlerischen Bereich war. Man bemühte sich bedeutend stärker als an der polytechnischen Oberschule, bei bestimmten Wettbewerben im Klassenverband gut dazustehen.

Wie konnte sich das Individuum entfalten? Hat man wirklich diese Entfaltungsmöglichkeiten gehabt, oder waren sie durch Vorgaben der Schule eingeschränkt? Ich denke zum Beispiel an einen Rezitatorenausscheid, an dem ich teilnahm. Dabei wurden bestimmte Themen bevorteilt, auch wenn die Rezitationen an sich dasselbe Niveau hatten. Ich schlug neben einem Gedicht, das etwas widersprüchlich war und nachdenklich stimmte, Brechts „Lob des Kommunismus" vor. Man riet mir dann doch deutlich zu Brecht, weil man mit diesem Gedicht mehr Chancen im Wettbewerb hatte.

Trotzdem: Einen politischen Druck empfand ich nach meiner Erinnerung in der Schulzeit nicht. Erst nach der Wende setzte dieser Prozess des Nachdenkens bei mir intensiv ein. Bedingt auch dadurch, dass ich 1990 damit begann, meine Habilitationsarbeit zu schreiben und mit einer bis dahin unbekannten Vielfalt von Literatur zu tun bekam. Auch dies öffnete mir die Augen. Wobei mir natürlich klar war, dass das eine nicht alles die erste Sahne war und das andere nur Schmutz und Dreck, sondern dass alles seine Vorzüge und Nachteile hatte.

Der dritte Punkt war die Phase der Berufswahl. Man hat sich eben um jeden gekümmert, was ja sicher auch ein Vorzug der damaligen Zeit war. Die Möglichkeit, nach der Armee zu studieren, diese feste Zusage der Universität war für mich wichtig. Man verlässt die Schule dann leichter und ist in der Erwartung des neuen Lebensabschnitts offener. Ich fragte mich damals nur, ob diese 18 Monate der Armeezeit dazu beitragen könnten, dass man das Wissen, das man bis zum Abitur erworben hatte, wieder verlor. Da war ich etwas unsicher.

Ich habe meinen Armeedienst bei den Grenztruppen im Harz abgeleistet. Da gab es sicherlich harte Phasen; die physische Belastung bei bestimmten Ausbildungskomplexen war schon ziemlich groß, und insbesondere die Kälte bei den Wachdiensten machte mir zu schaffen. Aber insgesamt denke ich doch, die Armeezeit ordentlich absolviert zu haben. Damals war ich selbstverständlich völlig von der Notwendigkeit dieser Grenze überzeugt. Ich war auch bereit, die DDR zu verteidigen. Im Nachhinein bin ich natürlich sehr froh, nicht in die Verlegenheit gekommen zu sein, auf einen Menschen schießen zu müssen.

Doch ich hätte die Anweisungen befolgt. Ich hätte zwar nicht auf den Körper geschossen, aber – wenn er nicht stehen geblieben wäre – auf die Füße oder Beine. Ich dachte damals, wenn du das nicht tust, tut es der andere. Und ich sage mal so: Die Chance, hinterher zu studieren, die Familie nicht zu enttäuschen – das spielte sicher mit eine Rolle.

Das Thema „Schießen" war unter den Soldaten schon ein Gegenstand. Insbesondere dann, wenn in der Kompanie jemand nicht mehr anwesend war, weil er versetzt worden war oder im Armeegefängnis landete, weil man ihm nachgewiesen hatte, dass er seinen Befehl nicht erfüllt hatte. Bei der Musterung wurde ja auch die Frage gestellt: „Würden Sie …?" Ich gab damals eine Antwort, und zu der hätte ich auch gestanden.

Nach der Armee studierte ich vier Jahre an der Martin-Luther-Universität Halle, Diplomlehrer für Staatsbürgerkunde und Geschichte. Mein erster Einsatzort war die Albrecht-Dürer-Schule II in Merseburg, dreihundert Meter entfernt von der Haeckel-Schule. Ich war dann zwei Jahre lang stellvertretender Schulleiter für außerunterrichtliche Tätigkeit und absolvierte in Potsdam ein Direktorenstudium. Ich dachte, danach würde ich eine Schule übernehmen, doch dem war nicht so. Es folgte die Delegierung an die Akademie der Pädagogischen Wissenschaften. Dort erhielt ich die Chance zur Promotion A [1. Doktorarbeit], Mentor war der Vizepräsident der Akademie, Professor Kirchhöfer, ehemals Rektor in Zwickau.

Danach entschied ich mich, an die 1989 in Neubrandenburg neu eröffnete Pädagogische Hochschule zu gehen. In Abstimmung mit der Familie nutzten wir die Chance, aus der relativ schmutzigen Region Merseburg ins Mecklenburgische zu ziehen. An der Sektion Sozialwissenschaft wurden unter anderem Lehrer für Staatsbürgerkunde und Deutsch ausgebildet. Ich arbeitete vor allen Dingen im Bereich Methodik.

Mit Auflösung der Sektion nach der Wende erhielt ich die Möglichkeit, eine zweite Doktorarbeit zu schreiben, finanziert vom Kultusministerium in Schwerin. Am Ende des zweiten Jahres, als ein Großteil der empirischen Untersuchung ausgewertet war und Bewerbungsgespräche liefen, wurde mir bewusst, dass ich keine Chance hatte, eine Stelle an einer Universität zu bekommen. Auch mein Mentor aus Frankfurt am Main sah das so. Daraufhin ging ich 1993 in die Selbständigkeit.

Um zu erklären, wie es zum Studium der Fächer Staatsbürgerkunde und Geschichte kam, muss ich etwas zu meinem Hobby sagen. Seit meiner Jugend bin ich Fußball-Schiedsrichter.

Ich wuchs in einer Fußballerfamilie auf. Mein Vater war langjährig ein bekannter Schiedsrichter in der Region Merseburg. Zunächst war ich als Schüler Torwart bei Chemie Buna-Schkopau. Dann habe ich mal zwölf Tore reinbekommen gegen Jena. Da war ich so deprimiert, dass ich Schiedsrichter wurde. Aber da gab es ganz heiße Ecken, Wallendorf zum Beispiel, wo Rüdiger T. herkam, oder Zöschen. Dort habe ich wirklich mal eine auf die Lichter bekommen, bin also tätlich angegriffen worden. Damals gab's noch keine rote Karte, aber ich habe nach der Faust rot gesehen. Eigentlich wollte ich nach dieser Geschichte in Zöschen aufhören. Doch ich sagte mir dann, dass ich diese Lehrgänge immer gut bestanden und recht gute Kritiken, auch von den Mannschaften, bekommen hatte, so dass ich ab 1977 schon in der DDR-Liga Schiedsrichter war.

Ein anderes Motiv war: Schiedsrichter können länger in höheren Klassen sein, als Spieler dies in der Regel schaffen. Schiedsrichter darf man ja bis ins hohe Alter sein, wenn die Voraussetzungen erfüllt werden. Als Jugendlicher sah ich das wahrscheinlich noch nicht so, aber man hat größere Entwicklungschancen als die Spie-

ler, und man sieht viel. Ich habe die DDR eigentlich über den Fußball kennen gelernt und war in fast jedem Stadion, in dem die besten Mannschaften spielten.
Die Arbeit als Schiedsrichter war aber auch für mich selbst wichtig. Ich musste
mich auf dem Platz behaupten, musste ein gewisses Durchsetzungsvermögen
entwickeln, obwohl ich ja vom Typ her eher ein ruhiger und zurückhaltender
Mensch bin. Ich erfuhr dadurch auch eine gewisse Anerkennung. Das spielte eine Rolle, nicht die alleinige, aber es spielte eine Rolle. Das hat mich auch in der
Persönlichkeitsentwicklung vorangebracht. Ich lernte, mich schnell auf neue Si-
tuationen einzustellen, auf unterschiedliche Temperamente von Menschen zu
reagieren, auf den Erfolgsdruck der Mannschaften, das Verhalten von Trainern,
Zuschauern und so weiter. Beispielsweise erinnere ich mich an ein Oberliga-
Spiel in Magdeburg, bei dem der Fanblock sang: „Hängt ihn auf, das schwarze
Schwein, er soll nie wieder glücklich sein!" Da fragt man sich als gutmütiger
Mensch schon, wie man so was singen kann. Damals gab es aber schon Sicher-
heitsmaßnahmen für Schiedsrichter.
Ich bin immer noch aktiver Schiedsrichter und erreichte in diesem Jahr die Qualifikation für die Regionalliga, die dritthöchste Klasse. Ich stellte jedoch meinen
Platz einem jüngeren Schiedsrichter zur Verfügung. Ich pfeife also in der vierten Klasse, in der Amateuroberliga, und fungiere in der Regionalliga als Linienrichter – heute heißt das Assistent – beim jüngsten Schiedsrichter in Mecklenburg-Vorpommern. Ihm möchte ich die Chance geben, den Sprung auf die
internationale Ebene oder wenigstens in die Bundesliga zu schaffen. Hierbei
können meine Erfahrungen nützlich sein.
Ich hatte also vor meinem Studium als Schiedsrichter eine gute Perspektive und
folgte deshalb dem Wunsch unseres Fußballverbandes, im Bezirk Halle zu bleiben. Da ich Lehrer werden wollte, habe ich geprüft, welche Fachkombinationen
im Bezirk Halle möglich sind. Staatsbürgerkunde und Geschichte sagten mir eigentlich am meisten zu.
Im Nachhinein ist festzustellen, dass jedes Unterrichtsfach, selbst der Sportun-
terricht, die sozialistische Ideologie vertrat; im Deutschunterricht wurde zum
Beispiel der sozialistische Realismus unterrichtet. Auch in der Fachliteratur
wurde darauf großen Wert gelegt. Insofern fand ich nichts Außergewöhnliches
daran, diese Fächer zu studieren und zu unterrichten.
1989 fing ich als wissenschaftlicher Mitarbeiter in Neubrandenburg an. Meine
Perspektive war dort gut, weil unser Professor schon Mitte 60 war. Die Perspektive war, Professor zu werden. Aber da kann man nun nichts machen.
Die Wende habe ich über das Fernsehen und in der Presse verfolgt. Ich selbst
habe jedoch an keiner Demonstration teilgenommen. Natürlich war man ein
bisschen beunruhigt, was sich daraus ergeben würde.
Bei meiner Arbeit an der Hochschule hatte ich das Glück, dass mich die Studenten aus früherer Zeit nicht kannten. Ich erlebte jedoch, dass der Professor von den

Studenten abgelehnt wurde. Er galt als unglaubwürdig, weil er nur Monate vorher noch etwas anderes gesagt hatte. Mich selbst hat vor allen Dingen das Schicksal der Studenten unruhig gemacht. Besonders das derjenigen, die im letzten Studienjahr waren: Was wird aus ihnen, da die ersten Meldungen sagten, dass es schwierig werden würde, als Lehrer in dem Fach arbeiten zu können? Sollte man sie im Schnellkurs noch ein drittes Fach machen lassen, sollte man ein zusätzliches fünftes Studienjahr anhängen? Solche Sachen haben mich damals bewegt.

Die Studenten waren verunsichert und begrüßten deshalb die Wende nicht gerade. Denn es waren ja auch einige dabei, die Familien hatten, die natürlich irgendwann mal einen Abschluss machen und Geld verdienen wollten. Das war alles in Frage gestellt. Ich habe auch nicht erlebt, dass die Studenten nun sehr provokatorisch in meinen Seminaren waren. Ich versuchte allerdings auch, ihre Erlebnisse und Beobachtungen in der Wende aufzugreifen und die Diskussion nicht abzuwiegeln. Ohne dass ich mich scheute, meinen persönlichen Standpunkt darzustellen. Das will ich auch hinzufügen. Und der war eher skeptisch in Bezug auf die gesellschaftspolitische Entwicklung.

Den Mauerfall habe ich hier in Neubrandenburg erlebt. Die Nachricht kam ja sehr spät an diesem Tag. Meine Frau weckte mich und sagte, so und so, das ist passiert. Ich denke: Was? Dann haben wir uns im Fernsehen die Bilder vom Brandenburger Tor angesehen.

Meine Gefühle waren aber nicht abweisend, um Gottes willen. Es war ja einfach etwas Unfassbares, und es war interessant, die Freude der Menschen zu erleben. Man selbst knüpfte natürlich Erwartungen an die neue Situation, wenn sie schon nicht vermeidbar war; dass man beruflich vorankommt, dass die Familie in Sicherheit ist und Ähnliches. Ich wusste natürlich, dass es auch schwieriger wird, gerade wenn man in gewisser Beziehung politisch engagiert war. Es war uns schon bewusst – meine Frau war ebenfalls Lehrerin für Staatsbürgerkunde und Geschichte –, dass wir uns verstärkt Auseinandersetzungen würden stellen müssen.

Schon vor dem offiziellen Mauerfall war ich einmal im Westen. Das war im Juni 1989. Ich fuhr zu einer Verhandlung nach Genf, denn ich war bei einem Spiel Linienrichter, in dem es Ausschreitungen gegen uns gab. Der Fußballverband der DDR setzte sich dafür ein, dass ich als Zeuge gehört wurde.

Es handelte sich um ein internationales Spiel, Jena gegen Belgrad, das die Jugoslawen eins zu null in der letzten Minute verloren hatten. Das fanden die natürlich nicht so gut, und dann ging es auf dem Spielfeld schon ziemlich zur Sache. Immerhin wurden drei oder vier Spieler lebenslang gesperrt und die Mannschaft aus dem internationalen Wettbewerb genommen. Damit war der jugoslawische Verband nicht einverstanden, und es gab eine Berufungsverhandlung in Genf.

Die ganze Reise war für mich hochinteressant. Sowohl dieser Luxus eines Fünf-Sterne-Hotels als auch die Begegnung mit Menschen aus verschiedenen Ländern. Ich hatte da mal ein abendliches Gespräch mit einem Funktionär aus Bulgarien, der mich sehr damit überraschte, dass er von einer Diktatur sprach, die es in der DDR geben sollte. Das war ja doch ein recht harter Begriff.

Und dann, muss ich sagen, war da dieser Überfluss in den Geschäften, ein Eindruck, der doch sehr haften blieb. Da ich durch die Tagesentschädigungen Geld hatte, kaufte ich recht viel ein, und als ich zurück war, bewunderte die ganze Familie die gute Qualität der technischen Geräte, die zu DDR-Zeiten kaum erschwinglich gewesen wären. Die Stereoanlage, zum Beispiel, erhielt einen besonderen Platz in unserer Wohnung. Ich will dazu sagen, dass wir als Familie keine Westverwandtschaft hatten.

Während dieser Reise und danach stellten sich natürlich Fragen ein: Warum darf das eigentlich ein normaler Bürger nicht? Was habe ich eigentlich unterrichtet? Denn ich kann mich eigentlich auch noch sehr gut an bestimmte Schemen oder Tafelbilder erinnern, die wir selbst als Schüler hatten und die ich auch meinen Schülern darbot. Oder solche Themen wie: der Kapitalismus als faulender, sterbender Kapitalismus. Und was war denn nun mit dem Sterben und mit dem Faulen? Allerdings erlebte ich in Genf auch den Überfall auf einen Taxifahrer. Das war wie Kino, bloß live, und von so was wurde man ja in der DDR verschont. Sicherlich kam in Genf auch einmal der Gedanke: Was wäre, wenn du dableiben würdest? Doch der wurde auch schnell wieder ad acta gelegt. Ich meine, man hörte ja von Sportlern, von Trainern und Fußballern, die die DDR verlassen hatten, die ein Länderspiel und so weiter dazu genutzt hatten. In dem Zusammenhang kam der Gedanke schon: Was wäre, wenn …? Aber das war mal eine Minutensache.

Bei meiner Rückkehr war ich also ziemlich bepackt. Meine Frau musste mich in Berlin-Schönefeld abholen, weil es einfach unmöglich war, mit dem Zug zu fahren. Ein ganz kleines Erlebnis dazu: Als ich ankam – ich hatte da auch ein bisschen Obst –, hat meine Frau einen Pfirsich gegessen. Merkwürdig, an eine solche Kleinigkeit erinnert man sich. Weil es Obst ja bei uns nicht gab. Bei mir selbst gab es auch gewisse Nachwirkungen; wieder nur eine Kleinigkeit: Ich bin eigentlich immer gern einkaufen gegangen – nach der Genf-Reise wollte ich zirka zwei Wochen nicht einkaufen gehen. Daran erinnere ich mich noch gut.

Bald nach der Wende stand die Sektion Sozialwissenschaften der Neubrandenburger Hochschule vor der Auflösung. Das Fachgebiet Staatsbürgerkunde wurde abgeschafft, die Ausbildung der Studenten ließ man in der Fachkombination Englisch/Deutsch auslaufen. Es war für mich bedrückend zu sehen, wie sich Einzelne ihrem Schicksal ergaben.

Ich hatte aber in meinem Sektionsdirektor einen sehr korrekten Menschen, der mir noch die Chance gab, diese Habilitationsarbeit in Angriff zu nehmen, doch meine Frau – wir heirateten 1979, unsere beiden Kinder wurden 1980 und 1983 geboren – war schlechter dran. Da Staatsbürgerkunde nicht mehr unterrichtet wurde, stand sie nur mit einem Fach da, das sie am Gymnasium in Neubrandenburg gab. Ihre Bewerbung um eine Ausbildung als Französischlehrer wurde abgelehnt, deshalb arbeitete sie zunächst in der Versicherungsbranche.

Der dritte Bereich, in dem es nach der Wende große Veränderungen gab, war der Sport. Die Vereinigung der Fußballverbände erlebte ich selbst hautnah und hatte auch die Möglichkeit, bei Bundesligaspielen als Linienrichter tätig zu sein.

Zunächst muss man sagen, dass es natürlich sowohl in der DDR als auch in der Bundesliga, also in der BRD, schon eine Auszeichnung darstellte, auf dieser Ebene arbeiten zu können. Hierfür musste man natürlich Leistung bringen – Regelsicherheit, Durchsetzungsvermögen, Kondition. Und man musste als Persönlichkeit auftreten. Das war so vor der Wende, das ist auch so nach der Wende gewesen. Wenn man Schiedsrichter bei Dynamo Dresden oder beim BFC Dynamo war, machte man schon sehr wichtige Erfahrungen. Ebenso war es eine Auszeichnung, wenn man in Düsseldorf oder Köln pfeifen konnte. Und entsprechend strengte man sich an – vor der Wende und nach der Wende. Neu war nach '89 selbstverständlich der Einfluss des Geldes, auch die Medien spielen jetzt eine viel größere Rolle als vorher.

Natürlich werde ich auch heute oft noch gefragt, wie es in der DDR um die Einflussnahme auf Schiedsrichter bestellt war. Da ich heute Landeslehrwart in Mecklenburg-Vorpommern bin, also Chef der Lehrtätigkeit für die Schiedsrichter, habe ich immer wieder damit zu tun.

Ich empfand eine solche Einflussnahme nicht so. Sicher gab es bestimmte Schiedsrichter, die beim BFC öfter pfiffen und die Spiele anders leiteten als andere. Sicher mag eine Rolle gespielt haben, wenn der Minister für Staatssicherheit oder Egon Krenz auf der Tribüne saßen. Aber ich selbst habe es nicht erlebt, dass da Spiele in den letzten Minuten manipuliert wurden. Das hätte ich wohl mitbekommen müssen, denn ich war Linienrichter in der Oberliga und vier Jahre Kandidat als Schiedsrichter in dieser Klasse. Ich denke, diese Frage der Einflussnahme sollte man nicht so in den Vordergrund stellen, wie das immer wieder getan wird.

Als meine Perspektivlosigkeit an einer Universität klar war, fand ich in der Lehrerzeitschrift der GEW die Annonce eines Reiseunternehmens aus Kamen bei Dortmund. Es wurden freiberufliche, auf Provisionsbasis arbeitende Mitarbeiter gesucht. Ich rief dort an, ließ mir die Unterlagen kommen und begann die durchaus lukrative Nebenbeschäftigung. Weil ich ein Stipendium für die Habilitationsarbeit erhielt, erkundigte ich mich natürlich vorher beim Finanzamt, was ich dazuverdienen durfte.

Bald wurden es immer mehr Verträge, die Popularität wurde größer, und ich konnte den Schritt in die Selbständigkeit wagen und ein Schülerreiseunternehmen gründen. In diesem Bereich kannte ich mich aus, weil ich mehrere Jahre Klassenlehrer war und als stellvertretender Direktor für außerunterrichtliche

Tätigkeit auch Reisen plante. Ich kannte ebenso die Sprache der Lehrer und wusste, was sie wollen. Also fiel mir der Schritt eigentlich relativ leicht.

Aber mir war schon damals klar, dass ich lieber als Lehrer oder an der Universität gearbeitet hätte. Es war eher eine Notlösung, wobei ich jedoch durchaus, da ich inzwischen ja ein paar Erfahrungen gemacht hatte, die Chancen sah und dann auch loslegte. Noch heute bin ich so beschäftigt, dass ich jeden Tag mindestens zwölf Stunden arbeiten muss und noch mehr arbeiten könnte.

Natürlich hat man in diesem Geschäft keine Sicherheiten. Der Markt kann sich verändern, und es gibt Faktoren, die man selbst nicht beeinflussen kann: Ich hatte bereits ein Busunglück mit Personenschaden, bin auf Wessis und Ossis hereingefallen und verlor sehr viel Geld. Selbst die Geburtenrate und die Richtlinien des Kultusministeriums haben einen Einfluss. Aber ich werde ohnehin fast jeden Tag überrascht. Man muss immer wieder neue Situationen beherrschen lernen und sich auf sehr viele Menschen einstellen. Es ist schon 'ne verdammt harte Arbeit.

Mir zeigt sie eins: Man muss stark sein und versuchen, immer noch stärker zu werden. Ganz kurz: Ich habe ja angedeutet, ich habe viel Geld verloren. Am ersten Tag der Selbständigkeit unterschrieb ich einen stillen Partnerschaftsvertrag mit den Herren aus Kamen. Dieser Vertrag wurde nach zehn Monaten von Seiten dieser Herren aus Kamen so still, dass ich ihn kündigte – da wollten die auf einmal 80.000 Mark von mir haben, zehn Prozent des bis dahin erreichten Umsatzes.

Ich musste auch sehr stark sein, als dieses Busunglück geschah und der Busbetrieb, dem ich vorher fast 20.000 Mark gegeben hatte, plötzlich im Konkurs war. Außerdem fuhr ich natürlich zu den Elternversammlungen, bei denen auch die verletzten Kinder waren. Das war schon nicht so einfach.

Es werden einem auch einige Grenzen auf finanzieller Seite aufgezeigt, die man vorher nicht so sah. Also ich muss sagen: Diese Selbständigkeit stellt hohe Anforderungen sowohl ans Physische als auch ans Psychische. 95 bis 99 Prozent meiner Kunden sind Lehrer – und die sind bekanntlich eine sehr kritische Kundschaft; das kann ich nur bestätigen.

Meine Erfahrung insgesamt ist: Ich muss immer härter werden. Mein eigentlich recht weicher Kern hat mich nicht weiter gebracht. Dies wurde ausgenutzt und brachte auch für die Familie nur Belastungen. Dass diese Härte nicht meinem Persönlichkeitsideal entspricht, ist klar, und mir ist das als Problem auch bewusst. Aber wenn du in der Marktwirtschaft erfolgreich sein willst, geht es eben nicht nur mit Gutmütigkeit. Ich hatte ganz schwierige und schlimme Gespräche, wo man da noch 1000 und da noch 1000 Mark herausgeschlagen hat, weil ich die Verträge nicht so formuliert hatte, dass sie eineindeutig waren.

Das Leben in der DDR hat mir besser gefallen. Insgesamt, ja. Man kann das sicher nicht mit Ja oder Nein beantworten. Aber es gab viele Bereiche, die ich heute vermisse, an erster Stelle steht dabei für mich die Sicherheit für mich und die Familie.

Nostalgie spielt da weniger eine Rolle. Man kann ja auch diesen Gedanken und dem Erlebten nicht ewig nachhängen. Es ist eher ein Vergleichen. Aber man vergleicht auch nicht ständig im täglichen Leben.

Was ich heute besonders positiv finde, ist, dass die Jugendlichen heute selbstständiger sind, dass sie besser in der Lage sind, mit kritischen Situationen umzugehen, als wir selbst das konnten. Es gibt aber enorme Unterschiede zum Verhalten von Klassen aus den alten Bundesländern. Wenn die eine Schulfahrt planen, läuft das ganz anderes ab. Zum Beispiel mieten sie allein einen Bus und möchten nicht, dass eine weitere Klasse zusteigt. Dafür sind sie bereit, Mehrkosten in Kauf zu nehmen. Die Lehrer aus den alten Bundesländern kennen außerdem genau ihre Rechte. Sie wissen, was im Reisegesetz steht und erheben schnell Regress. Das ist also in dieser Tiefe bei unseren Lehrern aus den neuen Bundesländern in der Regel nicht der Fall.

Insgesamt komme ich mit dieser Tätigkeit – man macht eben Erfahrungen – immer besser zurecht. Trotzdem habe ich beim Klassentreffen gesagt: „Ich hätte die Wende nicht gebraucht." Das ist richtig. Das können wir als Resümee stehen lassen.

SYLVIA K.
Pharmareferentin

Ich fand, dass wir in der Klasse gut miteinander auskamen. Es war recht lustig, und es gab einige, jetzt sage ich: Herren – ein bisschen verrückt, aber trotzdem liebenswert. Ich habe nur positive Erinnerungen, nichts Negatives. Typisch dafür waren die Hausaufgaben. Da konnte man zu jedem hingehen, der was wusste oder was konnte, der hat einem weitergeholfen.

Ich glaube schon, dass die Schulzeit eine prägende Wirkung hatte. Man hat danach in der Regel ein Studium angefangen, dafür hat man ein bestimmtes Wissen mitbekommen, es wurden in den vier Jahren Ansprüche an das Leben oder Einstellungen zum Leben geprägt. Man kam langsam in das Alter, in dem man auf sich selbst gestellt war.

Wenn viele heute sagen, sie wären in der DDR einem politischen Druck ausgesetzt gewesen – bei mir war das nicht so. Ich meine, das Pionier- oder FDJ-Leben, da gab es ein paar Regeln, aber wenn ich aus der heutigen Zeit zurückschaue, muss ich sagen, so verkehrt war das gar nicht. Die Jugend hatte wenigstens irgendwo eine Linie, an die sie sich halten konnte; so sehe ich es. Klar, es gab ML und seine einzelnen Disziplinen, mit denen man sich beschäftige, für die man auch etwas tun musste, aber als Druck empfand ich das damals nicht. Ich wurde in dieser Zeit groß und bin da hineingewachsen. Mir ging es eigentlich gut, ich kann über nichts klagen. Vielleicht hätte man – ich kam aus armen Verhältnissen – ein bisschen mehr Geld haben können. Aber sonst?

Ich bin bei meinen Großeltern aufgewachsen, mein Opa war Schichtmeister in Leuna, meine Oma ging gar nicht arbeiten, und mein Lohn später war auch nicht sehr üppig. Doch man konnte leben. Da ich in den ersten acht Jahren gute schulische Leistungen hatte, kam jemand von der Schule – ich bin ja ein Arbeiterkind – auf meine für mich erziehungsberechtigten Großeltern zu und regte an, dass ich Abitur machen sollte. Ich fand diesen Weg gut, denn ich wusste, man kann mehr erreichen.

Mein Schulabgang von der EOS war dann nicht ganz normal, denn ich war krank. Ich hatte damals eine Bauchspeicheldrüsen- und Gallenblasenentzündung. Das dauerte vier Monate, und ich erschien dann nur noch zu den Abi-Prüfungen am Schulende. Deshalb habe ich auch nichts von den Abschiedsveranstaltungen der Klasse mitbekommen. Dadurch sind vielleicht auch spätere Kontakte zu den ehemaligen Mitschülern ein bisschen auf der Strecke geblieben.

Der Übergang zum Studium verlief bei mir nahtlos. Aber mir fehlte irgendwie das Bewusstsein dafür, jetzt langsam auf eigene Füße kommen zu müssen.

Ich studierte Verfahrenschemie, weil mir Chemie eigentlich immer Spaß gemacht hatte. Außerdem arbeitete mein Großvater im Chemiewerk Leuna, und in den Ferien verdiente ich mir oft in einem Betriebslabor ein bisschen was dazu. Doch das Studium brach ich nach zwei Jahren ab. Das gefiel mir überhaupt nicht, warum auch immer. Ich glaube, ich wollte erstmal ein bisschen Spaß haben, mir war das zu ernst. Ich versuchte zunächst, mich freiwillig exmatrikulieren zu lassen. Doch das durfte ich nicht. Also hörte ich auf zu lernen und versaute absichtlich die Klausuren. Dann „durfte" ich gehen. Freiwillig haben sie mich nicht gelassen.

Das Studentenleben hat mir irgendwie nicht so richtig zugesagt. Vielleicht war ich da auch noch zu verschlossen. Das war mir irgendwie alles zu turbulent. Ich war auch nicht so in die Seminargruppe integriert, weil ich zu Hause wohnte. Das Internatsleben aber hat mir auch nicht so gut gefallen.

Ich weiß nicht, ob ich das nach so vielen Jahre anders sehe, aber ich habe schon immer einen Drang zu Tieren gehabt. Aus heutiger Sicht, egal welchen Sinn das jetzt hat, wäre ich wahrscheinlich doch lieber Tierarzt oder Zoologe geworden. Der Drang zur Natur war bei mir schon immer da. Aber ob das damals schon so ausgeprägt war, kann ich nicht mehr sagen.

Nach Abbruch des Studiums ging ich, im Prinzip als Ungelernte, nach Buna und erhielt dort eine Ausbildung zum Chemielaboranten. Ich absolvierte dann alle möglichen Qualifizierungen zu den einzelnen Lohngruppen – das fiel mir auch nicht besonders schwer – bis mir das Angebot gemacht wurde, Verfahrenstechnik im Fernstudium in Berlin zu studieren. Fünf Jahre dauerte das, und ich schloss es 1989 ab.

Dass ich nun doch eine ähnlichen Richtung studierte, hing damit zusammen, dass ich als Chemielaborant Einsicht in die Praxis bekam. Dadurch war das Studium für mich nachvollziehbarer. In Buna arbeitete ich in der Forschung – mehr oder weniger veranlasst durch meine Mutti, die dort auch Chemielaborantin war. Ich erinnere mich noch an mein erstes Gespräch mit einem Ökonomen, das vergesse ich nie. Der rechnete mir als Erstes vor, was ich unseren Staat bisher kostete, bis ich das Studium schmiss. Das war irgendwo ein sehr deprimierendes Gespräch. Deshalb steckte der mich auch in die Schichtarbeit, Montag bis Freitag, zwölf Stunden. Ich weiß noch meinen ersten Lohn: 380 Mark – für einen Monat Schicht, Lohngruppe vier, als ungelernte Arbeitskraft.

Dass der mich so runtermachte, nahm ich damals aber nicht als Konflikt wahr, muss ich sagen. Es entsprach ja der Tatsache. Jedenfalls konnte man es so sehen. Ich habe studiert und etwas hingeschmissen, was man hätte beenden können. Doch dafür bekam er ja eine recht gut qualifizierte, wenn auch ungelernte Fachkraft; zwei Jahre Studium waren immerhin absolviert. So setzte er mich auch ein: Ich spürte gleich, dass ich zu besonderen Sachen rangezogen wurde.

Also: Auf der einen Seite hielt er mir zwar eine Standpauke, auf der anderen Seite räumte mir dieser Herr Ökonom dann eigentlich alle Qualifizierungenmöglichkeiten ein, die es für mich gab. Nach einem halben Jahr wechselte ich dann in die Tagschicht und war auch schon Laborant. Diese Laborarbeit hat mir richtig Spaß gemacht. Die Arbeit in meinem Kollektiv fand ich sehr gut, immerhin arbeitete ich 16 Jahre in Buna, bis zur Wende.

Zum Schluss war ich eine sogenannte Standlaborantin und leitete ein Kollektiv von zwölf Frauen – Laborarbeit war Frauenarbeit. Männer gab es nicht; sie arbeiteten in unserem Bereich nur als BMSR-Mechaniker und Schlosser. Nur unter den Chefs gab es einige Männer; aber auch Frauen, beides.

Die Arbeit war sehr abwechslungsreich, weil wir an der Entwicklung eines neuen Plasts beteiligt waren, von der Versuchsanordnung bis zur Pilotanlage. Später kam mir dabei zugute, dass ich dieses Verfahrenstechnik-Studium gemacht hatte. Bis dahin besuchte ich immer wieder die Betriebsschule. Ich glaube, jedes Jahr war da so ein Qualifizierungslehrgang für die einzelnen Lohngruppen, und die durchlief ich bis zur höchsten, Lohngruppe acht. Man hatte zwar kein Anrecht darauf, aber man konnte die Lohngruppen irgendwann bekommen. So war das damals. Es soll jetzt nicht überheblich klingen, aber das habe ich mit links gemacht, muss ich echt sagen.

Ich fing also mit 380 Mark als Ungelernte in Schichten an, einschließlich der Schichtzulage – und Lohngruppe acht, Tagschicht, das waren dann vielleicht 660 Mark, mehr war das auch nicht.

1984 begann ich dann mit dem Fernstudium. Ganz einfach, weil ich nicht stehen bleiben wollte, ich wollte eine geistige Herausforderung, wollte mehr. Ich hätte auch Chemie studieren können, aber Verfahrenstechnik hat mich wegen meiner Praxiserfahrungen mit der Pilotanlage mehr gereizt. Ich fand die Entscheidung logisch. Das war natürlich eine große zusätzliche Belastung. Ich glaube, heute würde ich das nicht mehr schaffen: Mein Mann, wir heirateten 1975, war damals schon auf Montage, 1979 kam unsere Tochter zur Welt – ich hatte also zu Beginn des Fernstudiums ein schulpflichtiges Kind, den ganzen Haushalt, acht Stunden Arbeit … Die Nächte waren demnach recht kurz, denn mein Selbststudium konnte eigentlich nicht vor 20 Uhr beginnen. Zu Praktika und einigen Seminaren musste ich nach Berlin, außerdem hatten wir einmal pro Woche einen Tag Seminare in Halle. Und das fünf Jahre lang.

Mein Mann war ja erst ärgerlich wegen der Belastung. Doch dann lief es so, wie es laufen sollte, er akzeptierte es. Ein schlechtes Gewissen etwa gab es für mich nicht. Mein Wille, auch meine Interessen zu verwirklichen, der war inzwischen ausgeprägter. Was mir am Anfang noch so ein bisschen fehlte, kam dann schon: Selbstbewusstsein. Das ist auf jeden Fall in Buna gefördert worden, weil man meine Arbeit anerkannte. Und ich selbst konnte mir sagen, ich habe alles geschafft: Arbeit, Familie, Tochter ordentlich erzogen. Es ist eigentlich alles ganz gut gelaufen, würde ich sagen. Und das bestätigt einen. Auch, dass ich das Studium mit Eins abschloss. Ich bin, wenn ich es mal so ausdrücken darf, fast ein bisschen bewundert worden, dass ich das schaffte, von der Familie und von Arbeitskollegen.

Nach Abschluss des Studiums änderte sich an meinen Arbeitsaufgaben nichts, weil ich bereits seit zwei Jahren eine Position hatte, die ich normalerweise erst nach dem Studium bekommen sollte, ich leitete eine Pilotanlage von der chemischen oder verfahrenstechnischen Seite her.

1990 kamen dann verstärkt Gerüchte über Massenentlassungen in Buna auf. Von den, glaube ich, 26.000 Mitarbeitern sind heute ja auch nur ungefähr 3.500 übrig geblieben. Ich sollte dann auch entlassen werden, und die älteren Kollegen – das war ja auch verständlich – sollten erst einmal in der Forschung bleiben.

Tja, und dann erzählte mir ein Arbeitskollege, dass dessen Frau gleich Anfang 1990 eine Ausbildung zur Pharmareferentin gemacht hatte. Bei mir zog sich das in Buna noch bis August '91 hin, ich erfuhr aber, dass in Halle eine achtmonatige Pharmareferentenausbildung lief. Ich bewarb mich, erhielt eine Zusage, und mein Chef stimmte dem Aufhebungsvertrag zu. Als ich meinen letzten Tag in Buna hatte, sagte man mir, sie hätten noch ein Jahr Arbeit für mich. Aber da gab es kein Zurück mehr – was ist ein Jahr? Die Ungewissheit danach wäre noch größer gewesen. Also habe ich mich wieder auf den Hintern gesetzt – acht harte Monate lang, denn Medizin war Neuland für mich.

Das war eine ganz neue Tätigkeit. Pharmareferenten gab's ja in der DDR nicht. Wegen der hohen Arbeitslosigkeit konnte man auch aus dem Vollen schöpfen. Während im Altbundesland oft Krankenschwestern für diesen Job genommen werden, ging hier nichts unter „Ingenieur". Die hatten eben die Wahl.

Ich habe in dem Zeitraum, bevor ich mich dann zu diesem Schritt entschloss, Bewerbungen losgeschickt an Chemiebetriebe im Altbundesland, Ludwigshafen zum Beispiel; alles so in der Nähe von Mannheim. Ich war auch zu Vorstellungsgesprächen, denn ich hatte ja nun meinen „Ingenieur" in der Tasche. In einem Betrieb hätte ich sofort anfangen können als normale Laborantin ohne Aufstiegsmöglichkeiten – das habe ich natürlich abgelehnt. Besonders erstaunt hat mich ein Vorstellungsgespräch, bei dem man mir sagte: „Verfahrenstechniker sind bei uns Herren, keine Frauen. Auf Wiedersehen!"

Ich habe nie begriffen, warum die mich eigentlich eingeladen hatten.

Was in der Wende-Zeit passierte, hat man schon verfolgt. Ich persönlich war nicht in Leipzig drüben, aber ich kenne Kollegen, die rübergefahren sind und dann davon erzählten.

Tja, die Situation zum Ende hin ... Es gab ja wirklich zum Beispiel nur Rotkohl, Weißkohl, ein paar stinkige Kartoffeln und den Gelben Köstlichen als Apfel. Das war's dann aber auch schon mit dem Angebot an Obst und Gemüse. Und nach jedem Bisschen musste man sich anstellen die letzten Jahre: Bettwäsche, Handtücher ... Es wurde ja nur noch gehamstert und gestanden. So konnte das nicht weitergehen, irgendwas musste passieren.

Man merkte das auch in den Betrieben. Man musste in den letzten Jahren immer öfter aus nichts etwas basteln, um weiterarbeiten zu können. In einer Hinsicht war das ja sehr kreativ, aber es war eben auf Dauer keine Lösung.

Als Ungarn die Grenze öffnete und DDR-Urlauber da rübergingen, hat man die erstmal vielleicht kurz beneidet, weil die was Neues, was Fremdes erlebten. Aber ich bin hier groß geworden und denke an eine insgesamt positive Kindheit zurück, muss ich auch sagen. Ich hatte eine Tante im Westen, zu der bestanden aber nur wenige Kontakte. So sehr mit Geschenken überschüttet hat die mich auch nicht. Gut, wenn man aus dem Westen was hatte, freute man sich, aber so sensationell fand ich das auch nicht.

Ich habe eigentlich meine Gegebenheiten hingenommen, obwohl, der innere Protest war schon da, dass man nichts mehr bekommen hat. Wenn die Tochter was brauchte als Kleinkind, eine Hose oder so, man musste laufen, laufen, laufen und immer fragen, wann kommt mal ein bisschen Ware; das war kein Zustand.

Also, Gorbatschow hat bei mir und bei uns in der Familie ein sehr positives Ansehen. Ohne ihn wäre die Wende nicht gewesen. In dem Punkt hatten wir Hoffnung vielleicht. In der DDR war ja irgendwo eine Gleichmacherei. Ein Meister verdiente mitunter weniger als ein Schlosser, es gab keinen Anreiz. Warum sollte man sich mehr anstrengen? Große finanzielle Vorteile hatte man davon überhaupt nicht. Deshalb hatte ich die Hoffnung, dass man nach der Wende bei wirklich guter Arbeit ein bisschen besser entlohnt wird. Denn man wusste, dass auf der westlichen Seite Arbeit besser bezahlt wird und dass das Angebot an Obst, Gemüse oder Kleidung anders war.

Ich spielte jedoch nie mit dem Gedanken, die DDR zu verlassen. Meine ganze Familie war hier, und eigentlich fühlten wir uns alle hier geborgen. Dass man nirgendwo hinfahren durfte, kannte man von klein auf; ich empfand die DDR auch nicht so als Gefängnis wie vielleicht andere. Erst als ich zum ersten Mal über die Grenze fuhr und diese Befestigungsanlagen sah, war das für mich ein großer Schock. Ich hatte zwar von meiner Oma – die ist immer schon rübergefahren zu der Zeit – gehört, was da für Bollwerke zum Teil standen. Doch das nahm man gelassener, bis man es selbst sah.

Träumer aber waren wir in der Wende nicht. Es war uns bewusst: Ohne was ist nichts. Manche dachten ja, jetzt geht das Tor auf, und das Schlaraffenland ist da. Aber ich fand positiv, dass es passiert ist. Mir fehlte nur eine gewissen Vorstellung von dem, was kommt. Aber wer hatte die denn? Keiner. Man wusste ja nicht mal, wie es in der DDR aussah, wie die wirtschaftliche Situation war, in welchem Zustand sich die DDR-Industrie befand. Auch die aus dem Westen wussten nichts, deshalb ist später auch so viel kaputtgemacht worden.

Am 9. oder 10. November, das weiß ich gar nicht mehr so genau, waren wir mit Bekannten in Berlin, um uns das anzuschauen. Menschenmassen. Das war unheimlich. Richtig fasziniert war ich eigentlich nur von den Gemüseläden, das Gemüseangebot fand ich eindrucksvoll. Man hat sich erstmal hingestellt und sich alles angeguckt, mit vielem konnte man auch nichts anfangen. Ich war da eher vorsichtig, nicht so euphorisch oder so. Bemerkt habe ich bei diesem ersten Besuch jedoch die unheimlich freundlichen Gesten der West-Berliner.

Im Dezember fuhren wir zu meiner Tante. Die wohnt bei Mannheim. Da sah ich dann zum ersten Mal die Grenzbefestigungen. Für mich war das ein Schock hoch drei. So extrem hätte ich das nie erwartet. Und als wir dann drüben waren, faszinierte mich die Sauberkeit, muss ich sagen; und die Blumen! Blumen ... Wir waren eine Woche dort, sahen uns Heidelberg an, die Landschaft und so weiter. Von meinem Onkel kam dann eigentlich auch die Anregung, mich eventuell dort zu bewerben. Denn es gab ja da auch Chemieindustrie, und ich hätte fürs Erste bei ihnen Unterkunft haben können.

Als ich später geprüfter Pharmareferent war, schickte ich jede Menge Bewerbungen los, wirklich viele. Ich bekam zwar bestimmt 16 Absagen, aber auch drei Zusagen, unter denen ich wählen konnte. Rein gefühlsmäßig entschied ich mich für die Firma, bei der ich auch heute noch bin; ihr Sitz ist in Köln.

Nach einem Vierteljahr Ausbildung zu den produktspezifischen Sachen – vor allem auf der Herz-Kreislauf-Strecke – war und bin ich im Einzeldienst tätig. Wir sind aber ein Team von drei Leuten. Mein erstes Gebiet, in dem ich arbeiten durfte, war Leipzig. Da hatte ich wirklich Angst: Großstadt, Autofahren, die Adressen der Arztpraxen finden und alles so was. So gesprächig war ich damals auch noch nicht ... Es war eine schwere Zeit in Leipzig. Immer wieder auf fremde Menschen so spontan zuzugehen, dabei sollte ja auch noch Fachwissen rüberkommen. Du musstest ja dem Arzt dein Präparat erst einmal schmackhaft machen, dass er das verordnet.

Nach anderthalb Jahren bekam ich dann jenes Gebiet, in dem ich auch heute noch beschäftigt bin, den Raum Naumburg, Zeitz bis Halle rüber. Da bin ich seit fünf Jahren tätig. Es macht weiterhin Spaß, inzwischen kennt man die Ärzte, man weiß, worauf es ankommt und hat zwischendurch ständig Weiterbildungen zum medizinischen Hintergrundwissen. Also, es ist ein Job, bei dem man immer wieder mit Neuem zu tun hat, man kommt auch ein bisschen durch die Welt – ich habe diese Entscheidung jedenfalls nicht bereut.

In ein Büro könnte ich, glaube ich, nicht mehr zurück. Dass ich mir die Arbeitszeit selbst einteilen kann, ist mir wichtig geworden. Ich habe zwar mein Soll zu bringen, aber wie, das ist meine Sache. So entsteht kein eintöniger Arbeitsrhythmus. Ich möchte beruflich nichts anderes machen.

Ein bisschen vermisse ich das Kollektiv, aber ein Problem stellt das nicht dar. Zwar hatte man im Kollektiv Gesprächspartner, aber nach den zehn Jahren, die nun vorbei sind ... Ich habe noch Kontakt zu früheren Arbeitskollegen, doch was die erzählen, wie da jeder nur noch an sich denkt – dann bin ich manchmal froh, so ein Alleinkämpfer zu sein.

Bei meiner Arbeit habe ich natürlich auch viel mit Westdeutschen zu tun. Man kommt mit ihnen aus, aber sie haben doch irgendwo andere Lebensauffassungen, soweit sind wir noch nicht. Zum Beispiel solche Gespräche über Tennis, Segeln, Golfen – das sind für uns Sportarten, mit denen wir noch nichts zu tun haben. Wenn die sich darüber unterhalten, kann man manchmal nicht ganz folgen.

Ich finde auch, die Westdeutschen sind unmittelbarer, euphorischer, wo wir überlegter sind. Wir schauen erstmal, versuchen zu überlegen, und dann jubeln wir. Die jubeln erst, überlegen später oder gar nicht. Den Eindruck habe ich zumindest.

Ich weiß nicht, ob das unbedingt das Erstrebenswerte ist. Vielleicht klingt es lächerlich, aber wenn man aus einfachen Verhältnissen kommt und sich alles selbst erarbeitet hat, sieht man manche Dinge irgendwie anders.

Aber Mentalitätsunterschiede findet man ja überall, auch im Osten. Die Sachsen unterscheiden sich auch von den „Fischköpfen" [Mecklenburger], nicht wahr? Ich würde sagen, die Wessis sind irgendwie leichter, träumerischer, die Ossis sind realistischer. Das wäre meine Kurzbeschreibung; natürlich gibt es immer Ausnahmen. Vielleicht denken wir zu viel nach. Das liegt wahrscheinlich daran, dass wir mehr erlebt haben, vor und seit der Wende. Prinzipiell halte ich auch mehr von Taten als vom Schwatzen. Die Wessis können einem ein Kind in den Bauch schwatzen, die können sich auch besser verkaufen, zum Teil. Da können wir noch was lernen. Ob man es lernen soll, das ist eine andere Sache.

Trotzdem fand ich natürlich auch Freunde im Westen. Dazu habe ich eigentlich generell eine positive Einstellung. Als ich die produktspezifische Schulung bei der Firma machte, waren wir zwei Ossis und der Rest Westdeutsche. Mit zwei von ihnen bin ich näher in Kontakt gekommen, und die eine hat mir jedes Wochenende ihr Privatauto geliehen, damit ich von Köln nach Hause fahren konnte. Dafür bin ich noch heute dankbar.

Ich war in der Partei. 1975 ungefähr trat ich ein, nach vier, fünf Jahren Buna. Das hängt wieder mit meiner Lebenseinstellung zusammen, was ich am Anfang sagte. Die Theorie fand ich gut und habe erst viel später erkannt – sagen wir mal die letzten fünf, sechs Jahre – wie es eigentlich wirklich ausschaut. Dass eigentlich der Mensch das Hindernis bei der Umsetzung dieser Theorie ist, der wirkliche Mensch. Ich bin aus Überzeugung in die Partei eingetreten, das möchte ich betonen, und aus Überzeugung bin ich ganz schnell raus, gleich '89, nachdem die ganze Misere da oben in der Regierung bekannt wurde.

Der Mensch hat sich in den letzten zehn Jahren geändert, würde ich sagen. Früher sprach ich ja von meinem Kollektiv, heute würde ich sagen, dass der Mensch ein großer Egoist ist.

Der Oberbegriff ist das schlichte und einfache Wort „Neid". Meine erste Chefin war ein Wessi, und die hat mal einen Satz zu mir gesagt, den finde ich vollkommen richtig: „Alle bewundern sie deinen schönen Garten, aber keiner sieht, wie du umgräbst." Und das stimmt.

Ich vermisse trotzdem das menschliche Miteinander, wie ich es aus der DDR kenne. Das müsste man wieder anstreben. Dass das verloren gegangen ist, hängt wohl mit dem härteren Existenzkampf zusammen. Man denkt mehr an sich, ist egoistischer. Wieso soll ich gegenüber meinem Chef meinen Kollegen loben? Dann wird der eins höher eingestuft, und ich bin immer noch unten. Also werde ich mich loben.

Gott sei Dank muss ich das nicht praktizieren. Ich bin auch nicht der Typ dafür. Früher in der DDR waren die Bedingungen für alle Menschen ähnlich. Ein Meister bekam nicht mehr als ein Facharbeiter oder ein Ingenieur. Heute sind die Unterschiede wesentlich größer, und sie sind auch sichtbarer. Es macht viele unzufrieden, wenn sie beispielsweise das größere Auto nicht haben können. Oder wenn sie von Urlaubsreisen hören, wie wir sie zum Beispiel unternehmen konnten: Der erste Urlaub war auf Mallorca, danach kamen Brasilien, Kenia, Marokko, Ägypten, Österreich natürlich – in Österreich waren wir mehrmals, weil es uns in den Bergen so gefällt – dann waren wir in Bali, England, Amerika; aber nur Boston.

Nostalgie kann ich trotzdem in meinem Bekanntenkreis nicht feststellen. Man hat schöne Kindheitserinnerungen, denkt an gewisse Urlaubserlebnisse, die man zu Ostzeiten hatte, aber an die würde man auch so denken, ohne Nostalgie. Eine schöne Erinnerung behält man einfach. Aber die Zeit war etwas ruhiger, friedlicher. Wenn man das als Nostalgie bezeichnen will …

Aber wir haben uns nicht in den Stuhl fallen lassen. Mein Mann war acht Monate arbeitslos, doch wir haben uns selbst bewegt und gekümmert. Für uns lief das Leben in den letzten zehn Jahre zwar sehr hektisch, aber auch sehr erfolgreich. Wir sind zufrieden im Moment. Das kann aber morgen anders aussehen, das weiß man nicht. Ein bisschen Glück braucht man zwar, aber Grundvoraussetzung bin ich erstmal selbst. Erstmal muss ich mich selbst aktivieren und Initiative zeigen. Wenn man sich kümmert, dann findet man auch was.

Im Urlaub lernten wir ein Ehepaar kennen – der Mann war Ausbilder bei der Bahn und hatte 15 Lehrlinge in einer Klasse. 14 hätten eine Anstellung im Altbundesland bekommen können, fünf davon haben eine Stelle angenommen. Jung, noch ungebunden, nicht bereit, sich zu dieser Arbeitsstelle zu bewegen. Dafür habe ich kein Verständnis. Aber manche sind mit dem zufrieden, was sie von Vater Staat bekommen. Ich kenne mehrere solcher Beispiele.

Ab einem gewissem Alter wird es natürlich schwer, das ist klar, Frauen ab 45 und Männer ab 50 bekommen schon schlechter etwas. Aber junge Menschen sollten sich ein bisschen bewegen und sich nicht so sehr auf das Arbeitsamt verlassen.

Aber diese Gesellschaft wird sich sowieso ändern. Bei dieser Verschuldung – irgendwann bricht jedes System zusammen. Was kommt, weiß ich nicht, aber so kann es nicht weitergehen. Ich meine, man hat Tendenzen, zur DDR zurückzukommen im Moment.

Wenn man sieht, dass die Mehrverdienenden immer mehr Steuern abgeben müssen, dann hat das die Tendenz, alles auf ein Level zu bringen.

So ähnlich sehe ich auch die EU. Wir sind von diesen Ländern das reichste, wenn ich es mal so ausdrücken darf, obwohl unsere Wirtschaft ja auch kaputt ist. Die Produktion wird immer mehr ins Ausland verlagert, gleichzeitig steigen die Arbeitslosenzahlen, und wenn dann eine Art europäischer Anpassung erfolgt, geht das immer zu unsren Ungunsten. Unser Lebensniveau wird nach unten gehen.

Vielleicht sehe ich das im Moment auch etwas krass, weil wir sehr mit der Gesundheitsreform zu kämpfen haben. In die Zukunft sehe ich deshalb zweifelnd bis pessimistisch. Wenn den Ärzte vorgeschrieben wird, was sie verordnen dürfen, geht die Pharmaindustrie kaputt, und damit verliere ich meinen Job. Das heißt, wenn wir zu der Medizin zurückkehren, wie es sie zu DDR-Zeiten gab. Das bedeutet für mich Arbeitslosigkeit. Natürlich, wenn es kommt, werde ich mich wieder um eine andere Arbeit bemühen, das kann ich aber heute nicht sagen. Aber die Gesundheitsreform, das ist schon eine kritische Angelegenheit.

Sicherlich sind neu auf den Markt gekommene Präparate teurer. Da stecken ja Forschungsgelder drin, die wieder reingeholt werden müssen. Aber meist haben die neuen Präparate weniger Nebenwirkungen. Wenn dadurch zum Beispiel das Herzinfarktrisiko sinkt, spart man teure Krankenhausbetten, die technische und personelle Betreuung und so weiter.

In Sachsen-Anhalt gilt seit dem 1. April die Budgetierung der Ärzte, was heißt, ein Arzt darf für einen Normalpatienten 70 Mark im Quartal, für einen Rentner 234 Mark ausgeben. Und gute Herz-Kreislauf-Präparate kosten mitunter 500 Mark. Man kann sich also ausrechnen, welche Möglichkeiten der Arzt hat.

ECKHART ST.

Verwaltungsangestellter

Ich erinnere mich gern an die Zeit an der EOS. Die Truppe, die da beieinander war, hat mir gefallen, weil es viele Gemeinsamkeiten gab. Wir waren etwa fünf, sechs, acht Mann, die viel zusammen gemacht haben; das erinnere ich schon positiv.

Nur dieser eine Sportlehrer ist mir negativ im Gedächtnis geblieben. Das war mein spezieller Freund. Der hat mich mal irgendwie angefahren, ich habe irgendwas geantwortet, und dafür gab es einen öffentlichen Verweis. Das war für meine Begriffe vollkommen ungerechtfertigt, aber in der damaligen Zeit war das so üblich. Ein Schüler hatte nicht die Möglichkeit, seine Meinung zu sagen. Wenn die Meinung von der des Lehrers abwich, egal, in welcher Hinsicht, musste man sich das sehr gut überlegen.

Das war eigentlich das, wodurch man unter Druck stand. Wir haben das zwar teilweise in unserer Truppe kompensiert, die auch mal über die Stränge schlug, aber der Druck, der von der Schule ausging, der war doch sehr massiv zu der Zeit. Und er war eigentlich seit der Kindheit immer da, auch in der POS. Damals war man es gewöhnt, die politische Richtung zu akzeptieren, wenn nicht sogar mitzumachen. Wir haben uns an der EOS zwar ein bisschen rausgehalten aus der ganzen Geschichte, aber akzeptieren mussten wir sie im Grunde doch. Wir hatten wiederzugeben, was Lehrstoff war, und das haben wir im Prinzip auch gemacht. Weil das eine allgemein praktizierte Tatsache in der DDR war, hat man darauf auch nicht so stark – etwa mit Ablehnung oder Ausstieg – reagiert, ich zumindest nicht. Ich habe die ganze Geschichte mehr oder weniger mitgemacht.

Man musste das auch nicht alles zu ernst nehmen; man konnte es beiseite schieben.

In diesem Sinn wurden auch die Studienfächer vorgegeben. Die Alternativen waren, Offizier oder Lehrer zu werden oder in Merseburg an der Technischen Hochschule zu studieren.

Um den Militärdienst bin ich wegen meines Asthmas herumgekommen. Zum Lehrer habe ich mich nicht berufen gefühlt und habe dann die Variante Merseburg gewählt. Aber nicht als Chemiewerker in Großbetrieben; ich habe mich fürs Betriebswirtschaftsstudium entschieden, weil sich da Möglichkeiten geboten haben, vielfältig eingesetzt zu werden. Wenn ich Chemie studiert hätte, wäre ich im Leuna- oder Bunawerk oder irgendwo sonst gelandet. Das fand ich nicht unbedingt so erstrebenswert. Doch ein Lenkungsgespräch hatte ich nie. So etwas gab es ja auch.

Nach dem Abitur habe ich im September 1973 angefangen, in Merseburg zu studieren, im Fachbereich – oder in der Fakultät, wie es jetzt heißt – für Wirtschaftswissenschaften. Mein Studienfach hieß „Sozialistische Betriebswirtschaft". Das habe ich nach vier Jahren mit einem Diplom abgeschlossen. Der Abschluss nach vier Jahren war damals relativ üblich.

Das Studium selbst war natürlich teils an den Staat gebunden; es hatte viele Grundlagen im Gesellschaftssystem des Sozialismus. An meiner Einstellung hat sich aber nichts groß geändert. Man konnte es eigentlich weiter verfolgen: Die Gesellschaft hatte gewisse Ziele, die waren theoretisch auch nachvollziehbar, aber sie waren dann mit der Praxis nicht vereinbar. Dass man sich in dem Sinne mehr zum Staat hingezogen fühlte, kann ich nicht sagen. Aber es hat mich auch nicht abgestoßen.

Manche Sachen, die direkt politisch waren, die auf das politische System bezogen waren oder in Richtung Repression gingen, die hat man natürlich innerlich abgelehnt: Schön und gut, was ihr da erzählt, aber das kann ich mit reinem Gewissen nicht mittragen.

Offen opponiert habe ich aber nicht. Es war eher die Strategie: Lasst mich in Ruhe; ich mache nicht alles mit und will auch nicht ganz vorne in der FDJ oder in der Seminargruppe stehen. Ich habe versucht, mich herauszuhalten.

Nach dem Studium suchte ich mir über die Absolventenvermittlung in Thüringen eine Arbeit, weil mir das gesundheitlich gut tat. Die erste Vermittlung ergab einen Glasbetrieb in Schmiedefeld am Rennsteig. Die habe ich abgelehnt, weil ich während des Studiums geheiratet hatte und wir das erste Kind bekamen. In dem Ort war aber keine Kinderkrippe.

Ich bin dann nach Ilmenau ins Technische Glaswerk gegangen, einem großen Industriebetrieb zu DDR-Zeiten. Dort konnten wir das Kind unterbringen und nach einer Wartezeit auch eine Wohnung bekommen.

Die Stellenvermittlung war so ein bisschen eine Belohnung für gute Leistungen und politische Aktivitäten. Wer „Mit Auszeichnung" abschloss, durfte sich die beste Stelle aussuchen und so weiter. Wer ein politisches Amt im Studium oder in der FDJ hatte, der wurde in die nächsthöhere Leistungsgruppe geschoben. Das war bei mir nicht der Fall, ich schloss mit „gut" ab. Auf die Stelle, die ich mir aussuchte, war anscheinend niemand aus; die wurde mir dann sozusagen zugeteilt. Dadurch bin ich auch nicht in Konflikt mit jemandem gekommen.

Mein erster Arbeitsplatz war in der Planungs- und Abrechnungsabteilung des Technischen Glaswerks. Dort haben wir Kosten und Finanzen geplant. Das war von der Materie her relativ trocken, eben Büroarbeit mit Zahlen und Plänen. Das Politische hat eigentlich keine so große Rolle gespielt, im Alltag zumindest nicht. Man hat sich auch mal unterhalten, man hatte auch mal was auszusetzen, man hat natürlich auch scharf diskutiert. Im kleinen Kollegenkreis konnte man das schon, im größeren hat man das nicht gemacht. Es gab auch monatliche politische Schulungen; die hat man über sich ergehen lassen. Bis zur Wende bin ich nicht in eine Partei eingetreten.

Später bin ich nach Masserberg gegangen. Das hing mit meiner Scheidung von der ersten Frau, 1981, zusammen. Ich wollte weg von Ilmenau und aus der Wohnung raus. Man bot mir dann in der Augenklinik in Masserberg eine Stelle mit einer Dienstwohnung an. Das war natürlich ganz günstig, und die Stelle selbst hat mich auch interessiert. Ich wurde Verwaltungsleiter einer mittelgroßen Klinik, die aber eher einer Kureinrichtung glich. Mein Aufgabenspektrum war relativ breit; neben der Finanzverwaltung ging es um die Erhaltung des Klinikbestandes, der Gebäude, Räumlichkeiten und des Geländes; dafür hatten wir neben einer Handwerkertruppe sogar einen Gärtner. Ich konnte relativ selbständig arbeiten und einiges für den Erhalt tun, was ja zu DDR-Zeiten nicht so einfach war. In der DDR war ja nichts einfach. Mir hat es dort eigentlich bis zum Schluss gefallen, wenn man mal davon absieht, dass man in kleinen Orten nicht so unbedingt den Anschluss hat und nicht so ein Leben wie in der Stadt führen kann.

Nach zwei Jahren habe ich mich aus diesen Gründen dort verabschiedet und mir eine Stelle in Suhl gesucht, weil selbst in dieser mittelprächtigen Stadt doch ein bisschen mehr los war. Die Bibliothek, damals noch Bezirksbibliothek, bot mir eine Stelle als Technischer Leiter an. Ab 1983 habe ich mich dann bis zur Wende um die Gebäude, Ausstattungen und solche Dinge der Bibliotheken des Bezirks Suhl gekümmert.

Mit Büchern hatte ich immer zu tun; ich lese gern, und es war ein angenehmes Arbeiten. Obwohl ich Mitglied des Leitungsgremiums war, bestand die Möglichkeit zu sagen, was einem nicht passte. Nur an den Grundlagen durfte man natürlich nicht rühren. Die Hand des Staates ruhte auch auf dem Bibliothekswesen, wie überall. Auch bei der Literaturbeschaffung hat man nur zum Teil mitbekommen, wo was hin und her geschoben wurde – irgendwie unabhängig konnte man ja nichts beschaffen. Genauso wenig wussten wir, wie und wo die Stasi aktiv war; das weiß ich bis heute zum Teil nicht.

Vor der Wende war ich für zwei Wochen bei Verwandten im Westen. Das war 1989. Um meinen Eindruck zu schildern, müsste ich weit ausholen. Der Westen ist ja nicht nur eine einzige Sache.

Also, erstmal war es toll. Es war halt ganz anders. Man sieht das als Besucher sowieso vielleicht ein bisschen positiver, aber es war schon klasse. Vorher habe ich konkret nicht daran gedacht, in den Westen zu gehen. Klar, dass man das mit im Hinterkopf hatte, vor allem in den 80er Jahren, als viele in den Westen gegangen sind. Und die haben sich dort verwirklicht, so haben wir das zumindest wahrgenommen. Es gab aber auch welche, die haben es nicht geschafft. Aber eigentlich war es immer ein positiver Schritt, wenn welche rübergegangen sind. Die haben dann von drüben gewunken und sagten, tja, hättest du es doch auch gemacht.

In meinem Fall hätte ich gar nicht gewusst, wie ich es hätte anstellen sollen. Irgendwie mit Tricks oder so über die Grenze zu kommen ist mir zu unsicher gewesen. Dafür war mir mein Leben zu lieb. Was gab es noch für Möglichkeiten? Sich konkret dazu zu bekennen, dass man rübergehen will – da hatte man aber die Konsequenzen im Hinterkopf. Man wäre bei der Arbeit rausgeflogen, vielleicht sogar in den Knast gewandert. Das gab es ja auch, dass man eingesperrt und nach zwei Jahren freigekauft wurde. Danach hatte ich keine Sehnsucht. Ich habe damals auch schon mal gedacht, es wäre schön, wenn du jetzt drüben wärst und es sicher besser hättest als hier. Aber ich bin das eigentlich nicht konkret angegangen.

Wir haben in der DDR gelebt, aber am Westen hat man sich durch Fernsehen und Radio orientiert. Unser Musikgeschmack als Jugendliche kam aus dem Westen. Die Beeinflussung war schon groß; man hat als DDR-Bürger ziemlich stark mit dem Westen im Hintergrund gelebt. Überwiegend im positiven Sinne, muss ich sagen, was den Wohlstand betrifft. Man hat an der Verwandtschaft gesehen, was die für Pakete schicken und mit dem Auto herfahren konnten und so. Wir waren drei Kinder und kannten einen solchen Wohlstand nicht, obwohl es uns nicht schlecht ging.

Was uns damals in den 60er und 70er Jahren interessiert hat, das war die Möglichkeit, dass man drüben die Meinung sagen und versuchen konnte, sich zu verwirklichen. Da war ja viel los in den 70er Jahren: Jugend- und Studentenbewegung, Umweltgeschichten und so weiter. Das ist ja zu DDR-Zeiten bei uns alles abgewimmelt worden.

Zur Zeit dieser Besuchsreise war ich noch nicht verheiratet, aber ich war mit meiner jetzigen Frau zwei Jahre lang zusammen. Ich galt als Geschiedener, deshalb wollten die auf der Behörde von mir wissen, ob ich eine feste Beziehung habe und ob ich sagen könnte, wer das ist. Ich sagte denen, ich hätte nichts zu verheimlichen, und sie haben mich fahren lassen. Als Alleinstehender war man ein unsicherer Fall, doch ich hatte auch die Befürwortung von der Arbeitsstelle. Selbst meine beiden Brüder durften damals fahren. Das war schon eigenartig; es gab also schon vieles, was fünf, zehn Jahre früher nicht denkbar war. Wir sind auch alle wiedergekommen. Meine Brüder sind verheiratet, sind aber allein gefahren. Das war der übliche Weg, dass die Frau oder der Mann und die Kinder als Pfand dableiben mussten. Meine jetzige Frau – sie war Bibliothekarin in Suhl – sagte damals: „Nicht dass du drüben bleibst, du weißt, dass ich dann Ärger kriege." Sie wäre auch gerne nach drüben gefahren, aber da stand halt der Druck dahinter: Sie hat noch drei jüngere Geschwister, damals noch in der Ausbildung, und es wäre egoistisch gewesen, wenn ich drüben geblieben wäre.

Während dieser Besuchsreise im Sommer '89 habe ich zum ersten Mal die Grenze gesehen, obwohl die hier in der Nähe war; aber ich wollte da nie so richtig hin. Bei diesem Anblick wurde einem schon anders.

Ich war dann bei den Bekannten meiner Frau, die uns öfter besucht hatten. Mit denen bin ich dann rumgefahren und habe genossen, was es alles zu sehen gab, wie die Verhältnisse waren. Der Verwandtenbesuch war nur das Alibi. Wir haben verabredet, uns in fünf Jahren wieder zu treffen – das war die Perspektive im Sommer 1989: in fünf Jahren, wenn die Schwägerin meines Vaters 65 geworden wäre.

Als ich die Grenze zur DDR wieder passierte, fühlte ich mich eigentlich nicht so total depressiv, wie man denken könnte. Nachdem man wieder hier war, gab es natürlich viel zu erzählen; man hatte es selbst gesehen und konnte sagen: Ja, es ist wirklich so. Dem Fernsehen kann man ja auch nicht alles glauben. Jetzt aber konnte man sagen, ich weiß, wie es wirklich ist. Es sieht halt gut aus, und die sogenannte Ausbeutung habe ich auch nicht gesehen. Mein Cousin beispielsweise hat mir seine Porzellanfirma gezeigt. Dort war das ganz locker, nicht irgendwie mit der Peitsche, wie wir es gelernt haben. Das sah nicht irgendwie abschreckend aus. So war meine Erfahrung. Ich habe während meines Besuchs im Westen eigentlich wenig Negatives gesehen. Es gab mal ein Haus, das nicht so sauber aussah ...

Als meine Frau und ich im Juli/August 1989 in Bulgarien im Urlaub waren, haben wir überhaupt nichts von den Botschaftsbesetzungen in Ungarn und der ČSSR und den damals schon erteilten Ausreisegenehmigungen mitgekriegt. Auf der Rückreise sind wir in Budapest ausgestiegen, um dort einzukaufen, weil man das dort besser konnte als in der DDR. Wir sind dann mit dem Zug weitergefahren, und als wir in der DDR ankamen, fragte man uns: „Habt ihr denn nicht mitgekriegt, was da los ist in Ungarn? Da sitzen sie alle in der Botschaft." Da haben wir uns gesagt, Mensch, wir sind da vorbeigefahren, wir hätten jetzt auch unter den Ausreisenden sein können.

Es war aber in der ersten Zeit noch nicht klar, wie sich das entwickeln würde; ob das nur ein paar ganz Mutige sind, die die Gelegenheit beim Schopfe packten, oder ob sich da eine Umwälzung abzeichnete. Man war unsicher, wie es in der DDR weitergehen würde. Wir hatten auch Angst davor, wie die DDR reagieren würde. Sie hat ja eigentlich schlecht auf den Druck von innen reagiert. Honecker war krank in dieser Zeit, es tat sich erstmal nichts; kein Kommentar, nichts. Aber die Sachlage war eindeutig und überall bekannt. Die Angst oder die Befürchtung bestand darin, dass sich die politischen Verhältnisse verschärfen könnten. Es wurden ja am Anfang auch die Grenzen zugemacht und der Reiseverkehr mit der ČSSR unterbrochen. Das war nicht einfach zu beurteilen. Man saß eben zu Hause, guckte sich das an und überlegte, was da wohl auf uns zukommt. Ich habe mir und im Bekanntenkreis immer gesagt, ich glaube nicht, dass das ewig so weitergehen kann. Der Druck war da, er baute sich immer weiter auf, und die Lebensverhältnisse entwickelten sich nicht zum Positiven; das kann man mit politischem Druck eigentlich nicht lange im Zaum halten. Man hat dann in den Monaten im Herbst 1989 darauf gehofft, dass wir mal die Möglichkeit bekommen zu reisen und uns ein bisschen umzusehen. Und auf die Grenzöffnung hat man insgeheim gehofft. Dass das so schnell kam, war überraschend. Wir konnten nicht gleich in der ersten Woche rüberfahren, weil wir kein

Auto hatten, haben dann aber die nächstbeste Gelegenheit genutzt. Uns war klar, jetzt haben wir Möglichkeiten, auf die man schon lange gewartet hat.

Wir sind immer gerne verreist, und da waren halt Prag, Budapest, Bulgarien fast das Einzige, was man mal sehen konnte. Die anderen Gegenden waren abgeschnitten.

Es war also auf alle Fälle positiv. Man hatte ja auch Freunde und Bekannte im Westen, die man vorher kennen gelernt hatte. Jetzt konnte man rüberfahren, und die konnten uns besuchen. Und da war eine ganze Menge Euphorie – Leute aus Amerika riefen an: Bei euch ist die Grenze auf, kommt doch mal rüber ... Das hat aber bis heute nicht geklappt. Auf alle Fälle war dieser Druck nicht mehr da: Ihr bleibt jetzt hier, und ihr bleibt immer hier; und wer den Mund noch weiter aufmacht, der kriegt ein paar auf die Mütze. Auch das hätte ja passieren können. Krenz war immerhin in China und hat die „chinesische Lösung" begrüßt. Das war also auch hier zu befürchten. Nun aber wussten wir, das ist jetzt vorbei; eigentlich schon vor der Grenzöffnung, als die ersten Diskussionen anfingen. Die Genossen auf der Arbeitsstelle sagten zwar noch: „Lasst euch doch nicht beeinflussen von denen da drüben." Aber das funktionierte nicht mehr. Denen haben wir erwidert, passt mal auf, das könnt ihr uns nicht mehr erzählen, jetzt wird offen diskutiert.

Nach der Wende haben wir uns dann ziemlich schnell orientiert und informiert, was im westdeutschen Bibliothekswesen, speziell für mich an technischen Möglichkeiten und organisatorischen Dingen, machbar ist. Gleich nachdem man Kontakte haben durfte, nutzten wir die bestehenden Städtepartnerschaften.

Es gab eine Schwemme von Angeboten im kulturellen Bereich. Ich nehme mal nur die Literatur. Man hat sich auf alles gestürzt, was man bis dahin nicht lesen konnte. Darunter waren gute und weniger gute Autoren. Nicht alles, was angeboten wurde, war wert, unbedingt genutzt zu werden, aber das hat man ziemlich schnell gemerkt. Und auch, dass eigentlich zu DDR-Zeiten schon gute oder sehr gute Literatur aus dem westlichen Ausland angeboten wurde. Die, die verlegt wurde, war gute Literatur. Was nicht erwünscht war, was politisch kritisch war, was nicht passte oder so modern war, dass es im Osten noch nicht akzeptiert werden konnte, das wurde dann erst mit einer gewissen Verzögerung herausgebracht. Die ganze Breite konnten wir damals aber noch nicht nutzten und überblicken.

Ich habe meine Stelle in den ersten Jahren nach der Wende behalten, obwohl es einen Stellenabbau in größerem Umfang gab. Tatsächlich existierten ja viele Stellen, die zu DDR-Zeiten halt mit durchgeschleppt worden sind; bedingt durch die Situation, dass es einen Mangel an Arbeitskräften gab. Man hat zugesehen, möglichst viele Leute in seinem Betrieb zu halten. Wir waren daran interessiert, Leute einzustellen, den Stellenplan auszuschöpfen, um gegen Ausfälle geschützt zu sein. Es gab zum Beispiel zwei Reinigungskräfte, obwohl wir

auch mit einer ausgekommen wären. Es sind dann aber auch in der bibliotheks-
mäßigen Versorgung in kleineren Orten Stellenkürzungen in erheblichem Maße
vorgenommen worden. Jetzt ist nur noch ein Drittel der Belegschaft da.

In politischer Hinsicht war interessant, dass unter den Mitarbeitern gefragt wurde, wer in der Leitung politisch belastet ist. Das war bei mir nicht der Fall, ich
war nicht in der Partei und habe mich auch nicht groß damit befasst. Aber wir
hatten zwei Leute in der Leitung, die waren halt politisch dazu da, die Interessen des Staates durchzusetzen. Der eine war früher Offizier, den sie in die Kultur gesteckt haben, weil der nichts anderes konnte; und der hat sich dann, mehr
oder weniger auf Druck der Belegschaft hin, verabschiedet. Die andere hatte
nach der Abstimmung keine Leitungsfunktion mehr.

Ich konnte meine Arbeit weitermachen, aber mit neuen Problemen, finanziellen
und arbeitskräftemäßigen. In dieser Hinsicht hat die Nachwendezeit dem Bibliothekswesen, oder speziell unserer Einrichtung, nicht unbedingt die Auf-
wärtsentwicklung gebracht. Die neuen Strukturen und Verhältnisse führten nicht
dazu, dass das Bibliothekswesen für eine Stadt Priorität hatte und die Mittel bekam, die es brauchte. Dazu kam, dass die Bezirksstruktur aufgehoben wurde
und damit die Kreisstädte und Gemeinden mit der Bezirksbibliothek nichts
mehr zu tun hatten. Die war dann nur noch für die Stadt Suhl zuständig. So war
bald auch der Technischer Leiter nicht mehr nötig. Ich habe mich dann im Grunde selbst wegrationalisiert. Es ist eine Kündigung ausgesprochen worden, weil
ich ja nicht von mir aus gehen konnte.

Ich habe mich jedoch schon vorher für eine andere Tätigkeit interessiert, weil
die Bezahlung relativ schlecht war; die Stelle als Technischer Leiter wurde als
die eines besseren Hausmeisters betrachtet. Ich bewarb mich dann bei verschiedenen Firmen, auch im Westen, als Betriebswirtschaftler, aber das hat alles nicht
geklappt.

Ich bin nirgendwo so richtig angekommen. Ob es an mir lag oder an dem Angebot von Mitbewerbern, kann ich nicht genau sagen. Man hat in der DDR studiert und Arbeiten gemacht, bei denen man zwar auch Spaß hatte, die aber nicht
unbedingt eine Karriere im Westen beförderten. Wenn ich sagte, ich arbeitete in
der Verwaltung einer Klinik und einer Bibliothek, hat das nicht dazu geführt,
dass jemand begeistert rief: Das ist unser Mann, den bauen wir jetzt für irgendeine Funktion auf. Dafür hatte man nicht die Voraussetzungen. Nachdem die
Kündigung da war, las ich eine Ausschreibung der Stadtverwaltung Suhl, in der
jemand für das Amt für Wirtschaftsförderung gesucht wurde. Im Rahmen des
Gesetzes für Investitionsvorhaben mussten ungeklärten Eigentumsverhältnisse
geregelt, Investoren gesucht, Konzepte verglichen und verwaltungsmäßig bear-
beitet werden. Hierauf habe ich mich beworben, obwohl ich dafür nicht prä-
destiniert war. Das ist aber eine Sache, in die man sich einarbeiten kann – man
kann sich übrigens in vieles einarbeiten. Dass man etwas noch nie gemacht hat,

halte ich nicht für ein so großes Problem. Diese Bewerbung klappte, obwohl das Amt auf einen Juristen scharf war. Unter den Bewerbern war aber keiner, denn die haben bessere Möglichkeiten, ihr Geld zu verdienen. Die anderen Bewerber – eine ganze Menge – kamen oft aus der Arbeitslosigkeit. Aber wenn man noch in Arbeit ist, bekommt man eher eine Stelle, als wenn man arbeitslos ist. Das ist hart, aber das ist so.

Bei der Arbeit in der Stadtverwaltung, seit '92, haben wir natürlich die Erfahrung gemacht, dass bestimmte Posten – Amtsleiter, Dezernenten – anfangs verstärkt mit Westdeutschen besetzt wurden. Die haben sich aber fast durch die Bank weg als ungeeignet erwiesen. Man ist inzwischen ein bisschen davon abgekommen. Es gibt zwar wieder einen Amtsleiter, der drüben studiert hat, doch der hat sich hier etabliert; und das ist ja auch kein Problem mehr. Doch mit den ersten Aufbauhelfern und den so genannten Verwaltungsfachleuten sind viele schlechte Erfahrungen gemacht worden.

Insgesamt ist das natürlich ganz unterschiedlich. Es gibt gute Leute aus dem Osten, die haben einen Betrieb aufgebaut oder den Betrieb, in dem sie früher waren, übernommen und führen den gut weiter. Es gibt aber auch welche, so diese MBOs – Management-Buy-out –, die sind total eingegangen; die haben den Betrieb übernommen und ihn dann meistens in den Ruin geführt. Aber es gibt genauso Westdeutsche, die die Betriebe übernommen und ruiniert haben. Da gibt es ganz unterschiedliche Erfahrungen. Manche sind zu DDR-Zeiten nur aus politischen Gründen hochgekommen, weil sie dem System genehm waren, die aber mit der Betriebsführung unter freien Bedingungen überhaupt nicht zurande kamen. Es gibt wieder andere, die waren zwar auch parteilich dicke da, beherrschten aber trotzdem ihr Handwerk und haben es gepackt.

Trotzdem glaube ich an eine wirtschaftliche Angleichung zwischen Ost und West fast nicht mehr, weil die Ausgangsverhältnisse ganz anders waren. Ich meine, Ost und West gehören wirtschaftlich zusammen, und eine arbeitsteilige Volkswirtschaft ist schon nötig, nur im Osten werden halt die minderen Arbeiten gemacht, weil die wirtschaftliche Struktur schwächer ist. Das ist vorher schon so gewesen, und ich glaube nicht, dass das total angeglichen werden kann. In bestimmten Bereichen eigentlich nie, in anderen eher.

Beispielsweise gibt es unterschiedliche Kulturbedürfnisse in jedem Land, da gibt es immer ein Unten, ein Oben und territoriale Unterschiede. Es haben sich auch Mentalitätsunterschiede herausgebildet. Die Ostmentalität ist durch die DDR geprägt, vielleicht mehr, als wir uns das jetzt denken. Diejenigen, die jahrzehntelang in der DDR gelebt haben, denken auch noch ein bisschen so, in gesellschaftlicher und manchmal auch in politischer Hinsicht. Auch ich bin durch die DDR geprägt. Zum Beispiel regt sich drüben keiner darüber auf, dass ein Chef oder Firmeninhaber Profit macht. Drüben sagt man, ja, der macht guten Profit und nickt dazu. Wenn das im Osten jemand sagt, dann schüttelt er den

Kopf. Aber das wird sich eher angleichen, weil es wirtschaftliche Gründe hat. Man wird also zusammenwachsen, wie man in einem relativ großen Land zusammenwachsen kann – man darf bloß nicht alles über einen Kamm scheren. Es wird sich irgendwo in der Mentalität angleichen, wenn die Voraussetzungen und die wirtschaftlichen Verhältnisse gleich sind; wobei die Differenz im Einkommen und im Lebensniveau wohl noch lange bestehen wird, sagen wir mal so 20 Jahre.

Dabei empfinde ich die Veränderungen nach der Wende gar nicht so gravierend. Ich mache meine Arbeit, ich versuche, sie gut zu machen, das ist so wie früher. Aber ich bin nicht mehr irgendwelchen Schikanen ausgesetzt. Doch insgesamt ist es eigentlich vergleichbar. Auch der Druck bei der Arbeit ist speziell bei mir weder stärker noch schwächer geworden.

Die Frage, ob ich mich als Gesamtdeutscher oder mehr als Ostdeutscher fühle – das sind immer so Fragen, bei denen ich gar nicht weiß, was ich da antworten soll. Ich bin ein Bürger der Bundesrepublik und gehöre nicht zu einem Teilstaat. Auch Thüringen gehört zur Bundesrepublik, und ich würde da keine Trennungslinie ziehen. Ich weiß, woher ich komme, ich sage das auch. Aber in der Welt sage ich, ich komme aus Deutschland.

Wenn man mit Westdeutschen redet, merkt man schon den Unterschied. Da kannst du immer noch darauf stoßen, dass die sagen, ach so, du kommst daher … Es gibt schon noch Verständigungsprobleme. Man weiß, wie die Westdeutschen auf bestimmte Sachen reagieren, und man weiß es auch von den Ostdeutschen.

Aber ich vermisse die DDR-Zeit nicht. Sicherlich gibt es eine Arbeitsplatzunsicherheit, und es wäre wünschenswert, dass es sie nicht geben würde. Aber ich weiß, es geht eben nicht anders. Diese Sicherheit kann ich mir nicht zurückwünschen, dann müsste ich mir das ganze DDR-System zurückwünschen, und den Trieb habe ich nicht.

Hinter dieser Konstellation steckt eine spannende wirtschaftpolitische Frage. Als die DDR in das Wirtschaftssystem der Bundesrepublik eingegliedert wurde, war die Chance für die Ostwirtschaft vorbei, nennenswerte Marktanteile zu finden. Im Grunde war ja alles schon da, in Deutschland oder in Westeuropa. Wir sind zu spät in die Weltwirtschaft integriert worden.

Das hätte vor 40 Jahren geschehen müssen (lacht), und ich glaube nicht, dass das später noch besser wird. Denn es besteht für alle schwachen Länder die Gefahr, nie auf einen grünen Zweig zu kommen. Ich weiß nicht, ob es auch nur ein osteuropäisches Land geben wird, das sich positiv entwickelt. Es wird sich dann vielleicht auf regionale Märkte konzentrieren. Aber der Entwicklungsvorsprung, den die Wirtschaft in Westeuropa, Amerika, Ostasien hat, wird man kaum aufholen können. Es sei denn, es gibt mal wieder eine ganz neue Entwicklung oder eine Krise auf einer anderen Strecke. Vielleicht kommt dann der

Osten voran, aber das sehe ich im Moment nicht. Das Primäre sind dabei die strukturellen wirtschaftlichen Bedingungen. Zudem ist es für viele Leute im fortgeschrittenen Alter schwer, sich umzuorientieren. Die Jugendlichen bei uns in der Gegend, die beruflich was gelernt haben, die orientieren sich im Westen. Da setzt dann eine Differenzierung ein, die wir in der DDR nicht hatten: Wer es nicht packt, der bleibt halt unten. Es gibt junge Leute, die hier rumhängen, die haben es nicht geschafft.

Die parlamentarische Demokratie ist ein eingefahrenes System, welches sich in gewisser Weise bewährt hat, aber es gibt alle Gründe, misstrauisch zu sein. Trotzdem ich bin immer noch für die Parteiendemokratie, weil es einen Ort geben muss, wo man die Meinungen äußern kann. Die Utopie, dass das Volk sich selbst regieren oder die entsprechenden Entscheidungen treffen kann, funktioniert praktisch wahrscheinlich nicht. Deswegen sind Parteien eigentlich notwendig.

Wie die parlamentaische Demokratie ist auch die Justiz eine unheimlich großes, aufgebauschtes und schwerfälliges Instrument, welches aber notwendig ist. Unser Rechtssystem ist – ich habe ja mit rechtlichen Angelegenheiten zu tun – manchmal zum Haareausraufen. Dabei muss man natürlich zwischen Verwaltungsrecht und Zivilrecht unterscheiden. Das Rechtssystem der Bundesrepublik sichert mir, dass ich zumindest versuchen kann, meine Rechte wahrzunehmen. Ich kann gegen alles klagen, kann gegen Verwaltungsentscheidungen klagen, kann in Privatangelegenheiten klagen, was ich früher in dieser Form nicht konnte. Die Möglichkeit besteht erstmal. Die Gegenseite ist, dass die Möglichkeiten zur Durchsetzung seiner Rechte für den normalen, kleinen Bürger praktisch relativ gering sind. Denn es hat wirtschaftliche Konsequenzen, wenn du in einen zivilen Prozess einsteigst; es ist alles sehr teuer.

Doch ich schätze die Möglichkeiten, die mir als Bürger gegeben sind. Manchmal fragt man sich: Warum lassen sie die Rechten laufen und die Linken demonstrieren? Warum geht man nicht scharf dagegen vor und sperrt die sofort ein? Aber das geht halt nicht. Solange die Schuld nicht bewiesen ist, kommt einer nicht ins Gefängnis, höchstens in U-Haft. Das finde ich richtig. Wenn mir mal irgendjemand was anhängt, dann möchte ich auch nicht eingesperrt werden, um nach einem halben Jahr zu hören, na gut, du warst es gar nicht.

Alles in allem fühle ich mich auf relativ normalem Niveau als Wende-Gewinner. Ich habe neue Möglichkeiten in materieller Hinsicht und auch in geistiger Hinsicht. Ich bin mit den Lebensumständen, unter denen ich lebe, zufrieden und auch mit dem, was ich machen kann. Die Wende war auf alle Fälle ein Gewinn für mich.

BERNHARD S.

Diplomingenieur

Ich war Einzelgänger in der Klasse. Zwar habe ich mit Ecki [Eckhart St.] und Reini [Reinhard K.] einen Teil meiner Freizeit in Jugendklubs verbracht, um Bekanntschaften zu schließen, weibliche, aber im Prinzip war ich ein Einzelgänger. Ich war trotzdem in einem normalen Konsens mit verschiedenen Leuten, mit denen ich zu tun hatte. Mit meiner Gedankenwelt jedoch war ich allein. Westfernsehen und Westradio spielten für mich eine ziemlich große Rolle. Vor allem Musik. Ich war dabei recht offen: vom Jazz bis zu den Beatles. Ich hörte mir die kompliziertesten Jazzgeschichten an, aber auch Klassik, Beethoven zum Beispiel. Später fing ich an, selbst Musik zu machen.

Das Ostfernsehen spielte für mich nur eine negative Rolle. Es bedeutete für mich immer die Lüge. Ich sah mir politische Sendungen schon an, aber ich habe nichts davon geglaubt, das war alles totale Lüge für mich. Ich habe auch mal den Schwarzen Kanal geguckt, mit Abscheu. Alles Lüge, genauso wie die Schule, die Lehrer und der ganze Lehrplan.

Es war eine Schule der Lügen. Und das fing nicht erst in der EOS an, sondern schon an der Grundschule. In der EOS vervollkommnete sich das dann halt nur noch. Ich fand mich belogen, und das Schlimme war, dass ich bei der Geschichte auch noch selber mitmachen musste. Letztendlich wurde dadurch meine Grundeinstellung zum Staat immer distanzierter, weil der für mich aus Lügen bestand.

Der Hass auf die Schule entstand in der siebten Klasse. Ich hatte ganz gute Leistungen und wurde im Rahmen dieser Pionier-Gruppenratswahlen Agitprop-Funktionär. Das war die Zeit nach der Zerschlagung des Prager Frühlings durch die Russen. Ich schaue mir abends mit meinen Eltern im Fernsehen die Geschichte vom Prager Frühling an, und am nächsten Tag werde ich vom Direktor, einem total blöden Menschen, mit anderen Agitprop-Funktionären zu einer Versammlung zusammengerufen. Und da erzählt der uns Geschichten, dass der Einmarsch der Sowjetunion rechtens sei, weil in der ČSSR die Konterrevolution an der Macht gewesen wäre. Und die Sprüche waren so dünn, die waren so dünn, die er da von sich gab. Vor allem aber wusste er, dass wir das nicht verstehen konnten. Wir waren damals in der achten Klasse, also 13, 14. Er palaverte sein Zeug runter und wusste, dass wir es letztendlich überhaupt nicht beurteilen konnten. Das war meine erste Erfahrung damit, dass dieser Staat lügt ohne Ende.

Damit will ich nicht sagen, dass ich so früh schon ein politischer Mensch war, sondern dass ich zwischen Ehrlichkeit und Lüge immer unterscheiden konnte. Meine Eltern erzählten mir eigentlich nie Sachen, bei denen ich nicht mitgehen konnte. Was sie sagten – das sehe ich auch heute noch so –, das hatte immer Hand und Fuß. Meine Eltern waren nicht staatstreu, aber sie haben mich nach dem Motto erzogen: Was soll's, du lernst ordentlich, du machst alles, was die Schule von dir verlangt, weil du irgendwie weiterkommen sollst.

In der Schule jedoch gab es keinen Lehrer, der da irgendwie eine Ausnahme gemacht hätte. Gerade in der EOS war es ganz verteufelt rot, also politisiert. Gut, unsere Klassenlehrerin war politisch ein bisschen naiv, aber es gab auch ein paar richtige Ballermänner: der Sportlehrer, der Stabülehrer, der Direktor ..., jedenfalls, da gab es überhaupt nichts, wo ich sagen konnte, o.k., wenigstens einer, ein Fünkchen Ehrlichkeit – das gab es überhaupt nicht.

Allerdings habe ich mich in der Zeit schon total abgewandt, ich wollte nur noch Musik machen; Musik als Gegenstück zum Reglement des Staates. Außerdem verliebte ich mich damals in die Malerei. Ich kaufte mir Bücher über Maler und gab dafür unheimlich viel Geld aus: Ich habe mir die Impressionisten, Expressionisten und so weiter angeschaut – die Kunst und die Musik waren für mich deshalb wichtig, weil es nicht um Sprache ging.

DDR-Kunst spielte dabei keine Rolle, weil ich das alles als Lüge empfand. Zum Beispiel Johannes R. Becher habe ich gehasst wie die Bedrohung des menschlichen Geistes.

Am Ende der EOS-Zeit sah ich alles ziemlich schwarz-weiß. Ich lehnte den Staat gefühlsmäßig ab, doch ich war nie ein politischer Widerborst. Ich lebte damals in einer Anti-Staat-Welt. Deshalb wollte ich natürlich auch nicht zur Armee – und ich musste auch nicht zur Armee. Dass ich das schaffte, darauf bin ich stolz. Das war so: Ich habe eine kleine Rückgratverkrümmung, bei der Musterung sagte jedoch irgend so ein scheißblöder Arzt zu mir: tauglich! Ich ging dann zu verschiedenen Fachärzten und bei der Nachmusterung legte ich deren Gutachten auf den Tisch: Ihr könnt mich nicht zum Armeedienst mustern, guckt euch mal diese ganzen Gutachten an. Doch die wollten nicht – es war nun einmal schriftlich so festgelegt. Da habe ich gequackert ohne Ende, bis die nervös wurden. Das waren die einfach nicht gewöhnt, dass jemand soviel quackerte. Naja, und dann haben sie mich ausgemustert, beim dritten Mal. Aber das hat mich viel Arbeit gekostet: intensive Arbeit mit Menschen. Und es zeigte sich: Wenn ich was will, dann erreiche ich das auch.

Am Ende der Schulzeit machte ich mir auch überhaupt keine Gedanken über das Studium. Da mein Zeugnis nicht so ganz schlecht war, kam ich an die TH [Merseburg] und erhielt einen Studienplatz, der mich eigentlich nicht interessierte: Werkstoffingenieurwesen.

Vorher hatte ich mehrere Praktika in Leuna und Buna, bei denen ich den Arbeitsalltag kennen lernen durfte: Das war ja noch schlimmer als alles, was ich mir jemals vorstellen konnte. Diese Welt da in Leuna und Buna, das war die abstruseste Stupidität, die es gab. Beispielsweise war ich für eine Woche in einem Heizwerk in Buna. Da war ich mit Leuten zusammen, die sind zur Arbeit gekommen und haben sich erstmal auf irgendwelche Heizrohre zum Schlafen gelegt. Und dann kam irgendwann der Chef an, der sah auch so müde aus, und hat mich den Heizraum fegen lassen. Die Leute, die da arbeiteten, haben nicht gefegt, aber ich musste da fegen – Stupidität ohne Ende. Es war ein grausames Chaos.

Deswegen sagte ich mir im ersten Studienjahr, du musst unbedingt das Studium zu Ende bringen. Und weil ich zum Beispiel in Mathematik in der zwölften Klasse relativ schlecht war, habe ich mich im ersten Studienjahr derart mit Mathematik beschäftigt, dass ich fast der Beste wurde. Denn ich wollte nicht arbeiten gehen in dieser blöden, stupiden Geschichte.

Außerdem hatte ich weiter den Fimmel, Berufsmusiker zu werden. Das ging damals nicht so schnell, weil man dafür einen Berufsausweis brauchte, und den hatte ich in der zwölften Klasse noch nicht.

Aber erstmal war ich froh, dass die Schulzeit zu Ende war, dass ich raus war, aus diesem ganzen Lügenkostüm. Als Student war man ja doch ein bisschen freier. Und das Studium fand ich auch immer interessanter. Es gehörte sogar zu den schönsten Dinge, die ich in meinem Leben erfuhr. Es gab zwar ein paar Hassfächer, allerdings auch Lieblingsfächer, und die interessierten mich unheimlich. Eigentlich ging es in meinem Studium vorwiegend um Plaste, ich aber verliebte mich in Eisen und Stahl sowie in die verschiedenen Möglichkeiten der Stahlverarbeitung. Das war sehr interessant.

Während des Studiums verfestigte sich jedoch meine negative Einstellung zum Staat. Jede Arbeit nach dem Studium hätte bedeutet, dass ich dem Staat in seiner Unsinnigkeit irgendwie zur Verfügung gestanden hätte. Und auch während des Studiums hatte ich Praktika, die genauso schlimm waren wie die während der Schulzeit. Es war alles totaler Blödsinn, eine einzige Lüge, wie das ganze Leben in der DDR – politisch, wirtschaftlich, menschlich: Es war alles Lüge. Deswegen wollte ich auch während des Studiums dem Staat nicht dienen und habe mich auf die Musik konzentriert als Alternative, als Flucht. Ich spielte in dieser Zeit in mehreren Bands, mit mehr oder weniger Erfolg.

Dabei fand ich das Studium wirklich interessant. Unter anderen politischen Umständen wäre ich Wissenschaftler geworden. Dann wäre ich heute Professor für Werkstoffwissenschaften.

Im Studium war ich in vielen Bereichen verdammt gut. Aber es kamen immer wieder solche Geschichten, Partei und so, die ich total ablehnte. Ich hätte ansonsten Assistent bei verschiedenen Professoren werden können. Hätte ich in einer anderen Gesellschaftsform studieren können – in einer wie heute –, dann wäre ich wahrscheinlich Assistent geworden, wäre an der Hochschule geblieben und hätte dann die Sachen weiter gemacht. Aber ich wollte dem Staat einfach nicht angehören, und deswegen habe ich mich dann auf Musik konzentriert.

Bei der Vergabe der Arbeitsplätze nach dem Studium gab es Tränen und Parteibücher. Manche Studentinnen waren verheiratet, hatten Kinder und waren dadurch vom Staat natürlich geschützt, andere hatten Parteibücher, andere wurden Assistenten. Und ich hatte im Prinzip gar nichts, und ich sollte nach Schwarzheide. Da sagte ich einfach „njet" [russ.: nein]. Am Ende meines Studiums hatte ich meinen Berufsausweis für Musiker in der Tasche und sagte: njet. Ich habe mich ganz einfach geweigert, und da hat sich dann wieder mal erwiesen, wie schwach der Staat letztendlich doch war. Ich sagte, ich habe eine Mutter zu Hause, die ist krank, ich muss sie pflegen und muss deshalb in Bad Dürrenberg bleiben. Ich riskierte damit zwar, dass ich kein Diplom bekam, aber ich war damals ganz stark. Im Ergebnis dessen verschaffte mir mein Seminargruppenberater – wahrscheinlich, weil er seinem Vorgesetzten nicht sagen wollte, dass es da so einen Querulanten gab – eine Stelle im Forschungslabor an einem Rasterelektronenmikroskop. Das war in Merseburg, ein Superjob, ich schrieb da Computer-Programme für die Arbeitsgänge am Mikroskop; damals noch in Basic, für Lochkarten und so weiter. Wahnsinn! Das gefiel mir sehr gut. Ich habe also Glück gehabt, aber nur, weil ich mich dieser normalen Studienvermittlung total widersetzt habe. Mein Chef dort war fachlich sehr gut und menschlich o.k. Der war zwar auch in der Partei, übte aber nie Druck auf mich aus. Anders war es da mit dem Oberchef, der hat wiederum ordentlich Druck gemacht. Außerdem gab es da noch so Nebenchefs, solche nissigen, blöden Halbingenieure, die typischen DDR-Ärsche, diese beknackten …, jedenfalls fühlte ich mich in dieser Umwelt einfach nicht wohl. Ich machte das anderthalb Jahre mit, dann wurde ich Berufsmusiker.

Das bedeutete erstmal Freiheit ohne Ende. Ich hatte mit dem Staat zunächst überhaupt nichts mehr zu tun. Es war für mich ein unheimliches Glücksgefühl, als Musiker zu arbeiten und dabei machen zu können, was ich wollte.

Am Anfang hatte ich Bands, die waren vom Niveau her relativ hoch angesiedelt. Die spielten Titel vom „Mahavishnu-Orchestra", viel Rockjazz, alles Mögliche. Doch davon konnte ich nicht leben. Außerdem gab es bald jede Menge kulturpolitischer Einmischungen. Zum Beispiel wollte ich mal eine Band „Ensemble Fatal" nennen – das ging nicht. Dann wollte ich mal Werbefotos in Anlehnung an die New-Wave-Szene machen – das ging auch nicht. Da kam das totale Veto von den staatlichen Stellen. Man konnte auch keine Plakate drucken, keine Werbezettel ausgeben für seine Konzerte und so weiter – Behinderungen ohne Ende …

Berufsmusiker war ich bis ungefähr 85/86. Dann wurde ich Programmierer in der Handwerkskammer in Halle. Das Musikerdasein hatte ich dann langsam so ein bisschen satt, wie gesagt, man konnte sich einfach nicht frei entfalten, man konnte die Texte nicht machen, und außerdem musste ich mich zunehmend nach meinen Mitmusikanten richten. Die wollten natürlich nach oben, und das hieß, man musste wieder buckeln. Das gefiel mir alles nicht mehr so richtig.

Programmierer wurde ich aus reiner Liebe zur Technik. Eigentlich hatte ich vor, mich damit selbständig zu machen, aber da führte ja überhaupt kein Weg hin. Doch ich wollte nicht mehr von der Musik leben müssen und hatte gehört, dass in Halle ein Programmierer gesucht wurde. Die haben mich auch gleich genommen, denn ich war da sehr versiert.

Naja, die Arbeit war zum Teil relativ lächerlich. Ich kam da an Geräte, die von den Programmiersprachen her weit unter meinen Möglichkeiten lagen. Aber die Handwerksbetriebe, für die ich da Programme schrieb, die hatten auch eine total lächerliche Technik. Das spielte jedoch für mich nicht so eine große Rolle, weil dieser Job Teil meines Plans war, die DDR zu verlassen.

Dieser Plan entstand folgendermaßen: Meine Frau kam '85 oder '86 vollkommen fertig von einem Verwandtenbesuch aus dem Westen zurück und sagte, sie will rüber. Kurze Zeit später fuhr ich dann rüber, obwohl ich gar nicht unbedingt dahin wollte. Eigentlich bin ich in den Westen gefahren, weil alle mal in den Westen zu einer Besuchsreise fuhren. Mehr war es wirklich nicht. Ich weiß nicht, ich hatte irgendwie so ein bisschen meine Zufriedenheit, und das wollte ja der Staat auch. Der Staat hat ja im Prinzip mit seiner Bemuttelung eine unheimliche Zufriedenheit bei den Menschen geschaffen, die nie was anderes gesehen hatten, die sich einigermaßen arrangieren konnten mit dem Land hier. Man hatte ja nichts anderes gesehen. Hier ist mir zwar das Haus eingefallen, ich habe keine Fenster bekommen, ich habe keine Türen bekommen für das alte Haus, ich habe keine Dachziegel bekommen, ich habe keine Bretter für den Stall bekommen und so weiter, aber man hatte sich einfach daran gewöhnt. Komisch.

Gut, also ich fahre das erste Mal in den Westen: Meine Verwandten wohnten im Ruhrgebiet, in Mülheim, sie holten mich vom Bahnhof ab, es war dunkel, alles normal. Am nächsten Morgen aber bringt mich meine Großtante nach Essen. Wir fahren mit der U-Bahn, ich fahre mit der Rolltreppe aus dem U-Bahnschacht raus und lande mitten in so einer Einkaufsstraße. – Da kriegte ich richtige Herzbeklemmungen, Herzklopfen ohne Ende: So was hatte ich in meinem ganzen Leben noch nicht gesehen! Alles bunt, es roch nach Essen ...

Im Osten, gerade als Musiker, warst du ja immer darauf angewiesen, irgendwo in Gaststätten zu essen, und wenn man da irgendwo eine Bockwurst bekam, hatte man Glück; wenn es Spiegeleier gab, das war super. Aber dafür musste man schon betteln. Und jetzt komme ich da in diese Einkaufsstraße hoch: eine Buntheit, eine Betriebsamkeit, die Gerüche! Aber ich habe mich auch nicht wohl gefühlt, denn es sprach der Körper. Das war er nicht gewöhnt. Und der Geist auch nicht, die vielen Gerüche ... Ich lief an diesen vielen Ständen vorbei, wo es soviel zu essen gab: Hier gab es Döner, dort gab es Waffeln und da Gegrilltes, hier waren Bäckerstände und da Fleischerstände, und ich fragte mich: Wer soll das alles essen? Die müssen das doch wegschmeißen! Das war mein erster Eindruck. Es gab auch jede Menge Gespräche. Meine Verwandten barmten und klagten, während ich das Gegenteil sah. Dann fuhren wir zu entfernten Verwandten nach Frankfurt, das waren Alternative mit einer riesigen Bude, 200 m² bestimmt. Und die waren total gegen den Staat, hatten aber Elfenbeinfiguren auf ihrem Flügel. Denen ging es gut ohne Ende, aber die waren total gegen den Staat. Das fand ich schon damals irgendwo komisch.

Ich war ungefähr eine Woche drüben und hatte so viele Eindrücke, dass ich sie nicht verarbeiten konnte. Ständig neue Leute, ich wurde dauernd rumgefahren; mit dem gesellschaftlichen Leben zum Beispiel konnte ich mich nicht beschäftigen. Ich sah nur den Konsum, ich sah das Leben meiner Verwandten und hörte ihre Aussagen.

Auch den Grenzübertritt bei der Hinfahrt habe ich kaum bewusst wahrgenommen. Ich war irgendwie taub. Die Rückfahrt allerdings war wirklich grausam. Ich kam in Genthin auf dem Bahnhof an und sah die Leute auf dem Bahnsteig: Alle hatten grüne Kutten an, alle hatten miese Gesichter, graue Gesichter. Das hat mich unheimlich runtergezogen: der ganze Bahnstein voller gedemütigter Menschen – und da war plötzlich meine Entscheidung gefallen. Ich wusste, jetzt bist du wieder in dem Land, das du eigentlich immer gehasst hast.

Mein Frau und ich waren entschlossen, in den Westen zu gehen. Mein Schwiegervater hatte relativ gute Beziehungen zu einem Pass-Menschen in Merseburg, und wir versuchten, zusammen einen Pass zu kriegen. Meine Schwiegereltern waren schon mal zusammen im Westen, und von anderen hatte ich das auch gehört.

Das bereitete ich dann generalstabsmäßig vor: Wir meldeten ein Gewerbe in Leipzig an – wir hatten da einen super Laden, war fast schon bezahlt –, wir gaben ein Hausbauprojekt in Arbeit, kauften noch ein zweites Auto, einen Trabbi, sowie im Intershop noch einen Computer.

Die Jungs von „Horch und Guck" sollten denken, dass wir zu viel zu verlieren hätten, und es funktionierte – wir bekamen den Pass. Hätten wir ihn nicht bekommen, hätten wir den Ausreiseantrag auf alle Fälle gestellt.

Bei dieser Gelegenheit sind wir drüben geblieben.

Unsere Verwandten holten uns wieder vom Bahnhof ab, und noch im Auto sagte ich: „Hört mal zu, wir bleiben jetzt hier" (lacht). Plötzlich wuchsen da vor uns Eiszapfen, das ganze Auto war voller Eiszapfen auf einmal (lacht). Ich habe gar keinen Platz mehr gefunden vor lauter Eiszapfen.

Mit dieser Reaktion habe ich nicht gerechnet, weil ich doch nicht rübergefahren bin, um mich bei Verwandten einzunisten. Jedenfalls haben wir eine Nacht bei ihnen auf der Couch geschlafen und sind am nächsten Tag nach Gießen ins Aufnahmelager gefahren, um die Formalitäten zu erledigen. Dort wurden wir in einer Turnhalle untergebracht. Eine Sozialwohnung gab es nicht mehr, denn zu der Zeit reisten nicht nur Ostdeutsche ein, sondern auch Russlanddeutsche und was es da alles gab. Da wir überhaupt kein Geld hatten, erhielten wir von der Bundesregierung einen Scheck, um das Nötigste einkaufen zu können. Das fand ich erstmal so was von nobel; da war ich schwer beeindruckt.

Das Negative war – daran hatte ich allerdings selbst Schuld –, dass ich vom Arbeitsamt keinen Pfennig bekam, weil ich mich als Musiker meldete, und Musiker galten als Selbständige. Ich musste also zum Sozialamt, um Geld zu kriegen. Hätte ich gesagt, ich bin Diplomingenieur, wären das zweieinhalbtausend

Mark Arbeitslosengeld gewesen. Doch das wusste ich alles nicht. Auf den Bänken des Sozialamts – das vergesse ich nie und möchte es auch nie missen – saß ich mit Tricksern, das war unglaublich.

Tja, mit dem Geld, das war wirklich sehr eng. Dann hat meine Frau allerdings einen Job in Bremen gekriegt, und wir zogen dahin. Dort bekam ich vom Arbeitsamt eine Umschulung für Netzwerktechniken bei Computern. Doch in Bremen geriet ich vom Regen in die Traufe. Die Hälfte dieser Umschulungsklasse hatte ein DKP-Parteibuch. Das waren relativ gut ausgebildete Leute, mit zweitem Staatexamen Medizin, es waren Rechtanwälte dabei – das waren alles nur Arbeitsscheue; arbeitsscheue Kommunisten, die sich auf Kosten des Staates wieder und wieder und wieder irgendwelche Umschulungen leisten konnten. Die haben nur Umschulungen gemacht und gemeckert. Und mit mir haben sie darüber debattiert, warum wir in der DDR nichts veränderten. Ich war das Lamm auf der Schlachtbank: „Warum hast du nichts verändert? Du hättest doch was verändern können." Die sind zur Umschulung mit dem eigenen Auto gefahren, wussten aber genau, dass sich Deutschland im Würgegriff der deutschen Automobilindustrie befindet. Ich war der einzige, der mit der Straßenbahn fuhr. Dieser Lehrgang ging zwar zweieinhalb Jahre, hat aber überhaupt nichts gebracht. Der war viel zu lasch. Dann habe ich mich praktisch im Selbststudium außerhalb der Umschulung fit gemacht – ich las Computer-Bücher ohne Ende – und habe einen Job als Angestellter begonnen. Ich befasste mich bei einer Firma in Göppingen bei Stuttgart mit einem Mischmasch aus technischem support und Vertrieb von Computer-Netzwerktechnik. Später wollte die Firma eine Niederlassung in München aufmachen, ich kriegte den Job und baute dann in München die Niederlassung auf.

Der Einstieg in München war erstmal super. Nur habe ich mich ein bisschen dumm angestellt. Ich ließ mich von Mitarbeitern austricksen, die meine Arbeit als ihre ausgaben, so dass ich nicht zum Zuge kam. Ich war eben als Ostdeutscher zu gutmütig. Ansonsten lief der Job super. Und ein Schweinegehalt!

Grundlegende Unterschiede zwischen Ost- und Westdeutschen waren schon bemerkbar. Auch im Laufe der Wende habe ich bei vielen Ostdeutschen beobachtet, dass sie sich total darauf verlassen haben, dass sie gute Arbeit leisten und die genauso anerkannt haben wollten. Und das hat nicht stattgefunden. Das Schauspielern hat 'ne viel größere Rolle gespielt. Das war auch in meiner zweiten Firma so. Ich musste also widerwillig Härte lernen.

Den Mauerfall habe ich gar nicht besonders registriert. Ich war so in meinem Job beschäftigt, dass ich das wirklich nur am Rande mitgekriegt habe. Ich sah zwar im Fernsehen, dass die Mauer aufging, aber erstmal ging mich die ganze Geschichte überhaupt nichts mehr an. Ich dachte also nicht: Oh, die Mauer geht auf – toll! Das war mir scheißegal, ich war Westdeutscher in dem Augenblick. Als die D-Mark dann hier im Osten war, sagte ich mir, o.k., du gehst wieder zurück, du hast ja dein großes Grundstück und kannst dich selbständig machen. Meine Frau wollte sich als Optikerin selbständig machen und ich als Computer-Dozent. Denn hier war ja natürlich viel mehr Bedarf, und es gab viel mehr Möglichkeiten. Ich war dann in einer Firma, in der sowohl Ostdeutsche als Westdeutsche arbeiteten. Probleme hatte ich allerdings mit beiden Seiten. Die Westdeutschen waren mir zu dumm und die Ostdeutschen ... eigentlich auch (lacht). Die neue Firma, bei der ich nun arbeitete, hatte das Datenverarbeitungszentrum in Leipzig aufgekauft, und ich war da quasi Computer-Dozent und sollte Seminare für ostdeutsche Firmen anbieten. Aber die Zusammenarbeit mit den Westdeutschen und auch mit den Ostdeutschen war absolut blödsinnig, da passte nichts zusammen, echt (lacht). Die Westdeutschen waren fachlich zu dämlich, und die Ostdeutschen waren technisch zu gut, hatten aber kein 13. Schuljahr, keinen Schauspielunterricht. Man hat sich gerieben ohne Ende.

Ein Motiv für die Rückkehr war auf alle Fälle, dass ich mich im Westen nicht heimisch fühlte. Ich meine, wenn du hier groß geworden bist, dann ist das einfach Heimat. Das ist so, das kannst du nirgendwo anders ... Du kannst im Westen deine Bekannten bekommen, neue Arbeitskollegen, Partys machen und so was, aber Heimat ist das, wo du groß geworden bist.

Bei meinem Weggang hat eigentlich nur eine Rolle gespielt, dass ich mit dem Staat nichts mehr zu tun haben wollte. Ich fühlte auch überhaupt keine Zukunft mehr, weder beruflich noch geistig. Als der Staat dann weg war, konnte wieder Heimat entstehen.

Aber alle meine früheren Freunde sind heute ostalgisch, total. Auch viele Kunden in meinem Geschäft sind ostalgisch. Ich muss sagen, die wenigsten akzeptieren das neue Leben und die Voraussetzung, dass man sich selbst ein bisschen kümmern muss. Deswegen gibt es ja hier 25 Prozent PDS-Wähler. Das sind ja alles Ostalgiker.

Die meisten Leute in Ostdeutschland wohnen in Mietwohnungen, waren immer angestellt, und ob die nun gearbeitet haben oder nicht, war eigentlich wurscht. Die haben ihre Arbeit bekommen, die mussten nur in den Bau 1715 nach Leuna gehen, da haben die eine Arbeit bekommen, auch wenn sie sich dann irgendwo zwischen die Heizungsrohre gelegt haben. Jetzt ist das Leben ein bisschen anders geworden. Man muss etwas tun dafür. Tja, da werden sich viele nicht so richtig dran gewöhnen wollen, können.

Der DDR-Staat setzt sich heute irgendwie in den Leuten fort. Obwohl ich sagen muss, auch auf meiner ersten Westreise habe ich viele Nörgler getroffen, denen es unheimlich gut ging. Insofern unterscheidet sich der Osten nicht mal unbedingt vom Westen. Ich halte das für ein gesamtdeutsches Problem. Man meckert auf einem wirtschaftlich verdammt hohen Niveau.

Trotzdem halte ich die Ostdeutschen für konstruktiver im Arbeitsprozess – wenn sie arbeiten (lacht) –, für ausdauernder und für ehrlicher in der Arbeit.

Dass die Ostdeutschen nur im Kollektiv arbeiten können, glaube ich nicht. Ich selbst war sowieso schon immer ein Einzelgänger und habe auch in Westfirmen immer individuell gearbeitet. Ich kann also nicht sagen, dass ich irgendwie kollektive Arbeit brauche. Das trifft wohl auch nicht auf die Ostdeutschen generell zu. Jeder Ostdeutsche kann seine Arbeit individuell tun, wenn er den Raum dafür bekommt – wie ein Westdeutscher.

REINHARD K.

Leiter eines Schullandheims

Wenn irgendwelche Appelle waren, besonders am ersten Schultag im September, mussten wir FDJ-Hemden anziehen. Wie die Mode damals war, hatten wir Rollis drunter; das wurde nicht gerne gesehen. Und Jeans zu tragen war ja nun ganz verpönt. Da hatte man schon mal 'n paar Jeans ergattert, aber wenn Appell war und man trug die, haben die einen gleich rausgepickt. Wir mussten dann am Nachmittag wiederkommen, um den Appell irgendwie nachzuholen. Und es wurde dir von vornherein ein Stempel aufgedrückt: Wir wurden als Staatsfeinde bezeichnet. Ich kann mich an mehrere solcher Begebenheiten erinnern. Plastebeutel waren genauso unerwünscht. Wenn irgendeiner so einen Beutel mit hatte, ließ man den gleich hochgehen, weil das doch aus dem bösen Kapitalismus kam. Das war schon kurios: Ständig war man auf der Suche nach sogenannten „negativen Elementen". Als Ecki [Eckhart S.] mal einen Blitz-Knaller geworfen hatte, dachten die, der wollte die Schule in die Luft sprengen …

Ich glaube aber, wir haben das damals gar nicht so schlimm gesehen. Ich fand auch, das wurde in unserer Klasse nicht so verbissen behandelt. Ich hatte zumindest nicht das Gefühl. Wir haben Staatsbürgerkunde und so was ja alles mitgemacht.

1972 fuhr eine Schülerin unserer Schule zur Olympiade nach München. Hinterher hielt sie in der Aula einen Vortrag und sagte: „Schade, dass die Alpen kein Volkseigentum sind." Solche Erinnerungen erzähle ich heute noch meinen Bekannten. Das sind an sich negative politische Erlebnisse, doch wir haben nur darüber geschmunzelt – aber was haben wir dagegen gemacht? Eingeengt habe ich mich deshalb aber eigentlich nicht gefühlt. Wir haben das mitgemacht, wir wollten unser Abitur, und in unserer Klasse empfand ich den politischen Anpassungsdruck jedenfalls nicht so groß. Im Staatsbürgerkundeunterricht hat man irgendwie den Stoff wiedererzählt, der einem vermittelt wurde; aber dass ich da nun dran geglaubt habe, das nicht.

Da fällt mir ein, dass wir täglich zu Schulbeginn ein Lied singen durften, die „Internationale" intonieren oder so. Ich habe dabei mitgekriegt, dass auch nicht alle Lehrer davon begeistert waren; zum Beispiel unser Mathelehrer, der hat das auch nur gemacht, weil es gemacht werden musste. So richtig ernst genommen hat das keiner.

Am Ende der Schulzeit, mit 18, hatte ich noch keine richtige Vorstellung davon, was ich überhaupt machen wollte. Ich bewarb mich in Magdeburg für das Maschinenbaustudium, ohne so richtig zu wissen, worum es da eigentlich ging. Ich wurde abgelehnt – so tolle schulische Leistungen hatte ich ja auch nicht.

Und dann fanden diese Umlenkungsgespräche statt. Es gab eine Kommission, die bestand aus dem Parteisekretär der Schule, Vertretern des Wehrkreiskommandos, dem Direktor und anderen Vertretern der Schulleitung. Und die erste Frage an die männlichen Schüler war immer, ob man sich länger [zum Wehrdienst] verpflichten wollte. Dir wurde gesagt: „Wenn Sie sich länger verpflichten, zum Beispiel für drei Jahre, dann werden Sie Ihren Studienplatz bekommen." Da habe ich mich aber abgeschottet. Ich habe nur den Grundwehrdienst gemacht. Ich habe mich da nicht bereden lassen. Die fragten dann, ob man vielleicht kirchlich gebunden wäre oder so – ich bin zwar getauft, aber das war eigentlich nicht der Grund. Ich wollte nicht länger zur Armee gehen.

Man hat mir auch verschiedenes anderes angeboten – ich glaube, zu dem Zeitpunkt war gerade Pflanzenkunde oder Pflanzenzüchtung in, wofür sie Leute brauchten. Doch das wollte ich nicht. Ich dachte: Gehst du lieber erstmal arbeiten oder machst deinen Grundwehrdienst, und dann werden wir weitersehen. Den Grundwehrdienst musste man damals noch machen, es gab ja noch keinen Zivildienst. Man hätte höchstens zu den Bausoldaten gehen können, aber das wollte ich nicht. Dazu fehlte mir die Überzeugung. Und wenn man das gemacht hätte, wären einem viele berufliche Perspektiven verschlossen gewesen.

Nach dem Abitur war ich erstmal – ich konnte nie große finanzielle Unterstützung von zu Hause bekommen – Eilbote bei der Deutschen Post. Im Sommer 1973 haben wir Abitur gemacht, danach war ich eigentlich ein bisschen zu faul; aber solche Erkenntnisse kommen ja immer zu spät.

Im November 1973 kam ich zur Armee. Weil ich mich auf nichts eingelassen hatte, kam ich ziemlich weit weg – obwohl wir wohl alle, alle weit weg kamen – nach Torgelow-Spechtberg, bei Ueckermünde. Dort habe ich meinen Grundwehrdienst „absolviert", wie man so schön sagt – bei den Panzern. Eines hat mich noch lange beschäftigt: Am letzten Tag wurde allen Abiturienten angeboten, Reserveoffizier zu werden. Wir wären an einem Tag vom Soldaten zum Unteroffizier befördert worden und Reserveoffizier gewesen. Und man hat uns wieder gesagt: „Wenn Sie das machen, können Sie doch noch einen Studienplatz bekommen."

Aber keiner wollte sich darauf einlassen, wir alle haben das abgelehnt.

Nach der Armee habe ich mich in Leuna als Anlagenfahrer beworben; also als ein Arbeiter, der in einem chemischen Betrieb eine Anlage bedient. Gleichzeitig wollte ich einen Beruf erlernen und Chemiefacharbeiter werden. Als ich jedoch mein Abiturzeugnis vorlegte, sagten die mir, ich sei hier vollkommen falsch, ich könne so etwas nur extern machen. Eine Lehre direkt an einer Berufsschule war für Abiturienten nicht vorgesehen. Also habe ich ein Jahr als Anlagenfahrer gearbeitet.

Durch die vielen Bekannten, die ich in Leuna hatte – wir haben uns oft getroffen und sind zusammen in Gaststätten gegangen – wurde mir irgendwie klar, dass es das nicht gewesen sein kann – dass wir bis 65 in das große Leuna-Werk arbeiten gehen … Wir haben uns gesagt: Jetzt müssen wir mal irgendetwas studieren. Also haben wir uns Studienführer geholt und sind sie durchgegangen. Und da habe ich mir was ausgesucht, was meinen Neigungen und Interessen entsprach: so ein bisschen künstlerisch, und es sollte mit Kindern und Jugendlichen zu tun haben. „Erzieher für Jugendheime" hieß das. Mich interessierte das damals deshalb, weil die Ausbildung sich auf ein relativ weites Spektrum richtete: künstlerisch, musisch, Fotografie – ich fotografiere auch gern und habe ein eigenes Fotolabor.

Ich bewarb mich also selbständig, doch vom Betrieb aus versuchte man, mir Steine in den Weg zu legen. Die sagten: „Sie können sich nicht einfach irgendwo bewerben. Wir müssen Sie delegieren." Da habe ich gesagt: „Das stimmt nicht, was Sie mir sagen, ich habe Abitur und da kann ich mich bewerben, wann und wo immer ich will." So war es dann auch. Und ich wurde angenommen.

Die Fachschule befand sich in einem kleinen Ort, Hohenprießnitz, in einem Barockschloss. Dort begann ich 1976 ein dreijähriges Studium. In der Regel wurde man danach in Lehrlingswohnheimen eingesetzt und gestaltete mit den Jugendlichen deren Freizeit. Deshalb war das Studium so breit angelegt.

Und das war ganz lustig. An dem Tag, wo wir dort, bei Eilenburg, in der Nähe von Leipzig, mit Zug und Bus angereist sind, sah ich gleich vier oder fünf Leute mit Levi's-Anzügen. Und wenn man – wie ich – eine Oma im Westen hatte und Jeans trug, die es ja im Osten noch nicht gab, gehörte man gleich dazu. Wir sahen uns, lernten uns kennen – und der „harte Kern" war gebildet.

Ich fiel außerdem auf, weil ich kurz vorher eine Wette verloren hatte und mir fast eine Glatze schneiden lassen musste. Viele von uns hatten zur damaligen Zeit ja lange Haare. Aber auf der EOS war es noch so, dass wir in der zehnten Klasse zum Friseur geschickt wurden, sonst durften wir nicht an der Prüfung teilnehmen. Erst später wurde es lockerer, und wir haben uns natürlich nach der Armee wieder die Haare lang wachsen lassen, weil wir das doch irgendwie toll fanden.

Beim Studium gab es die Kunst- und die Musikrichtung. Um unsere Eignung festzustellen, mussten wir gleich am ersten oder zweiten Tag verschiedene Tests absolvieren. Vorsingen zum Beispiel; es gab aber auch einen Sporttest. Ich war doch nie irgendwie eine große Sportskanone, nur Rumpfheben aus der Bauchlage, das konnte ich immer ganz gut und wurde sogar von einem Sportlehrer gefragt, ob ich vielleicht Leistungssportler sei.

Gleich zu Anfang lernten wir auch unsere ganz reizende Seminargruppenberaterin kennen.

Ich saß neben noch so einem „Levi's-Mann", da sieht sie mich und meinen Haarschnitt an und fragt gleich: „Wer war denn von den Männern bei der Armee?" Wir hoben die Arme. „Und wer war denn länger? Sie vielleicht? Sie sehen so aus mit ihren Haaren." Ich darauf: „Sehe ich denn so aus?" Und da war das gleich mein Minusstrich für die nächsten Jahre.

Ich meine, sehe ich denn so aus, als würde ich länger zur Armee gehen?

Der harte Kern, von dem ich sprach, hat dann das kulturelle Leben dort angekurbelt. Die, die Musikinstrumente spielten, gründeten zum Beispiel eine Band, und wir haben das alles ein bisschen forciert. Da im dritten Studienjahr viele aus

Leipzig waren, auch viele Outsider, würde man heute sagen, haben wir uns vor allem mit denen zusammengefunden.

Ganz so rosig, wie das jetzt klingen könnte, war es natürlich nicht. Wir hatten auch Mitstudenten, die uns oft angeschmiert haben; da war man immer mal dran. Wir waren die Buhmänner, immer fällig, wenn was war. Mit der erwähnten Band haben wir zum Beispiel Open-Air-Festivals durchgeführt, dann haben wir eingeführt, dass es in dem Tante-Emma-Laden des Dorfes „Karo" gab ... Und da wurde man schon mal angezählt. Weil wir aber eine gute Lobby hatten und viele waren, die sich gut verstanden, und wir außerdem kulturell viel auf die Beine stellten, konnten sie uns nicht so richtig was anhaben. Aber die Stasi war öfter mal in der Einrichtung.

Übrigens sind wir – meine Frau habe ich während des Studiums kennen gelernt und auch geheiratet – jetzt noch mit einigen Leuten aus dem Studium zusammen. Da gab es auch einen, der Folkmusik machte und zur ersten Folkgruppe gehörte, die es überhaupt zu Ostzeiten gab; das waren die „Folkländer" aus Leipzig. Die hatten ihre ersten Auftritte damals in Hohenprießnitz, bei uns in der Aula, und sind dann erst groß rausgekommen. Wir waren damals öfter in Leipzig zu solchen Veranstaltungen, haben da viele Leute kennen gelernt. Das war schon toll.

Nach dem Studium bin ich dann von Leuna nach Zeitz gezogen, weil meine Frau von dort stammt. In Zeitz ist auch unser Sohn, das war 1978, geboren worden. Zunächst habe ich anderthalb Jahre im Lehrlingswohnheim eines volkseigenen Gutes, einem landwirtschaftlichen Betrieb, als Erzieher gearbeitet. Aber das war unbefriedigend. Es lief darauf hinaus, dass man bloß immer aufpassen musste, dass alle abends rechtzeitig ins Bett gingen und rechtzeitig aufstanden. Es lief also anders, als ich es mir vorgestellt hatte. Ich habe da zwar einen Fotozirkel geleitet und versucht, ein bisschen was zu aktivieren, doch das lief nicht richtig. Außerdem gefielen mir die Arbeitsbedingungen nicht besonders. Mein Arbeitstag begann vier Uhr dreißig, auch an den Feiertagen – in einem landwirtschaftlichen Betrieb mussten die Lehrlinge auch zu Silvester die Kühe und Schweine versorgen.

Es gab auch eine Disco in dem Ort, und dorthin kamen alle möglichen Typen aus Zeitz. Und da man als Erzieher als jemand angesehen wurde, der die Lehrlinge unterjochte – die meisten waren Acht-Klassen-Abgänger, und wer zu DDR-Zeiten aus der achten Klasse rausgegangen ist: Also, da war schon nicht viel –, musste man nach der Spätschicht Angst haben, eine Flasche oder Ähnliches an den Kopf zu bekommen. Das war dann schon kritisch, und meiner Frau zu Hause wurde Angst und Bange, wenn ich um elf oder halb zwölf noch nicht da war. Das hat mir alles nicht gefallen, und ich habe da aufgehört.

Ich ging also zum ehemaligen Rat des Kreises, Abteilung Volksbildung, und sagte, ich wolle mich beruflich verändern, ob sich da nicht etwas für mich auftun ließe. Glücklicherweise gab es in der DDR außerschulische Einrichtungen wie die „Station Junger Naturforscher und Techniker". Das waren Einrichtungen, an denen Schüler der ersten bis zwölften Klasse in Arbeitsgemeinschaften ihr Wissen und ihre Fähigkeiten vertiefen konnten. Zum Beispiel auf dem Gebiet der Chemie, Mathematik und so weiter. Dort habe ich mich beworben und hatte Glück, denn da war gerade einer in Rente gegangen.

Hier war ich sehr zufrieden. Zum einen, weil ich nette Kollegen hatte, zum anderen, weil wir in unserer Einrichtung streng auf den naturwissenschaftlich-technischen Bereich bezogen waren. Die Politik ging hier praktisch außen vorbei; es gab keinen Druck. Niemand nötigte mich, in die Partei einzutreten. Die hatten ihr Soll erfüllt. Das war auch das Gute beim Studium: Da gab es genug, die da eingetreten sind – und da hat man uns im Prinzip in Ruhe gelassen. So ging das bis zur Wende.

Ja. Und dann ging ja alles so schnell. Es war richtig komisch, für alle Beteiligten. Da habe ich zu meiner Frau gesagt: „Pass auf, jetzt ist der 9. November und wenn da irgendwo auf ist – das wusste ja gar keiner so richtig – dann in Berlin. Und morgen, da fahre ich nach Berlin." Sie aber sagte: „Nee, da fahre ich nicht mit, ich weiß nicht …"

Dann habe ich meinen Chef, den ich damals in der „Station Junger Naturforscher" hatte, gefragt, und der sagte: „Da fahre ich hin mit dir. Und wenn das irgendwo klappt, dann in Berlin; wenn da so ein Durcheinander ist." Am nächsten Tag haben wir uns in unseren Trabbi gesetzt – meine Frau hatte es sich inzwischen anders überlegt – und sind einfach nach Berlin gedüst; froher Erwartungen. Aber als wir dann an die Grenze kamen, hatten wir schon gemischte Gefühle – ich jedenfalls.

Weil ich nur eine Oma drüben hatte, die schon gestorben war, hatte ich nicht die Möglichkeit, mal hinzufahren, zum Geburtstag oder so – das war nicht. Deshalb waren da schon gemischte Gefühle vorhanden: Ich hatte die Grenzübergänge vorher nie gesehen, und wir wussten ja auch nicht, ob wir überhaupt durchkommen würden. Dann haben wir diesen ganzen Apparat gesehen, diesen Wust von Straßen und Einrichtungen und Gebäuden, die da standen, und die Grenzbeamten noch alle in ihren Uniformen … so richtig wussten die wahrscheinlich auch nicht, wie das nun geht. Und dann ist mein Chef ausgestiegen und hat gesagt, dass wir aus Zeitgründen keinen Stempel hätten. Doch sie haben uns ohne weiteres durchfahren lassen. Es war ein komisches Gefühl, ich hatte Herzklopfen und alles Mögliche. Aber die Herzlichkeit, mit der man dort empfangen wurde, war wirklich überwältigend. Ich weiß nicht, ob ich geheult habe, aber die Tränen standen mir in den Augen, so überwältigend war das.

Mit dem Trabbi sind wir dann über die Avus – das war schon ein bewegendes Erlebnis. Und die Japaner und alle möglichen Leute haben uns zugewunken …, es war irgendwie erhebend. Dann haben wir genau vor der Deutschlandhalle mit unserem Trabbi geparkt und sind natürlich erstmal Geld holen gegangen, weil wir gar nichts hatten – 300 Mark, wir waren ja drei: meine Frau, unser Sohn und ich. Dabei hat mich das Konsumangebot eigentlich nicht geschockt. Man kannte das ja aus dem Fernsehen. Beeindruckt war ich aber davon, dass alles so sauber und ordentlich war. Jedenfalls auf den ersten Blick – wir waren nur einen Tag dort, um zu gucken. Nur um sagen zu können: Ich war da.

Eigentlich kann ich mich nur noch an weniges erinnern, was an diesem Tag geschah. Ich war wahrscheinlich emotional zu aufgeladen. Ich sehe nur Leute, die im Kaufhaus standen und lachten, weil die FA-Seife für 85 Pfennige alle war; das hat die Leute amüsiert.

Kurios war auch, dass wir Bekannte, die wir vor der Wende bei ihrer Ausreise aus der DDR unterstützt hatten, eher besuchen konnten als die uns. Sie durften nicht rüberkommen. Deshalb waren wir für ein Wochenende in Hamburg. In der Zeit haben wir manchmal daran gedacht, in den Westen zu gehen, weil wir nicht wussten, wie das beruflich weitergeht. Da haben wir lange hin und her überlegt, was wir machen. Vor allem während der Wende fühlten wir uns unsicher. Vorher dachten wir eigentlich nicht daran überzusiedeln. Man hatte ziemlich viele Freunde und Bekannte zu Hause, die wir jetzt immer noch haben … Auf die wollten wir nicht verzichten. Aber im Zweifel waren wir schon.

Zunächst ist beruflich aber nichts Einschneidendes passiert. Eigentlich haben wir unsere Arbeit so weitergemacht, weil wir ja nicht so eine politisch orientierte Einrichtung waren. Bloß dass wir nun Westgeld dafür bekamen. Doch es war absehbar, dass die Station nicht mehr lange existieren würde.

Mein Chef war, wie andere Chefs solcher Einrichtungen auch, eingeladen, sich vergleichbare Institutionen im Westen anzusehen – die Chefs wurden ja damals busweise dorthin gekarrt. Eines Tages kam er von so einer Weiterbildungsveranstaltung zurück und sagte: „Solche Einrichtungen wie unsere sind im Westen nicht üblich. Ich empfehle euch, sucht euch was anderes. Uns gibt's nicht mehr lange."

Also probierte ich, mir was anderes zu suchen. Aber immer nur im Osten. Im Westen habe ich es nicht versucht, weil ich von vielen Bekannten wusste, welche Startschwierigkeiten sie im Westen hatten. Der Hauptgrund aber war, dass wir viele Freunde hatten und diese Kontakte nicht aufgeben wollten.

Erstmal bewarb ich mich in allen möglichen Bereichen. Ich war nebenberuflich als Bausparberater tätig. Zeitweise dachte ich sogar, dort vielleicht mal einsteigen zu können. Das lief zunächst auch ganz gut, auch das Geld. Niemand hatte hier ja von einem Bausparvertrag gehört. Bald hatte ich ein doppeltes Einkommen, dachte mir dann aber, das kann es auch nicht sein. Ich habe mich auch noch bei verschiedenen anderen Firmen beworben, bin da aber nicht angekommen, weil da wahrscheinlich hinsichtlich der Ausbildung bessere Mitbewerber waren.

Meine Tätigkeit an der „Station Junger Techniker" zählte zum öffentlichen Dienst. Wir sind nach der Wende übernommen worden. Und da tat sich dann etwas auf, als Schullandheime eingerichtet wurden. Da es auch schon früher in ländlichen Gegenden Einrichtungen gab, die sich im Freizeitbereich engagierten, dachte man daran, diese als Schullandheime zu profilieren. Als ich davon hörte, musste ich mich erstmal intensiv damit beschäftigen, was das überhaupt ist. Dabei erfuhr ich, dass das genau jener Ausbildung entsprach, die ich besaß. Als die Stelle des Leiters einer solchen Einrichtung öffentlich ausgeschrieben wurde, habe ich mich beworben und bin angenommen worden. Das war 1991. Und das mache ich heute noch, in einem kleinen Ort bei Zeitz.

Von diesen Schullandheimen gibt's in Deutschland etwa 600. Zu uns kommen Schulklassen der verschiedensten Schulformen, die wir dort pädagogisch betreuen. Sie übernachten auch bei uns und werden verpflegt für die Zeit, in der sie bei uns sind; in der Regel eine Woche. Es ist sozusagen eine Schule auf anderem Gebiet und ohne Klingelzeichen. Unser Hauptaugenmerk liegt im ökologischen Bereich. So bin ich jetzt Angestellter beim Landratsamt, denn das Schullandheim ist eine Einrichtung des Landkreises. Die Eltern jener Schüler, die zu uns kommen, müssen zwar Beiträge zahlen, diese decken aber nicht die Kosten. Deshalb bekommen wir Zuschüsse vom Landkreis und vom Kultusministerium.

Natürlich hat man wie überall auch im Landratsamt erstmal viele Wessis rangeholt, weil man dachte, dass die das irgendwie besser können. Doch beispielsweise die Gebietsreform und andere Umstrukturierungen waren ja noch gar nicht abgeschlossen, und mein Eindruck ist, dass sich viele wieder zurückgezogen haben, weil sie merkten, was sie hier anrichteten. Es sind natürlich auch viele hergekommen, die drüben nicht aufs Trapez gekommen sind. Viele kamen hierher bloß des Geldes oder der Karriere wegen. Als das dann nicht so lief, wie sie sich das dachten, sind sie wieder abgeschwirrt. Manche haben auch ziemlich viel durcheinandergebracht, so ist jedenfalls mein Eindruck. Unmittelbar hatte ich aber mit westdeutschen Chefs nichts zu tun.

Bis jetzt habe ich auch noch nicht gestreikt – im öffentlichen Dienst geht es gerade um 5,5 Prozent Lohnerhöhung. Keine Rede ist davon, ob man im Osten vielleicht noch mal 5 Prozent drauflegt. Wir bekommen jetzt, glaube ich, 86 Prozent vom Westlohn; im Westen arbeiten sie im öffentlichen Dienst 38 Stunden, wir arbeiten 40. Keiner redet davon, dass man das mal irgendwie angleicht. Da würde ich doch nur für diese 5,5 Prozent mitstreiken, die die im Westen bekommen, und da sind sowieso viele im öffentlichen Dienst schon Beamte ...

Insgesamt geht's mir aber gut, ich will mich nicht beklagen. Denn das kann man schon sagen: Man fühlt sich freier. Und was man alles nachholen muss und kann. – Ich hatte ja eine Oma im Westen. Aber ich habe mich wenig damit beschäftigt, wo eigentlich die Ruhr oder der Rhein liegen – sicher hat man das im Geographieunterricht erfahren – aber es hat einen nicht interessiert, mich jedenfalls nicht, weil das ja alles weit weg für uns war; wir waren ja immer der

Überzeugung, da kommst du eh nie hin. Dabei hätte es auch anders laufen können. Mein Vater ist mit meiner Mutter praktisch in Leuna hängen geblieben. Aber er wäre schon gerne damals, so 1960, in den Westen gegangen. Irgendwie durch die Ehe hat er dann den Absprung verpasst.

Ich war als Kind – das muss in dieser Zeit gewesen sein – schon mal drüben im Westen. Da hat man das natürlich ein bisschen anders gesehen. Es war toll, dass es Apfelsinen und Bananen gab. Aber als kleines Kind hat man natürlich nicht gewusst, was das bedeutet, dass man im anderen Teil Deutschlands war und so. Aber mein Vater war manchmal nicht gut auf den Staat zu sprechen. Als zum Beispiel meine Oma starb, durfte er nicht zur Beerdigung fahren. Außerdem war mein Vater in russischer Kriegsgefangenschaft und war deshalb auch auf die Russen nicht gut zu sprechen.

Mich selbst aber ging das bis zur Wende nicht viel an. Für mich war klar: Nach dem Westen kommst du sowieso nicht. Was wusste ich, was die Toskana ist? Deshalb denke ich schon, dass wir da ganz schön viel nachzuholen haben. Und wie man so schön sagt: Reisen bildet. Dass man das auch alles ausprobiert hat und es weiter kann, das ist ein schönes Gefühl.

Natürlich habe ich auch Ängste. Ich bin ja Leiter einer freiwilligen Einrichtung; es gibt Pflichteinrichtungen, wie zum Beispiel eine Schule, und freiwillige Einrichtungen, wie zum Beispiel Theater, Museen oder Volkshochschulen. Bei diesen ist natürlich das Geld immer sehr knapp und wird auch immer sehr zusammengestrichen. Als Chef einer solchen Einrichtung muss man sich natürlich ganz schön bemühen, weil ich eine Verpflichtung meinen Mitarbeitern gegenüber habe.

Persönlich sehe ich als Angestellter im öffentlichen Dienst keine beruflichen Probleme für die Zukunft. Durch meine 22 Dienstjahre besteht ein relativer Kündigungsschutz, auch wenn die Tarifverträge noch nicht so gelten wie im Westen. Außerdem denke ich mir, dass ich auch was anderes finden würde. Auch in unserem Alter, mit 45. Wenn man agil ist, kann man schon was erreichen. Das ist jedenfalls meine Meinung.

Man muss sich nur umstellen können und darf sich nicht auf ein Ding festlegen. Ich habe mich beispielsweise bei einem Mineralölbetrieb beworben und hätte im Bereich Management sicher was machen können. Dass ich da fachlich nicht vollkommen bin, das ist schon klar; und dass sie in diesem Fall lieber einen Diplomchemiker genommen haben, kann ich auch nachvollziehen. Aber vom Management her, denke ich mir, hätte ich das machen können. Denn Management, so finde ich persönlich, ist überall gleich. Deshalb könnte ich auch woanders anfangen, wenn man mich nimmt.

Ich sage mir manchmal in Bezug auf die Jugendlichen, dass die selber aus sich was machen müssen. Und gerade im vereinten Europa hat jeder jetzt so eine große Chance. Es liegt an jedem selber, da irgendwie was daraus zu machen.

Man muss sich bloß kümmern und machen. Möglichkeiten gibt es genug. Deshalb sehe ich auch im Zusammenwachsen von Europa schon Vorteile, weil sich auch die Möglichkeiten für die Jugend erweitern. Natürlich muss man dann agil sein, und man muss Englisch können. Ich selber mache das jetzt auch. Wann hatten wir das letzte Mal Englisch? Beim Abitur; und das ist ja nun schon ein Weilchen her, darum belege ich jetzt einen Kurs an der Volkshochschule. Dass man dazu bereit ist, das zu machen, das ist schon wichtig. Und wer das macht, hat gute Chancen.

Mir scheint auch, dass die ehemaligen Mitschüler diese Chance genutzt haben. Ich freue mich, dass es eigentlich keinem schlecht geht. Dass aus allen in beruflicher Hinsicht was geworden ist, das freut mich. Und dass manche anders sprechen, als ich erwartet habe: Die sind dann doch schon ein bisschen gewendet. Aber wenige – oder die anderen haben das gut überspielt.

UTE SCH.

Lehrerin für Geschichte und Russisch

Wenn ich nach so langer Zeit an die Schule in Merseburg zurückdenke, dann fallen mir als Stichworte ein: schöne Zeit, keine Probleme, angenehme Klasse, Freunde, Spaß. Aber auch Stress, Leistungsstress. Und außerdem habe ich an der Schule meinen Mann kennen gelernt.

An irgendwelche Probleme kann ich mich dabei kaum erinnern.

Mein Vater war ein treuer Anhänger des Staates, und folglich wurde ich so erzogen. Deshalb gab es da sicherlich bei mir selbst keine Probleme mit einem politischen Druck. Den habe ich nicht verspürt.

Westverwandte hatte ich auch keine, so dass ich auch von der Seite nicht in Konflikte geriet. Erst durch meine Mann bekam ich Verwandte im Westen.

Das klingt heute sicher komisch, doch bis ungefähr zur elften Klasse gab es nicht mal Westfernsehen bei uns zu Hause. Nur Westradio habe ich gehört. Aber Westfernsehen sah ich erst im Elternhaus meines Freundes.

Auch mit der Wahl des Studiums gab es eigentlich keine Probleme. Seit der Unterstufe wollte ich Lehrerin werden, weil das der einzige Beruf war, worunter ich mir etwas vorstellen konnte. Im Nachhinein sehe ich das anders, aber damals war das mein Wunsch, und der hat sich erfüllt. Heute würde ich allerdings einen Beruf ergreifen, bei dem ich das Ergebnis meiner Arbeit unmittelbar sehen kann.

Ich habe Pädagogik in der Fachrichtung Geschichte und Russisch an der Pädagogischen Hochschule in Leipzig studiert. Diese Zeit verbinde ich mit sehr vielen negativen Erinnerungen. Ich erhielt keinen Internatsplatz und musste tagtäglich zwischen Leipzig und Merseburg hin- und herfahren. Das war Stress hoch drei. Dazu kam, dass ich ab dem dritten Studienjahr schon ein Kind hatte und das alles unter einen Hut bringen musste. Das war sehr schwer.

Nach dem Studium kam ich zurück nach Merseburg. Wir hatten noch keine Wohnung und blieben zuerst bei meinen Eltern, dann bei den Schwiegereltern. Doch zum Beginn des Schuljahres erhielten wir in Halle-Neustadt eine Wohnung, und ich musste wieder hin- und herfahren; diesmal zwischen Halle-Neustadt und Merseburg. Immerhin schon eine Verbesserung. Nach nicht ganz einem Jahr ging ich wieder in Schwangerschaftsurlaub. Unser zweites Kind kam damals. Danach wurde mir ein Wechsel nach Halle-Neustadt genehmigt. Und an dieser Schule arbeite ich bis heute.

Besonders Russisch habe ich sehr gerne unterrichtet, das kann ich nicht anders sagen, (lacht) das hat mir Spaß gemacht. Mir fiel allerdings diese Sprache auch sehr leicht.

Außerdem hatten wir in Halle-Neustadt eine gute Schule; gutes Kollektiv, prima Direktor. Und im Nachhinein sieht man, dass der Lehrerberuf zu DDR-Zeiten sicherlich eine andere Stellung hatte. Man bekam zum Beispiel mehr Unterstützung aus dem Elternhaus und hatte als Lehrer auch mehr Rechte. Meine heutigen Erfahrungen sind, dass Schüler immer fauler werden und dadurch immer dümmer. Ich muss das mal so drastisch sagen. Die Anforderungen gehen immer weiter nach unten, in den Klassenarbeiten werden Jahr für Jahr mehr Abstriche gemacht. Leider wird die Leistungsverweigerung der Schüler vom Staat unterstützt. Wir haben so viele Erlasse, die es erlauben, mit so und so viel Fünfen durchzukommen. In Klasse fünf und sechs werden sie generell versetzt, egal, welche Noten sie haben. Und das ist letztendlich das, was keinen Spaß mehr macht. Auch die Elternhäuser stehen nicht mehr dahinter. Sie haben keine Zeit mehr, weil sie viel arbeiten müssen, oder sie sind zu Hause, kümmern sich aber nicht um ihre Kinder, sondern darum, an Alkohol zu kommen – was weiß ich. In Halle-Neustadt ist es sicherlich besonders extrem; da kommen Eltern zum Beispiel betrunken zum Elternabend und solche Scherze.

Die Jugend insgesamt will Spaß und Action. Ich fürchte, sie werden erst nach der Schule in einem schwierigen Prozess lernen müssen, was sie vorher versäumten. Selbstverständlich gibt es auch positive Beispiele, sicherlich.

Ich würde das Bildungssystem in der DDR im Allgemeinen als das bessere bezeichnen. Die Leistungsanforderungen waren höher, auch wenn im Westen heute immer noch behauptet wird, die DDR-Schüler seien dümmer und aggressiver, weil sie in der Kinderkrippe auf dem Topf gesessen haben. Um die Kinder und Jugendlichen wurde sich im Bildungssystem der DDR mehr gekümmert. Sie bekamen frühzeitig allgemeine Normen und Werte vermittelt, beispielsweise Disziplin, Ordnung, Achtung vor älteren Menschen und so weiter.

Außerdem fehlt es ständig an Geld. Für die Jugend und die Schule ist einfach zu wenig Geld da. Das ist eigentlich unser Handicap.

Während meiner Zeit als Lehrer war das Einzige, was mich immer gestört hat, dass wir über alles, was im Unterricht stattfand, berichten mussten. Zum Beispiel in der Politinformation.

Die außerschulischen Aktivitäten waren nicht mal so belastend, weil die Kinder das gern gemacht haben. Ihnen gefielen die gemeinsamen Veranstaltungen wie Kino-, Theater- und Schwimmhallenbesuche oder Faschingsfeiern und Discos. Außerdem störte mich, dass auch die parteilosen Lehrer an den Parteilehrjahren teilnehmen mussten. Darüber habe ich mich immer aufgeregt und mich auch öfter mal mit unserer Parteileitung an der Schule angelegt.

Ich will dazu sagen, ich war aufgrund meiner Erziehung von der DDR bis zu einem bestimmten Punkt überzeugt, weil wir es nicht anders wussten.

Ich war ja kein unpolitischer Mensch. Ich war zwar weder in der SED noch in einer anderen Partei, habe aber aufgrund des Geschichtsstudiums so ein paar politische Kenntnisse, die vielleicht einem anderen fehlen. Ich habe immer auch – und mache das heute noch – meine Meinung gesagt. Ich mische mich auch in solche Gespräche ein beziehungsweise bin in der Lage, sie zu leiten.

Trotzdem war ich von der Wende am Anfang schockiert. Die Arbeit in der Schule lief zwar erstmal ganz normal weiter, aber ich hatte Angst, dass es zu großen

Auseinandersetzungen im Land, vielleicht sogar zu einem Bürgerkrieg kommen würde. Schockiert war ich, dass DDR-Bürger in andere Länder gefahren sind, Botschaften besetzt und hier alles aufgegeben haben. Ich konnte nicht verstehen, dass Menschen ihr Land verlassen, um in ein anderes Land – und die BRD war ja nun mal für uns ein anderes Land – zu gehen und alles zurückließen, was sie hier aufgebaut hatten.

Doch als die Montagsdemonstrationen begannen, stellte sich bei mir so langsam eine Veränderung ein. Ich sah, dass die ganze politische Lage in der DDR hinten und vorne nicht mehr stimmte – die Versorgungslage, und was weiß ich, was da alles war.

Die stimmte zwar schon vorher nicht, und ich sagte immer, das kann eigentlich doch nicht sein: Die DDR-Bevölkerung arbeitet und arbeitet, und es kommt irgendwo nichts dabei raus. Ich muss aber zugeben, dass ich über die Ursachen und Zusammenhänge nicht nachdachte. Ich glaube jedenfalls nicht, dass ich da früher drüber nachgedacht habe.

Also, auch von den Montagsdemonstrationen war ich anfangs schockiert, später bin ich selbst hingegangen. Dabei spielte ein einschneidendes Erlebnis vor der Wende eine Rolle. Unser damaliger Direktor wurde aus dem Schuldienst entfernt. Wir hatten Verbindungen zu einer polnischen Schule, und im Jahr der Tschernobyl-Katastrophe sollten Kinder unserer Schule nach Polen in ein Austauschlager fahren. Der Kollege, der mitfahren sollte, weigerte sich jedoch wegen der Strahlenbelastung. Der Direktor akzeptierte das, und daraufhin strengte die Kreisleitung der SED gegen ihn ein Parteiverfahren an. Danach wurde unser Direktor aus dem Schuldienst entfernt.

Ich sagte mir damals, das kann nicht sein. Das war ein toller Lehrer, ein toller Direktor, und aufgrund – ja, eigentlich nicht mal seiner politischen Einstellung – dieses Vorfalles wurde er suspendiert.

Deshalb wollte auch ich, dass sich innerhalb der Gesellschaft etwas ändert. Ich wollte zwar keine ganz andere Gesellschaft, sondern, ich sage es mal ganz einfach, einen „besseren Sozialismus". Heute weiß ich, dass es den nicht gibt. Damals wusste ich das nicht, das gebe ich zu. Deshalb war ich auch entsetzt, als ich das erste Mal hörte, dass Leute auf der Straße riefen, sie wollten ein einheitliches Deutschland. Das wollte ich am Anfang nicht.

Aber als die Grenzen aufgingen, fand ich das toll. Ich konnte das gar nicht fassen, dass es so was gibt. Das war für mich unfassbar und gleichzeitig schön; vielleicht auch so ein bisschen befreiend, denke ich mir. Denn nun konnte man einfach so in den Westen fahren.

Ich wusste durch die Berichte meines Mannes und meiner Schwiegermutter, die ihre Verwandten in der Bundesrepublik schon vor der Wende besuchen durften, dass es denen im Westen auf alle Fälle besser ging, obwohl die auch nur arbeiteten. Ich dachte immer, die sind besser, und andere haben gedacht, die arbeiten mehr. Aber die arbeiten nicht mehr, das Geld war mehr wert. Ich wäre vor der Wende gern mal dahin gefahren.

Ich bin dann im Dezember 1989 das erste Mal in Westberlin gewesen. Früh hin, abends zurück – 100 Mark abholen. Ich fand das irre! Wir sind damals Friedrichstraße rüber – diese Grenzanlage, das fand ich irre. Das war für mich so erdrückend. Es waren sowieso viele Leute da und dann diese engen – ach, ich weiß gar nicht mehr, wie man das bezeichnet – Schleusen.

Trotzdem hat mich dieser Tag überwältigt irgendwie.

Und dann sind wir regelmäßig nach Bayern gefahren und haben dort eingekauft, noch mit dem Trabant. Das war übrigens mein Beitrag zur deutschen Einheit, der Kauf eines Trabant 601, im Februar 1990, für 13.000 Ostmark. Fünf Monate später hätte ich für diesen Betrag ein ganz anderes Auto bekommen. Mir war aber nicht klar, zu welchen Bedingungen die Währungsunion stattfinden würde. Ich konnte mir auch nicht vorstellen, dass zwei so unterschiedliche Staaten ganz schnell zusammenwachsen könnten. Ich hatte keine Vorstellung davon. Ich war immer der Meinung, wenn das so schnell kommt, dann wird es für die Bevölkerung im Osten sehr schlimm. Aber ich hatte keine Angst. Warum, weiß ich auch nicht.

Ich dachte, es würde irgendwelche Zwischenstufen geben, einen langsamen Prozess. Aber aufgrund der maroden Wirtschaft hier im Osten wäre es anders nicht gegangen, ist meine Meinung. Heute weiß ich das, dass es anders nicht gegangen wäre.

Heute bin ich noch an derselben Schule. Schwierigkeiten mit dem einheitliches Deutschland entstanden durch die Wahl der neuen Lehrbücher. Welche nehmen wir?

Ich als Geschichtslehrer hatte schon große Schwierigkeiten mit den letzten DDR-Büchern – 1989 hatten wir noch DDR-Bücher. Die konnte ich gar nicht gebrauchen. Da standen Sachen drin, naja, von denen wir schon '89 wussten, dass sie falsch waren. Beispielsweise war ich im Januar und Februar 1989 zur Vertiefung der Sprachkenntnisse in der Sowjetunion. Dort hörte ich bereits interessante Vorträge über das marode System des Sozialismus in der Sowjetunion sowie über die Ziele der Perestroika. All das passte nicht zum Lehrbuch der Klasse 10, das 1988 in der DDR erschienen war.

Mit den neuen Lehrbüchern begann für uns das neue Lernen. Vor allem im Fach Geschichte. Das fand ich jedoch für mich sehr spannend. Es hat auch Spaß gemacht, was da an Neuem im Fach dazugekommen ist. Denn nun bestand die Möglichkeit, alle Quellen zu benutzen, und man war nicht mehr auf ein eingeschränktes Literaturangebot angewiesen.

In den ersten Jahren nach der Wende hat auch die Arbeit mit den Schülern mehr Spaß gemacht als in der DDR. Heute nicht mehr.

Doch meine Lebensumstände insgesamt sind heute viel angenehmer. Schon wegen der finanziellen Seite. Zu DDR-Zeiten hat der Lehrer nicht allzu viel ver-

dient. Da verdiente ein Facharbeiter mehr als ein Studierter. Das wurde geändert, wenn auch langsam und auch noch nicht zu 100 Prozent wie im Westen.
Und dann finde ich eben angenehm, dass ich, wenn ich etwas brauche, in den Laden gehe und es kaufe, dass ich nicht mehr rennen und gucken muss.
Außerdem können wir verreisen, können überall hinfahren … Es gibt eigentlich nichts aus der DDR-Zeit, das ich vermisse. Ich fühle mich als Gesamtdeutscher.
Aber im Hintergrund vielleicht doch noch ein bisschen ostdeutsch; so im hintersten Stübchen. Ich habe 35 Jahre in dem Staat gelebt. Das kann man nicht auslöschen. Doch ich trauere den DDR-Zeiten nicht nach.
Skeptisch hingegen bin ich in Bezug auf die Zukunft Deutschlands. Ich lehne das Zusammenwachsen Europas und den Euro ab. Deutschland ist ein wirtschaftlich starkes Land und hat dabei Nachteile.
Außerdem bin ich der Meinung, dass in Deutschland zuviel soziale Unterstützung geleistet wird. Viele sagen: Ich gehe nicht arbeiten, ich kriege ja genug.
Ich bin Befürworter des amerikanischen Systems.

GERALD V.
Projektingenieur

Interessant war der erste Schultag an der Penne. Wir waren neu in der Klasse und sahen uns groß an. Alle trugen damals ihr Blauhemd [FDJ-Hemd] und waren voller Erwartungen. Man hatte andere Eindrücke, andere Klassenräume, andere Gerüche im Raum, andere Lehrer – es war eben etwas ganz Neues, und du wusstest, irgendwie geht es ab jetzt anders lang. Relativ schnell bekam ich mit, dass die Schule politisch ausgeprägt war. Es wurde sehr auf den Klassenstandpunkt geachtet, und du musstest immer ein bisschen überlegen, was du sagtest. Das war im Vergleich mit meiner früheren Schule anders. Nachdem aber die ersten Schwierigkeiten überwunden waren, hat es eigentlich Spaß gemacht. Du hattest nun mit Leuten zu tun, mit denen du dich über viele Sachen einfach besser unterhalten konntest.

Ich kann mich nicht nur an alle Mitschüler und fast alle Lehrer erinnern, sondern auch an viele Episoden und Erlebnisse im Unterricht. Nur ein paar Beispiele: Geschichte hatten wir bei einem gewissen Herrn H., so ein blonder, blutarmer Mensch mit Glubschaugen – der hat uns damals erklärt, warum DDR-Bürger nicht in den Westen dürfen. Das habe ich nie vergessen: Seine Begründung war, dass fast alle Bürger der DDR Mitglied im KONSUM sind und der im Westen verboten ist; wer also in den Westen fahren würde – das ist kein Quatsch, der hat das wirklich so erklärt –, der müsste als Mitglied des KONSUMs mit Repressalien rechnen. Dazu hat von uns keiner was gesagt, ich wusste aber genau, was alle dachten.

Oder: Z., unser Erdkundelehrer, hat mal einen Neuen im Fanfarenzug der Schule dabei erwischt, wie der leise auf einem Mundstück das Deutschlandlied blies. Z. hat das dermaßen an die große Glocke gehängt, dass der Junge deswegen von der Schule geflogen ist. Das ist damals bei mir hängen geblieben.

Ich selbst bin oft den Weg des Kompromisses gegangen. Ich habe zunächst die Jugendweihe mitgemacht und im Jahr darauf als einer von wenigen die Konfirmation. Ich bin da eigentlich auch nie wirklich angeeckt. Später war ich in Schkopau auch Mitglied der Jungen Gemeinde, weil die ziemlich viel für die Jugend gemacht hat. Ich weiß allerdings, dass das jemand aus der Klasse mitbekommen hat – der Name will mir jetzt nicht einfallen, ich würde ihn auch nicht sagen –, dessen Vater dann in der Elternversammlung aufgestanden ist und gesagt hat: „Was ist denn nur in der Klasse los? Es gibt hier religiöse Zusammenkünfte …"

Das verlief zwar letztendlich im Sande, hat aber zunächst Staub aufgewirbelt, und ich erhielt die interessante Erkenntnis, dass es doch welche gibt, die horchen. Das konnte dann irgendwie als Bumerang von hinten wieder kommen.

Wir hatten sogar eine Diskussion mit einer Lehrerin über den Sinn der Kirche. Und da vertraten selbst Schüler, die mit der Kirche eigentlich nichts am Hut hatten, die Meinung, dass die religiöse Freiheit in der Verfassung verankert sei und man sich das doch mal anhören und sich damit auseinandersetzen könne. Im

Lehrerkollektiv aber hieß es, die Klasse liege in der Frage „Kirche" schief.

Ich kann mich noch ziemlich weit zurückerinnern. 1961, im Jahr des Mauerbaus, sah ich in der Zeitung ein Bild von diesem General Heinz Hoffmann, als junger Mann. Meine Mutter erklärt mir: „Jetzt ist der letzte Weg da rüber abgeschnitten, jetzt werden wir deine Tante nicht wiedersehen. Rede aber in der Schule nicht darüber!" Das war eine Weisung, an die ich mich hielt. Ich hätte mir natürlich gewünscht, die Leute, mit denen ich verwandt bin, kennen zu lernen.

Nach der Penne wollte ich eigentlich Forstwirtschaft studieren. Das war für mich der Grund, das Abitur zu machen. Dieser Berufswunsch lag auch ein bisschen in meiner Familie.

Ich bewarb mich also und kriegte eine Ablehnung. Doch ich wusste vorher bereits, dass es schwierig werden würde. Nun war die Frage: Was tun? Es gab dann im Nachhinein eine Vermittlungsrunde, in der angeboten wurde, was noch frei war. Wir wurden da hinbeordert, und es hieß, dass das Wehrkreiskommando wieder seine Offiziere suche. Andreas G. war mit dabei und ein, zwei andere Schüler; Uwe Sp., glaube ich, und Konny R. Man sagte uns: „Sie haben keinen Studienplatz, was würden Sie denn nun davon halten ... Sie wissen ja ...", die üblichen Reden vom Klassenstandpunkt. „Wir brauchen Leute, die länger bei der Volksarmee dienen, die die Offizierslaufbahn einschlagen" und so weiter.

Da ich damals ein paar Probleme mit dem Rücken hatte, weil ich sehr schnell gewachsen war, hatte ich es bei diesem Gespräch mit dem Befund der Scheuermannschen Krankheit relativ einfach. Ich sagte, so und so, der Arzt hat mir geraten, ich solle das nicht machen, aus den und den Gründen. Damit war ich für die uninteressant, dafür nahmen sie aber den Andreas umso mehr in die Mangel. Andreas hatte sich offenbar keine Argumente zurechtgelegt und fing an, sich zu verfitzen: Naja, das wäre nicht so das Richtige für ihn, er wolle das nicht ... – hin und her. Und dann haben die ihn natürlich fertiggemacht; so sinngemäß: Sie sind Schüler an einer erweiterten Oberschule, an der eine gewisse Elite ausgebildet wird, und Sie lehnen das nun ab; er müsse doch einsehen, wie wichtig diese Entscheidung wäre. – „Naja, aber nicht für mich." – Langer Rede kurzer Sinn: Es kam letztendlich heraus, dass Andreas, der Adventist war, aus religiösen Gründen keine Möglichkeit sah, Offizier zu werden. Und die fragten völlig konsterniert: „Sagen Sie mal, erkennen Sie denn überhaupt die Deutsche Demokratische Republik als ihr Vaterland an? Was haben Sie eigentlich für eine Einstellung zu Ihrem Staat? Was wollen Sie denn hier an dieser Schule?"

So hart und unverblümt und böse war die ganze Diskussion. Ich saß daneben mit feuerroten Ohren und dachte: Mensch, wie kannst du dem Andreas helfen? Aber wenn du dich da jetzt reinhängst, wird es nicht besser, und dann haben sie dich wieder in der Mangel.

Am Ende bekam er keinen Studienplatz und arbeitete in Buna in Schichten. Wenigstens hat er später seinen Weg gefunden …

Zur Frage für mich wurde natürlich, was ich nun machen sollte. Fast hätte ich mich noch an der Humboldt-Universität im Bereich Binnenfischerei beworben, weil Angeln mein Hobby war. Doch dann kamen die Ausweichplätze. Es war sogar Zahnmedizin dabei. Weil ich mich aber für Technik interessierte – ich hatte ja damals ein Motorrad, an dem ich immerzu bastelte – entschied ich mich für Maschineningenieurwesen. Ich überlegte nicht lange, sondern dachte, wenn du eine Technikerausbildung hast, kannst du in unterschiedlichen Bereichen und am Ende vielleicht doch noch in der Forstwirtschaft landen.

Ich habe dann das Abitur abgelegt, den Sommer über noch ein bisschen gejobbt und bin dann ab dem 1. November für anderthalb Jahre zur Armee gegangen; und zwar als Kradmelder und Regulierer an der Grenze.

In dieser Zeit – mit 19, 20 Jahren – wurde ich bereits Vater. Ich stellte ein Urlaubsgesuch, einfach weil ich vor der Geburt zu Hause sein wollte. Nachdem ich aber zurück war, beorderte man mich zu einem Gespräch mit einem Herrn, den ich nicht so recht identifizieren konnte. Wir fingen auch an, uns ganz normal zu unterhalten, dann kam er darauf zu sprechen, dass vier oder sechs Wochen vorher meine Tante aus Bamberg bei meinen Eltern zu Besuch war. Am nächsten Morgen wurde ich dann früh geweckt, und man sagte mir: „Pack deine Sachen, du wirst verlegt." So wurde ich ins Hinterland zum Regimentsstab nach Oschersleben verlegt. Ich weiß bis heute nicht, was eigentlich der Grund war. Die müssen gedacht haben, ich mach die Flocke oder so. Doch daran habe ich damals nie gedacht.

Im Herbst 1975 begann ich mein Studium in Karl-Marx-Stadt [ehemals und heute wieder: Chemnitz]. Zwischendurch hätte ich sogar noch zum Forststudium an die TU Dresden wechseln können. Über Beziehungen hätte das eventuell geklappt. Doch ich war schon Vater und verheiratet. So habe ich mich entschlossen – das Forststudium hätte fünf Jahre, also ein Jahr länger gedauert – Nägel mit Köpfen zu machen und nicht irgendwelchen schwärmerischen Ideen nachzuhängen.

Nach den vier Jahren des Studiums stand die große Frage: Wo fängst du an? Es gab da diese zentrale Vermittlung; das heißt, du konntest nicht einfach dort anfangen, wo du wolltest.

Ich sollte nach Halle zum VEB Rationalisierung. Das war so eine ganz kleine Bude; die haben da irgendwelche Klitschen – kleine Betriebe mit veralteter Technik – umgebaut. Da war ich aber nicht allzu glücklich. Ich dachte, Mensch, du brauchst eine Wohnung, sonst geht es ja nie richtig im Leben los. Meine erste Frau arbeitete schon in den Buna-Werken, und die sagte, sie habe mit ihrer Dame von der Gewerkschaft gesprochen. Wenn ich auch in Buna anfinge, bekämen wir eine Wohnung.

Ich fragte also an der Hochschule nach. – „Nichts gibt es! Du bist dahin vermittelt, da gibt es nichts anderes. Die werden dich auch nicht hergeben." Also bin ich nach Buna zur Kaderabteilung gestiefelt, ich sage, so und so sieht es aus: „Ich komme aus Merseburg, ich habe als Schüler schon in Buna gearbeitet. Ich würde hier gerne anfangen. Wie ist das machbar?" – „Wunderbar, wir haben Arbeit für Sie. Das ist alles kein Problem!"

Ich habe mich dann für die Richtung Projektierung entschieden, aus der heutigen Sicht sicherlich nicht verkehrt. Natürlich war es in der DDR ein Problem, dass auf der Investstrecke viele Sachen, die mit viel Arbeit und Aufwand geplant worden waren, dann meist nicht gebaut wurden. Sie sind an irgendwelchen Beschlüssen gescheitert, es war kein Geld da – was weiß ich. Projektierung war gewöhnlich Vorbereitung für den Papierkorb. Aber das war in dem Betrieb nicht so. Ich habe in dieser Zeit mehrere Großrekonstruktionen mitgemacht. Eine hatte einen Wertumfang von rund 150 Millionen Ostmark. Das war vom rein technischen Umfang her schon ganz schön gewaltig. Bei diesen Planungen habe ich auch sehr viel lernen können. Das kommt mir heute noch zugute.

Vor allem war ich in einer Truppe von jungen Leuten, die sich sehr gut verstanden: Die Kontakte bestehen deshalb heute noch. Es war ein richtiges Team, auf freundschaftlicher Basis, und ich hatte das Gefühl, dass ich geachtet und anerkannt wurde. Zunächst arbeitete ich als Projektant, später wurde ich Leitprojektant. Aus dem Grund habe ich noch zu DDR-Zeiten ein postgraduales Studium zum Thema Rohrleitungstransport an der TH Magdeburg absolviert. Denn meine Ausbildung in Chemnitz war auf die Projektierung im Maschinenbau ausgerichtet. In Buna hatte ich mit reinem Chemieanlagenbau zu tun, wovon ich anfangs wenig Ahnung hatte. Bis zur Wende habe ich dort gearbeitet.

An der politischen Umwälzung hatte ich großes Interesse. Ich war auch bei den Montagsdemos in Merseburg. Ich sagte mir einfach: Du bist zwar nicht im Neuen Forum, aber da laufen welche, die was in dem Land verändern wollen; das ist das Mindeste, was du tun kannst. So kannst du als Person zeigen, du bist auch für Veränderungen im Lande. Aber so richtig hatte ich keine Vorstellung davon, was passieren sollte. Ich hatte damals vor allem Angst, dass es ein Blutvergießen geben könnte.

Schon vor der Wende hatten wir Kontakte zu unseren Verwandten im Westen. Nach den ersten Besuchen waren das eben nicht mehr irgendwelche imaginären Personen, die da hinter der Grenze wohnten, sondern du konntest dich mit ihnen unterhalten und bemerktest, dass manches zwar ein bisschen anders war, dass es trotzdem viele Ähnlichkeiten gab. Ich fand die oft nächtelangen Gespräche immer sehr anregend.

Es war aber nicht so, dass hinterher bei mir eine absolute Unzufriedenheit mit meinem Leben entstanden wäre. Dass ich etwa dachte, denen geht es viel besser, und für dich ist nun alles Mist. So war das gar nicht. Wenn die hierher kamen, schlachteten wir zu Hause ein Schwein, und das fanden die doll. Das können wir uns nicht leisten, sagten sie dann. Na gut, die fuhren natürlich einen Mercedes und ich nur meinen alten Wartburg. Aber, das war halt nun mal so. Solche Überlegungen, alles zusammenzupacken, weil es dich hier ankotzt, hatte ich nie.

1988 durfte ich zum 65. Geburtstag eines Onkel in den Westen. Ich fuhr innerhalb von drei oder vier Tagen von Leipzig runter nach Baden-Württemberg, von dort nach Worms am Rhein, weiter hoch in die Lüneburger Heide und von dort aus über Hannover wieder zurück.

Diese Reise hat mich sehr beeindruckt. Die Häuser und Straßen waren in Ordnung. Den Dreck, den ich aus unserer Ecke kannte, den Industriemüll und die versaute Luft, das gab es da einfach nicht. Es war eigentlich nicht der Kommerz – wenn ich mal davon absehe, wie mich als Heimwerker und Hobbybastler der erste Baumarkt blendete –, der mich interessierte. Deshalb war ich auch nicht wirklich unzufrieden, als ich zurück war. Es war eben einfach eine neue Erfahrung, die meinetwegen auch jemand hat, wenn er aus einem kleinen Dorf in Mecklenburg nach Chicago kommt: Der sperrt auch erstmal Mund und Nase auf, ohne dass der unbedingt da hinziehen möchte.

Als ich über die Grenze fuhr, hatte ich aber richtige Bauchschmerzen. Ich hatte eine Salami und eine Flasche Sekt im Koffer – du wolltest ja nicht ganz ohne etwas kommen. Außerdem hatte ich 20 Westmark (lacht) in der Sandalette versteckt. Der Zug stand in der Nacht am Grenzübergang auf Ostseite, und obwohl er knackevoll besetzt war, hättest du eine herunterfallende Nadel hören können. Es knallten nur ein paar Flaschen von einigen, die ganz ausreisten. Die hat das nicht mehr gejuckt.

Als der Zug dann anruckte, gab es ein Raunen. Du merktest richtig, wie die Leute in ihren Sitzen entspannt zusammenrutschten: So, jetzt haben wir es geschafft, jetzt sind wir erstmal drüben. Das werde ich nie vergessen.

Auf der Rückfahrt kontrollierte mich eine Dame vom Zoll. Sie guckte rum: „Wem gehört die Tasche da oben?" – „Das ist meine." Die anderen Leute erstarrten alle. „Verlassen Sie bitte das Abteil." Doch ich war überhaupt nicht aufgeregt. Ich hatte so eine Stimmung, wie: Ach, weißt du was, du kleine Dumme, du kannst jetzt von mir aus da reingucken. Ich habe in den letzten Tagen so viele Eindrücke gewonnen, wie du sie wahrscheinlich nie haben wirst.

Und dann erwischte sie ausgerechnet die Tasche mit der dreckigen Wäsche – in der anderen hatte ich ein paar Bücher und eine Blattpflanze, worüber die sich vielleicht gewundert hätte. „Was ist in der Plastetüte?" – „Meine gebrauchten Socken." – „Ja, ist gut, packen Sie das wieder weg." – „Soll ich die Socken auspacken?" – „Nein, lassen Sie die drin."

Als ich zwei, drei Stunden später in Halle aus dem Zug stieg, habe ich mich unheimlich gefreut, meine Familie wiederzusehen.

Dazu muss ich vielleicht sagen, dass ich kurz darauf Urlaub in Polen gemacht und da das andere Extrem zur DDR gesehen habe. Wie arm ging das dort zu! Wir sind nach einer, statt nach zwei Wochen wieder nach Hause gefahren, weil wir nirgendwo Benzin kriegten. Ich hatte Gott sei Dank zwei 20-Liter-Kanister im Kofferraum. Unsere Tochter war damals noch sehr klein, da haben wir gesagt: Das hat keinen Zweck, einpacken, rein ins Auto und zurück. Nach diesem Erlebnis konnte ich eben besser abwägen und hatte das Gefühl: Du wohnst in der Mitte, zwischen den Extremen. Wir hatten das Wochenendhaus, ich hatte mein Auto – bis auf die Umwelt, natürlich …

Bloß was sollte man dagegen tun? Ich arbeitete dort, wo viel von diesem Dreck entstand: die berühmte Karbidfahne. Wenn die in Richtung Westen zog, so in 100 Meter Breite, hieß es, unter diesem Kalkschleier gibt es keinen sauren Regen, weil der Kalk das verhindert. Da ich mit Entstaubungsanlagen zu tun hatte, weiß ich, wie wir uns damals bemühten; und an elektromagnetische Entstaubungsanlagen war damals ja nicht zu denken. Oft haben wir einfach nicht das richtige Material bekommen können. Deshalb haben wir in der Arbeitsgruppe intensiv über alternative Materialien nachgedacht, sie schließlich auch gefunden und eine Fertigungskapazität dazu.

Spontan fällt mir noch ein, dass ich als Angler wusste, dass es in der Wipper bei Mansfeld – dort steht mein Wochenendhaus – noch Forellen gab. Bei einem Abendspaziergang stellte ich fest, dass eine Rindermastanlage nachts die Gülle blank in den Fluss rauschen ließ. Ich bat einen Gartennachbarn um eine Flasche und nahm gleich eine Wasserprobe. Die stank schon aus der Flasche nach Jauche. Damit wandte ich mich an unseren Bezirksangelverein und rief dort immer wieder an – bis die sich mal herabgelassen haben rauszukommen. Die ganze Sache war vollkommen illegal, und die sahen das auch anhand von irgendwelchen Schleimpilzen im Wasser. Aber die wollten damit nichts zu tun haben. Das Ende vom Lied war, dass die Oberflussmeisterei diesem Betrieb entsprechende Auflagen erteilte. Für mich war das Resümee: Wenn keiner etwas macht, und seien es noch so kleine Sachen, dann kann sich auch nichts verbessern.

Gleichzeitig hatte ich in dieser Zeit das Gefühl, dass wir in der DDR allein wirtschaftlich einem Ende entgegendümpelten. Alles ging nieder, die Leute resignierten, viele waren unzufrieden und sagten, das hat doch alles keinen Zweck mehr. Es musste sich einfach was ändern! Deshalb habe ich persönlich die Wende sehr begrüßt. Dieser Zustand war ja nicht mehr normal.

Meine große Tochter hat mich mal danach gefragt. Ich sagte ihr: „Pass auf, vor 50 Jahren war Deutschland ein Land. Seit 40 Jahren sind wir getrennt. Ich behaupte, in 50 oder 100 Jahren gibt es wieder ein Deutschland. Das war ungefähr 1986. Dass dann diese 50 oder 100 Jahre nur vier gedauert haben, konnte ich damals eben nicht mal träumen. Der Erste übrigens, der das ganz deutlich gesagt hat, und alle lachten darüber, war Reagan, als er 1987 in Berlin war: ‚In vier

Jahren wird es diese Mauer nicht mehr geben.' Ich rechnete aber nicht damit. Es gibt von Gorbatschow den schönen Spruch: ‚Wer zu spät kommt, den bestraft das Leben.' Ich habe mir meinen eigenen gedichtet: ‚Wer zu schnell rennt, fällt aufs Maul.' Und damit bin ich immer ganz gut gefahren. In bestimmten Situationen sage ich, stopp, erstmal abwarten, gucken, wie entwickelt sich was. Dann entscheidest du kurzfristig."

Meine Frau sagte mal in dieser Zeit, sie habe Verwandte irgendwo in der Pfalz, die würden uns weiterhelfen, wenn wir auswandern würden. Aber ich sagte: „Warte erstmal ab, die haben mit sich zu tun. Wir gucken, wie sich das hier entwickelt. Es kann doch wohl nicht sein, jetzt in der Phase, wo schon so viele weg sind, dass noch mehr abhauen. Was soll das denn werden?" Denn als die Grenze offen war, konnte man ein vereinigtes Deutschland eigentlich absehen. Warum sollte ich dann hier von zu Hause ausreißen? Heute sehe ich, das war eine richtige Entscheidung.

Mit meiner Arbeit lief es dann nach der Wende noch eine gewisse Zeit weiter. Bis zu dieser riesigen Havarie 1991 in Buna, bei der mehrere Menschen ums Leben kamen. Ein Karbid-Ofen war explodiert, weil da Wasser reingelaufen war. Der Ofen wurde abgestellt, und die ganze Technologie stand in Frage. Es hieß dann, am besten wir holen mit Schiffen das Karbid aus Brasilien. Das kommt uns billiger, als wenn wir es hier mit einem riesigen Stromaufwand selbst produzieren.

Nun mussten wir uns nach neuen Wegen umsehen. Gut war, so schätze ich das jedenfalls ein, dass damals der Kohl kam. Gott sei Dank war der zuerst in Buna und danach erst in Halle, wo sie ihn (lacht:) mit Eiern beworfen haben. Kohl versprach: „Ich helfe euch!"

Und ich dachte auch: So eine große Chemieansiedlung mit dieser Akzeptanz in der Bevölkerung, mit dieser Infrastruktur, mit ausgebildeten Leuten – die kann man nicht einfach aufgeben. Die können das hier nicht zum Agrarland oder zum Museum oder zum Spielplatz der Nation werden lassen. Hier wird es in den nächsten Jahren Arbeit genug geben. Davon war ich eigentlich überzeugt. Es ist am Ende nicht ganz so viel geworden, wie ich mir das damals vorstellte, aber im Großen und Ganzen …

Ich selbst war nur 1991 mal in Kurzarbeit, seitdem hatte ich durchgängig Arbeit – natürlich alle naselang etwas anderes. Wenn mich jemand bei einem Job fragte, ob ich das könne, antwortete ich immer: Klar, warum nicht!

Mit meiner jetzigen Arbeit bin ich mindestens genauso zufrieden wie früher. Vor allem, weil Projektierung eben nicht mehr für den Papierkorb gemacht wird. Das ist mir nach der Wende nur ganz selten passiert. Wenn man ein Projekt plant, wird es auch durchgezogen.

Nur einmal erzählte mir ein Freund, der war Betriebsleiter, dass da etwas bewusst kaputtgemacht wurde. Dieser Betrieb war wirklich vom Feinsten; das

Rohrleitungssystem war mit Molchtechnik, bei der ein Reinigungspfropfen durch die Leitung gefahren wird, ausgerüstet und konnte über 50 Wege gefahren werden. Es kamen Kollegen extra aus den alten Bundesländern, um sich das anzusehen. Das war ein Top-Bau. Und obwohl die Spitzenqualität lieferten, passte das dann nicht ins neue Produktionsprofil – wahrscheinlich gab es auch eine Absprache mit einem anderen Konzern – und der Betrieb wurde als Bauernopfer plattgemacht. Solche Sachen haben mich natürlich sehr geärgert. Es wurde so vieles kaputtgemacht, was erst nach der Wende entstand und dann nicht in irgendein Profil passte.

Doch fast alles, was ich selbst vorbereitet habe, ist am Ende auch gebaut worden. Und wenn du siehst: Es geht in Betrieb, es funktioniert, die Leute freuen sich, dann erfährst du die Anerkennung deiner Arbeit. Insofern bin ich mit meiner Arbeit heute mindestens genauso zufrieden wie früher, wenn nicht noch mehr.

Das Einzige, was mich stört, ist diese gewisse Existenzangst. Du weißt nie so richtig, wie es weitergeht. Früher hast du im Betrieb angefangen, die haben sich um dich bemüht, und wenn du wolltest, bist du in deinem Betrieb alt geworden. Meine Devise heute ist – und das hat lange gedauert, ich hatte Bauchschmerzen, schlief schlecht, aber da musste ich wahrscheinlich durch: Länger als ein Jahr im Voraus zu planen ist Quatsch. Das ist eigentlich so meins.

Das musste ich auch erst lernen. Aber das ist eben immer so, wenn du in etwas Unbekanntes reist. In den zehn Jahren fand ja insgesamt ein wahnsinniger Lernprozess statt. Wenn ich heute manchmal einen grünen Abbiegepfeil sehe, und dort steht ein Auto, das nicht weiß, was es machen soll, hat das garantiert ein Kennzeichen aus den alten Bundesländern. Dabei ist das das Einzige, was die lernen mussten.

Ich traure zwar der DDR nicht hinterher, aber ich würde mich glücklich schätzen, wenn meine berufliche Entwicklung und die materielle Absicherung meiner Familie ein bisschen klarer wären. Vielleicht spornt die gewisse Unsicherheit an, noch mehr Leistung zu bringen, und wahrscheinlich ist das auch so gewollt, aber …

Und ich trauere dem guten kollegialen Verhältnis nach, wie ich es in der früheren Truppe erlebt habe. Das waren fast alles meine persönlichen Freunde.

Heute arbeite ich mit Leuten aus den alten Bundesländern zusammen – ein paar aus Bayern, viele Norddeutsche aus dem Hamburger Bereich – mit Griechen und Amerikanern. Es ist also ein buntes Häufchen – aber über private Dinge würde ich mich mit denen nicht unterhalten. Es ist irgendwie nicht üblich. Dafür hast du ja schon gar nicht mehr die Zeit. Zweitens kenne ich sie noch nicht so lange, und drittens ist das eben doch eine andere Art von Mentalität: Man hält sich einfach von Hause aus bedeckt. Ich kann nur spekulieren, warum. Man denkt: Mensch, wenn du dem anderen so viel erzählst – du hast vielleicht ein neues Auto oder so – weckt das bei dem womöglich Neidgefühle. Also hältst du dich bedeckt.

Das ist schon anders geworden. Ich hatte während der Schulzeit und später im Berufsleben immer Leute, mit denen ich ein offenes Wort sprechen konnte; über bestimmte politische Ansichten oder familiäre Sachen. Wenn man mal sagte, ich will eine Garage bauen und kriege Steine – helft ihr mir abladen? Dann waren eben alle da. Gut, man wusste, dass es im Kollegenkreis auch Horcher und Lauscher gab. Das kam später ja raus. Zum Beispiel arbeitete mit mir im Projektierungssaal einer, der stand dann in der Bild-Zeitung, und von dem hätte ich das nie gedacht. Doch darauf hat man sich eben ein bisschen eingestellt.

Wenn das Arbeitsklima sich auch verändert hat, so glaube ich doch, dass Ost und West wirtschaftlich zusammenwachsen. Wenn das auch noch 20, 30 Jahre dauert, sind Veränderungen auch nicht zu übersehen.

Es gab ja erstmal diese Diskrepanzen zwischen den Leuten. Diese Hochnäsigkeit und Besserwisserei, mit der Westdeutsche hier ankamen: Jetzt sind wir da, und wir wissen alles besser. Nun, nach den zehn Jahren – ich sehe das hier im Kollegenkreis – fängt man an, sich voll zu akzeptieren. Die haben endlich begriffen, dass wir fachlich auch nicht schlechter sind; während wir – manchmal mit Hihihi oder Hahaha hinter vorgehaltener Hand – feststellten, dass die genauso viele Fehler machen. Was denen half – siehe Regine Hildebrandt – war das 13. Schuljahr. Das müssen wir wohl einfach noch ein bisschen mehr lernen: uns besser zu verkaufen, seriös gesagt – oder einfach zu schauspielern, auf Deutsch gesagt. Wo sie vielleicht noch ein bisschen die Nase vorn haben, das ist das Management und der Umgang mit Geld. Was die rein technischen Sachen anbelangt, sehe ich eigentlich gar keinen Unterschied.

Was sich für mich privat geändert hat, ist vor allem meine Arbeit in einem Schützenverein. Diesen Verein habe ich maßgeblich mit aufgebaut und viel von meinem bisschen Freizeit investiert. Das wäre zu DDR-Zeiten nie möglich gewesen. Wenn ich in Nostalgie verfallen sollte, dann müsste ich diesen für mich sehr wichtigen Teil meines Lebens einfach streichen. Und das wird nicht passieren.

Außerdem bin ich sehr zufrieden damit, wie sich die Umwelt entwickelt hat. Wenn Kohl mal von „blühenden Landschaften" sprach und viele über ihn gelacht haben – die Lacher sollten sich jetzt mal ansehen, was aus den Städten, aus dem Wohnumfeld, aus den Straßen geworden ist und wie die Gärten, die Dächer, die Häuser heute aussehen. Für mich sind das blühende Landschaften – und das in dieser Chemiegegend.

Wichtig ist mir auch, dass dieser Krieg da unten [im Kosovo] zu Ende ist. Ich bin heilfroh darüber. So richtig gut fand ich das nicht. Aber was sollte man denn noch machen?

Ich wünsche mir, noch einigermaßen fit zu bleiben und den Kindern eine anständige Ausbildung zu ermöglichen. Meine große Tochter hat ihr erstes Staatsexamen geschafft und eine Referendarstelle am Amtsgericht in Halle. Die mittlere lernt an einer Privatschule; das ist es einfach wert. Und die kleine wird ab Herbst ans Dom-Gymnasium gehen, wo auch wir damals waren.

„Starke Impulse des eigenen Gefühls
sollte man in wichtigen Lebensaugenblicken
nicht gering schätzen."

Daniel Defoe: Robinson Crusoe (1719)

Die ehemaligen Schüler der 12/4 zum 25-jährigen Klassentreffen vor dem Dom-Gymnasium

Robinsonaden

Die autobiographischen Bescheide unserer ehemaligen MitschülerInnen mit
dem Schicksal Robinson Crusoes in Bezug zu setzen verlangt Erläuterungen.
Die gängigen Klischees sprechen vom Gegenteil, von „uniformen Biographien"
dieser Generation.

Lange Zeit waren wir damit zufrieden, dass sich der Eindruck vom Klassentreffen anlässlich des 25. Jubiläums unserer Reifeprüfung in den ausführlichen Gesprächen bestätigte: Jede Verallgemeinerung über eine gemeinsame Erfahrung,
Haltung, gar Weltanschauung blamierte sich vor der Wirklichkeit dieser Lebensläufe. Dabei waren die Voraussetzungen für die Entstehung biographischer
Dutzendware mehr als günstig: der gemeinsame Jahrgang, die gemeinsame regionale Herkunft und das gesellschaftspolitische Umfeld; die unaufhörliche
Einrede: Kollektivgeist, Zurückstellung der eigenen Interessen zu Gunsten eines
Großen-Ganzen, Solidarität mit den Unterdrückten der Welt; zudem arbeiteten
die Eltern der meisten in einem der großen Chemiebetriebe in Leuna oder Buna, und die wenigsten waren Einzelkinder; hinzu trat ein starker Gruppendruck
durch die meist unkritische Aneignung westlicher Jugendkultur. Wer hat die
meisten Titel der Stones auf Band?

Vielleicht, mag man denken, war eben das des Guten zu viel. Die übermäßige
Orientierung auf kollektive Muster produziert EinzelgängerInnen. Kein Wunder
also, dass lauter Robin-sons und Robin-daughters entstanden. Doch auch das ist
kaum haltbar. Gleichwohl blieben Kindheit, Jugend und frühes Erwachsenalter
nicht folgenlos – nur dass sie eben individuelle, auch gegensätzliche Spuren
hinterließen. Kaum eine Position, Aussage, Haltung, die nicht auch ihren Wi-
derspruch finden würden.

Das Nach-Wende-Schicksal jener Mitte der 50er Jahre Geborenen ließ den 1998
verstorbenen Liedermacher, unseren Jahrgangsgenossen Gerhard Gundermann
von der „übersprungenen Generation" sprechen: Gesellschaftliche Führungs-
posten waren in Reichweite; in Schulen, Betrieben und Instituten erwarteten
diese Generation Leitungsaufgaben. Durch die Wende wurde das Greifbare zur
Fata Morgana. Dennoch teilen wir Gundermanns metaphorische Konsequenz
nicht. Diese Generation wurde nicht wie eine niedrige Hürde übersprungen; das
Bild ist zu passiv, defensiv, auch larmoyant.

Erstaunlicherweise hören sich die Nachrichten über die GenerationsgefährtIn-
nen im Westen ganz ähnlich an. Man spricht von der „Zwischengeneration",
von der „orientierungslosen 78er Generation", von der „Generation der Zaungä-
ste". Ihr Wortführer, der Schriftsteller Matthias Politycki (Jahrgang 1955), ver-
stummte nach kurzer Kampagne frustriert.

Und wie sieht es bei unseren GesprächspartnerInnen aus? Mal so, mal so. Nicht einmal bei der Bewertung des Mauerfalls ist man sich einig. Was für die einen die Entdeckung des Gelobten Landes und Anlass für einen Sturm der Begeisterung war, ließ andere sogar kalt oder über einen Schiffbruch klagen. Wie auch immer – die meisten wurden aus ihren Kollektiven in eine Insel-Existenz geschleudert. Dort fristen sie jedoch ihr Dasein nicht als verantwortungslose Eigenbrötler, sondern leben eher als tätige Solitäre – als Einzelne, die in ihren Mühen und ihrem Bemühen einem Robinson nicht unähnlich sind.

In den Gesprächen hörten wir einen Grundton heiterer Selbstgewissheit nach einer ausgedehnten Lebensanspannung. Saturiertheit fanden wir kaum, eher kritische Distanz zur eigenen Leistung und Neugierde auf Kommendes, manchmal mit einen Anflug von solider Einsamkeit.

Doch auch das gehört zum Spektrum: Eine Mitschülerin, über die Stasi-Gerüchte kursierten, erreichten wir nicht. Sie konnte in dem Gesprächsangebot keine Chance für sich sehen. Sie führt eine Insel-Existenz anderer Art.

Die Selbstporträts setzen keine Schlusspunkte. Sie können jedoch Anlass für neue Gespräche sein. Deshalb wurde bei der Manuskriptherstellung darauf verzichtet, Brüche zu kitten oder die Texte stilistisch so abzuschmirgeln und aufzupolieren, dass sie keine Reibeflächen mehr bieten. Das authentische Einzelne ist von eigener Art. Es zu erhalten war uns wichtig.

Vier, fünf Themen wurden mit allen besprochen. Sie liegen auf der Hand: die Erinnerung an Schule und Klasse, Prägungen der Sozialisation, Mauerfall, erste Westreise, heutige Situation. Dadurch werden die Gespräche und die Haltungen vergleichbar. Es gab jedoch keine Frageliste, die abgearbeitet wurde. Die Gespräche folgten den Lebenswegen und wurden von den Erfahrungen unserer Gesprächspartner bestimmt.

Robinson Crusoe lebte 28 Jahre auf seiner Insel – genauso lange stand die Mauer. Bei seiner Rückkehr nach England fällt auf, wie sehr ihn die Begegnung mit Freitag zur Relativierung eigener Werte und zur Zurückhaltung in seinen Urteilen geführt hat. Seine Erkenntnis: „Starke Impulse des eigenen Gefühls sollte man in wichtigen Lebensaugenblicken nicht gering schätzen." Sie trifft für unsere Generation ebenso zu wie für jede andere.

Wolfgang Gabler, Bernhard Sölzer   Januar 2000

ABKÜRZUNGEN, PERSONEN- UND SACHERKLÄRUNGEN

ABF – Arbeiter- und Bauern-Fakultät; Bildungseinrichtung, die in den 50er und 60er Jahren Nicht-Abiturienten, vorwiegend junge Arbeiter und Bauern, zur Hochschulreife führte

„Abzeichen für gutes Wissen" – nach erfolgreichen und in den Anforderungen steigenden Prüfungen der Lektüreergebnisse zu Texten von Marx, Engels und Lenin erhielten die SchülerInnen dieses Abzeichen in Bronze, Silber oder Gold; es war am FDJ-Hemd oder an der -Bluse zu tragen; diese Prüfungen wurden von den Meisten als Kontrolle ihrer Loyalität dem Staat gegenüber empfunden

„Agitprop" – Agitation und Propaganda

„Aktuelle Kamera" – Nachrichtensendung des DDR-Fernsehens

Bausoldaten – unbewaffnete Einheiten der Nationalen Volksarmee (NVA), eingerichtet für junge Männer, die aus Gewissensgründen den „Dienst an der Waffe" ablehnten; sie sollten für den Bau nichtmilitärischer Objekte eingesetzt werden

Becher, Johannes R. (1891-1958) – zunächst expressionistischer Lyriker, später im „Bund proletarisch-revolutionärer Schriftsteller"; erster Kulturminister der DDR

BFC Dynamo – Berliner Fußball-Club, vielfacher DDR-Meister; „Dynamo"-Mannschaften kamen aus Sportvereinen der Volkspolizei, die Spieler hatten Polizei-Dienstgrade

Biermann, Wolf, geboren 1936; Liedermacher mit Berufsverbot in der DDR, wurde im November 1976 nach einem Konzert in Köln ausgebürgert

BMSR – Betriebs-, Mess-, Steuerungs- und Regelungstechnik

CAD/CAM – computer aided design/computer aided manufacturing; dt.: rechnergestützte Konstruktion und Fertigung

„chinesische Lösung" – die blutige Niederschlagung einer Studentendemonstration auf dem „Platz des Himmlischen Friedens" im Sommer 1989 in Peking

DDR-Liga – nach der Oberliga die zweithöchste Fußball-Spielklasse in der DDR

DEFA – Deutsche Film-Aktiengesellschaft

„Delikat" – in der DDR Geschäfte für Nahrungs- und Genussmittel des vergleichsweise gehobenen Anspruchs

DHfK – Deutsche Hochschule für Körperkultur und Sport

DKP – Deutsche Kommunistische Partei

„dritter Weg" – politische Alternative zur staatlichen Souveränität der DDR und zum Beitritt zur Bundesrepublik

DSF – Gesellschaft für Deutsch-Sowjetische Freundschaft

DTSB – Deutscher Turn- und Sportbund

EDV – Elektronische Datenverarbeitung

EK – im militärischen Jargon „Entlassungskandidat"; Soldaten im dritten, also letzten Diensthalbjahr, die die selbst erlittenen Demütigungen an den neu eingezogenen Soldaten abreagierten; Anspielung auf das „Eiserne Kreuz", eine seit 1813 hohe deutsche Kriegsauszeichnung

EOS – erweiterte Oberschule, führte bis zum Abitur

Fachschule – entspricht etwa einer heutigen Fachhochschule

FAZ – Frankfurter Allgemeine Zeitung

FDGB – Freier Deutscher Gewerkschaftsbund; Verband von Einzelgewerkschaften in der DDR

FDJ – Freie Deutsche Jugend; staatliche Jugendorganisation in der DDR

Fuchs, Jürgen (1950-1999); Sozialpsychologe und oppositioneller Schriftsteller in der DDR

GEW – Gewerkschaft Erziehung und Wissenschaft

Glasnost – (russ.:) Durchsichtigkeit

GOL – Grundorganisationsleitung; hier: die übergeordnete Instanz der Gruppen-FDJ-Leitungen von Schulklassen, Seminargruppen, Brigaden usw.

Hildebrandt, Regine, geboren 1941; ehemalige Sozialministerin des Landes Brandenburg

HO – staatliche Handelsorganisation der DDR

Hoffmann, Heinz (1910-1985); ab 1960 Verteidigungsminister der DDR

„Hölle" – im Volksmund: die zentrale Straßenbahnhaltestelle in Merseburg

„Horch und Guck" – im Volksmund: die Stasi

IMO – Industriemontagen, ein Betrieb in Merseburg

Jesuslatschen – billige Sandaletten mit dünner Sohle

„Kampfgruppen der Arbeiterklasse" – in der DDR bewaffnete Einheiten von Betriebsangehörigen, die in Krisensituationen für den Schutz öffentlicher Einrichtungen und Produktionsstätten vorgesehen waren; der Einsatz von Kampfgruppen war jedoch auch in der Wende geplant

„Karo" – die stärkste filterlose Zigarettensorte in der DDR und die einzige mit schwarzem Tabak

„Kasseturm" – ein damals beliebter Weimarer Studentenclub

KdF – „Kraft durch Freude"; Erholungs-, Sport- und Freizeitwesen der Nazis

Kindertag – Internationaler Tag des Kindes, am 1. Juni

KJS – Kinder- und Jugendsportschule; Leistungssportschulen in der DDR mit integriertem polytechnischen Unterricht

KONSUM – Handelsgenossenschaft in der DDR

Kreisleitung – das Leitungsgremium der SED in einem Gebiet, das etwa einem heutigen Landkreis entspricht

Krenz, Egon, geboren 1937; als SED-Politbüro-Mitglied zuständig für Armee und Polizei; Nachfolger Honeckers und letzter Staatsratsvorsitzender der DDR

„Leckermäulchen" – eine Quarkspeise

Leistungsstipendium – eine Auszeichnung für gute Studienergebnisse; zwischen 40 und 80 Mark, die dem monatlichen Grundstipendium von 200 Mark zugeschlagen wurden

Lessing-Medaille – laut DDR-Lexikon „für hervorragende Leistungen und aktive politische und gesellschaftlich nützliche Arbeit"

Liebknecht-Luxemburg-Demonstration – zum Gedenken an die Ermordung der beiden Vorsitzenden der KPD, Karl Liebknecht und Rosa Luxemburg, am 15. Januar 1919 durch konterrevolutionäres Militär; Ende der 80er Jahre kam es am Rande dieser offiziellen Demonstration zunehmend zu Protesten unter dem Luxemburg-Zitat „Freiheit ist die Freiheit des Andersdenkenden"

LPG – Landwirtschaftliche Produktionsgenossenschaft

MDR – Mitteldeutscher Rundfunk

ML – Marxismus-Leninismus

Neues Forum – eine Bürgerrechtsinitiative in der DDR

Normannenstraße – Zentrale des Ministeriums für Staatssicherheit in Berlin

NSW – nichtsozialistisches Wirtschaftsgebiet

NVA – Nationale Volksarmee

Patenbrigade – Arbeitskollektiv, das einen sog. Patenschaftsvertrag mit einer Schulklasse hatte; meist waren Mitglieder der Patenbrigade bei den Zeugnisübergaben anwesend und überreichten kleine Geschenke, während die SchülerInnen „Rechenschaft" über ihre Leistungen ablegten; der Patenbrigade gehörte oft ein Elternteil eines Schülers oder einer Schülerin der Klasse an

Perestroika – (russ.:) Umgestaltung

PGH – Produktionsgenossenschaft des Handwerks

Pionierhalstuch – das damals blaue Pionierhalstuch gehörte neben einer weißen Bluse oder einem weißen Hemd, mit dem Emblem der Pionierorganisation am linken Ärmel, zur Bekleidung der Jung- (1.–4. Klasse) bzw. Thälmann-Pioniere (5.-8. Klasse), die an sog. Ehrentagen getragen wurde

„Politinformation" – sog. „Klassenleiterstunden" oder Schulstunden, in denen politische Tagesereignisse von und mit Schülern „diskutiert" wurden

POS – (zehnklassige allgemeinbildende) polytechnische Oberschule

Robotron – laut DDR-Lexikon: „Kombinat der elektronischen Rechen-, Büro- und Meßtechnik der DDR, Stammbetrieb: VEB Robotron-Elektronik Dresden"

Schalk-Golodkowski, Alexander, geboren 1932; ehemaliger Oberst der Stasi, sogenannter „Devisenbeschaffer" der Honecker-Regierung

„Der schwarze Kanal" – montägliche, berühmt-berüchtigte Kommentar-Sendung des sog. „Chef-Ideologen" des DDR-Fernsehens, Karl Eduard v. Schnitzler, geboren 1918, zu politischen Sendungen des BRD-Fernsehens

Stabü – Staatsbürgerkunde, politischer Unterricht

SU – Sowjetunion

TH – Technische Hochschule

TU – Technische Universität

Tübke, Werner, geboren 1929; laut DDR-Lexikon „einer der profiliertesten Künstler des Landes", malte das größte Gemälde der Welt, ein Rundbild für die Bauernkriegs-Gedenkstätte „Panorama" bei Bad Frankenhausen; der Volksmund nannte diese Gedenkstätte „Elefantenklo"

„Ural" – großer sowjetischer Militär-Lkw

VEB – volkseigener Betrieb

Volkskammer – Parlament der DDR

Weiße-Weste-Schein – eine Erklärung, nicht als „Inoffizieller Mitarbeiter" (IM) für die Stasi, das Ministerium für Staatssicherheit der DDR, gearbeitet zu haben

ZK – Zentralkomitee der SED

ZK 120 – seinerzeit begehrtes polnisches Tonbandgerät

AUS UNSEREM PROGRAMM

Anette Hildebrandt/Lothar Tautz

Dont' Worry, Be Happy!
Erinnerungen

Mit einer CD der Hildebrandt-Singers „Europäische Liebeslieder von ABBA bis Monte-
verdi"

300 S., mit Fotos, Klappenbroschur, CD, DM 39, 80, Euro 20,50
ISBN 3-89812-059-7

Fast vier Jahrzehnte Leben in der DDR und zehn Jahre in der vereinigten Bundesrepublik Deutschland waren Jahre mit Ärger und Glück für das Mauerkind
Annette Hildebrandt und den einst klassenbewußten Arbeitersohn Lothar Tautz.
Die unterhaltsam geschriebenen Erinnerungen beginnen mit einer Vertreibung
aus dem Paradies und mit einer Aufnahme in die Pionierorganisation. Der Bogen
wird gespannt zwischen Mauerbau 1961, Revolutionsherbst 1989 und Europa-
wahljahr 1999. Entlang historischer Ereignisse erinnern sich Autorin und Autor
an wichtige persönliche Erlebnisse und Entwicklungen im Spannungsfeld der
Auseinandersetzungen zwischen DDR und BRD. Entstanden ist eine literarische
Dokumentation zweier verschiedener DDR-Biographien.
Schon rein äußerlich eine Besonderheit besteht die Publikation aus zwei in sich
geschlossene Büchern, die in ihrem jeweils letzten Kapitel zusammenfinden. Als
originelle Beigabe hat der Band eine CD mit Gesang von Regine Hildebrandt
und den Hildebrandt-Singers.

AUS UNSEREM PROGRAMM

Hans-Jochen Tschiche

„Nun machen Sie man, Pastorche!"
Erinnerungen

200 S., mit Fotos, Klappenbroschur, DM 19,80, Euro 10, 20
ISBN 3-932776-90-9

„Wir werden noch lange Zeit brauchen, bevor wir in Ruhe über die DDR-Wirklichkeit miteinander reden können. Heute gibt es mir noch zu viele Schönfärber auf der einen Seite und zu viele Kommunistenfresser auf der anderen Seite."

Hans-Jochen Tschiche

Jochen Tschiche ist keiner, der den Mund hält. Das hat den Fraktionsvorsitzenden von Bündnis 90/DIE GRÜNEN im Landtag weit über die Landesgrenzen von Sachsen-Anhalt und über das umstrittene rot-grüne „Magdeburger Modell" hinaus bekannt gemacht. Er weiß, was es heißt, zwischen den Stühlen zu sitzen: als Führer der kirchlichen Opposition in der Friedensbewegung der DDR, 1998 als er zusammen mit Bärbel Boley u.a. das Neue Forum gründete und als Mitglied der ersten freigewählten Volkskammer des Landes, das es nun seit fast zehn Jahren nicht mehr gibt. Als streitbarer Fraktionsvorsitzender hat er sein Scherflein beigetragen für das Zustandekommen des Koalitionsvertrages mit der SPD und mußte sich immer wieder mit seinen Parteigenossen zusammenraufen. Doch den Humor und die Gelassenheit hat er nicht verloren in diesem aufregenden Leben.
Ob er von seinen Erlebnissen als Gemeindepfarrer in der Altmark und als Studienleiter in Magdeburg erzählt oder von der Wende- und Nachwendezeit berichtet, der Leser kommt aus dem Schmunzeln kaum heraus. Hier wird Geschichte lebendig, weil einer Geschichten erzählen kann.

Die Deutsche Bibliothek – CIP-Einheitsaufnahme
Klassentreffen : biographische Bescheide aus der Robinson-Generation /
Wolfgang Gabler/Bernhard Sölzer (Hrsg.) - Halle (Saale) :
mdv Mitteldeutscher Verlag, 2000

ISBN 3-89812-053-8

1. Auflage 2000
© mdv Mitteldeutscher Verlag GmbH, Halle (Saale) 2000
Satz, Gestaltung: Kristin Jorcke
Umschlaggestaltung: Peter Hartmann